인제대학교 통일교육선도대학사업단 우리시대를 위한 통일과 평화
-김정은 시대 북한의 이해

2020년 2월 28일 초판 1쇄
2021년 4월 26일 개정 1쇄
2022년 10월 20일 개정증보판 1쇄

글	진희관 진희권 탁용달 김일한 이춘근 장철운
	안지영 김창근 전영선 안병민 허정필
펴낸곳	늘품플러스
펴낸이	전미정
책임편집	최효준
디자인	김혜지
교정·교열	황진아
출판등록	2004년 3월 18일, 제2-4350호
주소	서울 중구 퇴계로 243 평광빌딩 10층
전화	02-2275-5326
팩스	02-2275-5327
이메일	go5326@naver.com
홈페이지	www.npplus.co.kr
ISBN	979-11-88024-83-4
정가	20,000원

우리 시대를 위한

인제대학교
통일교육선도대학
사업단

통일과 평화

김정은 시대
북한의 이해

늘품플러스

Contents

북한의 정치와
사회, 문화

북한은 어떤 나라인가!

진희관[1] 인제대학교 통일학부 교수

시작하며

북한이 어떤 나라인지 모르는 대한민국 국민은 없을 것이다. 다만 정확히 알지 못하거나 또는 오해하고 있거나 하는 점은 있을 것이다. 과연 우리들이 늘 상 보고, 듣고, 경험해 온 북한은 어떤 나라일까!

북한은 분명 실존하는 하나의 국가인데 한 가지로 표현되지 않는다. 표현 하는 사람이나, 뉴스 매체의 특성과 편향에 따라 다르게 표현되기도 한다. 똑같 은 현상을 놓고도 사람마다 해석이 다르고 인식하는 것도 다르다. 때로는 마치 달을 가리키며 손가락 끝만 바라보는 경우처럼 본질과 다른 세계로 그려지기도 한다.

그런데 북한에 대한 표현은 과장되거나 저평가되거나 틀리게 표현되어도 확인이 쉽지 않은 특징이 있다. 왜냐하면 북한 당국에 물어보거나, 직접 가서 눈 으로 보고 확인하기 어렵기 때문이다. 따라서 지역연구 분야에서 북한 연구는 유일하게 소위 '필드웍(fieldwork)'이라는 현지에서의 사회조사방법이 불가능 한 연구영역이라 할 수 있다. 다만 북한이탈주민들을 통해 사후에 간접적으로 조사하는 방법이 있을 뿐이다. 때문에 사실을 확인하기 어려운 점들이 적지 않 은 영역이어서 정확히 이해하거나 알아내는 데 한계가 있기 마련이다.

---

1   인제대학교 통일교육선도대학사업단 단장 겸 통일학연구소 소장

또한 현재와 미래의 남북관계를 얘기할 때에도 현실주의적 관점(realism) 또는 자유주의적 관점(liberism)에 따라 비관적이거나 희망적으로 평가하고 전망한다. 현실주의 연구자들이 볼 때 남한과 북한은 자기 이익을 위해 존재하는 체제들이며, 남북관계는 나아지기 어렵고 결국 대립하게 된다는 시각을 전제로 가지고 있다. 이와 달리 자유주의 연구자들이 볼 때 남북관계는 교류하면 할수록 관계가 더욱 개선된다는 희망적 전망을 가지고 있다. 이처럼 국제정치학에서의 관점과 접근법에 따라 남북관계의 현실에 대한 분석과 평가 그리고 전망도 엇갈린다.

이와 같이 북한에 대한 우리 사회의 평가와 실제 존재하는 본질과 형상에 대한 표현은 얼마든지 차이가 있을 수 있다. 그래서 북한을 제대로 알고, 적어도 오차를 줄여나가기 위해서는 소위 '~카더라', 즉 '아니면 말고' 식의 '어떠하더라고 하더라'를 주의해야 하고, 실증된 사실들을 기반으로 인식하려는 노력과 그러한 노력의 축적이 매우 중요할 것이다.

북한 식량 사정에 대한 오해

북한 경제에 대해서는 20~30년 동안의 정보를 뒤섞어서 이해하고 말하는 경우가 적지 않다. 지금의 북한과 과거의 북한은 분명히 다를 것이다. 과거의 인식으로 지금의 북한을 평가하거나, 대북정책을 만든다면 분명 착오를 일으키게 되지 않을까? 과거에 북한은 심각한 식량난으로 많은 주민들이 굶어죽는 사태를 겪었다. 그러나 지금의 북한은 그때와는 다르다. 1990년대 중반 이후 약 6년 정도 북한의 많은 사람들이 식량난으로 고난을 겪었고, 이를 두고 북한에서도 '고난의 행군기'라고 부른다.

> • **고난의 행군기**: 김일성부대가 동만주에서의 항일전쟁 중 일본부대에게 심하게 추격을 당하던 시기에 잦은 전투와 추위, 굶주림을 겪었던 1938년 12월 초부터 이듬해 3월까지의 시기를 일컫는 말이다. 이후에 1956년 소련파와 연안파 세력 일부가 당중앙위원회 회의 중에 김일성세력에게 도전했다가 대부분 숙청 및 추방되었던 사건인 '8월종파사건' 시기를 '고난의 행군기'로 부르기도 했다.

당시 북한 적십자사는 공개적으로 국제사회의 식량지원을 요청할 만큼 사정이 어려웠다. 그리고 2000년 남북정상회담 이후 우리 정부의 식량과 비료에 대한 지원과 국제사회의 지원이 이루어지면서 조금씩 사정이 나아지기 시작했다. 최근 조사에 따르면 북한의 사정이 여전히 좋지 않지만 과거의 북한과는 확연히 다르다는 것을 알 수 있다.

2020년 국제기아지수에 따르면 4개 지표에 대한 북한의 종합지수는 96위로 공동 94위인 인도와 0.3점 차이인데, 2012년과 2006년에는 인도보다 1.1점, 4.4점 앞서 있었다. 또한 지표 중 하나인 '아동발육부진의 불평등' 정도를 나타내는 지표에서는 조사대상 69개국 중 북한이 27위로 말레이시아 28위, 베트남 35위, 인도네시아 46위 그리고 필리핀 50위 보다 앞서 있다.

표 1 ❙ GLOBAL HUNGER INDEX SCORES BY 2020 GHI RANK

Rank	Country	2000	2006	2012	2020
93	Angola	64.9	47.0	35.9	26.8
94	India	38.9	37.5	29.3	27.2
94	Sudan	–	–	32.5	27.2
96	Korea(DPR)	39.5	33.1	28.2	27.5

*출처: 『Global Hunger Index』, 2020, p. 9.

그림 1 ┃ THE RANGE OF CHILD STUNTING RATES WITHIN COUNTRIES

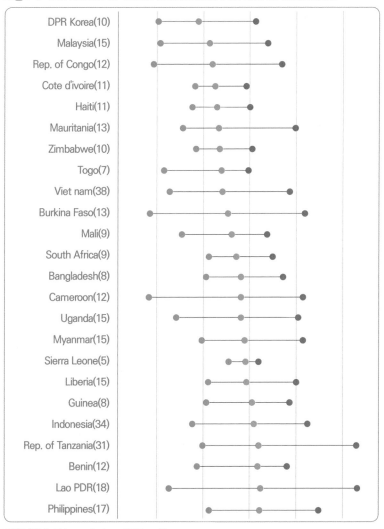

*출처: 『Global Hunger Index』, 2020, p. 19.

물론 북한의 식량난과 경제난이 좋다는 것은 아니다. 어려운 것은 사실이지만 얼마나 어려운 상태인지에 대해서는 정확한 인식이 필요하다. 지금의 북한은 고난의 행군기의 북한이 아니라는 점을 잘 이해할 필요가 있다.

북한의 이러한 상황 변화는 대남, 대외 관계에서도 나타나고 있다. 2015년 이후 북한은 주변국의 식량지원을 포함한 인도적 지원을 바라지 않고 있다. 북한이 희망하는 것은 개발협력, 즉 투자다. 특히 한국 대기업들의 세계적 수준의 기술과 자본의 투자를 적극 희망하고 있다. 그래서 북한의 양질의 노동력을 투입해서 남북이 서로 이익을 얻고 번영할 수 있기를 바라고 있다.

따라서 혹시 남북관계가 개선되어 교류가 활발해지더라도 북한에 일방적으로 식량을 지원하는 일은 발생하지 않을 것이다. 즉 관계가 개선되면 소위 '퍼주기' 해야 하는 것 아닌가 하는 걱정은 할 필요가 없다는 뜻이다.

또 한 가지 우리 국민들이 많이 오해하고 있는 부분은 과거 정부에서 북한에 식량을 무상으로 준 것이라고 오해하고 있다는 점이다. 김영삼 정부 당시인 1995년 6월 15만 톤을 지원한 것을 비롯해서 참여정부에서 한 차례, 이명박 정부에서 일부 지원한 것을 제외하고 대부분의 식량은 차관지원(일종의 대출)이다. 즉 10년 지나서 갚는다는 상환조건으로 빌려준 것이다. 물론 여전히 식량사정이 어려운 북한이 쌀을 되갚지 못할 수는 있다. 그렇다면 지하자원을 비롯한 다른 무엇인가로 갚으면 될 문제이다. 그러나 10년 거치 기간이 지난 이명박 정부 당시 남북대화가 열리지 않으면서 차관지원을 갚는 것에 대한 논의가 이루어지지 않은 것이다. 박근혜 정부에서도 개성공단을 폐쇄하면서 심각하게 대립했고, 문재인 정부에서는 관계 회복의 기미를 보였지만 2019년 2월 하노이 북미회담 결렬 이후 교착국면을 맞게 되어 식량차관 회수에 대한 논의를 전개하지 못했던 것이다.

다른 문제이기는 하지만, 오히려 쌀이 남아 가격이 폭락하고 있는 우리 농촌 현실을 볼 때, 우리의 국익과 남북이 서로의 윈-윈을 위해서 북한에 비교우위가 있는 상품과 우리의 쌀을 교환할 수 있는 방안을 모색하는 것도 진지하게 검토해 볼 필요가 있을 것으로 보인다.

북한은 폐쇄적인가!

평양에 AP통신 지국이 설치된 것이 2012년으로 이제 10년이 넘어서고 있다. 물론 취재 통제에 대한 얘기들이 간혹 들려오기는 하지만, 대체로 일부 소수 국가를 제외하면 대부분의 외국 기자들이 취재하는 데 어려움이 없다. 다만 평양에 지국을 두지 않고 베이징 특파원들이 일시적으로 평양을 방문하는 방식을 취하고 있다.

또한 북한은 전 세계 160여 개국과 수교를 하고 있다. 남미와 중동의 일부 국가를 제외하면 우리가 알고 있는 나라들 중에 북한과 수교하지 않은 나라는 미국, 일본 그리고 프랑스뿐이라고 해도 과언이 아닐 것이다. 사실 프랑스와는 파리와 평양에 상호 무역대표부를 두고 있기 때문에 수교한 것과 큰 차이가 없다고 할 수 있다. 결국 미국, 일본과의 수교만이 남아 있는 상태이며, 이것이 북한에게는 가장 중요한 외교적 숙제라고 할 수 있을 것이다.

표 2 ▎ 남·북한 수교 현황 (2020년 12월 기준)

구 분	한 국	북 한	동시수교
아주	37	26	26
미주	34	24	23
구주	54	49	49
중동	18	16	14
아프리카	48	46	46
계	191	161	158

*한국은 191개 유엔회원국(남·북한 제외) 중 189개국(시리아, 쿠바 미수교) 및 유엔비회원국인 교황청, 국제도와 수교.
 − 미수교국: 시리아, 쿠바, 코소보
*출처: 『외교백서 2021』, 대한민국 외교부, 2021, p. 325.

왜냐하면 북한의 외교적 과제는 크게 두 가지로 요약할 수 있다. 먼저 미국의 '대조선적대시 정책'이 사라지도록 하는 것이다. 둘째, 북미수교를 통해 국제

사회에서 정상국가로 자리 잡는 것이다. 이것은 국제경제활동에 참여할 수 있다는 것을 의미하며 구체적으로는 세계금융기관 World Bank에 가입하게 되어 산하기관인 IBRD(국제부흥개발은행), IDA(국제개발협회)의 차관지원 또는 개발지원을 받을 수 있는 자격을 갖추게 된다. 또한 IMF(국제통화기금), ADB(아시아개발은행) 등의 가입과 차관지원 유치의 기회가 주어지는 것도 중요한 목적이 될 수 있다. 대체로 전 세계 주요 금융기관의 최대 지분 국가인 미국은 약 15% 이상의 지분을 가지고 있어 결정적 영향을 행사하며, 2위 국가인 일본은 6%가량의 지분을 가지고 있다. ADB에서는 15.6%가량의 지분을 가진 일본이 약간의 차이로 미국을 앞서 1위 지분 국가이다.

이처럼 북한은 상당수의 국가들과 수교상태에 있고 미국, 일본과 수교를 해야 하는 중요한 과제를 남겨두고 있다. 따라서 폐쇄적인 국가라는 이미지는 폐쇄성에 있다기 보다는 특히 미국과의 관계를 풀지 못하고 있는 데서 나온 이미지 또는 현상이라 할 수 있다.

특히 북한의 경제운영 방식을 표현할 때 '자력갱생'이라는 용어를 사용하면서 북한에 대해 폐쇄적인 인상을 갖게 된다. 그런데 북한이 이러한 표현을 사용하게 된 것은 폐쇄적인 상황을 희망해서 주장한 것이 아니라 이와 달리 방법이 없었기 때문에 주장해 왔던 것이다. 최초의 제기는 1961년 12월로 거슬러 올라가는데 당 제4기 2차 전원회의 확대회의에서 당시 김일성 수상이 발언한 내용과 여기서 등장하는 용어이다.(「로동신문」 1961년 12월 2일자 1면) 그리고 당시 김일성 수상의 발언에 대한 자세한 설명은 『김일성저작집』에 실려 있다. 이 저작집에서 언급하듯이 자력갱생이란 "자기 힘으로 일떠서자는" 것인데 "그렇다고 하여 문을 닫아걸고 경제건설을 하자는 것은 아닙니다. 형제나라들과 경제적으로 협조하며 외국과의 무역을 잘하는 것이 물론 중요합니다"라고 언급하고 있다.(『김일성저작집』 제15권, 평양; 조선로동당출판사, 1981, pp. 424-425)

당시 상황을 보면 1956년 러시아는 흐루쇼프 정권 등장 이후 수정주의 노선을 전개하고 북한과 중국은 이에 반발하게 된다. 따라서 북한은 한국전쟁 이후 전후복구사업으로 3개년계획(1954~1956)을 완수한 이후 사회주의 국가들로부터 원조를 받아 5개년계획(1956~1961)을 추진하고 싶었지만 불가능한 상황이었다. 그렇다고 해서 자유민주주의 진영의 도움을 바랄 수도 없었기 때문에 불가피하게 자력갱생을 주장하면서 '자립적민족경제건설노선'을 펼 수밖에 없었던 것이다. 최근까지도 북한은 경제적으로 곤란한 상황이 되면 자력갱생을 자주 강조해 왔고, 김정은 정권 역시 마찬가지이다. 중요한 것은 자력갱생이란 스스로 문을 닫겠다는 표현이 아니라 어쩔 수 없는 상황을 의미한다.

주체사상의 나라, 북한

북한의 사상이라고 하면 주체사상을 대표적으로 말할 수 있을 것이다. 그리고 김정일시대에는 선군사상이라는 표현이 많이 등장했고, 김정은시대에는 김일성-김정일주의라는 표현이 등장하고 있다.

그런데 남측 학자들이 알고 있는 바에 따르면, 주체사상은 매우 체계적인 이론으로 집대성되어 있는데 반해, 선군사상과 김일성-김정일주의는 여전히 체계적이지 못하다고 생각한다. 이렇게 생각하는 이유는 주체사상이 10권의 총서가 발간되었고(사회과학출판사, 1985), 1982년 당시 조선로동당 비서인 김정일의『주체사상에 대하여』라는 논문이 조선로동당출판사에서 발간된 바 있다. 이와는 달리 이후 등장한 다른 사상들은 북한의 공신력 있는 기관에서 발행된 단일 이론 서적이 없다는 이유 때문이기도 하다. 그런데 더욱 놀라운 사실은 북한 사람들과 얘기를 나눠보면 82년 김정일의 논문에 대해서는 모두 알고 있지만, 1985년에 발간된 총서에 대해 알고 있는 북한 사람들은 거의 찾아보기 어렵다는 사실이다. 필자 역시 2000년대 평양을 세 차례 방문하면서 또는 금강산과 개성을 10여 차례 방문하면서 북한의 엘리트들과 대화를 나눠봤지만, 총서를 읽었다는 얘기를 듣지 못했다. 그들에게 주체사상이란 책이나 논문에 쓰여져 있는 내용에 국한되는 것이 아니라 곧 '수령님과 장군님의 말씀'이다. 즉 김일성 주석과 김정일 국방위원장이 했던 '모든 얘기가 바로 주체사상이다'라고 보는 것이 맞을 것이다. 어찌보면 남측 학자들은 달을 가리키는 손가락을 보고 있는 것은 아닌지 모르겠다.

그럼에도 불구하고 주체사상 이후의 선군사상과 김일성-김정일주의는 공신력 있는 논문이 나온 적이 없다. 다만 북한의 주장을 요약해 보면 선군사상은 주체사상을 시대에 맞게 발전시킨 것이라는 주장을 알 수 있고, 김일성-김정일주의는 주체사상과 선군사상 모두를 포함하는 것이라고 한다. 즉 뿌리는 주체사상이고 줄기는 선군사상이며 이 모든 것을 김일성-김정일주의로 부른다는 것이다.

그럼 북한 사람들은 사상으로 잘 무장되어 있을까 하는 의문을 갖게 된다. 결론부터 말하면 그렇지 않은 것 같다. 북한이탈주민 어떤 분과 얘기를 해도 주체사상에 대해서 관심이 높지 않다는 것을 알 수 있다. 다만 김정일 위원장의 논문에 대해서는 모두 알고 있으나, 기본적으로 사상에 대한 관심은 매우 낮다. 그 이유는 여러 가지가 있겠지만 우선 생활하며 살아가는 것이 더 중요하지 사상에 대한 관심을 가질 여유가 없었을 것이다. 그리고 일부 엘리트들은 이에 대해 잘 알고 있어야 출세하는 데 도움이 되겠지만 대부분의 주민들과는 거리가 있는 얘기라 할 수 있다. 따라서 학교교육에서 혁명사상이 중요한 과목이기 때문에 관심을 가질 뿐 이후 일상 생활에서는 사상이란 주변환경 중에 하나에 불과한 것으로 볼 수 있다. 그리고 북한 주민들은 주체사상 총서에 있는 내용 중에 우리 사회에서 염려하는 소위 '남조선혁명론'을 담고 있는 '조국통일이론'이라던가 '사회주의공산주의건설이론' 등에 대해서는 존재 자체를 알지 못하는 경우가 대부분이다.

결국 대다수의 주민들이 알고 있는 사상이라는 것은 김정일 위원장의 논문에서 주장하는 핵심인 '사람중심의 자주적 원리'에 대해서만 이해하고 있는 정도라 할 수 있다. 여기서 말하는 사람중심이라는 것은 기존의 맑스-레닌주의에서 언급해 왔던 유물론이 인식 중심의 사상과 차이가 있다고 할 수 있는데, 인식에만 머무는 것이 아니라 인식하는 것을 실천하기 위해서는 사람의 실천력이 있어야 가능하다는 문제제기를 포함하고 있다는 점이 기존의 사회주의 사상과 차원이 다른 점이라 할 수 있다. 그래서 사람의 자주성, 창조성, 의식성 세 가지를 강조하는 것이다.

따라서 북한을 사상의 국가라고도 부르기도 하지만, 사상을 강조하는 것은 상부구조 활동영역의 하나에 불과하다고 할 수 있고, 하부구조를 이루는 경제와 사회 그리고 여기에 종사하고 관심을 가지고 있는 일반 주민들과는 적지 않은 거리감이 있다고 할 수 있다. 그래서 어느 사회와 마찬가지로 도덕과 윤리를 강조하는 현상과 같이, 북한은 늘상 주체사상, 선군사상을 강조해 왔고, 오늘날에는 김일성-김정일주의를 강조하고 있으며, 과거와 현재 그리고 앞으로도 주민들은 사상에 그다지 관심을 갖고 있지 않다고 보면 맞을 것 같다.

북한은 사회주의 국가인가

지구상의 사회주의 국가는 많지 않다. 사회주의 국가라고 하면 특징이 있어야 하겠지만 사실 오래 전부터 공통된 특징을 찾아내기도 쉽지 않았다. 단순화 시켜서 사회주의의 특징을 말한다면 정치적으로는 '1당 독재'를 해야 하고, 경제적으로는 사적소유를 부정하고 국가 주도의 계획경제를 하는 체제라고 할 수 있다. 현재 북한은 조선로동당의 1당 독재와 유사한 형태를 띠고 있으나 사적소유는 어느 정도 인정하고 있고 국가계획경제도 어느 정도만 하고 있다. 즉 모든 것을 국가가 담당하지 않고 시장에 맡기고 있는 것도 상당수다.

- **1당 독재=프롤레타리아 독재**: 1당 독재는 프롤레타리아(노동자) 독재와 같은 말로, 공산당이 유일한 정당으로 지배하는 체제를 말한다. 그런데 프롤레타리아 독재는 1인 독재와 반대되는 개념이라 할 수 있다. 즉 프롤레타리아를 우리말로 하면 노동자이며 이들이 독재한다는 말은 국민 다수가 지배하는 사회, 즉 민주사회와 가까운 의미라 할 수 있다. 이러한 점에서 대부분의 사회주의 국가들이 진정한 1당 독재를 했는지에 대해서는 다양한 평가가 가능할 것이다.

- **사적소유**: 사적소유는 개인이 소유가 가능하다는 의미로 '국가적 소유' 또는 '전인민적 소유'와 반대되는 개념이다. 북한은 아직 토지와 주택에 대해서는 소유권을 인정하지 않고 사용권이라 할 수 있는 '점유권'을 인정하는 반면 중국은 이미 토지와 주택의 개인소유, 즉 사적 소유를 인정하고 있다. 그럼에도 불구하고 중국은 '중국공산당'이 1당 독재를 하고 있다고 해서 자신들의 체제를 사회주의 국가라고 주장하고 있다.

다만 과거부터 사회주의 국가라고 하면 상당한 공통점이 있는 것이 바로 토지개혁을 단행한다는 것이었다. 즉 왕과 귀족, 영주와 지주로부터 토지를 무상으로 몰수하고 농민들에게 무상으로 모두 나눠주는 것이 사회주의 혁명의 시작이고 기본이다. 이어 다음 단계에는 협동농장으로 발전시키고 소비에트(인민의회)를 만드는 것이 일반적인 패턴이었다. 그리고 국가에 따라서는 프롤레타리아 독재 형태를 띠기도 하고 1인 독재형태를 띠기도 했다.

그런데 사회주의 혁명이 처음 발발한 1905년 러시아의 볼셰비키(혁명 다수파)는 니콜라이 2세의 차르 체제를 무너뜨리는 것이 가장 중요한 목적이었다. 즉 이후 사회주의의 형태가 어떻게 될지는 이 당시만 해도 알지 못했을 것이다. 레닌은 당시 대중연설에서 사회주의 혁명의 세 가지 목표를 주장한 바 있다. 바로 자유와 평등 그리고 토지이다. 당시 농경사회이자 대부분이 농노상태와 다르지 않았던 러시아에서 토지는 곧 생산수단이자 생존수단을 의미하는 것이었다. 결국 1917년 사회주의 혁명에 최종 승리를 거두게 되었고, 1924년 레닌 사망 이후 스탈린에 의해서 사회주의 국가의 기본적인 형태가 처음으로 만들어지게 된 것이다.

물론 적대 진영에 대한 광범위한 숙청으로 인해 스탈린 체제에 대한 비판적 평가도 적지 않았다. 그러나 1939년 9월 독일의 폴란드 침공 그리고 1941년 12월 일본의 하와이 진주만 폭격 당시 자유진영이건 스탈린 체제건 하나가 되어 이들과 맞서는 연합군을 구성했다.

2차 대전 이후 이념이 대립하고 냉전체제가 만들어진 가장 중요한 이유 중 하나는 토지개혁을 단행하는 스탈린식의 체제와는 연대와 협력을 유지한다는 것이 불가능한 일이기 때문이었다고 할 수 있다.

그런데 북한과 소련과의 관계는 동유럽 국가들과는 많은 차이가 있었다. 중국, 쿠바, 알바니아와 같이 북한도 자생적 사회주의 국가군으로 분류된다. 쉽게 말해 소련의 위성국가는 아니었다. 중국, 알바니아도 자생적 혁명에 의해 사회주의 국가가 수립되었고, 1959년 1월 혁명을 완수한 쿠바의 카스트로는 사실상 사회주의자도 아니었지만 동료인 사회주의 이론가 체게바라의 영향이 주효했고, 또 미국의 간섭과 공격으로부터 체제를 지키기 위해서는 흐루쇼프 체제인 소련의 지원이 절실했다. 따라서 친사회주의 국가의 대열에 들어선 것이다.

앞서 언급했듯이 1956년 흐루쇼프 체제의 등장은 북한과 소련과의 관계가 질적으로 변하는 계기가 되었다. 소련은 발전되지 않은 사회주의 국가들이 농업중심의 경제정책을 펴기를 원했고 사회주의 국제분업의 필요성을 주장했다. 그러나 이에 대해 중국의 마오쩌둥과 북한의 김일성 주석은 다른 입장을 가지고 있었다. 이때부터 북한은 자주성과 주체사상을 주장하면서 독자노선을 걷게 된 것이다. 따라서 북한을 사회주의 국가라고 하지만 소련식 사회주의와는 거리가 있다. 그리고 사회주의 특징을 정확히 가지고 있다고 말하기는 어려운 측면이 많다.

북한의 국호가 말하듯이 정식명칭은 '조선민주주의인민공화국'이다. 민주주의 체제를 지향해야 하며, 인민 중심의 헌법을 기반으로 하는 과거 왕정이 아닌 대중의 국가인 공화국의 정체성을 가져야 한다. 물론 북한 조선로동당 규약(2021.1) 전문에는 당면목적이 사회주의 사회 건설이며 최종목적은 공산주의 사회 건설에 있다고 명시하고 있다. 이를 보면 사회주의와 공산주의를 지향하는 국가임은 틀림없다. 그러나 여러 정황을 종합해 보면 북한이 말하는 사회주의와 공산주의는 마치 '이상사회' 건설을 의미하는 것이라 해도 틀리지 않을 것 같다.

요약하면 현재의 북한은 사회주의 국가라고 말하기는 어려우나 이상적인 사회주의, 공산주의 국가를 지향하는 체제로 규정할 수 있을 것 같다.

핵문제와 북한의 미래 전망

북한은 핵개발과 핵미사일 보유로 인해 미래가 불투명하다. 유엔과 미국의 제재도 강경하지만, 북미관계를 개선하고 정상국가로 나가려면 북한이 상당한 것들을 양보해야 한다.

30여 년 전인 1990년대 초 소련이 해제되고 동유럽이 변화할 때, 북한도 변화를 시도했던 적이 있다. 남북고위급회담과 북일수교회담을 8차례씩 개최했다. 1992년에 남북 사이에는 '비핵화공동선언'이 합의되었고 화해와 협력을 위한 '남북기본합의서'도 발효시킨 상태에 있었다. 그러나 핵문제가 불거지면서 남북관계는 난항을 겪었고 전운이 감도는 위기까지 갔었다. 결국 진통 끝에 1994년 10월 제네바에서 북미 사이에 합의가 이루어지면서 한반도는 대전환의 기회를 맞이했다.

그러나 2001년 미국의 부시 정부 등장 이후 상황은 급변했다. 2003년 초 북한이 핵개발을 재개한 것으로 알려지면서 제네바 합의는 파기되었다. 결국 북한은 2005년 2월 핵보유 선언에 이어, 2006년 10월 최초의 핵실험을 단행하기에 이르렀다. 2009년 5월에 제2차 핵실험, 2012년 2월에는 제3차 핵실험을 단행했다. 그리고 2016년 1월의 4차 핵실험 이후 불과 1년반 사이에 세 차례의 핵실험이 있었다. 그리고 2017년 7월과 11월에는 대륙간탄도미사일 화성-14형 두 차례 그리고 화성-15형을 실험 발사하면서 주변국들을 긴장시키고 한반도를 위기로 몰고 갔다.

다행히 2018년 4월 남북정상회담 개최에 이어 6월에 최초의 북미정상회담이 열려 '싱가포르 합의'가 이루어졌고 9월에는 또 다시 남북정상회담이 평양에서 이루어지면서 핵문제 해결에 대한 많은 기대를 갖게 했다. 그러나 2019년 2월 하노이에서 열린 북미정상회담이 뜻밖에 결렬되면서 북한 핵문제는 미궁에 빠지고 만 것이다.

당시 북한은 하노이에서 돌아간 이후 3월 중순에 현 외무상인 최선희 부상이 외신 기자회견을 갖고 북한의 요구사항을 명확히 밝힌 바 있는데, 즉 유엔의 제재 중에 민수경제 및 민생문제와 관련된 것들을 일부 풀어주기를 희망했다는 것과 미국의 '대조선적대시정책'을 중단하는 것이었다. 그러나 미국은 제재 해제는 불가하며 추가적인 비핵화가 있어야 대화가 가능하다는 입장을 지속적으로 보여왔다. 결국 4년 넘게 도발을 자제해 왔던 북한은 2022년 3월에 화성포-17형이라는 ICBM 실험발사를 단행하기에 이른 것이다.

이렇게 된 이상 당분간 북미관계의 회복을 기대하기는 어려울 전망이다. 서로의 요구 차이가 크며, 국제사회가 당면한 러시아~우크라이나 전쟁, 미국으로서는 중동과 튀르키예 문제 등 관심 기울여야 할 국제적 사건들이 적지 않다. 그렇다고 해서 북한을 더욱 제재할 방법도 쉽지 않다. 왜냐하면 이미 10여 차례의 유엔제재결의안을 통해서 매우 강력한 제재를 하고 있기 때문이다. 이제 좀 더 제재할 수 있는 것으로는 정제유 수입량을 감소시키는 정도가 마지막 남은 카드에 불과하다. 사실상 실효성이 없어 보인다.

따라서 북미 간의 갈등은 지속될 것으로 보이며 당분간 해법을 찾기가 쉽지 않을 전망이다. 그럼에도 불구하고 기존의 패턴이 보여왔듯, 입구가 있으면 출구가 있기 마련이다.

그런데 국제사회의 행위자가 다층적이라는 데 문제가 있다. 정치지도자의 캐릭터, 선거와 관련된 정당의 이익 그리고 지역 질서(regime)의 패권 등 다양한 변수들이 북한 핵문제에 관여되어 있다. 따라서 북한 핵문제를 해결하는 것을 원하는 행위자들이 있는가 하면 그 반대도 존재한다고 볼 수 있다. 이러한 환경은 북한의 비핵화 의지와 별개로 중요한 변수가 된다. 왜냐하면 북한의 핵문제가 해결될 경우 동북아는 매우 평화로운 질서를 만드는 데 도움이 될텐데, 평화로운 질서가 자신들의 이익에 반하는지 그렇지 않은지에 따라 이해관계에 얽힌 행위들이 매우 다양하게 나타날 수 있기 때문이다.

따라서 북핵문제를 해결하는 데는 다양한 영역의 과제가 존재한다. 우선 북한이 비핵화 의지를 가지도록 환경을 만드는 것이 필요하다. 둘째, 북한의 비핵화가 자신들의 이익에 반한다고 여기는 세력, 행위자들을 설득하거나 제한할 수 있는 외교적 노력이 필요하다. 전자를 위해서는 핵무기가 필요 없는 환경을 만들어야 한다. 오히려 북한이 핵을 가지는 것이 손해가 되고, 비핵화했을 때 국가이익이 발생할 수 있는 환경을 만들어야 한다. 세계금융기관의 차관지원과 같이 경제적인 측면에서 상호 의존도와 투명성을 높이는 방안도 도움이 될 것이다. 후자를 위해서는 통일외교와 비핵화 외교를 적극적으로 전개해야 한다. 정부 간 외교가 어려운 국가에게는 민간외교, 공공외교 등을 통해 그 나라의 여론을 환기시키고 분위기를 바꾸어 나갈 수 있도록 노력해 나가야 한다.

이처럼 북한의 비핵화는 한 개인과 국가의 책임 유무만을 묻는 정적인 영역이 아니라 매우 역동적인 영역이라는 점을 간과해서는 안될 것이다. 그렇지만 북한의 미래 그리고 한반도와 동북아의 평화와 번영발전을 위해서는 무엇보다도 북한 스스로 비핵화하려는 모습을 보이는 것이 최선이라 할 수 있다. 즉 최선의 방법과 가능한 방법 그 사이 어딘가에서 해법을 찾아나가야 한다.

맺으며

70여 년 동안 분단된 사회에서 살다 보니, 북한은 우리에게 너무나 잘 알려진 존재이다. 그러나 제한된 정보만을 제공받을 수 있어 정확히 알고 이해하는 데 한계가 있다. 따라서 현상을 이해하는 데도 어려움이 있고, 우리가 대북정책을 잘 하고 있는지, 주변국의 북한에 대한 반응과 대응 정책이 적절한지에 대해 판단하는 것이 쉽지 않다.

우리의 북한에 대한 인식에는 영향력 있는 인물의 발언과 언론의 보도가 많은 영향을 주게 된다. 간혹 북한이탈주민을 통해 듣는 북한 이야기가 모두 사실로 받아들여지기도 한다. 한국에서 수십 년을 살았다고 해서 한국을 다 알 수 없듯이 북한이탈주민들도 마찬가지일 것이다. 본인이 살았던 공간과 경험 이외의 일들까지 정확히 알 수는 없지 않을까. 언론 매체들의 보도를 접할 때에도 보도가 사실을 말하는지, 분석 결과인지, 아니면 추정인지 잘 판단해야 한다. 예컨대, 자극적인 기사 제목만을 봐서는 오해할 수 있기 때문에, 실제 기사 내용이 어떻게 쓰여졌는지 정확히 볼 필요가 있다는 뜻이다. 북한을 두둔할 필요도 없지만 왜곡해서도 안되기 때문이다.

북한 고위층 중에는 처형되었다는 언론 보도 후에 몇 개월 만에 다시 등장하는 사람들이 적지 않다. 컴퓨터 정보에 대한 해킹이 발생하면 일단 북한 소행으로 의심하는 경우가 대부분이라 해도 틀리지 않을 것이다. 그리고 이러한 일은 자주 발생하는데, 비슷한 패턴의 해킹이 발생하면 북한의 소행으로 간주하기 때문에 그렇다고 한다.

따라서 그동안 표현되어 온 북한과 실제의 북한은 같은 수도 있지만 차이를 보이는 경우도 적지 않을 것이다. 차이를 좁히는 것이 올바른 대북정책을 세워서 바르게 대응할 수 있게 하며 남북관계의 미래를 위한 바람직한 결과를 가져올 수 있을 것이다.

그렇다면 북한은 어떤 나라인가!

그것은 우리가 어떻게 인식하는가에 달려 있다. 그리고 올바른 인식은 정확한 정보에서 비롯된다. 그런 점에서 정확한 정보를 구분하는 것은 매우 중요하다. 독자들이 정확한 정보를 구분하는 능력이 커져갈 때 부정확한 정보를 담는 매체와 발언들은 점차 설 자리를 잃게 될 것이다. 그러나 반대의 경우에는 반대의 상황이 확대 재생산될 것이다.

우리 사회가 어떠한 현상에 대해서 정확한 정보가 제공되고 그렇지 못한 정보를 잘 구분하는 사회가 된다면 지금보다 훨씬 발전된 민주주의 사회가 될 것이라는 생각이 든다.

북한의 정치와
사회, 문화

제1장

북한의
정치

진희관 인제대학교 통일학부 교수
진희권 부산대 통일한국연구원 연구원

I
북한 정치의 특징

1945년 해방과 함께 미국과 소련의 합의에 의해 한반도는 북위 38도선을 기준으로 나누어졌다. 남쪽 지역은 미군, 북쪽 지역은 소련군의 관리하에 일제 청산과 정부 수립 과정이 진행되었다. 남쪽 지역에는 자본주의를 지지하는 세력이 정치의 주도권을 장악하였으며, 북쪽 지역은 공산주의 정치 세력이 권력을 장악했다. 그리고 1948년 8월 15일 대한민국 정부가 수립되었고, 곧이어 9월 9일에는 조선민주주의인민공화국이 만들어졌다. 분단이라는 비극의 역사가 시작된 것이다.

미국과 소련을 정점으로 구축된 자본주의와 공산주의 간 세계적 냉전 구조와 6·25전쟁으로 인해 한반도의 분단 구조는 고착화되었다. 냉전과 분단이 만들어 낸 남과 북의 대결 구조 속에서 남한은 미국의 지원 아래 자본주의 진영의 국가로 발전하였으며, 북한은 소련과 중국의 지원하에 공산주의 국가의 모델을 따라 자기 나름의 성장을 실현하였다.

북한의 정치와 권력체계도 공산주의 국가의 일반적인 모델에 따라 형성되었다. 하지만 1953년 소련의 스탈린 사망 이후 북한의 정치체계는 흐루쇼프(Nikita Khrushchyov) 정권의 소련과 다른 모습을 보이기 시작했다. 1956년 '8월 종파사건'[1]과 1960년대 '중소갈등'을 겪으면서 김일성의 권력이 공고화되

---

1 1956년 8월 당 중앙위원회 전원회의에서 김일성의 노선에 반대하는 최창익, 윤공흠, 서휘, 박창옥, 리필규 등 일부 소련파, 연안파가 격론을 벌였지만 결국 수천여 명이 추방 및 처벌을 받게 된 사건을 말한다. 북한 역사에서 김일성에게 조직적으로 저항한 유일한 사건이라고 할 수 있다. 사후 처리를 위해 이루어진 사법개혁과 1958년 3월에 열린 1차 당대표자회를 거치면서 김일성의 권력은 더욱 강화된 것으로 평가되고 있다.

어갔고, '주체사상'이라는 독특한 지도이념을 만들어 내면서 자신들만의 정치체계를 구축한 것이다. 1980년대 말 이후 소련을 비롯한 동유럽 사회주의 국가의 몰락, 1994년 김일성의 사망, 경제난으로 인한 대량 아사 사태를 거치며 현재와 같은 북한식 사회주의 정치 구조가 형성되었다.

오늘날 북한의 정치와 권력체계는 세계적 냉전 구조와 분단으로 인한 남북대결, 사회주의 몰락으로 시작된 국가적 위기에 대한 북한식 대응의 결과이며, 역사의 산물이다. 이와 같은 북한의 역사가 어떤 정치적 특징을 만들어 냈는지 살펴보기로 하겠다.

1. 당-국가체계(Party-state System)

당-국가체계는 오직 하나의 당을 근간으로 유일 이데올로기를 내세우며 당이 국가를 통치하는 체제이다. 유일당은 당인 동시에 국가로서의 성격을 가진다. 중앙집권화된 당이 정치권력을 독점하여 당 관료체제를 국가 관료체제의 위에 두면서 사회의 모든 기구나 단체를 예속한다.[2]

이는 공산주의 국가의 전형적인 통치 방법으로, 북한의 정치체계가 소련의 영향하에서 공산주의적 전통에 따라 형성되었음을 보여주는 실례이다. 일반적으로 유일당은 공산당을, 유일 이데올로기는 마르크스-레닌주의를 뜻한다. 하지만 북한의 경우에는 조선로동당과 주체사상을 뜻하며, 이는 공산주의적 전통이 북한의 역사 속에서 변형된 예라 할 수 있다.

코르나이(Janos Kornai)는 당-국가체계를 상징하는 당의 대표적 권한으로 세 가지를 들고 있다.[3]

첫째, 모든 주요한 임명, 승진, 면직은 다양한 당 기구들에 의해 결정된다.

---

2   김창희, "북한의 정치권력 변천과 의미: 로동당과 국가기구와의 관계를 중심으로", 『지역과 세계』 제42집 제1호(2018년), p. 78.
3   야노쉬 코르나이(차문석·박순성 역), 『사회주의 체제의 정치경제학』(파주: 나남, 2019), pp. 91~94.

선출 과정에서 추천, 투표 등의 절차가 있다 하더라도 한 명의 후보만이 존재하기 때문에, 실제 결과는 당에 의해서 선발되는 것과 다름없다. 선출 과정은 당의 선택을 확정하는 절차에 지나지 않으며, 당은 입법부, 행정부, 사법부의 모든 구성원들을 사실상 직접 선발한다.

둘째, 당은 책임 있는 국가 조직의 결정에 앞서 모든 주요 국가 업무를 결정한다. 당의 정치국 또는 중앙 지도부는 정부의 주요 결정에 앞서 결정을 내리며, 지역의 경우에도 지역 당위원회가 먼저 결정한다.

셋째, 당 기관은 국가 기관과 직접적으로 접촉(지도)한다. 중앙 당 기관은 농업, 교육, 문화, 외교, 군사 등 국가의 모든 역할에 대한 부서들을 가지고 있으며, 당내 부서들은 이와 같은 국가 활동에 대해 책임을 지고 있다.

코르나이가 제시한 위와 같은 당-국가체계의 특징은 북한의 정치에서도 거의 유사하게 적용되고 있다. 또한, 북한의 헌법과 당규약에서는 국가에 대한 당의 지도를 명문화하고 있다.

표 1 ┃ 북한 헌법과 당규약에 명시된 국가에 대한 당의 지도

북한 헌법[5] (2019. 8. 개정)	서문		• 조선민주주의인민공화국과 조선인민은 위대한 김일성동지와 김정일동지를 주체조선의 영원한 수령으로 높이 모시고 조선로동당의 령도 밑에 위대한 수령 김일성동지와 위대한 령도자 김정일동지의 사상과 업적을 옹호고수하고 계승발전시켜 주체혁명위원을 끝까지 완성하여 나갈 것이다.
	제1장 11조		• 조선민주주의인민공화국은 조선로동당의 령도 밑에 모든 활동을 진행한다.
조선로동당 규약[6] (2021.1. 개정)	제7장	53조	• 인민정권은 당의 령도 밑에 활동한다.
		54조	• 당은 인민정권 안에 당중앙의 유일적 령도체계를 튼튼히 세우고 당의 로선과 정책을 철저히 관철하도록 지도한다.
		55조	• 각급 당조직들은 인민정권기관 일군대렬을 튼튼히 꾸리고 일군들의 역할을 높이며 인민정권기관들이 본신임무를 책임적으로 수행하도록 지도한다.

---

4   법제처, 통일법제 데이터베이스, http://www.unilaw.go.kr (검색일: 2019년 1월 5일).
5   박영자, 『김정은 시대 조선노동당의 조직과 기능: 정권 안정화 전략을 중심으로』 (서울: 통일연구원, 2017년), p. 55.

2. 유일사상체계

북한의 유일사상체계는 전 사회가 혁명사상과 유일한 지도에 따를 것을 요구한다. 유일사상체계를 파악하기 위해서는 주체사상과 수령에 대한 이해가 필요하다. 주체사상에 대해서는 뒤에 다룰 것이므로 여기서는 김일성에 의해 창시된 북한의 지도사상으로 간단하게 설명하고 넘어가기로 한다.

코르나이는 사회주의 국가에서 최고 지도자가 초인처럼 유능하고, 실수하지 않으며, 가장 박식한 사람으로 숭배 받는 개인숭배 현상이 등장하는 사례도 있다고 설명한다. 실례로 소련의 스탈린, 중국의 마오쩌둥, 쿠바의 피델 카스트로 등과 함께 북한의 김일성을 언급했다.[6] 하지만 북한은 수령을 제도화하여 자신만의 독특한 권력 구조를 형성했다.

북한에서는 수령을 '혁명과 건설에서 절대적 지위를 차지하고 결정적 역할을 수행하는 당과 혁명의 탁월한 영도자'[7]라고 규정하고 있다. 수령의 절대적 지위와 결정적 역할은 다음과 같이 정리할 수 있다. 첫째, 시대의 요구와 인민대중의 지향을 정확히 반영하여 혁명의 지도사상을 창시하는 것, 둘째, 인민대중을 위력한 혁명역량으로 조직하는 것, 셋째, 혁명의 매 시기, 매 단계마다 정확한 투쟁구호와 올바른 전략·전술을 제시하고 대중을 영도함으로써 혁명을 승리로 이끌어 가는 것이다.[8]

북한의 권력 구조는 수령의 유일한 사상과 영도를 실현하기 위한 조직과 기구들의 총체로 설명할 수 있으며, 당·국가(군대)·단체들로 구성된다. 형식적으로 북한의 최고 지도자는 당과 국가, 군대의 최고 지위[9]를 확보하며 유일사상체

---

6   야노쉬 코르나이(차문석·박순성 역), 앞의 책, p. 100.
7   김창희, "김정은 유일영도체계의 확립과정과 함의, 「한국동북아논총」 제72호(2014), p. 182에서는 북한의 철학사전은 1985년 북한의 사회과학원 철학연구소에서 출판되었고, 이를 토대로 하여 국내에서 다시 편집하여 출간되었다고 설명하고 있다. 『철학사전』 (서울: 도서출판 힘, 1988), p. 395를 재인용.
8   김갑식, "김정은 정권의 수령제와 당·정·군 관계", 「한국과 국제정치」 제30권 제1호 2014년(봄) 통권 84호, p. 36.
9   당·국가·군대의 조직은 시기마다 명칭과 구성이 조금씩 다르다. 이와 관련해서는 뒤에 자세히 설명하기로 하겠다. 김정은 시대에는 총비서(당), 국무위원장(국가), 최고사령관(군)으로 정리할 수 있다.

계를 실현하지만, 수령이 당·정·군의 최고 직위를 의미하는 것은 아니다. 그러한 직위들 위에 존재하는 절대적인 통치자를 뜻한다.[10] 이와 같은 수령의 지위와 역할은 주체사상에 뿌리를 두고 있다. 주체사상의 등장에 따라 수령의 존재가 제도화되었으며, 수령에 의한 유일사상체계가 수립되었다.

유일사상체계가 조선로동당의 공식적인 지도체계로 채택된 것은 1967년 조선로동당 중앙위원회 제4기 15차 전원회의이며, 같은 해 12월 16일 최고인민회의에서 김일성은 '위대한 수령 김일성동지'로 추대되었다.[11] 북한은 1970년 11월 제5차 당대회에서 당규약을 개정하였고, 1972년 12월 최고인민회의에서는 헌법을 개정해 당과 국가의 지도이념으로 마르크스-레닌주의와 함께 주체사상을 명시하였다. 그리고 1974년 김정일이 '당의 유일사상체계 확립을 위한 10대 원칙'을 발표한 이후에는 유일사상체계가 실제로 북한 정치와 사회를 지배하는 지침이 되었다. 유일사상체계란 북한 주민들이 김일성의 사상, 즉 주체사상만을 알고 그 사상과 의지대로만 사고하고 행동하며, 주체사상을 유일한 지도적 지침으로 하여 김일성의 유일한 지도하에 혁명을 추진한다는 의미로 정의할 수 있다.[12] 2013년 6월 김정은은 위의 10대 원칙을 '당의 유일적 영도체계 확립의 10대 원칙'으로 변경하고 김일성 대신 김일성-김정일, 김일성의 혁명사상 대신 김일성-김정일주의를 명기하는 등 내용을 일부 수정하였다.

---

10 김갑식, 앞의 논문, p. 39.
11 통일교육원, 『2019 북한 이해』 (서울: 통일교육원, 2018년), p. 22.
12 통일부, 북한정보포털, nkinfo.unikorea.go.kr (검색일: 2019년 1월 6일).

표 2 ▮ 당의 유일사상체계 확립을 위한 10대 원칙과 당의 유일적 영도체계 확립의 10대 원칙

	당의 유일사상체계 확립을 위한 10대 원칙 (1974년 4월)	당의 유일적 영도체계 확립의 10대 원칙 (2013년 6월)
1	김일성사상으로 온 사회를 일색화하기 위해 몸바쳐 투쟁해야 한다.	온 사회를 김일성·김정일주의화하기 위하여 몸바쳐 투쟁하여야 한다.
2	김일성을 중심으로 높이 우러러 모셔야 한다.	위대한 김일성동지와 김정일동지를 우리 당과 인민의 영원한 수령으로, 주체의 태양으로 높이 받들어 모셔야 한다.
3	김일성의 권위를 절대화해야 한다.	위대한 김일성동지와 김정일동지의 권위, 당의 권위를 절대화하며 결사옹위하여야 한다.
4	김일성사상을 신념으로 삼고 김일성교시를 신조화해야 한다.	위대한 김일성동지와 김정일동지의 혁명사상과 그 구현인 당의 로선과 정책으로 철저히 무장하여야 한다.
5	김일성교시 집행에서 무조건성의 원칙을 철저히 지켜야한다.	위대한 김일성동지와 김정일동지의 유훈, 당의 로선과 방침관철에서 무조건성의 원칙을 철저히 지켜야 한다.
6	김일성을 유일 중심으로 전당(全黨)의 사상의지적 통일과 단결을 강화해야 한다.	령도자를 중심으로 하는 전당의 사상의지적 통일과 혁명적 단결을 백방으로 강화하여야 한다.
7	김일성을 따라 배워 공산주의적 풍모와 혁명적 사업방법, 인민적 사업작풍을 소유해야 한다.	위대한 김일성동지와 김정일동지를 따라 배워 고상한 정신도덕적 풍모와 혁명적 사업방법, 인민적 사업작풍을 지녀야 한다.
8	김일성이 준 정치적 생명을 귀중히 간직하고 정치적 신임과 배려에 높은 정치적 자각과 충성으로 보답해야한다.	당과 수령이 안겨준 정치적 생명을 귀중히 간직하며 당의 신임과 배려에 높은 정치적 자각과 사업실적으로 보답하여야 한다.
9	김일성의 유일적 영도 밑에 전당(全黨)·전군(全軍)·전인민(全人民)이 한결같이 움직이는 강한 조직규율을 세워야 한다.	당의 유일적 영도 밑에 전당, 전국, 전군이 하나와 같이 움직이는 강한 조직규율을 세워야 한다.
10	김일성이 개척한 혁명 위업을 대(代)를 이어 끝까지 계승·완성해야 한다.	위대한 김일성동지께서 개척하시고 김일성동지와 김정일동지께서 이끌어 오신 주체혁명 위업, 선군혁명 위업을 대를 이어 끝까지 계승·완성하여야 한다.

*자료 : 박영자, 앞의 책, pp. 96~97

3. 권력세습

김일성-김정일-김정은으로 이어지는 일가의 권력세습은 북한만의 독특한 정치체제라 할 수 있다. 유일사상체계인 북한에서 권력세습이란 곧 수령의 후계자를 선정하고 후계자가 수령의 지위에 오르는 과정을 뜻한다. 하지만 북한 정치에서 수령은 앞서 언급했던 것처럼 특별한 지위와 역할을 가지고 있으며, 수령에 걸맞는 역할을 수행해야만 한다. 즉 후계자 지명이 곧 수령 등극을 뜻하는 것은 아니라는 의미다. 수령의 후계자는 당·정·군의 최고위직을 확보하는 단계를 거치며 혁명의 승리를 위한 지도사상과 투쟁 전술을 제시해 대중을 영도하는 업적, 즉 수령의 징표를 보여주어야 한다.

하지만 북한의 사상이나 헌법, 당규약 등에는 후계자를 지명하거나 수령을 선출하는 절차와 과정에 대한 규정이 전혀 없다. 다만, 수령은 혁명 위업의 대를 잇고 계승하여 완성할 혁명의 참다운 후계자를 키워야 할 의무가 있으며, 수령의 후계자가 갖추어야 할 자질과 의무 등이 있을 뿐이다. 이런 이유로 김정일과 김정은의 권력 승계 과정은 내용과 방법, 기간 등에서 여러 가지 차이가 있다. 김정일과 김정은의 실제 권력 승계 과정을 통해 북한의 권력세습체계에 대해 구체적으로 알아보기로 하겠다.

1) 김정일의 권력 승계

김정일이 공식적으로 정치무대에 들어선 것은 김일성종합대학을 졸업하고 1964년 6월 당 조직지도부 지도원을 맡으면서부터이다. 1972년에는 당 중앙위원회 위원이 되었으며, 1973년에는 선전선동부 부장에 이어 조직지도부 부장을 맡아 3대혁명소조운동을 직접 발기하고 이끌었다. 1974년 2월에는 당내 혁명 1세대들의 추천에 힘입어 후계자로 내정되었다.

후계자 내정 이후 김정일은 '당의 유일사상체계 확립을 위한 10대 원칙'을 발표하며 수령의 권력 강화를 주도했으며, 1980년 조선로동당 6차 당대회에서 대내외적으로 공식적인 후계자로 등장하였다.

1991년 12월에는 조선인민군 최고사령관, 1993년 4월에는 국방위원회 위원 장에 올랐으며, 김일성 사망 후 3년이 지난 1997년 10월에는 조선로동당 총비서 에 추대되었다. 1998년 9월에는 헌법을 개정해 주석제를 폐지하고 김일성을 영 원한 주석으로 추대했으며, 국방위원회를 중심으로 국가체계를 정비했다. 군, 당의 최고위직을 확보한 이후 본인의 혁명사상을 발표하고 헌법 개정을 통해 본 인 중심의 국가 시스템을 정비하며 명실상부한 수령의 자리에 오른 것이다.

2) 김정은의 권력 승계

김정일은 2009년 1월 8일 당시 조선로동당 중앙위원회 조직지도부 제1부 부장이었던 리제강에게 김정은 후계자 지명을 지시·하달한 것으로 알려지고 있 다.[13] 김정은이 공식적인 후계자로 등장한 것은 2010년 9월 제3차 조선로동당 대표자회였으며, 인민군 대장[14]과 당 중앙위원회 위원, 당 중앙군사위원회 부위 원장에 임명되었다.

2011년 12월 17일 김정일이 사망한 이후 같은 해 12월 30일 조선인민군 최 고사령관에 취임했으며, 2012년 4월 11일 제4차 조선로동당 대표자회에서 당 제1비서, 정치국 상무위원, 당 중앙군사위원장으로 추대되었다. 같은 달 13일 최고인민회의에서 국방위원회 제1위원장에 오르며 짧은 시간에 북한 당·정·군 의 최고위직을 차지했다.

이후 김정은은 김일성-김정일주의를 당의 지도사상으로 명문화했으며, 2016년 5월 조선로동당 제7차 대회에서는 당규약 개정을 통해 신설된 조선로 동당 위원장에 추대되었다. 같은 해 6월 최고인민회의에서는 헌법을 개정해 국 방위원회를 국무위원회로 고치고 국무위원장에 올랐다.

---

13 이기동, "김정은의 권력승계 과정과 권력구조," 「북한연구학회보」 제16권 제2호, p. 3.
14 조선로동당 제3차 당대표자회는 2010년 9월 28일 개최되었으며, 당시 대회에서 김정은은 당 중앙 위원회 위원, 당 중앙군사위원회 부위원장에 임명되었다. 김정은이 인민군 대장에 임명된 것은 대회 하루 전인 9월 27일이었다.

2021년 1월 조선로동당 제8차 대회에서는 당규약을 다시 개정해 김정은의 당직책을 조선로동당 위원장에서 총비서로 개편했다.

김정은은 2012년 당·군·정의 최고 지위를 확보한 이후 김일성-김정일주의를 지도사상으로 제시하고 당과 국가의 권력체계를 본인 중심으로 재편하며 수령의 반열에 올라섰다.

위와 같이 김정일과 김정은의 권력 승계는 후계자 내정-후계자 공식화-당·정·군의 최고위직 확보-지도사상 제시-본인 중심의 권력체계 구축이라는 공통적 과정을 거친 것으로 나타났다. 하지만 김정일에 비해 김정은의 권력 승계 과정은 대단히 짧은 시간에 축약적으로 진행되었다. 수령 김정은에 대한 권력 엘리트와 대중들의 동의와 충성의 정도는 현재 시점에서 단언하기는 어렵다. 김정은이 북한의 수령으로서 선대인 김일성과 김정일에 버금가는 권위와 대중의 자발적 충성을 확보했을 때, 진정한 권력 승계가 완성되었다고 평가할 수 있다.

표 3 ┃ 김정일과 김정은의 권력 승계 과정 비교

	김정일(출생: 1942.2.16.)		김정은(출생: 1984.1.8. 추정)	
당무 시작	1964년 6월	(만 23세)	2006년 12월 (대학 졸업)	(만 23세)
후계자 내정	1974년 2월	당무 시작 후 9년 4개월(만 33세)	2009년 1월	대학 졸업 후 2년 1개월(만 26세)
후계자 공식화	1980년 10월	후계자 내정 후 6년 8개월(만 39세)	2010년 9월	후계자 내정 후 1년 8개월(만 27세)
조선인민군 최고사령관 취임	1991년 12월	후계자 공식화 후 11년 2개월(만 50세)	2011년 12월	후계자 공식화 후 1년 3개월(만 28세)
당 최고위직 추대	1997년 10월 (총비서)	후계자 공식화 후 17년(만 56세)	2012년 4월 (제1비서)	후계자 공식화 후 1년 7개월(만 29세)
정부 최고위직 추대	1998년 9월 (국방위원장)	후계자 공식화 후 18년 9개월(만 57세)	2012년 4월 (국방위원회 제1위원장)	

II
북한의 사상

사회주의는 일반적으로 마르크스(K. Marx)와 엥겔스(F. Engels)가 창시하고, 세계 최초로 사회주의 혁명에 성공한 러시아 레닌(V. L. Lenin)의 경험과 이론이 합쳐진 일련의 혁명 과정과 사상체계를 뜻한다. 그래서 사회주의와 마르크스-레닌주의는 동의어에 가깝다.[15] 대다수 사회주의 국가는 마르크스-레닌주의를 지도 이념으로 삼았으며, 국가 운영에서 마르크스-레닌주의의 영향력은 절대적이었다.

북한의 경우도 예외는 아니어서 정권 초기 북한은 마르크스-레닌주의와 스탈린주의를 바탕으로 운영되었다. 하지만 1960년대 중반 이후 주체사상이 등장하고 유일사상체계가 수립되면서 '온 사회의 김일성주의화'가 당의 최고 강령으로 제시되었다.

이후 김정일 시대에는 주체사상에 뿌리를 둔 선군사상을 통치이념을 제시하였으며, 2009년 헌법을 개정하고 2010년에는 조선로동당 규약을 개정하여 선군사상을 통치이념으로 공식화하였다. 김정은 시대의 북한은 김일성의 주체사상과 김정일의 선군사상을 포괄하는 김일성-김정일주의를 통치이념으로 제시하였으며, 2012년 제4차 당대표자회에서 당규약을 개정해 김일성-김정일주의를 당의 지도사상이자 최고 강령으로 명문화했다.

2021년 1월 조선로동당 제8차 대회에서는 다시 당규약을 개정해 김일성-김정일주의를 "우리당의 영원한 지도사상", "혁명과 건설의 영원한 기치"로 규정

---

15 서재진, 『북한의 맑스-레닌주의와 주체사상 비교연구: 체제형성에 미친 영향과 개혁·개방의 논리를 중심으로』 (서울: 통일연구원, 2002년), p. 2.

하고 "온 사회의 김일성-김정일주의화"가 조선로동당의 최고강령이자 사명이라고 명시했다.

1. 주체사상

주체사상은 북한의 통치이념으로 북한의 정치, 경제, 사회, 문화, 외교, 군사 등 모든 분야를 규정·지배하고 있다. 북한은 주체사상을 김일성이 창시하고 김정일이 이론적으로 심화시켰다고 주장하고 있으며, 주체사상체계 전반을 '김일성주의'라고 소개하고 있다.[16]

북한에서 주체사상에 대한 논의가 시작된 것은 1950년대 중반부터이다. 스탈린 사망(1953.3.) 이후 소련 내의 스탈린 격하운동과 평화공존 노선의 등장으로 인해 공산주의 국가 간 이념논쟁, 중국과 소련의 내정 간섭에 등에 대한 대응으로 주체성에 대한 논의가 촉발되었다.

그림 1 ▮ **주체사상체계의 형성 과정**

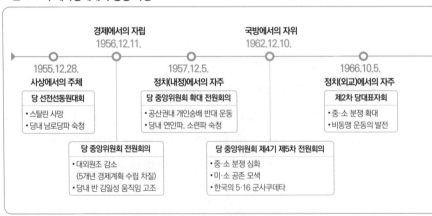

*자료: 통일교육원, 앞의 책, pp. 26~27.

16 통일부, 북한정보포털, nkinfo.unikorea.go.kr (검색일: 2019년 1월 7일).

북한은 1955년 '사상에서의 주체'를 시작으로, 1956년 '경제에서의 자립', 1957년 '정치(내정)에서의 자주', 1962년 '국방에서의 자위' 그리고 1966년 '정치(외교)에서의 자주'를 표명하며 주체사상의 이론적 체계화를 진행했다.[17]

이후 주체사상은 김일성 중심의 유일사상체계 수립 과정에서 제도화, 공식화 되었으며, 유일사상체계의 이론적 배경이 되었다.[18] 따라서 주체사상은 사실상 김일성의 1인 지배체제 수립과 권력세습을 위한 정략적 도구로 활용되었으며, 주체사상하에서 북한의 주민들은 수령의 지도에 맹목적으로 복종해야 하는 존재로 전락하였다는 평가를 받고 있다.[19]

2. 선군사상

선군사상은 문자 그대로 군을 앞세워 혁명과 건설을 실현하는 사상이며, 선군사상에 근거한 정치 방식인 선군정치와 혼용되어 사용되기도 한다. 선군

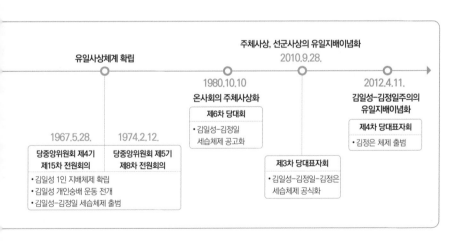

---

17 통일교육원, 앞의 책, p. 26.
18 이와 관련해서는 앞의 유일사상체계의 설명을 참조.
19 통일교육원, 앞의 책, p. 29.

사상, 선군정치는 김정일 시대를 대표하는 통치 이념이며, 정치 방식이라고 할 수 있다.

북한에서 선군정치라는 용어가 처음 등장한 것은 1997년이며, 체계적으로 설명된 것은 1996년 6월부터이다.[20] 이 시기에 선군정치가 등장하게 된 배경은 대외적 요인과 대내적 요인으로 구분해 설명할 수 있다. 대외적으로 1990년대 북한은 사회주의권 해체와 핵개발 문제로 인한 외교적 고립 상황에 직면하였고, 이에 대한 불안감으로 군사력을 강화하고자 했다. 대내적으로는 1994년 김일성의 사망과 경제위기로 촉발된 김정일의 권력위기 극복과 군 병력을 경제활동에 투입하기 위한 선택으로 해석할 수 있다.[21]

북한은 선군사상의 등장과 함께 1998년 헌법을 개정해 주석제를 폐지하고 국방위원회를 '국가주권의 최고군사지도기관'으로 명시해 최고정치기관으로 격상시켰으며, 당시 국방위원장이었던 김정일을 중심으로 한 선군정치체계를 구축하였다.

2009년 4월 최고인민회의에서 헌법 수정을 통해 주체사상과 함께 선군사상을 지도이념으로 채택하였으며, 2010년 9월 조선로동당 제3차 당대표자회에서는 당규약을 개정해 선군정치를 '사회주의 기본 정치 양식'으로 규정하며 공식화했다.

김정일의 선군정치는 북한의 대내외적 위기를 극복하고 체제 유지를 위해 제기된 통치방식이다. 그러나 선군정치로 인해 부족한 자원을 국방에 집중시킴으로써 경제가 더욱 피폐해지고 주민생활이 궁핍해졌다는 평가를 받고 있다.

통일
교육

20 진희관, "북한에서 '선군'의 등장과 선군사상이 갖는 함의에 관한 연구," 「국제정치논총」 제48집
    1호, 2008, p. 379.
21 위와 관련해서는 진희관, 위의 논문, pp. 380~382 참조.

3. 김일성-김정일주의

북한에서 수령의 후계자의 역할 중 최우선은 '수령의 혁명사상을 고수, 관철하고 발전풍부화'하는 것이다.[22] 김일성-김정일주의는 후계자 김정은에게 주어진 최우선 과제에 대한 답이며, 내용적으로는 김일성의 주체사상(지도사상)과 김정일의 선군정치(당의 기본 정치방식)가 결합된 것으로 볼 수 있다.[23]

김일성-김정일주의가 처음 언급된 것은 2012년 4월 6일 김정은이 당 중앙위원회 책임일군들과 한 담화 《위대한 김정일동지를 우리 당의 영원한 총비서로 높이 모시고 주체혁명위업을 빛나게 완성해나가자》에서이다. 해당 담화에서 김정은은 김일성-김정일주의의 내용을 다음과 같이 설명했다. 첫째, 김일성-김정일주의는 넓은 의미에서 주체사상과 동일한 내용이다. 둘째, 김일성-김정일주의의 본질은 인민대중 제일주의로 표현할 수 있다. 셋째, 온 사회의 김일성-김정일주의화가 당의 최고 강령이다.[24]

2012년 4월 11일, 조선로동당 제4차 대표자회에서는 당규약 개정을 통해 김일성-김정일주의를 당의 유일한 지도사상, 당 활동의 출발점, 당의 조직·사상적 공고화의 기초, 혁명과 건설을 영도하는 데서 지도적 지침이며, 온 사회의 김일성-김정일주의화가 당의 최고 강령이자 최종 목적이라고 명시했다.

2016년 5월 조선로동당 제7차대회에서 김정은은 "김일성-김정일주의화는 김정일동지께서 제시하시고 실현하여오신 온 사회의 김일성주의화의 혁명적 계승이며 새로운 높은 단계에로의 심화발전"이라며 선대 사상과의 관계도 명확하게 제시했다.

2021년 1월 조선로동당 제8차대회에서는 당규약을 개정해 김일성-김정일주의를 조선로동당의 영원한 지도사상이며, "주체사상에 기초하여 전일적으로 체계화된 혁명과 건설의 백과전서"라고 칭했다.

22 진희관, "북한의 사상과 김일성-김정일주의 연구," 「북한연구학회보」 제18권 제2호, p. 12.
23 통일연구원, 『북한 제7차 당대회 분야별 평가 및 향후 전망』 (서울: 통일연구원, 2016년), p. 12.
24 이와 관련한 구체적인 내용은 진희관, 앞의 논문, pp. 11~15를 참조

41

김정은 위원장은 집권 이후 지속적으로 김일성-김정일주의를 본인의 사상으로 구체화 시키고 있는 것으로 보인다. 하지만 김일성-김정일주의는 아직 사상, 이론, 방법에서 전일적인 체계를 구성하고 있다고 보기는 어렵다. 따라서 북한은 향후에도 사상문제를 종합하기 위해 지속적인 연구사업을 전개할 것으로 예측된다.[25]

---

25   진희관. 앞의 논문. pp. 18~19.

III
조선로동당의 역할과 기능

1. 역할과 성격

사회주의 국가의 권력 구조에서 근본 제도는 공산당이다. 대다수 사회주의 국가들은 단일 정당체제를 가지고 있으며, 다른 어떤 정당들도 운영될 수 없다.[26] 북한의 경우 공산당의 역할을 조선로동당이 수행하고 있으며, 조선로동당 외에도 형식적인 정당이 존재한다는 점에서 차이가 있다.[27] 하지만 본질은 일반적인 사회주의 국가의 경우와 다르지 않다.

2010년 개정된 조선로동당 규약에서는 조선로동당을 '위대한 수령 김일성 동지의 당'이며 주체사상이 유일한 지도사상이라고 명시했다. 또한, 조선로동당은 '로동계급의 혁명적 당, 근로인민대중의 대중적 당'으로 '가장 높은 형태의 정치조직이며 정치, 군사경제, 문화를 비롯한 모든 분야를 통일적으로 이끌어 나가는 사회의 영도적 정치조직이며 혁명의 참모부'라고 규정하고 있다. 그리고 조선로동당의 최종 목표는 '온 사회를 주체사상화하여 인민대중의 자주성을 완전히 실현하는' 것이라고 한다.

정리하자면 조선로동당은 위대한 수령 김일성동지의 혁명사상인 주체사상에 근거해 북한을 실질적으로 통치하는 정치조직이다. 앞서 언급했던 것처럼 북

26 코르나이, 앞의 책, pp. 86~87.

27 북한에는 조선로동당 외에 조선사회민주당과 조선천도교청우당이 존재한다. 조선사회민주당은 해방 정국에서 조만식이 창당했던 우익 정당인 민주당에 뿌리를 두고 있다. 조선천도교청우당은 천도교에 뿌리를 두고 있는 정당으로 일제강점기인 1919년 창당됐다. 해방 이후 1946년 2월 북조선 천도교청우당이 창당되었으며, 1948년 남조선 천도교청우당이 해체한 이후 남쪽 세력을 흡수해 1950년 조선천도교청우당이 창당되었다. 조선사회민주당과 조선천도교청우당은 북한에서 우당(友黨)으로 불리며 존재하지만 실제적인 당조직이나 정치적 권한은 전무하다.

한 정부도 조선로동당의 지도 대상이며, 수령과 당의 지도 영역과 권한은 사실상 무한대이다.

그림 2 ┃ 조선로동당의 형성 과정

1945.9.11.	• 박헌영, 조선공산당 결성 발표
1945.10.13.	• 소련 군정, 조선공산당 북조선 분국 창설
1945.12.17.~18.	• 조선공산당 북조선 분국, 김일성을 책임비서로 선출
1945.12.	• 조선공산당 북조선 분국, 명칭을 북조선공산당으로 변경
1946.8.28.~30.	• 북조선공산당·조선신민당 합당으로 북조선노동당 출범
1946.11.	• 소련 군정과 김일성·박헌영의 합의하 남조선노동당 창당
1949.6.24.	• 북조선노동당·남조선노동당 합당으로 노동당 창당 (당중앙위원회 위원장에는 김일성, 부위원장에는 박헌영과 허가이 선출)

*자료: 통일교육원, 앞의 책, p. 36.

조선로동당을 상징하는 깃발과 조선로동당 창건 기념탑

조선로동당 깃발의 망치와 붓, 낫은 노동자, 지식인, 농민 계급을 뜻한다. 즉 조선로동당은 노동자, 농민, 지식인 계급의 당이라는 것을 상징하고 있다.

*자료: google 검색 (검색일: 2019년 1월 8일).

그림 3 ▮ 당대회 개최 현황

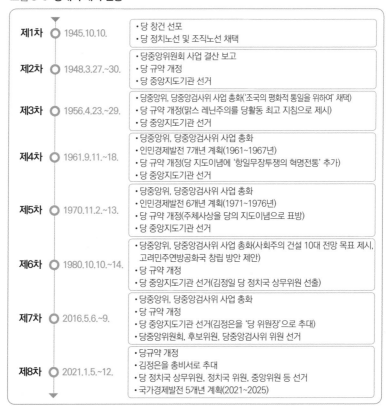

제1차	1945.10.10.	• 당 창건 선포 • 당 정치노선 및 조직노선 채택
제2차	1948.3.27.~30.	• 당중앙위원회 사업 결산 보고 • 당 규약 개정 • 당 중앙지도기관 선거
제3차	1956.4.23.~29.	• 당중앙위, 당중앙검사위 사업 총화('조국의 평화적 통일을 위하여' 채택) • 당 규약 개정(맑스 레닌주의를 당활동 최고 지침으로 제시) • 당 중앙지도기관 선거
제4차	1961.9.11.~18.	• 당중앙위, 당중앙검사위 사업 총화 • 인민경제발전 7개년 계획(1961~1967년) • 당 규약 개정(당 지도이념에 '항일무장투쟁의 혁명전통' 추가) • 당 중앙지도기관 선거
제5차	1970.11.2.~13.	• 당중앙위, 당중앙검사위 사업 총화 • 인민경제발전 6개년 계획(1971~1976년) • 당 규약 개정(주체사상을 당의 지도이념으로 표방) • 당 중앙지도기관 선거
제6차	1980.10.10.~14.	• 당중앙위, 당중앙검사위 사업 총화(사회주의 건설 10대 전망 목표 제시, 　고려민주연방공화국 창립 방안 제안) • 당 규약 개정 • 당 중앙지도기관 선거(김정일 당 정치국 상무위원 선출)
제7차	2016.5.6.~9.	• 당중앙위, 당중앙검사위 사업 총화 • 당 규약 개정 • 당 중앙지도기관 선거(김정은을 '당 위원장'으로 추대) • 당중앙위원회, 후보위원, 당중앙검사위 위원 선거
제8차	2021.1.5.~12.	• 당규약 개정 • 김정은을 총비서로 추대 • 당 정치국 상무위원, 정치국 위원, 중앙위원 등 선거 • 국가경제발전 5개년 계획(2021~2025)

*자료: 통일교육원, 앞의 책, p. 39.

2. 조직과 기능

조선로동당 규약에는 조직 활동 원칙을 '민주주의중앙집권제'라고 규정하고 있다. 북한은 '민주주의중앙집권제'를 "광범한 당원대중의 의사를 모아 로선과 정책을 세우고 당지도부를 선거하여 그 지도부가 세워진 로선과 정책을 실현하기 위한 투쟁을 유일적으로 지도하는 것"[28]이라고 설명한다. 정책의 결정과

28　과학·백과사전출판사, 『정치사전』 (평양: 과학·백과사전출판사, 1985년), p. 340.

지도부 선출 과정에서는 최대한 대중의 의사를 반영하되, 정책의 집행은 오로지 당의 지시에 따라, 수령의 영도를 실천한다는 뜻으로 해석할 수 있다.

조선로동당의 영도적 역할은 당 생활 지도와 당정책 지도로 구분되고, 당 생활 지도는 다시 조직생활 지도와 사상생활 지도로 세분화된다. 조직생활 지도는 비서국(전 정무국) 산하의 전문부서 중 '조직지도부'에서 담당하고 사상생활 지도는 '선전선동부'에서 담당한다.[29]

1) 당대회와 당대표자회

당대회는 조선로동당의 공식적인 최고 의사결정 기구이다. 당대회에서는 당의 강령과 규약을 수정할 수 있으며, 당의 노선과 정책, 전략·전술을 결정할 수 있다. 또한 당 최고지도자(현재는 당 위원장)를 추대할 수 있다. 또한, 당대회는 국정을 평가하고 향후 방향과 당의 정책기조를 공식적으로 승인한다는 의미를 가지고 있으며,[30] 대내외에 다양한 정치적 메시지를 전파한다. 과거 북한이 당대회를 정기적으로 개최하지 못한 것은 국정 운영의 성과가 미흡하거나 정책기조를 공개적으로 공표하기 어려운 내부사정과 관련이 있는 것으로 평가할 수 있다.

과거 조선로동당 규약에는 당대회를 5년에 1회 개최하도록 명시되어 있었다. 하지만 2010년 9월 제3차 당대표자회에서 규약을 개정해 위 조항을 삭제하고, 당 중앙위원회가 당대회를 소집하며 소집 날짜는 여섯 달 전에 발표하도록 했다. 2021년 제8차 당대회에서 다시 규약을 개정해 당대회를 5년에 한번씩 소집하며, 당대회 소집 발표는 수개월 전에 한다고 수정했다.

당대표자회는 당대회와 당대회 사이에 당의 노선과 정책 및 전략·전술의 긴급한 문제들을 토의·결정하며 당 중앙지도기관 구성원을 소환하고 보선하기 위해 당중앙위원회가 소집하는 회의이다.[31] 당대회에서 큰 방향의 기조가 결정

---

29 통일교육원, 앞의 책, p. 38.
30 김병욱, "제7차 조선노동당대회 개최배경에 관한 연구", 「동북아연구」 제32권 2호, p. 102.
31 통일교육원, 앞의 책, p. 40.

되는 것과 달리 당대표자회에서는 중대한 사안에 대한 긴급한 결정이 필요한 경우 열리는 것으로 평가할 수 있다. 당대표자회는 1958년과 1966년 두 차례 열린 이후 개최되지 않아 사실상 사라진 것으로 볼 수 있었는데, 김정은이 공식 등장한 2010년 제3차 당대표자회가 44년 만에 열리면서 다시 관심을 받게 되었다. 2012년 4월 제4차 당대표자회가 개최된 이후 아직까지 당대표자회는 열리지 않고 있다.

그림 4 ┃ 당대표자회 개최 현황

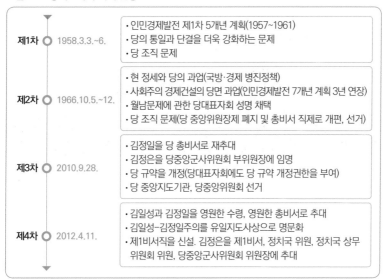

제1차	1958.3.3.~6.	• 인민경제발전 제1차 5개년 계획(1957~1961) • 당의 통일과 단결을 더욱 강화하는 문제 • 당 조직 문제
제2차	1966.10.5.~12.	• 현 정세와 당의 과업(국방·경제 병진정책) • 사회주의 경제건설의 당면 과업(인민경제발전 7개년 계획 3년 연장) • 월남문제에 관한 당대표자회 성명 채택 • 당 조직 문제(당 중앙위원장제 폐지 및 총비서 직제로 개편, 선거)
제3차	2010.9.28.	• 김정일을 당 총비서로 재추대 • 김정은을 당중앙군사위원회 부위원장에 임명 • 당 규약을 개정(당대표자회에도 당 규약 개정권한을 부여) • 당 중앙지도기관, 당중앙위원회 선거
제4차	2012.4.11.	• 김일성과 김정일을 영원한 수령, 영원한 총비서로 추대 • 김일성-김정일주의를 유일지도사상으로 명문화 • 제1비서직을 신설. 김정은을 제1비서, 정치국 위원, 정치국 상무위원회 위원, 당중앙군사위원회 위원장에 추대

*자료: 통일교육원, 앞의 책, p. 40.

2) 당 중앙위원회

조선로동당 규약에는 당 중앙위원회를 당대회와 당대회 사이에 당의 모든 사업을 조직·지도한다고 명시하고 있다. 당 중앙위원회 전원회의는 해당 시기에 제기되는 중요한 문제들을 토의·결정하며 당 중앙위원회의 주요 간부들(정치국, 비서국, 검사위원회 등)을 선출하는 권한을 가지고 있다. 당 중앙위원회 전원회의에는 중앙위원과 후보위원들이 참석하며, 2021년 1월 현재 중앙위원은 139명, 후보위원은 11명이다.[32] 후보위원은 투표권이 없으며, 전원회의는 1년에 1회 이상 소집하도록 규정되어 있다.

　　과거 당 중앙위원회 전원회의는 1993년을 마지막으로 중단되었으며, 위원들의 사망, 숙청 등의 결원으로 사실상 구성되지 않았다. 김정은이 공식적인 후계자로 지명된 2010년 3차 당대표자회에서 중앙위원들을 충원하며 새롭게 구성되었으며, 이후 꾸준히 지속되고 있다.

당 중앙위원회 제7기 5차 전원회의(2019년 12월)

*자료: 조선의 오늘, dprktoday.com (검색일: 2020년 1월 8일).

3) 당 정치국과 정치국 상무위원회

　　조선로동당 규약에는 정치국과 정치국 상무위원회를 전원회의와 전원회의 사이에 당 중앙위원회의 이름으로 당의 모든 사업을 조직·지도한다고 명시하고 있다. 2021년 1월, 조선로동당 제8차 대회에서는 정치국 상무위원회가 정치, 경제, 군사적으로 시급히 제기되는 중대한 문제를 토의·결정하고 중요 간부들을 임면하는 문제를 토의한다고 수정했다. 또한 당 수반의 위임에 따라 정치국 상무위원회 위원들은 정치국 회의를 사회할 수 있다는 내용을 추가해 정치국 상무위원회의 위상을 대폭 강화했다.

32　2021년 1월, 조선로동당 제8차 대회에서 선출

2021년 1월 현재 정치국 위원은 10명, 후보위원은 11명으로 조선로동당의 상시적인 최고의사결정 기구이다. 정치국 상무위원회는 6인(김정은, 최룡해, 조용원, 김덕훈, 박정천, 리병철)으로 구성되어 있으며, 사실상 북한의 최고 지도부라고 할 수 있다.

4) 당 비서국(전 정무국)

당 중앙위원회 비서국은 당 내부사업과 그 밖의 실무적 문제들을 토의·결정하고 그 집행을 조직·지도하는 당내 핵심 부서이다.[33] 2021년 1월, 조선로동당 제8차 당대회에서는 총 7명의 비서를 임명하였다.

과거 명칭은 당 중앙위원회 비서국이었으나 2016년 제7차 당대회에서 당의 최고위직이 당비서에서 당위원장으로 변경되며 정무국으로 변경되었다. 2021년 제8차 당대회에서 김정은을 당 총비서로 추대하며 다시 비서국으로 개편되었다. 2021년 1월 현재 비서국을 구성하고 있는 8명의 명단은 아래와 같다.

표 4 ┃ **조선로동당 비서국 구성원(2021년 1월 현재)**

총비서	김정은(정치국 상무위원)
비서 (7명)	조용원(정치국 상무위원, 조직), 리병철(정치국 상무위원, 군사), 박태성(정치국 위원, 선전), 정상학(정치국 위원, 감사), 리일환(정치국 위원, 근로단체), 김두일(정치국 위원, 경제), 최상건(정치국 위원, 과학교육)

*자료: 필자 정리

5) 당 중앙군사위원회

조선로동당 규약에는 당 중앙군사위원회를 당대회와 당대회 사이에 군사분야에서 나서는 모든 사업을 당정으로 조직·지도하는 기구로 명시하고 있다. 또한 당 중앙군사위원회의 역할을 당의 군사 노선과 정책을 관철하기 위한 대

---

33 통일교육원, 앞의 책, p. 43.

책을 토의·결정하며 혁명무력을 강화하고 군수공업을 발전시키기 위한 사업을 비롯하여 국방사업 전반을 당적으로 지도한다고 규정하고 있다.

조선로동당에 군사위원회를 설치한 것은 1962년 12월 당 중앙위원회 제4기 5차 전원회의에서 김일성이 제시한 '4대 군사노선'을 채택하는 등 국방력 강화에 대한 결정이 이루어진 뒤였다. 당 중앙위원회 산하기구였던 군사위원회는 1982년 당 중앙군사위원회로 승격되었다. 당 중앙군사위원회는 북한 전역을 병영체제화 하는 4대 군사노선 수행에 있어 핵심 역할을 담당했다.[34]

2021년 조선로동당 제8차 대회에서는 당규약을 개정해 당 "중앙군사위원회는 토의문제의 성격에 따라 회의성립비율에 관계없이 필요한 성원들만 참가시키고 소집할 수 있다."고 명시했다. 군사적 긴급사태 발생을 대비해 의사결정 구조를 효율화·간소화했으며, 김정은 총비서의 권한이 더욱 강화된 것으로 평가할 수 있다.

6) 지방조직

조선로동당의 지방조직은 당중앙위원회 산하에 도, 시 및 군 당위원회를 거쳐 초급 당위원회, 분초급 당위원회, 부문 당위원회와 5~30명의 당원으로 구성된 당 세포조직으로 이루어져 있다. 각 단위별 당조직은 관할 지역 내에서 중앙당의 축소판인 자체 조직 구조를 운영하며 절대적 권력을 행사한다. 각 단위 지역 내 권력은 해당 당위원회 위원장에게 집중되는 것이 일반적이다.[35]

---

34 이관세 외, 『북한 지식 사전』 (서울: 통일교육원, 2016년), p. 196.
35 통일교육원, 『2019 북한의 이해』 (서울: 통일교육원, 2018년), p. 44.

IV
북한 정부의 구조와 기능

북한 헌법 서문에는 조선민주주의인민공화국을 '김일성동지와 김정일동지를 영원한 수령으로 모시고 조선로동당의 령도하에 김일성동지와 김정일동지의 사상과 업적을 옹호·고수하고 계승·발전시켜 주체혁명 위업을 끝까지 완성하여 나갈 것'이라고 명시하고 있다. 또한 11조에서는 '조선민주주의인민공화국은 조선로동당의 령도하에 모든 활동을 진행한다'고 규정하고 있다. 즉, 국가는 수령과 당의 사상과 정책을 집행하는 하위 기구라고 이해할 수 있다. 이와 같은 기능을 수행하는 북한 정부의 중앙기관으로는 국무위원회, 최고인민회의, 내각과 사법기관을 들 수 있다.

1. 국무위원회

북한의 헌법에서는 국무위원회를 '국가주권의 최고정책적지도기관'이라고 규정하고 있다. 국무위원회는 국가 주요 정책의 토의·결정, 국무위원장 명령 및 국무위원회 정령, 결정의 집행 정형을 감독하고 대책을 수립하는 등의 권한을 가지고 있다.

국무위원장은 헌법상 국가를 대표하는 조선민주주의공화국의 최고령도자이며, 국가의 일체 무력을 지휘·통솔하는 총사령관이다. 국가의 대내외 전반 사업을 지도하며 국가의 중요 간부를 임명 또는 해임할 수 있으며, 국가 비상사태와 전시상태, 동원령을 선포할 수 있다.

김정일 시대에는 국방위원회가 이와 유사한 기능을 수행했으나, 2016년 6월 29일 최고인민회의 제13기 4차 회의에서 헌법을 개정해 국방위원회를 국무위원회로 고치고 김정은을 국무위원장으로 추대했다.

2. 최고인민회의

북한의 헌법에서는 최고인민회의를 '조선민주주의인민공화국의 최고주권기관'이며 입법권을 행사한다고 명시하고 있다. 입법권을 가지고 있어 우리의 국회에 해당한다고 볼 수 있지만, 사실상 조선로동당의 결정을 추인하는 역할에 불과하므로 실제 권한에서는 우리의 국회와 다소 차이가 있다.

최고인민회의는 헌법과 부문법의 수정·보충, 국가정책의 기본원칙 수립, 국무위원장, 내각총리, 중앙재판소장 및 주요 간부들의 선출과 소환, 국가의 인민경제발전계획과 실행 정형에 대한 심의·승인, 조약의 비준, 폐기 등의 권한을 가지고 있다.

최고인민회의는 주민들의 직접 투표에 의해 선출된 대의원들로 구성되며, 2019년 구성된 제14기 최고인민회의 대의원은 687명이었다. 대의원의 임기는 5년이며, 연임에 대한 규정은 없다.

최고인민회의는 정기회의와 임시회의가 있다. 정기회의는 1년 1~2회 진행되며 최고인민회의 상임위원회가 소집한다. 임시회의는 최고인민회의 상임위원회가 필요하다고 인정하거나 대의원 3분의 1 이상의 요청이 있을 때 소집한다.

최고인민회의 상임위원회는 위원장, 부위원장, 서기장, 위원들로 구성되어 있다. 주요 권한으로는 최고인민회의가 휴회 중 최고인민회의 소집, 법안 수정 및 보충안 심의 채택, 헌법과 현행 부문 법·규정의 해석, 내각의 성·위원회의 설치와 폐지, 조약의 비준·폐기 등의 권한을 가진다.[36] 최고인민회의 상임위원회 위원장

36 통일교육원, 앞의 책, p. 50.

은 대외적으로 국가를 대표하며 다른 나라 대사들의 신임장을 접수한다.

3. 내각

북한의 헌법에서는 내각을 '국가주권의 행정적 집행기관이며 전반적 국가
관리 기관'이라고 규정하고 있다. 또한 국가정책 집행을 위한 대책 수립, 국가
관리와 관련한 규정의 제정 또는 수정·보충, 인민경제발전 계획 수립과 실행, 국
가예산 편성과 집행 대책 수립, 화폐와 은행제도를 공고히 하기 위한 대책 수립,
다른 나라와 조약체결 및 대외사업 등의 임무와 권한을 가진다고 명시했다.

행정기관인 내각은 총리, 부총리, 위원장, 상(우리의 장관에 해당) 등으로 구
성되어 있으며, 임기는 5년이다. 2022년 현재 9개 위원회, 29개 성, 4개국과 국
가과학원, 중앙은행으로 구성되어 있으며, 구체적인 내용은 〈그림 5〉에서 확인
할 수 있다.

내각은 1972년 헌법 개정을 통해 정무원으로 변경되었으나, 1998년 헌법
개정 시 내각으로 부활했다. 내각은 국방 분야를 제외한 대부분의 행정 및 경제
관련 사업을 관할한다. 내각 총리는 최고인민회의에서 선출되어 내각 사업을
조직·지도하며 정부를 대표한다.[37]

과거에는 내각의 경제 업무에 당의 지도와 간섭이 심했으나, 최근에는 경제
부문에서 내각의 사령탑 역할을 강조하며 그 권한과 역할이 높아지고 있는 추
세이다.

---

37 위의 책, p. 51.

4. 사법기관

북한의 사법기관은 검찰소와 재판소로 구분할 수 있다.

검찰소는 법 집행을 감시하며, 법 위반자를 적발하여 법적 책임을 묻는 역할을 담당한다. 또한, 국가의 주권과 사회주의 제도, 인민의 권리와 생명, 재산을 보호하는 역할을 담당하고 있어, 법 집행·감시와 체제 수호 기능을 함께 수행하고 있다.

중앙검찰소 산하에 도(직할시), 시(구역), 군 검찰소와 특별검찰소가 있다. 중앙검찰소는 산하 검찰소를 통일적으로 지도하며 검사를 임명 또는 해임하는 권한을 가지고 있다.

재판소는 조선민주주의인민공화국의 이름으로 판결을 선고한다. 중앙재판소 산하에 도(직할시), 시(구역), 군 인민재판소와 특별재판소가 있으며, 재판은 판사 1명, 인민참심원[38] 2명으로 구성된 재판소가 담당한다.

북한에서는 선거를 통하여 판사를 선출하도록 규정하고 있다. 중앙재판소 소장은 최고인민회의에서, 중앙재판소 판사는 최고인민회의 상임위원회에서 선출하며, 도(직할시) 재판소와 군 인민재판소 판사는 해당 인민회의에서 선출한다.[39]

북한의 헌법에서는 재판의 독립을 규정하고 있지만 사법·재판 기관은 전적으로 당에 예속되어 있기 때문에 자율적이며 중립적인 판결을 기대하기 어렵다는 평가가 지배적이다.

---

38 이규창·정광진, 『북한형사재판제도: 특징과 실태』 (서울: 통일연구원, 2011년), pp. 53~55에서는 인민참심원제도를 다음과 같이 설명하고 있다. 참심제는 법률전문가가 아닌 일반인이 직업 판사와 합의재판부를 이루어 재판하도록 하는 제도이다. 참심원도 판사와 함께 재판에 전면적으로 참여하며, 판사와 동등한 권리를 행사하고 다수결에 따라 판결 내용을 결정한다. 북한은 1945년 11월 23일 사법국 포고령 제4호 『재판소 조직에 관한 건』에 따라 구소련의 인민참심제를 모방한 인민참심원제도를 도입·운영하기 시작했다.

39 위의 책, p. 49.

그림 5 ┃ 북한의 국가 기구

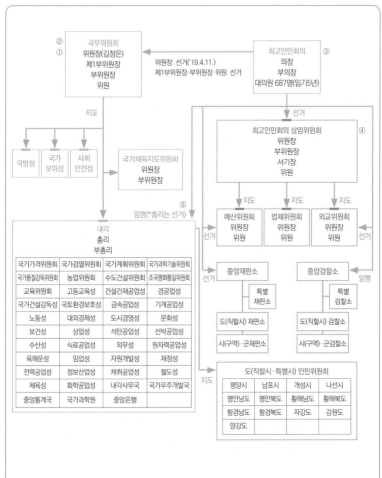

① 국무위원장: 국가전반사업지도, 국가의 주요간부 임명·소환, 조약비준·폐기, 비상·전시 동원령 선포,
  전시에 국가방위위원회 조직·지도
② 국무위원회: 최고정책적지도기관, 국가의 중요정책을 토의·결정
③ 최고인민회의: 헌법 및 각종 법률을 제정·수정·보충, 국가의 대내외 정책의 기본원칙 수립
④ 최고인민회의 상임위원회: 부문별 법안을 수정·보충, 각 기관들의 법 준수 여부에 대해 감독
  (최고인민회의가 휴회 중일때는 상임위원회가 내각을 조직·임명)
⑤ 내각: 국가정책 시행, 예산편성 등 全행정 업무 수행

*자료: 통일교육원, 『2022 북한의 이해』 (서울: 통일교육원, 2022년), p. 73.

제2장

북한의
사회주의 계획경제
(북한경제 기초)

탁용달 한국자산관리공사 책임연구원

I
서론

북한의 경제체제는 자본주의 국가들과는 근본적인 차이를 보여주고 있다. 개인의 소유권이 제한되고, 수요와 공급의 메커니즘보다는 계획이 경영활동에 필요한 대부분의 의사결정을 주도한다. 또한 위계적 질서에 따른 명령과 지시가 대부분의 경제활동에서 나타나고 생산 활동에 필요한 대부분의 재화와 노동력 등이 국가를 통해서 공급되고, 주민들이 필요로 하는 식량과 생필품 등도 국가가 공급하는 시스템이다.

하지만 이러한 전통적 사회주의 계획경제도 사회주의 우호시장의 상실, 경제적 어려움 등의 과정을 거치면서 시장화 현상을 경험하고 있다. 초기 시장화가 '아래로부터의 자발적인 현상'이었다고 한다면 최근의 시장화는 계획경제라는 공식적인 경제와 결합하면서 계획부문의 일정수준을 보완하거나 일부 주도하는 등의 변화를 보여주고 있다.

북한은 사회주의 계획경제의 전형을 보여주는 정책을 추진하다가 위기 상황에 따른 변화시도를 부분적으로 보여주었다. 본 장에서는 북한 계획경제의 특성을 소유권, 계획화, 당의 지도, 국가공급체계의 관점에서 분석하였다. 사회주의 계획경제의 일반적 특성 가운데서 북한의 상황을 잘 설명할 수 있는 키워드로 분석을 시도했다. 또한 북한 당국의 소위 '북한식 사회주의 경제발전 이론'을 서술함으로써 북한이 생각하는 경제발전의 목표에 대한 이해도를 높이고자 했다. 마지막으로 북한의 정권수립 이후 현재까지의 북한경제 변화과정을 살펴보았다.

II
북한의 계획경제의 특징

북한의 경제체제는 사회주의체제를 지향하는 것으로 남한과 같은 자본주의 국가들과는 본질적으로 다른 특성을 갖고 있다. 우선, 개인에 대한 소유를 원칙적으로 인정하지 않고 국가나 사회적 소유만을 인정하고 있다. 사회주의적 소유제도란 개념으로 설명하고 있는데 이는 생산수단이 전사회적 또는 집단적으로 소유되는 제도를 의미한다.[1] 둘째, 재화의 배분에 있어 시장의 수요와 공급의 원칙이 아닌 계획에 따라 이뤄진다. 소위 계획화의 과정을 통해서 경영활동의 의사결정이 이뤄진다. 셋째, 기업의 경영상 의사결정 권한은 중앙의 행정 당국에 집중되어 있다. 하지만 현실에서는 소위 당적 지도라는 형태로 조선로동당에 권한이 집중되어 있는 구조이다. 넷째, 중앙 집중적 공급체계와 배급제이다.

1. 사회주의적 소유권

북한은 1946년부터 생산수단의 사회주의적 소유뿐만 아니라 광산, 철도 등의 주요 산업에 대한 국유화 조치를 추진했다. 농업분야에서도 협동화를 추진하는 등 사회주의적 소유 형태를 완성해 나갔다. 사회주의적 소유 형태는 현재까지 북한의 경제체제를 유지하는 핵심적인 제도이다. 북한 헌법에 따르면 국가소유는 전체 인민이 소유하는 것으로 국가가 대신해서 나라의 모든 자연자

---

1   국립통일교육원, 『2021 북한이해』, (서울: 국립통일교육원, 2021), p. 154.

원, 철도, 항만 등의 인프라, 공장과 기업소 등의 생산시설에 대한 소유권을 갖는 것이다. 또한 그 대상에는 제한이 없다고 규정하고 있다. 반면, 사회협동단체 소유의 경우에는 해당 단체에 소속된 근로자들이 소유하는 것으로 토지와 농기계, 선박 등이 대상이라고 규정하고 있다. 협동적 소유의 대표적인 형태가 협동농장이다.[2] 북한 당국은 사회주의적 생산개조의 차원에서 소유권의 형태가 국가소유 즉 '전인민적 소유제'로의 전환이 필요하다고 강조하고 있다. 사적 소유를 인정하지 않는 고전적 사회주의 경제체제의 대표적인 사례인 것이다.

다만, 1990년대 사회주의 체제전환 이후에 사회주의 우호국으로부터의 지원 중단, 극심한 자연재해, 김일성 사망이라는 리더십의 위기 등으로 소위 '고난의 행군'을 경험한 이후에는 소비재에 한해서 개인소유권을 부분적으로 인정하고 있다. 1998년 사회주의 헌법 개정 이후 최근까지 개인과 사회단체의 소유 범위를 부분적으로 확대하고 있다.[3] 대표적으로 '합법적 경리활동을 통해 얻은 수입'의 개인 소유 및 상속을 인정(제24조)하는 것이다. 이는 경제난을 극복하는 과정에서 만연한 '시장화' 현상에 대한 현실적인 인정에서 출발한 변화의 모습이다.

또한 시장 활동을 통해서 부와 자본을 축적한 개인들이 출현하면서 개인이 소유할 수 있는 재산의 대상이나 범위가 확대되고 있다. 개인 자산가들이 공장이나 기업소 및 상업시설 등에 대한 투자 등의 활동을 하면서 사실상 생산수단을 개인적으로 소유하는 현상이 발생하고 있다. 전통적 의미의 사회주의 소유권의 개념이 약해지고 있는 것이 현실이다.

---

2   국립통일교육원, 『2021 북한이해』, (서울: 국립통일교육원, 2021), pp. 154~155.
3   북한은 경제부문에서 실용주의 노선으로 전환할 필요성에 따라 사적 소유권의 부분적 인정을 법제화했고, 소위 김일성 헌법(1998.9.5.) 제정을 통해 사회주의적 재산권의 개념을 확립하면서 경제부문에서 소유구조와 소유구조의 조정과 개인소유의 범위 확대, 경제적 자율성의 확대, 대외 경제개방의 확대 등의 내용을 포함한 바 있음.

통일
교육

2. 계획화

북한에서 계획화(planning)라는 것은 국민경제 내의 모든 계획의 작성과 실행뿐 아니라 계획수행을 감독하고 평가하는 일련의 과정을 지칭하는 개념이다.[4] 계획화는 북한만의 특성이 아니라 사회주의 국가들에서 일반적으로 나타나는 현상이다. 자본주의 국가들의 경우에는 계획화의 과정을 통해서 경제정책을 추진하기도 한다. 다만, 자본주의 국가들의 경우에는 계획화의 과정이 경제성장의 목표를 설정하거나 주요한 재원을 배분하는 등의 보조적 수단으로 인식하고 있다.

북한에서의 계획화 개념의 특성은 첫째, 계획의 대상은 광범위하지만 계획 내용에 있어 세밀함을 추구하고 있다. 계획대상을 보면, 목표 설정, 재화의 배분, 생산계획의 수립과 추진, 노동력의 양성과 배치, 대외무역의 대상과 방법에 이르는 일련의 과정을 포함하고 있다. 또한 계획범위를 보면, 중앙 차원의 계획에서 지방 차원 및 개별 경제주체의 세부 활동 등을 포괄하고 있다.

북한 계획화의 특징을 가장 잘 보여주고 있는 개념은 '계획의 일원화·세부화 조치'이다. 이 조치는 1964년부터 시행된 제도로서, 북한에서 계획 작성 과정에서 발생하는 문제들을 극복하는 과정에서 다른 사회주의 국가들처럼 시장적 요소를 도입하는 것이 아니라 계획의 완벽화를 추구하는 방식으로 문제를 해결하려고 했다. 계획의 일원화란 "국가계획기관들과 성, 중앙기관, 도급기관들, 공장기업소들의 계획부서들이 하나의 계획화체계를 이루고 국가계획위원회의 통일적 지도 밑에 계획화 사업을 진행하는 것"을 의미한다. 계획의 세부화란 "국가계획기관들이 당의 정책과 객관적 현실에 맞게 직접 전반적 경제발전과 각 공장기업소들의 경영활동을 연결시키며, 모든 단위들의 계획을 구체화하여 모든 지표들을 세부에 이르기까지 맞물릴 수 있게 하는 계획화방법"을 지칭한다.[5]

---

4   양문수, 『북한의 계획경제와 시장화 현상』, (서울: 통일교육원, 2014), p. 7.
5   리기성, 『주체의 사회주의 정치경제학의 법칙과 범주 1』, (평양: 사회과학출판사, 1992), pp. 394~396.

둘째, 계획화 과정에서는 통제와 수직적 질서가 강조된다는 점이다. 상부에서 하부로 직접적 명령을 통해 결정사항이 전달되고, 하부에서는 이를 실행하는 위계적 질서가 구축되어 있다. 이 과정에서 수평적 의사소통 능력은 중요한 고려대상이 아니다. 수직적 질서는 북한과 같은 중앙집권적 계획경제체제를 구축하고 있는 국가들에서 일반적으로 확인할 수 있는 특성이다.

〈그림 1〉을 통해서도 확인할 수 있는 것은 북한의 국가단위 경제운영기구를 단순화해서 보면 중앙의 계획당국, 개별 산업관련 부처(ministry), 기업이라는 위계적 구조로 형성되어 있다는 사실이다. 이러한 위계적 질서의 정점에는 북한경제 전체를 통제하는 중앙의 계획당국이라 할 수 있는 국가계획위원회가 있고, 이러한 질서의 최하부에는 생산 단위인 기업이 있다. 반면 자본주의 국가에서는 생산 단위가 경제활동의 가장 중심이 되고 정부 당국은 개별기업의 활동을 지원하거나 통제하는 보조적 역할로 한정되어 있다.

그림 1 ▎ **북한의 계획관리기구**

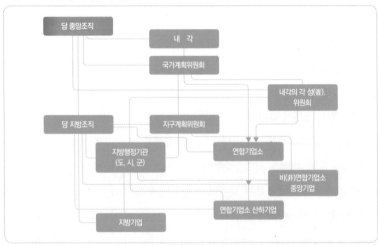

*출처: 양문수, 『북한경제의 구조: 경제개발과 침체의 메커니즘』(서울: 서울대학교출판부, 2001), p. 86.

이러한 위계적 질서 사이에는 '보고와 명령'이라는 수직적 의사결정 구조가 형성되어 있다. 개별기업은 상부단위의 계획수립을 위한 정보를 제공하는 역할에 불과하고, 계획당국은 개별정보를 모아 국가의 목표를 달성하기 위한 계획을 작성하여, 이를 모든 기업에 명령하는 '명령형 경제체제(command economics)'를 유지하고 있다. 위계적 질서를 구축할 수 있는 배경에는 개별적인 경제주체별로 관리기구가 조직되어 있기 때문이다. 국가계획위원회로 대표되는 계획 총괄 기구 산하에 각 부처(성)별 계획 담당 조직이 존재하고, 개별 기업소와 경제주체별로 담당 조직들이 그 역할을 하고 있다.

3. 당에 의한 일원적 지도

당적 지도 우선의 사업방침이 경영의 기본원칙으로 작동되고 있다. 〈그림 1〉에서도 확인할 수 있듯이 산업별 담당 행정기구의 관리체계와 당의 관리체계를 모든 단계에서 확인할 수 있다. 따라서 기업은 경제활동에서 당기관에 의한 당적 지도와 행정기관에 의한 행정 지도라는 이중규제를 받고 있다. 이 가운데 당적 지도가 행정적 지도에 우선한다는 원칙에 따라 실제로는 당에 의한 일원적 지도가 이루어지고 있다.

국가계획위원회조차 조선로동당의 지도를 받는다. 당적 지도라는 이름으로 당의 계획 작성과 실행의 모든 영역에서 영향력을 행사하고 있고, 과도한 당적 지도로 인해 '당의 행정대행' 현상까지 발생하는 등의 문제가 나타나고 있다. 즉 경영활동에 대한 당의 과도한 개입과 간섭으로 의사결정을 해야 하는 행정당국이나 경영자들이 당의 결정만을 기다리는 현상이 나타나고 있는 것이다.

당우선 방침은 기업 내부 조직에서도 이뤄지고 있다. 기업 내에서는 1961년부터 도입된 '대안의 사업체계'가 현재까지도 기업 관리의 가장 중요한 한 축을 이루고 있다. 대안의 사업체계는 김일성이 1961년 12월 대안전기공장 현지지도 이후 제시된 것으로, 앞서 1960년 2월 청산리협동농장 현지지도 이후 제기된 '청산리방법'을 공업관리체계에 도입하는 것이다.[6] 이전 공장관리체계의 핵심이

---

6   김연철, 『북한의 산업화와 경제정책』, (서울: 역사비평사, 2001), pp. 269~271.

었던 '지배인 유일관리제'의 문제를 극복하기 위한 것이었다. 즉 지배인 유일관리제가 주관주의나 개인의 독단과 관료주의를 가져왔기 때문에 이러한 문제점들을 극복하기 위한 것이라는 주장이다.

대안의 사업체계에서 확인할 수 있는 것은 첫째, 공장 당위원회를 최고지도기관으로 하는 집단지도체계를 구축하고 있다는 것이다. 공장 당위원회의 위상과 역할이 확대되는 것으로 경제 관리에서의 당적 지도를 강화하겠다는 의미를 갖고 있다. 둘째, 통일적 집중적 생산지도체계로서 생산에 대해 당이 지배하는 것으로 행정대행 현상의 제도화를 의미한다. 당의 지도와 방침이 공장으로 바로 내려지고 이를 관철해서 보고하는 당과 생산조직 간의 직접적인 연계체계가 구축되는 것을 의미한다. 셋째, 중앙집권적 자재공급체계와 후방공급체계가 구축되었다. 앞서 당의 지도와 방침이 생산 단위로까지 내려가면서 생산에 필요한 자재 등을 공급하는 것이 중앙으로 집중될 수밖에 없는 상황이 된 것이다.[7]

당적 지도 우선의 원칙은 현재까지 유효한 기업경영 원칙이다. 다만, 최근에는 내각이라는 경제부처의 전문성을 강조하는 경향이 강해지고 있고, 조선로동당의 경우에도 경제활동 전반을 관리하고 감독하는 전문부서를 신설하는 등 변화하는 모습을 보여주고 있다.

4. 중앙집중적 공급체계와 배급제

북한에서 기업 경영에 필요한 자본, 노동, 재화의 경우 '중앙의 자재공급체계'를 구축해서 운영하고 있다. 모든 재화와 노동력은 국가의 부처가 책임지고 현물로 공급하는 체계가 구축되어 있다는 것이다. 필요한 경우에는 운영자금도 공급하는 등의 '유일적 자금공급체계'가 구축되어 있다. 하지만 경제난을 경험한 이후에는 소위 '돈주'의 출현으로 시장에서의 자금조달이 가능해지고 있지

7   김연철, 위의 책, p. 271.

만 원칙적으로는 국가의 책임하에 재정공급이 이뤄지는 체제이다. 따라서 금융회사의 역할이 제한적이고 발달하지 못했다.

식량의 배급제는 해방 직후 식량난을 경험하면서 사회주의 계획경제 부문에 종사하는 도시 주민을 대상으로 1946년부터 부분적으로 도입되었다. 이후 점차 확대되어 1950년대 후반부터는 모든 주민들을 대상으로 배급제를 실시하게 되었다.[8] 북한의 배급제는 단계적으로 추진되었다. 우선 도시 주민들을 대상으로 한 "식량판매를 국가적 유일체계로 할 데 대하여"라는 내각결정을 1957년 발표했다. 이 조치로 도시 주민들은 국가에 철저하게 의존하여 식량을 공급받을 수밖에 없게 되었다. 이후 1962년 군(郡) 협동농장 경영위원회를 설치하면서 협동농장에서도 사실상의 배급제가 실시되었다. 협동농장 경영위원회 설치가 갖는 의미는 협동농장의 생산과 유통 및 분배의 일련의 과정을 국가가 장악할 수 있게 되었다는 점이다. 위원회 설치 이후 협동농장에도 도시와 같은 국가 중심의 배급체계를 구축할 수 있게 되었다.

생필품의 경우에는 일부 품목을 제외하고는 국영상점에서 자유롭게 구매가 가능했다. 하지만 전반적으로 경제사정이 악화된 1970년대 후반부터 일종의 배급표로서 국영상점에서 물건을 살 수 있는 권리증서인 '상품공급카드'가 등장했고, 이후 사실상 생필품에 대해서도 배급제가 시행된 것으로 볼 수 있다.

---

8   양문수, 『북한의 계획경제와 시장화 현상』, (서울: 통일교육원, 2014), p. 15.

III
북한의 사회주의 경제발전 이론

1. 자립적 민족경제의 계획적·균형적 발전

북한은 남한과의 체제경쟁 속에서 자신의 정치경제 체제를 정당화하는 동시에 한반도 전체를 사회주의 정치경제 체제로 전환하려는 목표를 가지고 있다. 이러한 목표 실현을 위해 북한의 경제정책이 추구해야 할 가치는 첫째, 북한체제 우월성을 증명할 수 있는 높은 생산성을 보여주어야 한다. 둘째, 한반도 전역에서 사회주의화를 실현할 수준의 경제적 토대를 만들어야 한다.[9] 북한 당국의 입장에서 이러한 두 가지 가치를 실현하는 정책노선이 소위 '자립적 민족경제건설노선'이라 할 수 있다.

북한 당국은 자신들이 건설하려고 하는 '자립적 민족경제'가 자본주의 경제 체제와는 본질적으로 다른 우월성을 갖고 있다고 주장하고 있다. 모든 생산수단을 사회적 소유 내지는 국가적 소유를 유지함으로써 모든 경제활동 과정에서 목적의식을 갖고 행동하고, 목적 달성을 위한 계획수립과 실행계획을 효과적으로 수행할 수 있다는 것이다.[10]

이는 '자립적 민족경제' 체제에서는 개인의 사적 소유를 제한함으로써 북한이라는 사회주의 공동체에서 구성원들이 충성심을 갖고 맡은 임무를 수행할 수 있는 여건이 조성된 것이고, 이 여건 하에서 높은 수준의 계획화 과정을 통해 높

---

9 박순성, 『북한 경제와 한반도 통일』, (서울: 풀빛, 2003), pp. 17~18.
10 리기성, 『주체의 사회주의정치경제학의 법칙과 범주 1: 사회주의경제의 전반적 령력에서 작용하는 경제 법칙과 범주』, (평양: 사회과학출판사, 1992), pp. 295~296.

통일
교육

은 생산성을 유지할 수 있는 체제라는 것이다. 북한은 이러한 계획화 과정을 통해서 국가와 사회의 재화에 대한 수요를 파악할 수 있고, 이는 수요와 생산(공급)의 균형을 보장할 수 있으며, 이러한 일련의 과정을 통해서 경제적 자립을 달성할 수 있다는 생각을 하고 있다.[11]

즉, 사회주의경제에서 계획은 생산과 소비의 균형을 보장함으로써, 사회주의 국가 스스로가 사회적 수요를 자립적으로 충족할 수 있게 한다는 것이다. 계획은 균형을 보장하고, 균형은 수요의 다양성을 조정하고 동시에 경제적 자립을 보장한다는 순환논리를 갖고 있다.

또한 계획화 과정에서 이뤄지는 수요와 생산의 균형은 궁극적으로 빠른 경제발전을 보장한다고 믿고 있다. 수요와 생산의 균형은 높은 수준의 성장을 보장하는 전제조건이고, 이런 의미에서 계획적이고 균형적인 발전은 북한식 사회주의 경제건설에 있어서 우선적으로 고려되어야 할 요소라고 주장하고 있다.[12] 북한은 민족경제의 발전과정 속에서 민족 내부에서 혼란을 일으키지 않으면서 동시에 높은 성장률을 달성하기 위해서는 계획적이고 균형적인 발전이 필수적이라고 판단했다. 하지만 현실에서는 계획을 통한 균형이라는 명제가 성립되기 어렵다. 다만, 북한 당국은 높은 생산 속도를 달성하기 위한 균형을 조정할 필요가 있고, 이를 위해서는 관료적 조정기제의 개입과 간섭이 필요하다고 주장하고 있다.[13] 이러한 논리구조 하에서 계획의 작성과 집행과정에서 수많은 관료적 조정기제를 통해서 경제활동에 대한 규제 기제들이 만들어졌다.

---

11 리기성, 위의 책, pp. 331~332.
12 리기성, 위의 책, p. 213.
13 박순성, 위의 책, pp. 18~20.

2. 인민경제균형구조의 조화로운 발전: 전 인민적 범위에서 다양한 균형들 사이의 조화로운 발전

북한에서 인민경제의 발전은 사회적 수요와 요구에 따라서 생산구조도 균형을 유지하면서 급속하게 발전하는 것을 최적의 상태로 규정하고 이는 결국 앞서 언급한 균형에 기초한다. 하지만 여기서 언급하고 있는 균형은 개별 범주들 간의 균형을 의미하는 것이 아니라, 전 사회적·전 인민적 범위에서 이루어지는 다양한 균형들 사이에서의 적응과 조화를 의미한다.[14]

사회주의 국가에서 경제발전이란 궁극적으로 현재의 경제규모보다 미래의 경제규모가 확대되는 확대재생산을 의미하므로 경제발전 이론의 측면에서 인민경제구조의 균형적 발전을 위해 가장 중요하게 고려되어야 할 변수는 축적과 소비 간의 균형, 생산수단과 소비재 생산 간의 균형이다.

축적은 국민소득의 일부만을 이용하여 미래에 사용할 수 있는 원천을 마련하는 것을 의미한다.[15] 하지만 축적과 소비와는 상대되는 개념으로 어느 한쪽이 늘어나면 다른 한쪽은 감소하는 상황에서 북한은 "축적을 우선적으로 빨리 늘이면서 소비를 동시에 늘이는 것"을 근본원칙으로 제시하고 있다.[16] 결국 축적이 소비에 우선하면서, 경제발전의 결과에 맞추어 소비가 증대되어야 하는 것이다.

생산수단과 소비재 생산 간의 균형에 있어서 북한은 생산수단과 소비재 생산에서의 균형은 유지해야 하지만 생산수단 생산이 우선 발전해야 한다고 주장한다.[17] 구체적으로 보면, 생산수단 생산을 구분하면 노동수단 생산과 노동대상 생산으로 나눌 수 있다. 노동수단 생산은 노동력을 감소시킬 수 있는 기계류 등에 대한 생산을 의미하고, 노동대상 생산은 노동력 투입에 따른 노동자들의 소비재에 대한 생산을 의미한다. 따라서 생산수단 생산이 우선된다고 한

---

14 박순성, 『북한 경제와 한반도 통일』, (서울: 풀빛, 2003), pp. 20~21.
15 리기성, 『주체의 사회주의정치경제학의 법칙과 범주 1: 사회주의경제의 전반적 령력에서 작용하는 경제 법칙과 범주』, (평양: 사회과학출판사, 1992), p, 346. .
16 리기성, 위의 책, p. 348.
17 박순성, 앞의 책, p. 28.

다면 노동수단 생산이 우선되어야 하고 북한의 현실에서는 기술적 진보를 통해 중공업과 기계설비생산이 우선되어야 한다는 것이다. 즉 중공업 우선정책의 경제발전 원리가 도출되는 것이다.

결과적으로, 북한의 경제발전이론은 경제발전의 균형성, 즉 인민경제구조의 조화로운 발전을 강조하지만, 소비보다는 축적을 강조하고 생산수단 생산을 강조하고 있다. 이는 결국 인민생활에서 소비보다는 저축을 강제하게 되고, 실질적인 경제활동에서 체감할 수 있는 생필품보다는 중공업 제품 생산이 우선되면서 전체적인 후생복지 수준이 낮은 상태가 지속될 수밖에 없다.

3. 사회주의적 생산의 집약적 발전

북한이 경제발전과 관련하여 주요하게 다루는 문제 중의 하나는 과학기술의 경제적 활용에 기초한 생산의 집약적 발전이라는 과제이다.[18] 생산의 집약적 발전은 기술발전에 의존하는 것이 일반적이다. 사회주의 정치경제학에서는 생산의 집약적 발전이 단계를 나눠 진행된다고 설명하고 있다. 첫째는 생산의 확대과정에서 생산요소의 확대를 통한 생산량 확대 방식이다. 둘째는 과학기술의 진보속도에 따라 생산요소들의 질적 수준이 높아진 상태에서 생산량이 확대되는 것이다.

북한에서 이러한 단계적 변화를 적용하면, 첫 번째 단계는 "기계화에 의한 손로동의 대대적인 교체와 절약이 기본으로 되는 단계"이다.[19] 이 단계에서는 중노동과 유해노동 및 기능이 낮은 노동은 사라지고, 노동의 강도에 따른 차이도 없어지는 상황이라고 설명하고 있다. 두 번째 단계는 "생산의 모든 요소들의 질적 개선과 리용수준 제고에 의한 생산성장이 기본으로 되는 단계"라고 설명하

---

18 한득보, 『주체의 사회주의정치경제학의 법칙과 범주 2: 사회주의경제의 기본분야들에서 작용하는 경제 법칙과 범주』, (평양: 사회과학출판사, 1992)
19 한득보, 위의 책, p. 246.

면서 종합적인 기계화와 자동화가 실현되어 높은 수준의 생산성이 실현되는 상황이다.[20]

북한의 이러한 구분과 동시에 이를 실현하기 위한 전제조건으로 우선 과학기술진보를 강조하고 있다.[21] 공장에서 생산되는 상품의 기술수준을 높이고, 기술공정을 개선하는 등의 노력이 필요하다고 하고 있다. 또한 다음 단계에서는 이러한 높은 생산성을 유지하고 효율성을 실현하는 단계로 설정하고 있다. 그리고 추가적으로 생산경영과 관련하여 생산자들의 주인다운 역할, 계획화 수준의 제고, 관리체계의 완성, 독립채산제의 실시 등이 필요하다고 강조하고 있다.

결국 북한 당국은 집약적 발전에 대한 이론을 토대로 1960년 이후부터 경제계획의 주요 목표로 기술혁명, 독립채산제 강화, 경제의 과학화 및 현대화, 경제관리제도의 변화 등을 강조하고 있다.

20   한득보, 위의 책, p. 231.
21   한득보, 위의 책, p. 248.

IV
북한의 경제정책 변화과정

1. 민주개혁과 전후경제복구기: 1945~1955년

해방 직후 북한 지역에서 권력을 장악한 김일성은 민주개혁을 통해 북한 지역에서 지배 정당성을 찾기 시작했다. 북한은 민주개혁 조치를 통한 한반도 전체를 공산화할 수 있는 기반을 구축하고자 했다. 북한은 소련과 중국의 지원을 보장으로 전쟁을 일으켰지만, 한국전쟁이 국제전으로 비화되고 북한 지역의 경제적 기반이 파괴되는 결과를 초래했다.

민주개혁은 김일성이 1946년 3월 발표한 「20개조 정강」에 잘 나타나 있다. 주요 내용은 일제 식민지 청산, 민주적 기본권리 보장, 복리향상을 위한 산업화, 사유권 보장 및 생산수단의 국유화, 소작제 철폐, 토지의 무상 분배, 생필품 가격 안정, 8시간 노동제 및 최저임금제, 사회보험, 무료치료, 의무교육 실시 등이다.[22]

「20개조 정강」 발표 이후 후속조치[23]의 일환으로 1946년 3월에는 『토지개혁에 대한 법령』, 8월에는 주요 산업에 대한 국유화 조치 등을 시행한다. 개혁조치 직후 1947년부터 1년 단위 경제계획을 수립하여 추진하고, 1949년부터 1950년까지 인민경제 2개년계획을 수립하여 시행했다. 당시 경제정책 추진의 목표는 공업과 농업 분야의 기술향상을 통한 자립적 민족경제 건설의 토대를

---

22 김일성, 「20개조 정강 방송연설」, 1946년 3월 23일, 『김일성저작집』2권, (평양: 조선로동당 출판사, 1982), pp. 125~127.

23 북조선임시인민위원회는 1946년 8월 「임시인민위원회 산업·교통·운수·체신·은행 등의 국유화에 대한 법률」을 발표함.

구축하는 것이었다.[24]

해방 직후 북한은 자국 내에서 여러 개혁조치들과 경제정책을 추진했고 소위 '사회주의화'하는 데 성공했다. 주요 산업에 대한 국유화 조치를 추진했고, 토지개혁을 통해 북한 지역 내의 지배 정통성을 확보하고 정권의 지지기반을 구축하는 데 일조했다. 공업과 농업 분야에서의 생산성도 크게 향상되었고, 정권 수립 직후의 경제적 성과 등은 일정 정도 이뤘다.

한국전쟁은 북한 지도부가 북한의 사회경제체제 전체를 중앙집권적 국가관리체제로 전환하는 주요한 계기가 되었다. 북한은 공업 부문에서 노동이동을 통제하고, 농업에서는 노력동원과 협동농장 제도를 활용하기 시작했다. 또한 전쟁 기간 동안 지주, 부농, 상공업자들이 대거 남쪽으로 이주함으로써 북한 내 경제활동 인구의 변화가 나타났다. 한국전쟁은 북한 경제 내부에서는 사회주의 체제 형성에 장애가 되는 요인들을 제거하는 계기로 작용한 것이다. 이후 북한은 전쟁 기간 동안의 변화에 기초하여 전후에 좀 더 용이하게 중앙 집중적 명령 경제체제를 형성하게 되었다.

한국전쟁이 끝난 이후 북한은 공식적으로 전후복구기를 통해 전쟁으로 황폐해진 북한의 사회경제적 기반을 재건하기 위해 노력했다. 북한의 지도부는 전후 경제복구를 위한 기본방향으로 농업의 협동화와 민간 상공업에 대한 사회주의화를 채택했다. 사회주의화는 피폐한 전후 경제상황에서 북한 사회 내부의 자원을 국가가 직접 동원하고 자본축적을 강제하기 위한 효과적인 방법이었다. 1953년부터 본격적으로 추진하기 시작한 농업의 협동화와 민간 상공업에 대한 국유화 조치는 1950년대 후반에서야 달성할 수 있었다.

24 조선중앙통신사, 1949, pp. 99~125.

2. 사회주의공업화 시기: 1956~1970년

북한은 전후 복구 과정에서 식량문제를 어느 정도 해결하고 난 이후부터는 사회주의 공업화를 위한 노력을 시작했다. 이러한 노력은 북한 지도부 내에서 중공업 발전을 둘러싸고 발전노선 논쟁이 벌어졌고 이는 권력투쟁으로까지 발전했다. 갈등의 핵심은 경제발전을 위한 자원배분을 어디에 중점을 둘 것인가와 관련된 것이었다. 논쟁은 1956년 말 김일성이 주장하는 중공업우선성장노선의 승리로 끝나면서, 이후 북한 경제정책의 기본방향은 완전히 중공업 중심의 공업화전략으로 귀착되었다.[25]

북한의 중공업 발전전략이란 "중공업 발전을 통해 생산수단 생산 부문의 급속한 성장을 이끌어내고 이를 통한 인민경제발전에 주도적 역할을 담당하는 것"이다. 이를 위해서 농업보다는 공업을, 경공업보다는 중공업을 발전시키는 것을 경제의 우선 목표로 설정한 것이다.[26] 이러한 북한 당국의 의도는 구체적으로 금속공업, 유색금속공업, 기계공업, 석탄공업, 화학공업 등의 성장을 유도하기 위한 노력으로 나타났다.

북한이 중공업 발전전략을 추진하면서 자주성 확립이 주요한 이슈로 등장했다. 자주성 확립과 관련해서는 우선 사회주의적 국제분업이라고 하는 사회주의 국가들과의 연대 문제가 등장했고, 두 번째는 투자의 재원을 확보하는 문제가 발생했다. 사회주의 국가들과의 연대 이슈는 해당 국가로부터 선진기술을 도입하는 것은 자주성을 훼손하는 것이 아니라는 결론을 냈다. 투자재원의 경우에는 사회주의 국가와의 연대를 통한 투자재원 확보에 어려움을 겪게 된다. 따라서 내부에서 보유하고 있던 재화를 활용하는 전략을 추진한다.

북한에서는 중공업 발전을 위한 자금원천으로서 "국유화된 공업, 국가독점 대외무역, 국영상업 및 은행체계의 수입"을 강조했다. 아울러 인민경제 전체에

---

25 김연철, 『북한의 산업화와 경제정책』, (서울: 역사비평사, 2001)의 내용을 참조.
26 김상학, 「사회주의 공업화를 위한 당과 정부의 경제정책」, 『인민』, 7월호, (평양: 조선로동당출판사, 1956), pp. 46~47.

서 자원절약과 예비의 최대한 확대, 활용을 통한 투자자원의 축적을 강조하기 시작하는 동시에 천리마운동을 통한 투자자원 축적과 동시에 대중동원을 확대하기 시작했다.[27]

공업화 시기에는 자원배분이 중공업으로 편중되면서 농업의 생산성이 저하되기 시작했고, 생필품 부족에 시달렸다. 즉 중공업 우선 발전전략의 결과로 부문 간의 불균형이라는 현상에 직면했다. 북한은 해당 시기에 제1차 5개년계획을 추진했고 성공적으로 끝났음에도 불구하고, 부문 간의 불균형을 조정하기 위해 완충기를 두었다. 이는 북한의 경제발전이론에서 강조되던 균형성이 깨지고 경제부문별 불균형이 발생했다는 사실을 보여준다. 이 시기부터 북한의 중공업 발전전략은 한계를 보여주기 시작했다.

중공업 발전전략은 1950년대 말부터 경제체제 내부의 불균형과 재화 부족으로 한계를 보였다. 북한 당국은 이를 해결하기 위해 경제관리 방식의 변화를 시도한다. 북한의 최고지도자가 현지지도를 통해 대중의 노력동원을 최대화하는 등의 변화를 시도했다. 소위 혁명적 군중노선을 통해서 농업에서는 청산리정신과 청산리방법, 공업에서의 대안의 사업체계를 강조했다. 혁명적 군중노선은 당의 지도강화와 대중동원으로 요약될 수 있다. 특히, 사회주의농촌문제에 관한 테제를 발표하면서 군 농업협동조합경영위원회를 설치함으로써 농산물의 생산과 배분 등의 일련의 과정에 국가가 개입할 수 있는 근거를 확립했다. 하지만 이러한 북한의 노력은 본인들이 강조했던 생산의 질적 발전을 통한 생산성의 향상이라기보다는 양적 동원에 기초한 성장방식에 불과했다.

1961년부터 시작되는 제1차 7개년계획(1961~67)에서 중공업 중심의 자원배분 노선을 일정 부분 수정하고 경공업을 담당하는 지방공업을 강화하려는 의지를 보여주기도 한다. 하지만 북한은 1962년 "경제건설과 국방건설의 병진노선"을 채택하고 정책기조를 수정한다. 이에 따라 국가 재정에서 국방비 비중이 1964년부터 절대적으로 증가하기 시작한다. 그 결과 제1차 7개년계획 기간

27 박순성, 앞의 책, p. 40.

동안 달성하고자 했던 균형적 발전을 이루지 못했고, 계획기간을 3년 연장하는 등 사실상 경제정책이 실패하게 된다.

3. 개방정책의 도입과 경제적 위기: 1971~1990년

북한 당국은 1970년대 들어서 경제정책 변화를 모색할 수밖에 없었다. 또한 남한과의 체제경쟁으로 인해 북한은 적극적인 개방정책 도입을 검토하지 않을 수 없었다. 북한 지도부는 선진기술과 대외경제관계의 중요성을 인식했다. 또한 사상, 기술, 문화의 3대혁명을 강조하면서 경제정책에서는 기술혁명을 강조하는 등의 정책변화를 모색했다. 하지만 두 번에 걸친 오일쇼크 등과 같은 국제경제 질서의 파동성 증가로 성과를 거두지 못했고 이는 다시 폐쇄적 경제정책으로 전환하게 한다. 그 후 1984년 합영법 등을 제정하면서 다시 개방정책을 추진하지만 성공하진 못했다. 특히 1980년대 후반에는 사회주의권 붕괴에 대응하여 '우리식 사회주의'를 강조하며 독자적인 생존을 모색하면서 경제정책에 있어서는 더욱더 폐쇄적인 정책을 추진하게 되었다.

1971년부터 시작한 6개년계획은 추진 과정에서 서구의 차관 도입을 추진했고 일정 정도로 성과를 거두기도 했다. 그리고 이후 도입한 설비를 통해 수출을 확대해 나갔고 외화획득에 적극적으로 나섰다. 사실상 제1차 개방정책을 추진했던 시기라 할 수 있다. 하지만 1976년부터 세계적인 경제침체로 인해 수출에 차질을 빚었고, 차관 도입에도 어려움을 겪었다. 또한 이 시기에는 1973년부터 3대혁명소조운동과 1975년부터 시작한 3대혁명붉은기쟁취운동 등을 통해서 대대적인 대중동원을 통한 성장정책을 추진했다. 당시 북한의 경제현실을 보면 목표로 추구했던 균형적 발전과 양적·질적 성장보다는 대중동원을 통한 노동력을 집중적으로 투입하여 생산성을 향상시키는 방법 이외에는 없었다는 현실을 확인할 수 있다.

제2차 7개년계획이 시작될 때 북한은 인민경제의 주체화·현대화·과학화를 주요한 정책기조로 내세운다. 이 정책기조는 북한이 보유한 재화와 자원을 가지고 진보한 기술로 개조하고 과학기술의 발전을 통한 생산력의 성장을 도모하고자 하는 의도를 대외적으로 발표한 것이다. 하지만 이 기조는 결국 인민경제의 주체화라고 하는 폐쇄적 기조가 우선되면서 결국 '자립적 민족경제건설노선'의 강화라는 측면으로 평가되고 북한의 경제침체는 지속되었다.

이후 북한은 경제침체를 해결하고자 자본주의 국가들과의 대외경제관계를 확대하고자 정책변화를 도모한다. 북한은 1984년 9월 외국인의 국내 투자를 유도하기 위한 방안으로 '합영법'을 제정한다.[28] 하지만 이러한 노력도 북한의 열악한 투자환경 등으로 국제사회로부터 외면당했다. 다만, 재일조선인 기업가들의 투자는 일부 성사되기도 했다.

북한의 이러한 개방시도는 사회주의체제 붕괴 위협에 직면하면서 소위 '우리식 사회주의'를 강조하면서 좀 더 폐쇄적인 경제정책 추진을 강요하는 압력으로 작용했다. 사회주의권 위기에 대응하는 차원에서 소극적인 개혁개방 정책도 1986년부터는 중지했다. 특히 그해 '자력갱생의 혁명정신'을 강조했고 1989년에는 '조선민족제일주의정신'을 발표하면서 극단적인 체제수호 전략으로 국가전략에 변화를 준다. 이는 결국 경제침체를 가중시키는 결과를 초래했다.

하지만 북한 지도부는 대외무역의 중요성을 인식했다. 1987년부터 시작된 제3차 7개년계획을 통해 무역 및 대외경제사업 확대를 주요한 과제로 설정한다. 동 시기에는 무역관련 조직의 확대 차원에서 국제무역촉진위원회나 조선대외과학기술교류협회 등을 설립하기도 한다. 자본주의 국가들과의 합영 합작을 할 수 있다는 주장을 펼치면서 대외무역에 대한 당국의 의지를 대외적으로 보여주기도 했다.

통일
교육

28 「합영법」은 1984년 9월 8일 최고인민회의 상설회의 결정 제10호로 「합영법 시행 세칙」은 1985년 3월 20일 정무원 결정 제14호로 발표되었음.

4. 경제위기의 일상화와 도전: 1991~1990년대 말

사회주의 체제전환 이후 북한은 극단적인 폐쇄정책을 추진하던 것에서 벗어나 일부 개방정책의 필요성을 인식했다. 소련과 중국이라는 사회주의 우호시장의 상실은 북한에게는 큰 도전이었다. 교역상대국의 상실이라는 표면적인 이유도 있었지만, 과거 사회주의 국가들과의 우호적인 교역관계가 상실되면서 대외무역 과정에서의 외화 및 신용이 필요하게 된 것이다. 또한 석유와 같은 에너지원을 공급받았던 주체가 상실되면서 실물경제 운영에 어려움이 가중되었다. 이런 상황에서 북한 당국은 적극적으로 대외경제관계를 확대해 갈 필요성을 느끼게 되었다.

북한 당국은 1991년부터 대외경제개방에 있어서 일정 정도의 변화를 보여왔다.[29] 이러한 개방 의지는 중국의 정책권고와 중국식 개방정책에 대한 검토로 확인할 수 있고, 1980년대 말부터 UNDP가 추진했던 두만강 지역개발계획 등을 추진하면서 과거와는 다른 변화를 보여주었다.

하지만 북한의 이러한 변화 시도에도 불구하고 핵개발 이슈로 야기된 한반도 역내 긴장고조, 김일성 사망, 1995년 이후 잇따른 자연재해는 북한 경제를 회복할 수 없는 위기 상황으로까지 몰아갔다. 이에 북한 지도부는 개방보다는 체제유지를 위한 노력에 정책적 역량을 집중할 수밖에 없었다. 그 결과 북한은 아직까지 지역개방을 통한 경제회복의 효과를 그다지 거두지 못하고 있는 형편이다.

---

29 오병훈, "북한의 대외경제정책 변화에 관한 연구-위기상황에서 정책변화의 역동성」, (서울: 고려대학교 행정학과 박사학위논문, 1994)

V
북한의 사회주의 경제정책 변화와 전망

1. 시장화 현상의 등장과 확산

북한 경제는 1990년대 경제위기를 경험하면서 시장화 현상이 나타나기 시작했다. 시장화(marketization)란 계획화(planning)와 대비되는 개념으로서 시장 메커니즘의 도입 및 확산으로 규정할 수 있다. 시장 메커니즘은 수요와 공급의 상호작용에 의해 가격이 결정되는 구조이다. 또한 시장화는 시장(marketplace)의 발생 및 확대로 규정할 수 있다. 북한에서의 시장화는 시장의 출현과 확대를 의미한다.

북한에서는 2003년 10일장 형태의 농민시장을 상설시장화하는 정책을 시행했다. 농민시장의 경우에는 계획경제 하에서 운영되던 공식 시장이었으나, 1990년대 중반 경제난 이후 암시장 형태인 '야시장', '장마당' 등으로 발전하여 식량과 공산품 등을 매매하는 공간으로 거듭났다.[30] 북한에서 시장의 출현은 의도하지 않았던 결과이다. 극심한 경제난으로 붕괴된 배급제 하에서 생존을 위한 주민들의 자발적인 노력이었다. 식량을 획득하기 위해 주민들이 갖고 있던 재화를 교환하는 단계에서 부의 축적을 경험하기도 했고, 화폐 자본을 축적해 나가면서 일부는 상업 자본을 축적하여 돈주로 성장했다.

1990년대 후반의 북한의 시장화 현상은 전국적 규모로 확산되었다. 주민들의 시장 참여 행태도 소규모로 이뤄지던 것들이 지역 간에 부족한 물자를 유

30 국립통일교육원, 『2021 북한이해』, (서울: 국립통일교육원, 2021), p. 183.

통시켜 이익을 남기는 형태, 상설시장에 참여하는 형태 등으로 발전하면서 시장 참여자 간 전국적인 네트워크를 구축하는 단계로까지 발전하게 되었다. 계획경제 하에서 전국적 규모로 발전할 수 있었던 이유는 당과 군 등 주요 특권기관들이 특권을 활용해 외화벌이 및 시장 활동을 함으로써 사실상의 불법과 비법적인 행위를 용인할 수밖에 없는 상황이었기 때문이다.[31] 결과적으로 경제위기 하에서 주민들의 시장 활동에 대한 묵시적 동의가 있었고 이는 시장화를 촉진하는 계기로 작용했다.

하지만 만연한 시장화에 대한 북한 당국의 통제 의지는 2005년부터 나타나기 시작했다. 특히 시장의 과잉확산을 막기 위해 시장억제정책이 추진되었다.[32] 김정일은 "시장은 비사회주의 서식장이요, 자본주의의 본거지"라고 언급한 이후, 2009년 11월 30일 전격적인 화폐개혁을 시행함으로써 시장의 확산을 억제하려고 했다.[33] 하지만 화폐개혁은 시행 후 약 2개월 만에 실패로 끝났고 이미 북한 주민들의 가계 경제가 시장 활동을 통해 대부분 유지되고 있는 상황이었고, 국가의 공식적인 계획체계도 시장에 의존해 작동되고 있는 상황이었다. 1990년대 '아래로부터의 시장화'가 2000년대 이후에는 계획과 시장의 공존이라는 형태로 발전했고, 시장화 현상이 합법적인 비공식 경제에서 비합법적 비공식 경제 공간으로 확산되고 결국은 합법적 공식 경제 영역으로까지 확산되는 구조로 발전했다.

2. 김정은 시대 시장화: 계획과 시장이 공존하는 이중경제구조

북한 당국이 2009년 전격적으로 추진했던 화폐개혁은 실패로 끝났다. 이는 북한 경제가 계획경제로의 회귀는 불가능하고 시장이 계획이라는 국가의 공

---

31 국립통일교육원, 위의 책, p. 185.
32 보다 자세한 것은 한기범, "북한 정책결정 과정의 조직행태와 관료정치: 경제개혁 확대 및 후퇴를 중심으로(2000~2009)", 경남대학교 대학원 박사학위논문(2009), pp.190~215 참조.
33 국립통일교육원, 앞의 책, p. 187.

식적인 경제시스템에서 자리 잡고 있음을 확인시켜 주는 사건이었다. 2012년에 집권한 김정은은 화폐개혁의 실패를 반면교사로 삼고 시장을 적극적으로 활용하려는 정책을 시행하고 있다.

김정은 집권 이후 북한 당국의 시장화 현상에 대한 대응은 첫째, 돈주로 불리는 신흥 자본가들을 활용하여 국가의 공식적인 계획달성을 위해 활용하는 모습이 나타나기 시작했다. 과거 2000년대 시장 확산기에는 시장을 중심으로 환전 및 고리대금업 등을 통해 자산을 확대해 나갔지만, 김정은 집권 이후에는 사금융 행위 뿐 아니라 실물경제 분야에서의 투자활동을 통해서 자산을 축적해 나갔다. 국가의 계획부문에 대한 투자가 대표적이다. 돈주들은 공식 국영기업소, 기관 및 공장 등의 명칭을 빌려 독자적으로 노동자를 고용하여 경영활동을 하고 수익금의 일부를 기관이나 기업소에 납부하는 방식으로까지 확대되었다.[34]

둘째, 북한은 공식적으로 시장을 허용한 이후, 국가기관들이 직접 다양한 형태로 시장 활동에 참여했고 이를 통해 내수시장을 견인하고 있다. 시장 활동을 통해 유통되고 있는 다양한 소비재를 공식 부문으로 흡수하여 유통하는 등의 정책을 추진하고 있다. 또한 국가가 직접 온라인 쇼핑몰이나 대형 상점을 건립하는 등의 조치를 통해 주민들의 변화된 소비욕구를 충족시키고 있다.[35]

셋째, 시장화 과정을 통해 축적된 시장 활동의 경험을 공식적인 계획경제와 공존하도록 하는 조치를 시행하고 있다. 소위 '우리식 경제관리 방법'[36]이라는 경제관리 개선조치를 통해서 기업소의 생산 활동 과정에서 시장과 연계되어 추진할 수 있는 이른바 제도적 근거를 마련했다. 담화의 주요 내용은 사회주의기업책임관리제 도입을 핵심으로 하여 경제관리의 효율성을 높이겠다는 것이며, 같은 해 7월에는 내각이 추가적인 대책을 마련하여 발표함으로써 본격적으로 추진하였다.[37] 이 조치는 경영권한을 현장에 부여하고, 경제단위의 자율성을 높

34 국립통일교육원, 앞의 책, p. 189.
35 국립통일교육원, 위의 책, p. 190.
36 김정은은 2014년 5월 30일 당, 국가, 책임일군들과 담화 형식을 통해 '우리식 경제관리 방법'을 발표
37 한기범, 『북한의 경제개혁과 관료정치』, p. 271.

이며 물질적 인센티브를 적극 도입한 조치라 할 수 있다.

우리식 경제관리 방법은 농업 분야에서는 분조관리제 안에서의 포전담당 책임제 등을 주요 내용으로 하고 있다. 포전담당책임제는 협동농장의 최종 노동단위를 3~5명으로 구성하고 1인당 약 1정보씩 토지를 배분하여 경작하게 한 후, 생산물 중 당국이 제공한 농자재 비용과 국가 몫을 제외한 초과 생산물을 경작 농민들에게 현물로 분배하는 제도이다.[38] 결국 개인소농으로까지의 제도 개선으로 농업 분야의 생산성을 높이기 위한 조치들이 이뤄지고 있다.

결국, 김정은 시대에는 시장화의 확산에 대해서 계획 분야와의 공존을 모색하는 전략을 추진하고 있고, 부분적으로 일부 후퇴하는 모습을 보여주기도 하지만, 계획과 시장의 공존이라는 이중경제구조의 모습은 유지하고 있는 상황이다.

3. 결론

북한의 사회주의 계획경제의 초기 모습은 여타 사회주의 국가들과는 큰 차이를 보이지 않았다. 개인의 소유권을 제한하고, 계획과 명령이라는 폐쇄적인 경제체제를 운영하였다. 이는 초기 정권의 정당성을 부여하고 남한과의 체제경쟁 속에서 우월성을 확보하는 수단으로 활용되기도 했다. 정권수립 이후 토지개혁이나 농업협동화를 통한 국가의 개인경영에 대한 개입은 이후 사회주의 공업화를 위한 축적의 원천으로 작용했다. 하지만 공업화 과정에서 소위 양적 발전에서 질적 변화로의 진전을 이뤄내지 못하고 대중운동과 동원을 통한 동원경제 시스템을 통해 그럭저럭 버티기로 일관했다.

1970년 들어서는 계획 달성에 실패하면서 경제적 위기에 직면한다. 경제적 위기를 극복하기 위한 북한 당국의 대외개방 시도도 있었다. 하지만 국제경제 환경이 북한에 우호적이지 못했고, 국제사회의 투자와 협력을 이끌어내기에도

---

38 국립통일교육원, 앞의 책, p. 191.

준비가 미흡했다. 설상가상으로 사회주의 우호시장의 상실로 인한 국제사회와의 협력도 사실상 불가능해지게 되었다.

경제적 위기가 심각해지면서 소위 아래로부터의 시장화가 진행되었다. 시장화의 확산은 사회주의적 소유권의 관점에서 체제 위협적 요인이기도 했지만, 북한의 입장에서는 허용하는 것이 불가피한 상황이었다. 시장화 확산이 가져올 체제 위협에 대한 우려도 있었지만 시장화의 확산은 거스를 수 없는 상황이었고, 계획과 시장의 공존이라는 이중경제구조를 가지고 있는 상황으로까지 발전했다.

최근 북한은 경제재건에 대한 높은 의지를 대내외적으로 보여주고 있는 상황이다. 경제위기 극복의 방식이 전통적 사회주의 계획경제로의 복원을 의미하는 것이 아니라 계획과 시장이 공존하는 상황에서 시장을 활용한 계획경제의 복원을 추구하는 것이라고 평가할 수 있다.

제3장

북한의 경제

김일한 동국대학교 DMZ평화센터 연구위원

I
김정은 시대 북한의 경제 환경

한반도 주변 국제정치가 급변하고 있다. 2019년 2월 하노이 북미협상이 실패하면서 교착된 남북관계는 해결 가능성이 점점 희박해지고 있다. 나아가 주변국의 갈등과 대립이 격화되고 있는 것이다.

미중 전략경쟁의 격화, 러시아-우크라이나전쟁의 장기화는 기존의 국제정치 질서를 뒤흔들고 있다. 북-중-러 북방 3각 체제가 강화되면서, 한-미-일 남방 3각동맹도 힘을 얻고 있다. 신냉전체제, 다극체제 등 남북관계 개선의 가능성을 약화시키고 있는 것이다.

과거의 냉전체제가 장벽너머로 진영 간에 경쟁했다면, '신냉전체제'는 관련국들이 글로벌 경제사슬에 복잡하게 얽힌 환경에서 대립해야 한다는 점에서 남북관계의 개선 방정식이 과거와는 비교할 수 없을 정도로 복잡해지고 있다.

한 치 앞을 전망할 수 없는 상황에서도 북한 경제는 조용한 변화를 추진하고 있다. 북한이 기존의 국가발전전략을 수정했다. 2018년 4월 20일 북한은 '경제건설과 핵무력(핵무기)건설 병진로선'에서 '경제건설 총집중로선'을 선언한 것이다. 경제발전에 올인(all in)하겠다는 것이다. 이러한 변화는 매우 주목할 만하다. 한국전쟁 이후 북한의 공식적인 국가발전전략은 군사력과 경제를 동시에 발전시키는 병행전략이었기 때문이다.

북한 변화의 시작은 김정은 체제의 등장과 함께 시작되었다. '경제건설 총집중로선'의 구체적인 방법으로 북한은 2014년 5월 '우리식 경제관리 방법'이라는 경제개혁 조치를 단행했다. '5·30조치'라고도 불리는 북한의 경제개혁조치는 기업분야, 농업분야, 대외무역분야와 재정 및 금융분야까지 북한 경제 전체를 포괄하고 있다. 더불어 2014년 이후 등장한 북한의 경제특구, 경제개발구정책은 남한의 경제특구와 유사한 정책으로 주목받고 있다.

그럼에도 불구하고 김정은 시대의 경제개혁조치는 여전히 많은 숙제를 안고 있다. 핵문제, 남북관계와 북미관계 개선 등 산적한 과제가 북한 경제발전의 발목을 잡고 있는 것이다. 특히 2020년 코로나19, 대북 경제제재, 장마와 태풍 피해로 경제상황이 악화되면서 기존의 경제정책을 조정했다. 2021년 1월 열린 조선로동당 제8차대회는 새로운 국가경제발전 5개년계획을 발표하면서 추진 전략을 대폭 수정한 것이다.

김정은 시대 북한의 경제 상황과 변화된 경제정책 변화를 살펴보고 더불어 경제개혁의 구체적인 모델이라고 할 수 있는 중국과 베트남의 개혁·개방정책과 비교해 보자. 성공한 사회주의 경제개혁 모델로서 중국과 베트남 사례는 북한 식 경제개혁조치에 중요한 시사점을 제공할 수 있기 때문이다.

1. 경제성장률

경제성장률은 개별 국가의 경제를 평가할 때 가장 우선적으로 분석·평가하는 대상이다. 김정은 시대의 거시경제 평가는 '낮은 수준의 완만한 성장과 대외 경제관계의 급격한 부침현상'으로 요약된다.

한국은행 추정치를 기준으로, 김정은 시대의 북한 경제성장률을 살펴보면 2013~2019년 7년 중 3년이 (-)성장을 기록했으며, 특히 2017년, 2018년의 경우 각각 (-)3.5%와 (-)4.1%로 추정하고 있다. 2016년의 3.9% 성장은 전년의 (-)성장에 따른 기저효과(base effect)인 반면에 2017년 성장률은 (-)3.5%, 2018년 (-)4.1%로 또다시 하락했다. 2016년 큰 폭으로 증가했던 광업과 제조업이 (-)성장하면서 20년 만에 최대 낙폭을 기록했다는 것이다. 2019년 (+)성장은 2017년과 2018년의 큰 낙폭에 따른 기저효과인 셈이다.

표 1 ▮ 북한의 GDP 추이 (단위: 억 달러)

연도	2013	2014	2015	2016	2017	2018	2019
GDP	253	264	274	296	307	323	335

*자료: DPRK, VNR, 2021 등
*주 1) 2013, 2014년 DATA는 리기성 교수, 일본 東洋経済, 2018년 3월 1일 기준
*주 2) 2016, 2017년 DATA는 리기성 교수, 일본 교도통신, 2018년 10월 12일 기준
*주 3) 2015, 2019년 DATA는 DPRK, VNR, 2021 기준
*주 4) 2018년 DATA는 DPRK, VNR, 2021. 연평균 성장률 5.1% 기준으로 계상한 추정치

　한편, 북한은 최근에 공식 또는 비공식 채널을 통해 국가 GDP를 공개했다.[1] VNR 보고서에서 2015년 2019년 국가 GDP를 공개했다. VNR 보고서가 발표되기 전에 북한의 사회과학원 경제연구소 리기성 교수는 2018년 두 차례 일본 언론을 통해 북한 GDP를 공개했다. 리기성 교수는 東洋経済(동양경제) (2018.3.1.)와의 인터뷰에서 북한의 1인당 GDP가 2013년 1,013달러, 2014년 1,054달러라고 공개했다. 더불어 共同通信(교도통신)(2018.10.12.)과의 인터뷰에서는 2017년 북한의 GDP가 307억 달러로 2016년의 296억 달러에 비해 증가했다고 밝히고 있다. 이와 함께 북한 인구가 2016년의 2,515만 9,000명에서 2017년의 2,528만 7,000명으로 증가했다고 밝힘에 따라 관련 DATA를 교차 정리하면 북한의 GDP 추정치를 산정할 수 있게 되었다.

　북한의 공식 및 비공식 발표에 따른 경제성장률은 지속적으로 (+) 성장해 왔으며, 특히 2016년에는 전년 대비 8.0% 성장했으며, 2017년과 2019년은 각각 3.7% 성장률을 기록했다. VNR 보고서는 2015~2019년의 연평균 GDP 성장률이 5.1%라고 발표했다. 북한의 발표에 따르면 2013년부터 2019년까지 북한의 경제성장률은 약 5% 내외에서 꾸준히 성장해온 것이다.

1　Voluntary National Review on the Implementation of the 2030 Agenda for the Sustainable Development, Democratic People's Republic of Korea, June 2021. ; VNR(Voluntary National Review)은 유엔의 '지속가능발전을 위한 2030 의제(the 2030 Agenda for Sustainable Development)'의 핵심인 지속가능발전목표(Sustainable Development Goals, SDGs) 이행에 동참하는 국가들이 자발적으로 SDGs 이행과정의 경험과 도전, 교훈 등을 공유하는 프로세스로 유엔 경제사회이사회(Economic and Social Council, ECOSOC) 산하의 고위급 정치 포럼(High-Level Political Forum, HLPF)이 주도하고 있다.

개별 국가의 GDP 추정은 개별 산업 분야에 대한 평가와는 달리 매우 어려운데, 기간공업 등 산업 분야의 생산 및 유통, 소비 그리고 무역 및 대외경제 등 고려해야 할 변수가 매우 복합적이라는 측면에서 자국의 정보공개를 우선할 수밖에 없는 한계를 가지고 있기 때문이다. 따라서 최근 북한이 공식 및 비공식 채널을 통해 관련 정보를 공개하고 있는 만큼 지속적인 관찰과 분석이 필요하다.

그림 1 ┃ **북한 경제성장률 추정치: 2013~2019**   (단위: %)

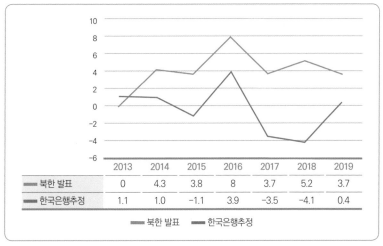

	2013	2014	2015	2016	2017	2018	2019
북한 발표	0	4.3	3.8	8	3.7	5.2	3.7
한국은행추정	1.1	1.0	-1.1	3.9	-3.5	-4.1	0.4

━━ 북한 발표 ━━ 한국은행추정

*자료: 남한 추정치는 한국은행 〈www.bok.or.kr〉 ; 북한 추정치는 〈표 1〉 북한의 GDP 추이 참조.

그럼에도 불구하고 2017년 하반기 대북제재가 강화된 이후 북한 경제성장률은 첫째, 대북제재에 따른 부문별 무역 악화, 둘째, 전력 및 곡물 생산량에 영향을 미치는 기상 악화(가뭄, 수해), 셋째, 2020년 1월 코로나19 발생 이후 국경봉쇄와 무역중단의 부정적인 영향을 받았을 것으로 추정된다.

북한의 경제성장률

• 북한 경제성장률 평가: 북한의 거시경제 평가에서 가장 당혹스러운 부분이 바로 경제성장률이다. 한국은행이 매년 내부 자료를 통해 추정하고 있는 북한 경제성장률은 산출 근거에 대한 오랜 논쟁이 해소되지 않고 있으며, data의 해석에 대한 연구자들의 의견 역시 통일되지 않고 있다. 따라서 경제성장률 등 북한 경제 관련 추정 data는 신중하게 활용할 필요가 있다.

2. 곡물생산량

농업 분야에 대한 평가 역시 GDP 추정치와 마찬가지로 남북한은 극단적인 차이를 보이고 있다. 북한이 VNR 보고서를 통해 최초로 공개한 곡물생산량은 남한의 농촌진흥청이 추정하는 곡물생산량과 큰 차이를 보이고 있다. 최고 생산 연도인 2019년은 약 200만 톤 차이가 발생했고, 2020년 생산량도 112만 톤이 차이가 난다.

그럼에도 불구하고 생산량 차이가 가장 근접한 2018년에는 30만 톤이다. 곡물생산량 추정엔 다양한 변수가 활용된다. 먼저 곡물생산량에 포함되는 미곡류, 맥류, 잡곡류, 두류, 서류 등 작물의 종류이고, 곡물의 상태와 껍질의 유무에 따라 정곡과 조곡으로 구분한다. 2018년 생산량에 대한 남북한의 추정치가 가장 근접해 있다는 점에서 곡물의 종류와 상태가 동일하다고 평가할 수 있다. 즉 미곡류(쌀), 맥류(보리·밀), 잡곡류(옥수수), 두류(콩), 서류(감자) 등 곡물의 종류와 껍질을 벗긴 정곡을 기준으로 생산량을 산출한 것이다.

그림 2 ┃ **북한의 곡물생산량 추정치(2013~2020)**　(단위: 만 톤)

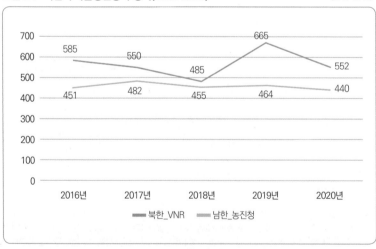

*자료: 남한 추정치는 한국은행 〈www.bok.or.kr〉 통계청(농촌진흥청) ; 북한 추정치는 VNR 보고서 참조
*식량생산량에 포함되는 작물은 미곡류, 맥류, 잡곡류, 두류, 서류 등이며, 껍질을 벗긴 정곡 상태

남북한의 곡물생산량 차이를 줄이기 위해서는 북한 데이터의 신뢰 문제를 고려하더라도 남한 농촌진흥청의 추정방법에 대한 근본적인 변화가 필요한데, 조곡을 정곡으로 전환할 때 발생하는 곡물의 도정률, 곡물의 수확과정, 보관 등에서 발생하는 수확 후 손실분 등에 대한 기준을 새롭게 정할 필요가 있다. 추가적으로 북한의 공식적인 곡물생산 계획에서 벗어난 계획 외 생산량에 대한 추정방법도 적극 검토할 필요가 있다. 개인 텃밭, 공장기업소의 부업지, 협동농장의 자체기금(영농자금)용으로 생산된 곡물 등이다.

3. 대외무역(북중무역)

북한의 대외무역 데이터는 비교적 신뢰할 만한 자료이다. 북한은 무역 데이터를 공개하지 않지만, 북한과 무역하는 상대국가의 무역 정보를 거울효과(mirror effect)를 통해 접근할 수 있기 때문이다.

그림 3 ▮ **북한의 무역: 2012~2020**   (단위: 백만 달러)

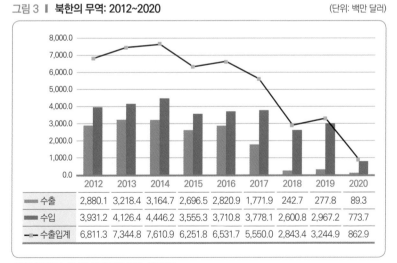

	2012	2013	2014	2015	2016	2017	2018	2019	2020
수출	2,880.1	3,218.4	3,164.7	2,696.5	2,820.9	1,771.9	242.7	277.8	89.3
수입	3,931.2	4,126.4	4,446.2	3,555.3	3,710.8	3,778.1	2,600.8	2,967.2	773.7
수출입계	6,811.3	7,344.8	7,610.9	6,251.8	6,531.7	5,550.0	2,843.4	3,244.9	862.9

*자료: KOTRA, 「북한 대외무역 동향」 각 연도.

북한의 대외무역이 극적인 변화를 보이는 시점은 2017년 하반기 이후이다. 유엔의 대북제재가 본격화되면서 무역 규모가 급감하기 시작했다. 북한 대외무역 총액은 10년(2008~2017년) 평균은 57.8억 달러였다. 반면에 2018년 이후 무역총액(수출입)이 급감하기 시작해 2020년 10월 최저치를 기록했다. 2020년 북한의 중국무역액 급감현상은 첫째, 대북제재의 장기화, 둘째, 코로나19의 영향에 따른 국경봉쇄로 추정된다.

II
김정은 시대 경제개혁조치: '우리식 경제관리 방법'

1. '5·30' 경제관리개선조치: 북한식 개혁·개방정책

2012년 김정은 체제 등장 이후 북한은 내부경제개혁과 대외개방정책을 동시에 추진했다. 북한식 경제체제 개혁은 2011년 12월 말 김정은 위원장의 '경제관리 개선방안 마련' 지시에서 시작되었다. 2012년 초 구성된 내각(남한의 행정부) 상무조(TF팀)는 약 9개월간 내각 권한의 강화(내각책임제), 기업소 노동보수 지불, 상품가격 제정, 국영유통망 활성화, 농업부문 개편 등의 내용을 담은 내각 보고안을 채택했다. 경제개방정책은 「경제개발구법」(2013.5)을 제정하면서 기존 국가단위의 경제특구와 함께 지방급 경제개발구를 지정하면서 시작되었다.

북한의 경제개혁조치는 2012년 새로운 기업관리체계인 '사회주의기업책임관리제'로, 2013년 3월에는 '분조관리제와 포전담당책임제'의 강화를 골자로 하는 농업관리방식의 개혁조치가 구체적인 모습을 드러냈다.

새로운 기업관리와 농업관리체계가 완성되자 2014년 5월 30일 《현실발전의 요구에 맞는 우리식 경제관리 방법을 확립할데 대하여》(김정은), 이른바 '5·30 담화'가 발표되고 '우리식 경제방리 방법'이 정식화되었다.

경제개혁 정책의 추진과 함께 후속조치로서 제도화 과정이 뒤따랐다. '우리식 경제관리 방법'에 법적 구속력과 안정성을 부여하는 조치였다. 법 제도 개혁의 핵심은 사회주의기업책임관리제로 대표되는 새로운 '기업관리체계'와 분조관리제와 포전담당책임제 중심의 새로운 '농업관리체계' 그리고 '재정 및 금융

제도', '대외무역제도' 개혁을 통해 기업과 농장을 지원하고 관련 법률 간의 상
호정합성을 체계화하는 것이었다.

표 2 ┃ 북한의 '우리식 경제관리 방법' 주요 내용

단계	주요내용
2011.12.28. 김정은, '경제관리 개선방안'마련 지시	• "경제문제, 특히 먹는 문제만 풀면 부러울 것이 없음. 주체사상을 구현한 우리식 경제관리 방법을 찾아야 함."

2012년 초
내각 상무조 구성
	• 내각 권한의 강화, 기업소에 노동보수 지불 및 상품가격 제정권한 부여,
	국영유통망 활성화, 농업부문 개편 등의 내용 포함
	 - 소비품들을 국영상업망에 넣어 유통시킬데 대하여 주신 지시를
	  관철할데 대하여(2012.08 상업성),
	 - 국영기업소, 협동단체들에서 생산한 제품을 시장에 내다 팔게 할데
	  대하여 주신 지시를 철저히 관철할데 대하여(2013.07 상업성)

2012.06 가변가격 시범 도입	• 고정불변적인 가격방식으로부터 가변적인 기준가격방식으로 전환하기 위한 사업을 시범적으로 진행
2012.06 수입분배를 소득분배 방식으로 시범적 전환	• 공장, 기업소의 수입분배를 순소득분배방법으로부터 소득분배 방법으로 전환하며, 이에 맞추어 국가납부율을 판매수입에 기초하여 결정하며, 국가납부 몫을 바친 이후에 공장, 기업소들이 쓸 몫에 대해서는 자체의 결심에 따라 능동적으로 쓸 수 있게 권한 부여
2012.09 내각 試案 마련 후 시범실시(상업부문 즉시 실시)	• 국영상업망의 소비재 유통 활성화를 위한 방안을 제시하고 국영기업소, 협동단체들에서 생산한 제품을 시장에 판매할 수 있게 허용
2013.03 농업부문 확대 시행	• 분조관리조 안에서 포전담당제에 의한 알곡현물분배 방안 등 새로운 농업관리 방법 시행 - 새로운 농업부문 경제관리 방법을 정확히 구현할데 대하여(2013.03) - 분조관리조 안에서 포전담당제에 의한 알곡현물분배 지도서(2013.08 농업성)
2013.01 가격제정권 개선	• 공장, 기업소가 자기 실정에 맞게 일을 능동적으로 해 나갈 수 있도록 공장, 기업소에 가격제정권을 부여
2013.05 대외경제정책 보완	• 「경제개발구법」 제정(2013.05)
2013.07 소비품의 시장판매 허용	• 《공장, 기업소에서 생산한 소비품을 시장의 공장·기업소 매대를 마련하여 국영기업소, 협동단체들에서 생산한 제품을 시장에 내다 팔게 할데 대하여 주신 지시를 철저히 관철할데 대하여》(상업성 지시)를 통해서 소비품을 생산한 기업체들이 시장에 공장·기업소 매대를 마련하고 생산품 판매 허용

단계	주요내용
2013.08 기업소 주문, 계약생산 허용	• 기업소들이 계획 수행 이후에 더 생산할 수 있거나 수요가 있는 지표들을 주문과 계약에 따라… 생산을 조직할 수 있도록 여러 가지 생산조직 형태와 방법을 허용
2014.05.30. 김정은, 5·30 담화'발표	• 《현실발전의 요구에 맞게 우리식 경제관리 방법을 확립할 데 대하여》(당, 국가, 군대기관 책임일군들과 한 담화, 2014.05.30.) 김정은, "사회주의 강성국가 건설을 위해 현실발전의 요구에 맞는 우리식 경제관리 방법을 확립해야 함. 사회주의적 소유와 집단주의 원칙을 철저히 구현해야 함."
2014.07 내각 추가대책안	• 2015년까지 '국가경제발전전략' 작성, 시장가격을 반영하여 국정가격 점진적 인상, 3년 연속 손실·계획미달 기업 폐업 검토 등의 내용 – 경애하는 김정 은 동지의 고전적 로작 《현실발전의 요구에 맞는 우리식 경제관리 방법을 확립할데 대하여》에 제시된 강령적 과업을 철저히 관철할데 대하여(2014.07 내각결정)
2014년 이후 '우리식 경제관리 방법'의 법제화	• 「인민경제계획법」 개정(2015.06.25.) • 「기업소법」 개정(2014.11.05., 2015.05.21.) • 「농장법」 개정(2012.11.20., 2013.07.24., 2014.12.23., 2015.06.25.) • 「무역법」 개정(2015.12.23.) • 「재정법」 개정(2015.04.18.) • 「사회주의기업책임관리제 실시를 위한 독립채산제 규정」(2014.01) 채택과 시행세칙 마련 – 「로동보수자금지불규정 세칙」 수정·보충(2014.08 중앙은행) – 「기업체 주민유휴화페동원이용 표준세칙」(2014.09 중앙은행) – 「사회주의물자교류시장운영 표준세칙」(2014.09 국가가격위원회) – 「기업소지표가격제정 표준세칙」(2014.09 국가가격위원회) – 「기업체소득분배 표준세칙」(2014.11 재정성)

*자료: 이석기 외, 「김정은 시대 북한 경제개혁 연구-'우리식 경제관리방법'을 중심으로」, 산업연구원, 2018. pp. 53~54. 수정 보완.

'5·30조치' 등 북한 경제개혁 조치의 특징은 첫째, 경제관리개선조치라는 이름으로 정책변화를 모색하면서 법과 제도의 변화로 뒷받침하는 형태로 추진되었다. 둘째, 경제관리개선 방안을 마련하는 방식도 예전에 비해 점진적인 방식으로 진행되었다. 정책의 점진적인 추진은 시범사업이 진행되고, '5·30 담화'가 발표된 이후에도 지속적으로 후속조치를 보완하는 방법으로 개혁조치가 진행되었다.

경제개혁 관련법은 2012년부터 시작해서 2015년까지 지속적으로 제정 및 개정되었다. 「무역법」(2012.04, 2015.12)을 시작으로 「농장법」(2012.12, 2013.07, 2014.12, 2015.06), 「기업소법」(2014.11, 2015.05), 「재정법」(2015.04), 「인민경제계획법」(2015.06), 「중앙은행법」(2015.07), 「상업은행법」(2015.07) 등 이 개정되었다. 지방경제 개혁을 위해 「지방예산법」(2012.12)이 새롭게 제정되었고, 김정은 시대의 대표적인 대외경제정책인 경제개발구 설치를 지원하는 「경제개발구법」(2013.05) 역시 추가 제정되었다. 특히 「무역법」, 「농장법」, 「기업소법」 등 정책개혁의 핵심적인 법률은 2~4차례에 걸쳐 수정 보충작업이 집중적으로 진행되었다.

표 3 ┃ 김정은 시대 주요 경제관련 법제 변화

시기		법규명	제정/개정
2012	04.03	무역법	수정 보충
	11.20	농장법	수정 보충
	12.19	지방예산법	새로 채택
2013	05.29	경제개발구법	새로 채택
	07.24	농장법	수정 보충
2014	11	기업소법	수정 보충
	12.23	농장법	수정 보충
	12.24	편의봉사법	새로 채택
	12.24	종합무역장관리법	새로 채택
2015	04.08	재정법	수정 보충
	04.08	회계법	수정 보충
	05.21	기업소법	수정 보충
	06.25	농장법	수정 보충
	06.25	인민경제계획법	수정 보충
	07.22	상업은행법	수정 보충
	12.23	무역법	수정 보충

*자료: 이석기 외, 산업연구원, 2018. p. 59.

2. 북한의 경제개혁조치: 기업정책, 농업정책, 재정·금융정책

1) 기업개혁 조치: 사회주의기업책임관리제

북한은 2012년 이후 기업의 경영 자율성을 크게 제고하는 방향으로 기업관리제도를 개편하고, 「인민경제계획법」, 「기업소법」, 「재정법」 등 관련법과 시행세칙의 개정 및 제정을 통해 이를 제도화했다. 제도화 과정에서 북한은 새로운 기업관리제도를 "사회주의기업책임관리제"로 명명했다. 사회주의기업책임관리제를 통해 계획의 수립 및 수행과 평가, 가격의 책정 및 판매, 기업 자금 조달과 사용, 기업 소득의 배분, 생산조직과 고용, 설비투자 및 처분 등 국영기업 경영에서 국가의 역할을 제한하고, 기업의 자율성을 크게 강화한 것이다.

북한은 사회주의기업책임관리제를 "공장, 기업소, 협동단체들이 생산수단에 대한 사회주의적 소유에 기초하여 실제적인 경영권을 가지고 기업활동을 창발적으로 하여 당과 국가 앞에 지닌 임무를 수행하며 근로자들이 생산과 관리에서 주인으로서의 책임과 역할을 다하게 하는 기업관리방법"으로 규정하고, "기업체들이 실제적인 경영권을 원활하게 활용하면서 기업활동을 주동적으로, 창발적으로, 능동적으로 진행"하기 위한 제도로 설명한다.

국가가 기업의 '실제적인' 경영을 제도적으로 보장함으로써 "기업체의 리익과 개별적 종업원들의 리익을 기업경영결과에 의존시키고 로동에 의한 분배를 철저히 실현함으로써 사회생산물분배에서 축적의 우위성을 보장하는 원칙에서 소비와의 균형을 보장"해줄 수 있다는 것이다. 사회주의기업책임관리제의 '경영상 상대적 독자성'을 위해 계획작성권, 생산조직권, 가격제정권, 제품개발권, 제품판매권, 인재관리권 등의 제도화가 구체화되었다.(리창하 2018)

그림 4 ┃ 북한 기업체의 수요-공급에 의한 생산물 가격결정

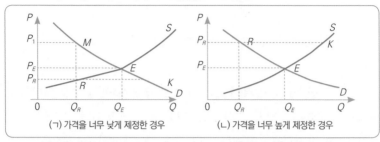

(ㄱ) 가격을 너무 낮게 제정한 경우   (ㄴ) 가격을 너무 높게 제정한 경우

*자료: 김명철, "합리적인 가격제정의 주요요인", 『김일성종합대학학보-철학,경제학』 2017년 제63권
제2호, p. 98.
*주: 사회주의 계획경제를 채택하고 있는 북한도 최근 자본주의 시장경제의 가격결정 방식인 수요와 공
급이론을 부분적으로 적용하고 있다.

사회주의기업책임관리제를 통한 기업 자율성의 확대는 국영기업의 시장경
제활동을 공식적으로 승인하고, 국영기업이 시장을 적극 활용해 생산과 투자를
확대하고, 효율성을 높여 경제성장 및 재정수입 확충을 도모하는 개혁이라고
할 수 있다.

우선, 계획화 체계의 개편을 통해 기업의 자율성을 강화하고, 국영기업의 생
산을 통한 시장 활동을 공식적으로 허용했다. 「인민경제계획법」과 「기업소법」
등 기업관리 관련법을 개정해 국가가 기업에 하달하는 중앙지표의 수를 줄이
고, 기업소지표를 도입해 기업이 자체적으로 개발한 지표를 계획에 반영할 수
있게 함으로써 시장을 대상으로 한 기업 경영활동을 계획에 공식적으로 반영할
수 있게 했다. 기업소지표의 도입과 함께 수요자와 공급자 간의 주문계약의 내
용을 계획에 반영할 수 있게 했다. 계획수행과 그 평가에 있어서도 계획수행을
위한 중앙으로부터의 물자공급 여부 및 그 정도와 연계시킴으로써 국가계획의
수행과 관련한 국가와 기업 간의 갈등 요소를 완화했다.

둘째, 기업에 가격제정권과 판매권을 부여했다. 국가가 원료 및 자재를 공
급해 주지 못해 기업이 이를 자체적으로 조달해 생산한 모든 제품에 대해서 기
업이 가격을 결정토록 했다. 이를 통해 시장가격이 공식적으로 승인되는 효과
가 동반되었다.

셋째, 기업 소득의 배분 및 자금 운영 측면에서 국가와 기업 간 갈등요소를 제거하고, 기업의 자율성을 제고했다. 「재정법」을 개정해 기업에 실질적인 재정 관리권을 부여했다. 기업은 판매수입 총액에서 국가납부금을 제외한 소득을 기업체가 자체적으로 노동자 임금과 자체 기업소 기금으로 사용할 수 있도록 개편했다. 국영기업의 현금 사용에 대한 통제를 크게 완화했는데, 현금계좌제도를 도입해 시장경제활동에 수반되는 현금의 흐름을 합법화했다. 또한 '주민유휴화폐 동원·이용에 관한 시행세칙' 등을 통해 기업이 돈주를 비롯한 주민으로부터 자금을 조달해 사용할 수 있도록 했다. 그동안 불법이었던 국영기업의 주민 자금 조달을 합법화한 점은 의미가 크다고 할 수 있다.

넷째, 「기업소법」의 개정을 통해 기업의 조직 및 고용 구조조정 가능성을 부여했다. 기업은 실정에 맞게 관리기구를 조직하거나 통합정리하며, 직제와 정원을 조절할 수 있게 되었다. 그리고 기업에 '로력조절권'을 부여했는데, '개별적인 로력이 불필요하거나 남을 경우에 기업 상호간에 합의해 로력을 내보내거나 받아들이는 조절사업'이 가능토록 했다.

다섯째, 설비투자와 설비의 처분에 대한 기업의 자율성도 강화했다. 기업 자체자금에 의한 설비투자를 공식화했으며, 기업이 설비투자에 기여한 설비 등 고정자산에 대해서 기업에 일정한 처분권을 부여했다.(양문수 2017)

2) 농업개혁 조치: 포전담당책임제

농업부문의 새로운 경제관리방식은 기업부문과 크게 다르지 않다. 기업부문과 농업부문 모두 경제주체의 계획권을 확대하는 등 책임관리제를 강화하고 있다는 점에서 동일한 방향의 경제운영방식인 셈이다. 기업과 농업부문 모두 계획적 요소와 시장적 요소를 혼합하되 과거에 비해 시장적 요소를 좀 더 강화하는 방향으로 개혁이 추진되었다. 기업의 계획부문은 국가의 전략물자에 집중되며, 농업의 계획부문은 식량에 집중된다는 점에서 근본적인 차이가 없으며, 나머지 품목에 대해서도 기업과 협동농장에 자율 처분권을 부여함으로써 시장을 중심으로 경제활동을 하도록 한다는 점에서도 역시 차이가 없다. 기업부문과 비교할 때 농업부문에서 상대적으로 국가의 계획적 요소가 크게 작용하고 있다는 차이가 있을 뿐이다.

2012년 '6·13' 조치에 따라 북한의 협동농장 관리방법 및 식량생산을 위해 농업개혁조치가 진행되었다. 소위 '포전담당책임제'로 알려진 농업부문 개혁조치로서 북한 당국은 '현실발전의 요구와 농장원들의 이해관계에 맞게 분배방법과 수매방법을 비롯한 농업부문 경제관리 방법을 개선하게 함으로써 분조관리제를 강화하고 농민들의 생산의욕을 더욱 높여 나라의 알곡생산을 최대로 높일 수 있게 한 가장 정당한 방침'이라고 강조했다.

새로운 농업관리방법의 3가지 주요 개혁조치는 첫째, 분배방법을 이전의 현금분배방법에서 '현물분배를 기본으로 하면서 현금분배를 결합하는 방법'으로 전환하고, 둘째, 현물분배방법에 맞게 국가수매방법을 변경하고 특히 가족농으로 알려진 '포전담당책임제'를 실시하고, 셋째, 곡물생산량이 적은 저수확지를 협동농장이 아닌 '공장기업소와 기관'에 경작권을 부여하는 것이다. 즉, 농업개혁의 핵심 내용은 협동농장의 책임경영제를 지향하기 위해 계획권 확대, 포전담당책임제 도입, 조직권 확대, 재정운영권 강화, 판매권 확대, 분배제도의 개편 등 협동농장의 경영권을 전반적으로 강화하는 것이다.

김정은 체제 6년 동안 농업부문에서는 2009년 12월 제정된 「농장법」을 2012년 11월, 2013년 7월, 2014년 12월, 2015년 6월 네 차례에 걸쳐 수정·보완함으로써 적어도 '우리식 경제관리 방법'의 제도를 보완하면서 정책을 지원했다.

북한의 협동농장이 새로운 경제관리 방법을 도입하면서 달라진 중요한 변화 중 하나는 분배방식이라고 할 수 있다. 분배에 있어서는 농장원이 생산의욕을 가질 수 있도록 평균주의를 배제하고 노동의 양과 질에 따라 정확히 분배하는 것이 사회주의 분배원칙임을 강조했다.(김정은 2014)

표 4 ┃ 「농장법」개정 주요 내용

	종전 법령	2012~15 개정 법령
경영활동 원칙	-	농장책임관리제 실시
운영 관련 제도	분조관리제, 작업반 우대제, 독립채산제의 실시	분조관리제 안에서의 포전담당책임제와 유상유벌제 실시
계획지표의 분담	-	중앙지표와 농장지표의 구분. 농장은 중앙지표 달성 전제하에 자체로 농장지표 계획화 가능
농업생산조직 및 노동력 배치	-	여러 부업생산단위 자체 조직 가능. 직종별 노동력 배치 관련 자율성 확대
재정 관련 권한	-	농장의 현금 보유 가능. 농장지표 통해 획득 자금의 경영활동 무제한 사용 가능. 주민들의 유휴화폐자금 동원이용 가능
결산분배	원론적 언급(현금분배 방식)	현물분배를 기본으로 하면서 현금분배를 결합하는 방식
국가수매와 농장의 자율처분	일정 수량만 남겨두고 전량 국가에서 수매	국가 수매량 납부 이후 남은 물량을 농장이 자율적으로 처분 가능
가격제정 및 판매 권한	일부 농산물을 직매점 통해 판매 가능	국가 수매량 납부 이후 남은 물량을 기관·기업소 등에 판매 가능. 농장지표와 부업생산물은 농장 자체로 가격결정 및 판매 가능

*자료: 양문수, "김정은 집권 이후 개정 법령을 통해 본 '우리식 경제관리 방법'", 「통일정책연구」, 제26권 2호, 통일연구원, 2017. p. 84.

'6·13' 조치의 법적 구속력은 「농장법」 개정으로 나타났다. 주요한 규정으로는 우선, 농장의 경영활동 원칙과 관련해서 2014년 개정을 통해 '농장책임관리제'를 실시한다는 문구를 포함시켰다(제4조). 이는 김정은 시대의 핵심적인 경제관리개선조치인 '사회주의기업책임관리제'가 국영기업뿐 아니라 협동농장에도 적용되고 있다는 것을 의미한다. 농장책임관리와 관련해서 종전에는 "분조관리제, 작업반우대제, 독립채산제"가 강조되었다면 2014년 개정법은 작업반우대제와 독립채산제가 사라지고 "분조관리제 안에서의 포전담당제와 유상유벌제" 실시로 변경되었다(제22조). 즉 농장의 기초적인 단위를 4~5명 수준의 가족농이 가능한 규모로 축소함으로써 근로의욕을 강화하는 조치인 것이다.

둘째, 농장의 자체 생산계획권이 강화되었다. 협동농장은 곡물에 대해서는 국가의 목표를 충실히 달성하되 나머지 품목에 대해서는 자율적으로 의사결정을 할 수 있게 되었다. 협동농장의 책임경영제가 강조되면서 관리위원장은 농장의 수입 확보에 총력을 기울이게 되고, 국가수매에 의존하는 알곡(식량용 곡물)보다는 시장을 통해 판매할 수 있는 남새(채소) 및 공예작물 생산에도 관심을 기울이게 되었다. 농장지표라는 새로운 개념이 등장했다. 즉 "농장은 중앙지표(주로 식량 등)로 시달된 농업생산계획을 수행하는 조건에서 수입이 높은 여러 가지 작물을 농장지표(예를 들면 딸기 등 고수익 특용작물)로 계획화하고 자체로 재배(제23조)"할 수 있는 조문이 신설되었다. 즉 종전에는 국가로부터 받은 지표별 계획이 유일했는데 이제는 지표별 계획을 달성한다는 전제하에 농장지표라는 이름으로 농장이 자체적으로 고수익 작물을 선택, 생산할 수 있도록 허용했다.

셋째, 농장의 분배방식도 변경되었다. 종전에는 현금분배 방식이었으나 법 개정을 통해 "현물분배를 기본으로 하면서 현금분배를 결합하는 방법(제44조)"으로 변경되었다. 국가가 미리 정한 수량을 먼저 수매하고, 나머지 농산물에 대해서는 농장원들에 대한 분배, 종자와 집짐승먹이의 조성, 농장의 확대재생산 등에 이용할 수 있고, 더욱이 처분방식에 대해서는 농장이 자율적으로 결정할 수 있도록 했다(제48조).

넷째, 농장 재정권한의 확대이다. 2014년 및 2015년 개정을 통해 농장은 은행 예금을 전제로 현금을 보유하고 이 자금을 경영활동에 사용할 수 있도록 했으며, 자체 지표 생산물에서 발생한 수익금은 경영활동에 제한 없이 쓸 수 있도록 했다. 나아가 농장에 대해 "주민들의 유휴화폐자금을 직접 동원·이용"할 수 있도록 허용했다(제43조). 농장은 주민들의 유휴자금을 이용함으로써 비료 등 농자재 구입을 통해 농산물 생산과 판매를 독려해 농업에 재투자할 수 있는 재원을 확보할 수 있게 되었다.

또 다른 변화로는 곡물생산이 저조한 저수확지를 '공장기업소와 기관'이 경작할 수 있도록 허용함으로써 휴경지에서도 제한적인 곡물을 생산하는 제도적

기반을 구축했다는 점이다.

3) 재정·금융부문 개혁조치

(1) 재정개혁

북한 재정제도의 주요 변화는 '기업소 재정'과 관련된다. 재정제도 개혁은 기업소의 국가납부금 징수방식을 개선해 기업의 경영개선을 유도하고 한편으로는 세수를 확대하는 것이었다.

먼저, 국가납부금 징수방식은 기업소의 국가납부금 산정 시 시장판매 부분을 포함시키고 징수방식을 기존의 '순소득'(총매출액-원가) 기준에서 '소득'(총매출액)을 기준으로 일정 비율을 부과하는 방법으로 변경했다. 새로 도입된 소득제는 이전의 분배제도와 큰 차이가 있다. 우선 국가 납부의 기준이 과거와 달리 판매수입에서 원가를 차감한 것이 아니라 판매수입 자체를 기준으로 한다. 즉 기업 매출액의 일정한 비율을 국가에 세금으로 납부하는 것이다.

판매수입에는 국정가격으로 판매되는 (국가)계획부문의 판매수입뿐만 아니라 기업소지표로 표시되는 (민간)시장에서의 판매수입까지를 포함한다. 이러한 제도 변화의 배경은 원가산정을 둘러싼 국가와 기업 사이의 오랜 갈등에서 비롯된 것으로 보인다. 순소득 제도 하에서 국가는 모든 방법을 동원하여 원가를 낮춰 '순소득'을 높여야 더 많은 세금을 징수할 수 있는 반면, 기업은 최대한 원가를 부풀려 '순소득'을 낮춰야 세금을 적게 납부할 수 있기 때문이다. 그러나 소득기준 납부방식이 '소득'제로 변경되면 기업이 자발적으로 원가를 절감하고 생산성을 높일 수 있다.

표 5 ▮ 「재정법」 개정 주요 내용

	종전 법령	2015 개정 법령
국가예산자금의 지출	국가예산자금은 인민경제발전을 위한 지출에 우선적으로 돌림	국가예산자금은 기본투자와 인민경제사업을 위한 지출에 우선적으로 돌림

	종전 법령	2015 개정 법령
중앙예산 수입의 원천 (국세 과세 표준)	중앙경제 부문에서 창조된 순소득	중앙경제 부문에서 창조된 순소득 또는 소득
지방예산 수입의 원천 (지방세 과세 표준)	지방경제 부문에서 창조된 순소득	지방경제 부문에서 창조된 순소득 또는 소득
기본건설자금과 대보 수자금의 동원 원천	국가예산	국가예산과 기업소 자체예금 (기업소에 적립된 감가상각금, 기업소기금 등)

*자료: 양문수, 2017, pp. 94~95.

또한 계획지표 중 하나로 '기업소(자체)지표'가 새로 도입되었다. 2015년 개정된 「기업소법」에서는 '기업소지표'를 '기업소가 수요자기관, 기업소, 단체와 주문계약을 맺은 데 따라 자체로 계획화하고 실행'하는 것으로 정의하고 있다. 이는 기존의 계획경제 밖에서 기업 간에 시장가격으로 음성적으로 이루어졌던 영역을 기업소지표를 통해 국가계획 영역 안으로 포함시키겠다는 것을 의미한다. 기업소지표가 도입되면서 현물지표에 해당하는 중앙지표(의무달성목표)의 비중이 기존의 약 70%에서 30% 수준으로 크게 축소되었다. 또한 북한 당국은 현금계좌를 통해 기업 간에 시장가격으로 원자재를 거래한 후 대금을 결제할 수 있도록 함으로써 기업소지표의 실행을 금융 측면에서 뒷받침할 수 있는 제도가 마련되었다.

한편 매년 최고인민회의(남한의 국회)에서 발표되는 국가예산 증가율의 세부 내역을 살펴보면 국가기업이익금(법인세) 수입 계획의 증가율이 여타 예산 항목의 증가율에 비해 크게 높은 것으로 나타나는데, 기업소지표 도입이 국가예산 수입증대에 일정 부분 기여하고 있는 것으로 평가할 수 있다.

(2) 금융·환율개혁

금융부문에서는 기업의 경영 자율성 확대와 생산의욕 고취를 결제 및 자금 이용 측면에서 뒷받침하는 제도 변화로 나타났다. 핵심 내용은 시장 및 비공식 경제를 제도권 내에 편입해 주민 및 기업이 보유한 자금을 최대한 이용하는 것이다.

이와 관련한 중요한 조치는 현금계좌와 외화계좌의 개설 허용이라고 할 수 있다. 현금계좌와 외화계좌에서는 무현금거래를 원칙으로 하는 기존의 계좌제도와 달리 현금 출금이 가능하며 송금도 가능해 자금 운용의 자율성이 확대된다. 이들 계좌제도는 기업 간 거래에서 시장가격 또는 외화가격을 통한 실물거래가 가능하고, 거래자금의 입출금이 가능해지면서 거래가격이 기존의 국가가 지정한 장부상의 국정가격이 아닌 시장가격으로 결정되는 효과가 있다. 따라서 기업들은 더 많은 이익을 얻기 위해 생산성 향상과 제품경쟁력, 판매에 더욱 신경을 쓰게 되고 결과적으로는 기업뿐만 아니라 국가경제에 도움이 될 수 있다.

표 6 ‖ 「상업은행법」 개정 주요 내용

	종전 법령	2015 개정 법령
은행카드 업무	-	상업은행의 신규 업무로서 은행카드 업무 도입
예금계좌의 개설	거래자는 한 은행에 하나의 계좌만 개설 가능	거래자는 한 은행에만 계좌 개설 가능. 계좌 개수 제한 철폐
부당 계좌 개설 처벌	-	상업은행이 거래자에게 부당하게 계좌를 개설해 주면 벌금을 물어야 함.

*자료: 양문수, 2017. pp. 97~98.

또 다른 변화로는 2015년 이후 조선중앙은행이 담당하고 있던 (민간)상업은행 기능을 분리하는 작업이 단계적으로 진행되는 것으로 보이고 북한 경제 전반에서 외화의존도가 높아지면서 외국합작으로 설립된 합영은행이 영업을 확대하는 노력을 보이고 있는 것도 최근 북한 금융에서 나타난 중요한 변화 중 하나이다.

민간이 이용할 수 있는 상업은행의 신규 업무로서 은행카드 업무 도입(제18조)은 주목할 만하다. 김천균 조선중앙은행 총재는 "나라의 경제건설에서 제기되는 자금수요를 국내의 자금을 원활히 회전시키는 방법으로 충족시켜 나가는 데 주력하고 있다"며 "그 일환으로 새로운 금융상품의 개발, 인민생활 영역에서

카드 이용 등을 적극적으로 추진하고 있다"고 밝혔다.(「조선신보」, 2015년 2월 23일)

또한 경제주체의 은행 예금계좌 개설과 관련해서도 변화가 발생했다. 즉 종전에는 "거래자(예금주)는 한 은행에 하나의 돈자리(계좌)를 개설하여야 한다"고 되어 있었으나 개정법을 통해 "거래자는 한 은행에만 돈자리를 개설하여야 한다"고 변경했다. 요컨대 1개 은행 1개 계좌의 원칙을 완화해 1개 은행 다수 계좌로 변경되었다.

환율부문에서 나타난 변화는 경제운영에 있어 비공식환율 역할의 확대라고 할 수 있다. 상업분야를 중심으로 협동화폐거래소 및 협동환율(비공식환율)의 활용을 일부 인정한 것은 비공식환율이 제도권으로 편입된 것으로 볼 수 있다.

또 한 가지 북한 당국의 금융에 대한 자세 변화는 주민유휴자금 동원에 대한 시각의 변화와 그 결과로 이루어진 각종 조치이다. 이는 저축성예금에 대한 이자지급을 통한 화폐자금 동원 확대를 도모하는 것과 은행을 중개기관으로 활용해 자금의 공급자(주민)와 수요자(기업) 간 자금대차제도를 마련한 것이 대표적이다.(양문수 2017)

북한에도 신용카드(체크카드)가 있을까?

북한에서도 전자결제가 가능한 신용카드, 체크카드를 사용하고 있다. 북한에서 IC현금카드가 등장한 것은 2005년부터라고 알려져 있다. 2005년 9월 16일자 조선중앙통신은 당시 동북아시아은행에서 처음 발행했으며, 카드보급을 위해 카드를 이용하면 "돈을 안전하게 보관할 수 있고 개인비밀이 철저히 보장될 뿐 아니라 저금한 돈을 아무 때나 찾을 수 있다."고 홍보했다. 카드의 특징은 "6가지 화폐를 동시에 예금할 수 있으며 화폐교환소에 가지 않고 카드 안에서 서로 다른 돈들을 즉시 교환"할 수 있으며, '한 개의 카드를 여러 사람이 공동으로 소유하고 이용'할 수 있는 법인카드 성격도 가지고 있었던 것으로 보인다. 따라서 이 카드는 외화를 많이 소유하고 있는 고위층이나 돈주, 외국인 관광객들이 이용 대상인 것으로 추정된다.

2010년에는 주로 외국인을 대상으로 한 '나래'라는 전자결제카드가 등장했는데, 대외결제은행 외화교환소에서 2유로나 3달러(미화, 약 3000원)의 가입비를 내면 발급받을 수 있고, 조선무역은행이 발행한 것으로 알려져 있다. 2012년 8월 미국의 자유아시아방송은 '나래'카드를 구입하거나 사용할 수 있는 상점이 120곳을 넘어섰고 빠른 신장세를 보이고 있다고 보도했다. 고려호텔, 평양호텔은 물론 대동강식당, 외국인 숙소, 전시장, 합영회사, 꽃집, 정육점, 보석상, 자동차 정비소, 약국까지 나래카드가 폭넓게 사용되고 있다는 것이다.

그 외에도 내국인이 북한원화를 결제할 수 있는 '고려카드', 나선경제무역지대에서만 사용이 가능한 '선봉'이라는 카드가 황금의삼각주은행에서 발행되었다고 알려진다.

가장 최근에는 2016년 3월 조선중앙은행이 발행한 '전성'카드가 유통되고 있는데, '전성카드'는 은행 간 무현금결제, 광복지구상업중심, 마식령스키장, 문수물놀이장, 옥류관, 청류관 등 봉사단위들에서 사용이 가능하다는 것이다.

북한에서 카드사용은 아직 체크카드나 선불카드와 같이 현금을 계좌나 카드에 입금(충전)하는 형태이지만, 금융시스템이 보다 발전할 경우 '신용카드'가 등장할 수도 있다. 북한의 계간 학술지 〈정치법률연구〉 2013년 가을호는 자본주의사회에서 사용되는 신용카드의 개념과 절차를 소개하고, 관련 절차와 대책을 주문했다.

나래카드
(http://unikoreablog.tistory.com/5629)

전성카드
(조선의오늘, www.dprktoday.com/index.php?type=2&no=9546)

* 자료: 남북경협뉴스레터, www.sonosa.or.kr/newsinter/vol36/sub7.html

3. 북한의 경제개방정책: 경제특구·경제개발구, 새로운 무역체계

김정은 시대를 상징적으로 보여주는 정책은 '경제특구와 경제개발구' 정책, 그리고 5·30조치 이후 등장한 새로운 무역체계 채택이다. 특히 경제개발구 정책은 북한의 대표적인 지역균형발전정책이라고 할 수 있다.

2000년대 북한의 대외경제정책은 2002년 각각 「신의주특별행정기본법」, 「개성공업지구법」, 「금강산관광지구법」을 제정하면서 경제특구를 확대하는 방향으로 추진되었다. 신의주특별행정구는 특수 행정 단위로 중앙의 관할 아래에 두지만 자율적인 입법권, 사법권, 행정권을 부여하면서 의욕적으로 출발했으나 결국 무산되었다. 개성공업지구와 금강산관광지구는 남한 자본이 단독 투자·개발하는 형태의 특구로 개발되었지만, 관광객 피격사건, 핵실험과 미사일 발사 시험의 영향으로 금강산관광지구는 2008년 8월, 개성공단은 2016년 2월 이래 중단되었다. 중앙급 경제특구정책의 연이은 실패로 북한 당국은 새로운 돌파구를 모색했는데 바로 지방급 경제개발구의 개발정책이다.

더불어 북한은 기업 활동의 정상화와 대외무역의 확대를 위해 새로운 무역체계를 수립하고 정책화하는 과정을 진행하고 있다. 중앙 및 지방단위, 공장기업 단위의 무역 권한 및 외화이용 권한의 확대정책은 경제특구, 경제개발구 정책과 함께 대외경제정책의 또 다른 투 트랙 전략이라고 할 수 있다. 그만큼 대외무역이 국가경제 발전과 실질소득 향상에 중요한 영향을 미치기 때문이다(정혁 외 2018 참조).

그림 5 ┃ 북한의 경제특구·경제개발구

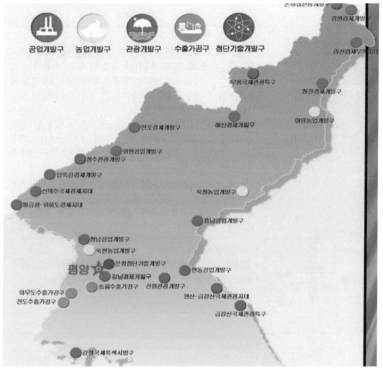

공업개발구   농업개발구   관광개발구   수출가공구   첨단기술개발구

*자료: 차명철, 『조선민주주의인민공화국 주요경제지대들』, 평양: 외국문출판사, 2018. p. 8.
*주: 「경제개발구법」(2013.05.29.) 제정. 해외투자 보호 규정 확보 등
  - 중앙급 개발구 9개(원산-금강산/라선/황금평·위화도/금강산/신의주/강령/은정/진도/무산)
  - 지방급 개발구 19개 등 총 28개(2022년 현재 시점 보완)

1) 경제특구·개발구정책

북한은 경제개발구의 사명을 "대외경제협력과 교류를 발전시켜 나라의 경제를 발전시키고 인민생활 향상에 이바지한다"(「경제개발구법」제1조)고 규정한다. 2013년 3월 말 김정은 위원장이 당 중앙위원회 전원회의에서 '각 도를 자체의 실정에 맞는 경제개발구를 내오고 특색 있게 발전'시킬 것을 주문하면서 「경제개발구법」을 제정하고 같은 해 11월 신의주경제특구(중앙급)와 13개 지방급 경제개발구를 지정했다.

표 7 ┃ 북한 경제특구, 개발구 지정: 2013~2017

	주요 내용
2013.05 경제개발구법 제정	• 7장 62조, 부칙 2조로 구성 • 설립, 개발, 관리, 경제활동, 우대혜택, 분쟁해결 등 규정 • 제2조. 정의 및 유형: 국가가 특별히 정한 법규에 따라 경제활동에 특혜가 보장되는 특수경제지대로, 공업개발구, 농업개발구, 관광개발구, 수출가공구, 첨단기술개발구 같은 경제 및 과학기술 분야의 개발구 • 제5조. 투자가에 대한 특혜: 다른 나라의 법인, 개인과 경제조직, 해외동포의 투자가 가능하며, 기업, 지사, 사무소 등을 설립할 수 있으며, 국가는 투자가에게 토지리용, 로력채용, 세금납부 등 특혜적인 경제활동조건 보장 • 제11조. 지역선정원칙: ① 대외경제협력과 교류에 유리한 지역 ② 나라의 경제 및 과학기술발전에 이바지할수 있는 지역 ③ 주민지역과 일정하게 떨어진 지역 ④ 국가가 정한 보호구역을 침해하지 않는 지역
2013.11 1개 국제경제지대, 13개 경제개발구 지정	• 국제경제지대: 신의주(평북)* • 경제개발구: 청진(함북), 압록강(평북), 만포(자강), 혜산(양강) • 공업개방구: 흥남(함남), 현동(강원), 위원(자강) • 관광개발구: 온성섬(함북), 신평(황북) • 수출가공구: 송림(황북), 와우도(평남) • 농업개발구: 어랑(함북), 북청(함남)
2014.07 1개 국제관광특구, 6개 경제개발구 추가 지정	• 국제관광지대: 원산-금강산(강원, 2014.6)* • 녹색시범구: 강령(황남)* • 수출가공구: 진도(남포)* • 첨단기술개발구: 은정(평양)* • 공업개발구: 청남(평남) • 농업개발구: 숙천(평남) • 관광개발구: 청수(평북)
2015.04 무봉국제관광특구 지정	• 국제관광특구: 무봉(중앙급), 양강도 삼지연군 무봉노동자구 위치, 조중국경지역으로 백두산 동쪽 삼지연호수, 리명수폭포 등 관광자원 풍부
2015.10 경원경제개발구 지정	• 경제개발구: 경원, 함북 경원군 류다섬리 위치, 두만강 사이 조중국경지역
2017.12 강남경제개발구 지정	• 경제개발구: 강남, 평양시 서남부 위치, 기초 인프라가 우수하고, 물류, 조선, 양식 등의 산업발달

*주: 김정은 시대 지정된 중앙급 개발구(종전의 중앙급 개발구는 라선경제무역지대, 황금평-위화도경제지대, 금강산국제관광특구 등 3개)

이후 2014년 6월에는 최고인민위원회 상임위원회 정령을 통해 '원산-금강산국제관광지대'를 발표하고, 같은 해 7월에는 6개의 경제개발구를 추가 지정하는 등 경제개발구 설립을 지속적으로 추진하고 있다. 2015년 1월에는 13개 지방급 경제개발구 개발 총계획이 수립되었고, 2015년 10월에는 함경북도 경원경제개발구, 2017년 12월에는 평양시 강남군 고읍리에 강남경제개발구를 신설했다. 김정은 체제 등장 이후 새롭게 지정된 경제특구와 경제개발구는 무려 24개에 달한다.

최근 북한이 발표한 경제개발구는 중앙급 개발구 9개, 지방급 개발구 19개 등 총 28개가 지정되어 있다. 지방급 경제개발구는 유형별로 종합적 개념의 경제개발구를 비롯해 공업개발구, 농업개발구, 관광개발구, 수출가공구, 첨단기술개발구 등으로 구분된다.

종합적 개념의 '경제개발구'는 평안북도 신의주시의 압록강경제개발구와 자강도의 만포, 함경북도의 청진과 경원, 양강도의 혜산 등 5개다. '공업개발구'는 중공업과 경공업 시설과 인프라 조성을 통해 수입대체, 수출지향의 공업생산을 목적으로 지정된 모델로서 자강도 위원, 강원도 현동, 함경남도 흥남, 평안남도 청남지역이 해당한다. '농업개발구'는 채종, 작물재배, 가축사육, 양어 등 현대농축산, 어업분야의 순환형 생산체계를 토대로 연구기지와 식료품가공 및 포장기지를 결합한 유형이다. 함경남도 북청, 함경북도 어랑, 평안남도 숙천지역이 속한다. '관광개발구'는 자연생태환경을 이용한 관광시설, 서비스 제공을 목적으로 하며 황해북도 신평과 함경북도 온성섬, 평안북도 청수지역이 해당한다. '수출가공구'는 경제무역지대와 가공제조업지대의 결합체로서 수출지향형 공업생산 지역으로 황해북도 송림, 남포시 와우도가 대표적이다. 가장 최근에는 2021년 4월 함경북도 무산군에 중앙급 무산수출가공구를 지정했다. 북한은 특히 '첨단기술개발구'를 강조하고 있는데, 과학연구와 생산공정, 선진기술의 투자와 보급을 통해 선진기술 도입, 기술무역, 지식경제일꾼 양성 등을 촉진할 수 있게 한다고 설명하고 있다. 평양시 은정첨단기술개발구가 대표적이다.

김정은 시대의 대표적인 대외경제 상징사업은 국가급 국제관광특구로, 최근 화제가 되고 있는 삼지연시가 위치한 무봉국제관광특구, 원산갈마해안관광지구가 위치한 원산금강산국제관광지대가 해당된다.

지난 12월 초 북한이 "사회주의 낙원", "근대문명의 완벽한 본보기"로 자랑하는 삼지연관광지대 준공식이 진행되었다. 삼지연관광지대는 백두산을 배경으로 2016년 공사를 시작해 호텔, 스키장, 리조트와 상업, 문화, 의료시설, 신설아파트가 밀집한 종합레저타운으로 조성되었다.

또한 원산갈마해안관광지구가 2020년 준공을 목표로 공사가 진행 중이다. 특히 원산갈마지구가 주목받는 이유는 강원도 원산반도가 북한 최대의 군사훈련이 실시되던 곳으로, 2016년 관광지대로 개발되면서 북한 최대의 해안종합관광지대로 전환되었기 때문이다. 개발이 완료되고 대북제재의 영향에서 벗어나면 이 지역은 북한 최대의 관광지로 주목받을 수 있는 곳으로 평가받고 있다.

북한은 경제개발구 정책을 지원하기 위해 2013년 「경제개발구법」을 제정했는데, 총 7장 62조의 조문과 2개 부칙으로 구성되어 있다. 경제개발구법의 기본, 경제개발구의 창설, 개발, 관리, 경제활동, 장려 및 특혜, 분쟁해결 등의 기본규정과 투자자들의 재산과 소득, 신변, 지적소유권, 토지(50년 임차) 임대조항 등을 명시하고 있다. 투자자들이 기업 경영에 필요한 물자 등을 반입할 때 관세를 면제하고 외화와 이윤, 재산도 자유롭게 외부로 송금할 수 있다고 되어 있다. 북한 기반시설에 투자하는 기업에 대해서는 토지 선택의 우선권을 주고 사용료도 면제하는 특혜를 부여하기도 했다.

더불어 2015년 외국인투자관계법들을 수정·보충하고, 28개국과 '쌍무적인 투자장려 및 보호에 관한 협정' 체결, 13개국과는 '이중과세 방지협정'을 체결하고 국제적으로 통용되는 BOT방식(build-operate-transfer) 등 여러 투자방식을 받아들이기 위한 규정, 세칙들도 정비했다.(「조선신보」, 2015년 2월 23일)

표 8 ┃ 경재개발구 관련 법규 제정 및 주요내용

관련법규 및 제정	조항	주요내용
2013.05 경제개발구법	64조	법 개요, 설립, 개발, 관리, 경제활동, 장려 및 특혜, 분쟁해결 등
2013.11 경제개발구창설규정	21조	경제개발구 창설 관련 구체적인 규정
2013.11 경제개발구관리기관 운영규정	26조	관리기관의 기구, 사업 내용, 분쟁해결
2013.11 경제개발구기업창설 운영 규정	47조	기업의 창설 및 등록, 경영활동, 재정회계, 해산, 제재 및 분쟁해결
2013.12 경제개발구노동규정	58조	노동력 채용과 해고, 노동시간과 휴식, 노동보수, 노동보호, 사회문화시책, 제재 및 분쟁해결
2014.02 경제개발구환경보호규정	69조	자연환경의 보존과 조성, 환경영향평가, 환경오염 방지, 폐기시설물 취급처리
2014.03 경제개발구개발규정	38조	개발계획, 개발기업 선정, 철거, 개발공사, 제재 및 분쟁 해결
2015.07 경제개발구부동산규정	59조	부동산의 취득과 등록, 이용, 부동산 임대료와 사용료
2015.07 경제개발구보험규정	52조	보험계약과 보험지사, 사무소의 설치와 운영

2) 새로운 무역관리체계

김정은 시대 대외무역 관리체계 개편의 핵심은 「무역법」의 개정을 통한 대외
무역 분권화 확대라고 할 수 있다.

첫째, 대외무역을 수행할 수 있는 주체가 크게 확대되었다. 종전에는 허가
된 무역회사만 무역을 할 수 있었으나 이제는 무역 영업허가를 받은 모든 기관,
기업소, 단체가 무역을 할 수 있게 되었다. 즉 무역업에 대한 진입장벽을 크게
낮추었다. 대외무역은 종전까지 철저한 허가제였는데 이제는 허가제라는 큰 틀
은 유지하되, 허가를 받을 수 있는 대상을 대폭 확대한 것이다.

북한의 무역회사 설립기준

- 첫째, 현재 수출품을 생산하고 있는 관리국, 연합기업소, 중요기업체

- 둘째, 전망 있는 제품을 새로 개발한 후 2~3년 후부터 연간 50만 유로 이상의 제품을 수출할 수 있는 기업체

- 셋째, 여유생산능력을 이용하거나 현대적인 생산설비를 갖추고 외국의 거래상대와 임가공무역을 통해 연간 10만 유로 이상의 외화수입을 획득할 수 있는 기업체

- 넷째, 연간 100만 유로 이상의 원료와 자재를 수입해 생산한 제품을 국내에 판매하고 있는 기업체

- 다섯째, 연간 30만 유로 이상의 외화를 벌 수 있는 시, 군의 기업체, 추가해서 첨단기술의 개발, 도입, 생산이 일체화된 과학연구기관이나 기업체이거나 세계적인 경쟁력을 가진 첨단기술을 개발하고 해외에 기술이전을 통해 외화를 벌 수 있는 기업체와 과학연구기관 등

둘째, 대외무역 허가를 획득할 수 있는 요건도 상당히 완화되었고, 허가를 받는 절차도 간소화되었다. 지금까지는 기관, 기업소, 단체가 허가를 받아 무역회사를 설립하고, 이 무역회사를 등록하고 이어 영업허가를 받는 절차를 거쳐야 했다. 하지만 이제는 기관, 기업소, 단체가 무역회사를 설립하는 절차 없이 영업허가를 받기만 하면 된다.

셋째, 무역계획을 작성하고 실행함에 있어서 무역단위의 자율성과 권한이 크게 확대되었다. 우선 무역계획을 작성할 때 지표(품목)를 국가적인 전략지표, 제한지표, 기타 지표의 세 가지로 나누었다. 여기서 국가적인 전략지표와 제한지표는 국가계획기관이 현물계획으로 계획화하도록 했다. 반면 기타 지표에 대해서는 국가계획기관이 (수출입)액상으로만 계획화하고, 구체적인 현물계획은 개별 무역단위가 자체적으로 계획을 작성하도록 했다. 또한 무역계획의 실행에서도 무역단위의 권한과 자율성이 확대되었다. 즉 종전에는 무역단위의 모든 수출입 가격과 운임을 중앙이 결정했다. 하지만 이제는 국가적인 전략지표와 제한지표만 수출입 가격과 운임에 대해 중앙의 승인을 받고, 기타 지표는 무역단위가 자율적으로 결정할 수 있도록 했다.

넷째, 무역단위의 영업허가 취소 요건이 완화되었다. 종전에는 무역단위가 1년 동안 수출실적이 없으면 영업허가증을 회수했으나 개정법에서는 3년 동안 수출실적이 없으면 영업허가증을 회수하도록 했다.

다섯째, 북한은 무역법뿐만 아니라 내각의 결정 혹은 세칙의 제정을 통해서도 무역분권화 조치를 단행했다. 대표적인 것이 사실상의 조세와 관련된 것이다. 즉 지금까지 기업과 무역단위들의 국가외화의무납부를 실적과는 관계없이 외화수입 총액계획에 따라 기계적으로 납부비율을 적용하여 외화를 납부하게 되어 있었다. 하지만 앞으로는 외화수입총액에서 정책납부금을 우선 바치고 이루어진 순소득(이윤+임금)을 일정한 비율에 따라 국가에 바칠 몫과 기업 및 무역단위들에서 쓸 몫으로 분배하는 새로운 방식을 도입하게 되었다(양문수 2017).

무역회사에 대한 국가적 지원체계가 추가되었다. 무역권을 가진 모든 기업체들은 대외무역성 《새별》망에 가입해 변화 발전하는 세계무역 추세를 제때에 알고 그에 맞게 수출품을 생산하고 질을 높일 수 있는 조건이 마련되었다. 또한 2차, 3차 가공품, 완제품가공기지를 꾸리고 생산한 제품을 새로 수출하는 기업체들의 국가외화의무납부 몫을 3년 동안 자원집약형 제품은 30%, 로동집약형 제품은 50%, 기술집약형 제품은 100% 면제 혜택을 부여했다. 무역회사의 수익 중 국가외화의무납부 몫을 집행한 나머지는 기업체의 경영전략에 따라 생산정상화와 확대재생산, 기술개건에 쓸 수 있도록 했다. 또한 새로 무역권을 취득한 회사에는 무역실무 능력과 자격을 갖춘 인력을 배치하고 필요에 따라 실무자들을 인민경제대학에 파견해 교육을 받도록 했다.

대외무역의 주체로 기업의 합영·합작 권한이 확대되었다. 종전의 합영·합작 회사는 성, 중앙기관에 하나의 무역회사 또는 전문대외사업기관을 통해 설립·운영되었지만, 개선된 조치는 중앙투자관리기관인 대외경제성으로부터 합영·합작기업 설립 승인과 영업허가증을 발급받으면 설립할 수 있도록 했다. 그러나 합영·합작기업 설립권한의 확대에도 불구하고 북한의 입장에서 외국과 기업을 공동으로 설립해서 운영하는 문제는 조심스러울 수밖에 없다. 따라서 국내 기업체에 대한 개혁조치에 비하면 상대적으로 복잡한 제도적 장치를 요구하고 있다.

합영·합작기업 설립과 운영을 위한 원칙은 첫째, 사회주의 제도를 견지하고 자본주의적 경영방법이나 비사회주의적 현상이 사회주의 관리내부에 들어오지 못하게 할 것, 둘째, 국가경제발전을 위해 국가가 제시하는 정책적 요구를 충족하고, 생산된 제품의 수출판로가 확보되어 있어야 하며, 국내의 원료·자재를 가지고 최첨단 수준의 제품을 생산할 수 있고, 경영수준을 높여 합영·합작기업을 국내기업으로 빠르게 전환할 수 있어야 할 것, 셋째, 국내의 능력으로 생산할 수 없는 분야를 우선적으로 추진할 것, 넷째, 계약이행, 제품의 질, 제품 납기일 등 신용을 잃지 않도록 할 것 등이다(박윤철 2015).

북한의 합영·합작회사 개념과 주요 업종

• 합영회사: 국내 투자자와 외국 투자자가 공동으로 투자하고 공동으로 운영하고 투자 몫에 따라 이윤을 분배하는 기업형태
  – 장려기업업종으로는 기계공업, 전자공업, 정보산업, 과학기술, 경공업, 농업, 림업, 수산업, 건설건재공업, 교통운수, 금융 같은 여러 부문에서 할 수 있으며 국가는 첨단기술의 도입, 과학연구 및 기술개발, 국제시장에서 경쟁력이 높은 제품생산 하부구조건설 같은 대상기업

• 합작회사: 국내 투자자와 외국 투자자가 공동으로 투자하지만, 국내 기업이 운영하고 계약에 따라 이윤을 분배하는 기업형태
  – 장려기업업종으로는 앞선 기술을 받아들이거나 설비를 갱신해 제품의 질을 국제적 수준으로 높일 수 있으며 국제시장에서 경쟁력이 있는 수출품을 생산할 수 있거나 연료, 원료, 자재, 동력을 절약하고, 이미 마련된 생산능력을 효과적으로 이용할 수 있는 경우 진행할 수 있으며, 국가는 첨단기술이나 현대적인 설비를 도입하는 대상, 국제시장에서 경쟁력이 높은 제품을 생산하는 부문의 대상기업

III
북한경제의 발전 조건:
한반도경제공동체

1. 오래된 미래: 중국, 베트남의 개혁·개방 정책

오래된 미래, 중국과 베트남은 북한의 미래에 어떤 영향을 줄 수 있을까. 사회주의 국가 중국과 베트남은 개혁·개방 정책을 통해 경제발전을 이룩한 대표적인 나라들이다. 우리는 이들을 통해 경제발전을 이룩하는 과정에서의 세 가지 공통점과 한 가지 전제조건을 발견할 수 있다.

첫째, 성공한 사회주의 경제개혁 모델이다. 둘째, 중국은 '개혁·개방'이라는 이름으로, 베트남은 '도이머이(Đổi mới, 새로운 변화)'라는 이름으로 사회주의 경제체제를 개혁하고 경제발전을 이룩했다. 셋째, 직접 전쟁을 치른 적성국 미국과 관계를 개선했다. 더불어 중국과 베트남의 개혁정책이 성공할 수 있었던 필요충분조건으로, 확고한 리더십이 개혁정책을 지지했다는 점이다.

1979년 전격적으로 단행된 중국의 '개혁·개방' 정책은 1989년 천안문사태를 제외하면 기록적인 경제성장을 거듭했다. 베트남 역시 1986년 도이머이를 선언한 이후 안정적인 성장률을 기록하고 있다.

그림 6 ┃ 중국, 베트남 경제성장률 추이

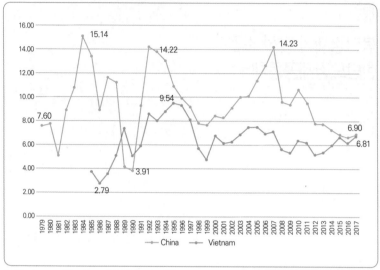

*자료: data.worldbank.org.(2018.11.14. 기준)
*주: 단위: %

　　중국은 1983년부터 3년 동안 각각 10.84%, 15.14%, 13.44%라는 기록적인 경제성장률을 기록했다. 베트남 역시 1995년과 1996년 각각 경제성장률이 9.54%와 9.34%를 보여주고 있다. 종합하면, 중국과 베트남은 개혁·개방 이후 10년 평균 성장률은 각각 9.74%와 7.16%, 개혁·개방 이후 2017년 현재까지 평균 경제성장률은 각각 9.54%와 6.43%를 기록하며 개혁·개방에 성공했다.

표 9 ┃ 개혁·개방 이후 중국, 베트남 경제성장률 추이

	개혁·개방 이후 10년 평균 경제성장률(%)*	개혁·개방 이후 전체 평균 경제성장률(%)**
중국	9.74	9.54
베트남	7.16	6.43

*자료: data.worldbank.org.(2018.11.14. 기준)
*주: – 중국: 1980~1989년 10년 평균, 베트남: 1987~1996년 10년 평균
　　– 중국: 1979~2017년 전체 평균, 베트남: 1985~2017 평균

그렇다고 소련을 비롯한 동유럽 사회주의 체제전환 국가들 모두 경제가 성장한 것은 아니다. 동유럽 국가들은 오히려 전환불황(transition recession)을 겪으면서 심각한 경제위기를 경험했다. 자본주의 경제체제를 전면적이고 급격하게 수용한 동유럽 국가들은 예외 없이 전환불황을 겪었다. 따라서 중국과 베트남의 개혁·개방 모델은 비교적 예외적인 사례로 평가될 수 있는 것이다(김일한 2011).

중국에서는 1976년 모택동 주석의 사망 이후 공산당 내 권력투쟁이 지속되었고, 베트남은 1973년 미국과의 종전 이후에도 캄보디아와의 전쟁, 중국과의 외교 갈등으로 정치적으로나 사회적으로 혼란의 시기를 거듭했다. 그러나 중국의 권력투쟁은 덩샤오핑이라는 새로운 지도자에 의해 진압되었다. 덩샤오핑은 확고한 리더십을 바탕으로 1978년 12월 15일 미국과 국교정상화에 합의했다. 그리고 7일 후인 12월 22일 중국공산당 제11기 제3차 중앙위원회 전체회의는 전격적으로 '개혁·개방'을 선언했다. 그리고 1997년 미국과 관계를 정상화했다.

한편, 베트남은 공산당의 집단지도체제를 바탕으로 사회정치적 혼란을 수습하고 권력을 안정시켰다. 공고한 리더십을 바탕으로 베트남 공산당 지도부는 1982년 10월 미군유해 다섯 구를 송환하면서 미국과 관계개선을 시도했다. 또한 1984년 12월 베트남 공산당 중앙위원회는 대미 유화정책인 이른바 '전략적인 외교정책'을 채택하면서 1987년까지 미군포로 및 유해 송환을 약속했다. 그 결과 미국과의 전쟁 가능성이 낮아지고 관계개선이 가시화되면서 베트남 공산당 지도부는 1986년 제6차 당 대회에서 베트남식 개혁·개방 정책인 도이머이를 채택했다. 그리고 1995년 8월 베트남은 미국과 수교를 맺었다.

중국과 베트남은 비효율적인 사회주의 경제체제의 내부경제 개혁과 대외경제 개방정책을 동시에 추진했다. 경제발전은 개혁과 개방의 종속변수이기 때문이다. 중국과 베트남이 내부개혁과 개방정책을 추진하기 위해서는 미국과의 관계개선이 필요했다. 그리고 이 어려운 개혁과제를 지지하고 추진하기 위해서는 강력한 리더십이 요구되었다.

표 10 ▎ **중국, 베트남의 개혁·개방조건: 북한과의 비교**

	북한	중국	베트남
개혁 개방 정책	• (김정일 시대) 2002년 '7·1경제관리개선조치' • (김정은 시대) 2014년 '5·30조치, 우리식 경제관리방법'	• 1978년 12월 중국공산당 제11기 중앙위원회 전체회의에서 농업생산력 증대, 대외개방 등 개혁·개방 선언	• 1998년 12월 베트남공산당 제6차 당 대회에서 도이머이(새로운 변화)정책 선언
대외 정치 환경	• 2018년 6월 1차 북미정상회담 • 2019년 2월 2차 북미정상회담	• 1978년 12월 15일 미국과 국교정상화 합의 • 1997년 미국과 관계정상화	• 1982년 10월 미군유해 5구 송환 • 1995년 8월 미국과 수교
리더십	• 2012년 김정은 리더십 확립	• 1978년 덩샤오핑 리더십 확립	• 1980년대 공산당 중심의 집단지도체제 안정화

　　내부개혁을 위한 정책은 각각의 국가 환경에 따라 다양한 양상으로 추진될 수 있다. 그리고 그 정책은 또 다른 문제를 드러내기도 하고, 극적인 성장을 담보하기도 한다. 중국과 베트남은 기업과 농업개혁 그리고 대외경제 개방이라는 정책기조를 놓치지 않았다. 내부의 동력이 대외경쟁력이 되고, 대외경쟁력이 다시 내부 역량을 강화하는 선순환 구조가 완성되면서 중국과 베트남의 개혁·개방정책은 현재까지 지속되고 있다.

2. 새로운 미래: 김정은 시대 경제발전 과제

1) 북한식 개혁·개방정책 성공의 조건

　　중국과 베트남은 북한의 미래가 될 수 있을까. 북한의 조선로동당은 2018년 4월 20일, 당 중앙위원회 제7기 제3차 전원회의에서 '핵 무력 완성'과 '경제건설 총집중노선'을 선언했다. 국가발전전략의 전환이 이루어진 것이다. 북한의 국가발전전략 전환은 매우 중요한 의미를 가진다. 최근까지 북한의 공식적인 국가발전전략은 경제와 군사력이 동시에 발전하는 병행추진 전략이었기 때문이다.

2018년 북한과 미국은 비핵화와 관계개선 협상을 시작했다. 김정은 위원장은 핵 무력이라는 정치적 명분과 경제발전이라는 실리를 맞교환하려는 전략을 숨기지 않고 있다. 북미관계 개선은 북한 체제의 안전을 보장하고, 안전보장을 통해 더욱 강화된 김정은 위원장의 리더십은 경제개혁을 위한 추동력을 확보할 수 있다. 그리고 체제 개혁의 동력은 다시 대외개방정책으로 이어진다. 선순환 구조를 만들 수 있는 것이다.

2장에서 살펴보았듯이 북한식 개혁·개방정책, 즉 국가경제발전 전략의 밑그림은 2014년 5월 30일 김정은 위원장이 발표한 이른바 '5·30 담화'(우리식 경제관리 방법)를 통해 확인된다. '5·30 조치'는 Two Track으로 설계되어 있다. 내부적으로는 생산력 강화를 위한 사회주의 경제개혁과 이를 통해 대외적으로는 경제개발구 등 경제개방을 통한 국제경쟁력 강화를 추진하는 것이다.

가장 먼저, 내부 경제시스템 개혁은 다시 산업분야와 농업분야로 크게 구분된다. 산업분야에서는 기업의 독립채산제 확대와 책임 경영을 강화하는 사회주의기업책임관리제로, 농업분야에서는 협동농장의 영농 단위를 가족 범위로 잘게 쪼개 생산의욕을 높이는 포전담당책임제로 드러난다.

다음으로 대외경제개방 전략 역시 경제특구 개발전략과 무역 경쟁력 강화정책으로 구분할 수 있다. 경제특구 개발전략의 핵심은 북한의 13개 직할시, 도와 220개 시, 군에 자체 '경제특구' 개발권을 부여하고 있다는 점이다. 그 결과 2018년 현재 27개의 북한식 경제특구개발 계획이 수립된 것으로 알려지고 있다. 대외무역 경쟁력 강화정책은 모든 기업소와 기관들에 무역을 허용하는 정책을 채택하고 있다는 점이다.

그럼에도 불구하고 북한의 경제발전정책은 수많은 과제를 안고 있다. 2002년 김정일 체제에서 전격적으로 시행된 '7·1 경제관리개선조치'와 2014년 경제발전정책으로 채택된 '우리식 경제관리 방법'이 내용이나 형식에서 큰 차별성을 갖지 못하고 있다. 결국 정책의 성패는 정책을 얼마나 일관성 있게 추진하고 실적을 만들어 내느냐가 문제인 것이다.

'우리식 경제관리 방법'의 특징으로 거론되는 계획화 체계의 중앙과 지방 그리고 기업·농장의 자율성과 인센티브를 확대하고, 정부의 역할을 축소하며, 국가 계획화 체계에 시장적 요소를 도입하고, 기업과 협동농장의 투자재원을 확보하기 위해 민간자금을 동원할 수 있도록 하는 등 정책적 보완과 법 제도 개선이 병행되었다. 그러나 문제는 다시 당국의 정책 이행에 대한 추진력과 신뢰이다.

2) 김정은 시대의 경제정책 과제

김정은 시대 비교적 안정적인 경제관리가 2017년부터 외부의 도전에 직면했다. 2006년 1719호부터 2017년 2397호까지 유엔의 대북제재가 그 강도를 높이면서 북한 경제를 위협하고 있다. 이와 함께 북한의 경제발전을 위한 내부 경제 개혁의 결과가 뚜렷하게 드러나지 않는 것도 북한 경제가 풀어야 할 과제로 지목될 수 있다.

첫 번째 과제는 대북제재라는 리스크의 관리와 코로나19 등 외부변수 통제 능력이다. 유엔의 대북제재 결의안 2397호(2017.12.22.)의 효과가 2018년 이후 본격화되면서 북한 경제를 더욱 힘들게 하고 있다. 한편 경제성장률과 산업성장률이 하락하고 있는 상황에서도 북한의 시장 실물경제는 비교적 안정적인 환경을 유지하고 있다는 분석은 시사하는 바가 크다. 시장 환율(북한 원화/USD)과 시장 쌀 가격(북한 원화/1KG)은 2009년 화폐개혁 이후 안정적으로 유지되는 것으로 평가된다. 특히 김정은 위원장 집권기인 2012년 이후 안정적으로 시장 물가가 유지되고 있는 현상은 주목할 만하다. 시장을 인정하는 정책의 지속성과 더불어 더디지만 상품공급의 확대가 안정적인 물가를 유지하는 주요한 원인으로 평가된다. 그러나 대북제재가 지속될 경우 북한 경제 환경은 영향을 받을 수밖에 없다는 점은 북한 경제의 미래를 불투명하게 만드는 구조적인 요인으로 작용할 가능성이 높다. '경제적 문제(북한 경제발전)'의 '정치적 처방(북미관계 개선)'은 북한 경제의 미래를 위해 북한 당국에 주어진 핵심적인 과제이다.

그림 7 ┃ 북한의 시장 쌀 가격 변화: 2016~2021

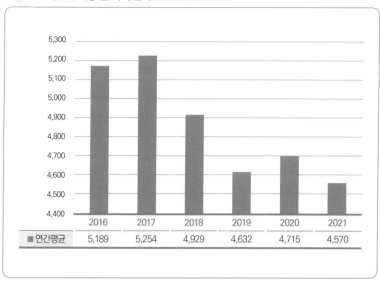

	2016	2017	2018	2019	2020	2021
■ 연간평균	5,189	5,254	4,929	4,632	4,715	4,570

*자료: 데일리NK. www.dailynk.com, 평양, 신의주, 혜산 3개 지역 평균 시장가격.

표 11 ┃ UN 안보리 대북제재 결의안

일자	핵, 미사일 발사 실험	UN 제재 결의안
2006.10.09	1차 핵실험	결의안1718 (2006.10.14)
2009.05.25	2차 핵실험	결의안1874 (2009.06.12)
2012.12.12	광명성3호(은하3호 2기)	결의안2087 (2013.01.23)
2013.02.12	3차 핵실험	결의안2094 (2013.03.08)
2016.01.06	4차 핵실험	결의안2270 (2016.03.02)
2016.09.09	5차 핵실험	결의안2321 (2016.11.30)
2017.05.29	탄도미사일 발사	결의안2356 (2017.06.02)
2017.07.04/07.28	ICBM급 미사일 발사	결의안2371 (2017.08.05)
2017.09.03	6차 핵실험	결의안2375 (2017.09.11)
2017.11.29	ICBM급 미사일 발사	결의안2397 (2017.12.22)

두 번째 과제는 무역구조의 다변화이다. 대북제재의 영향으로 중국에 대한 무역의존도가 더욱 심화되고 있는 현상은 향후 북한 경제발전의 발목을 잡는 구조적인 문제로 작용할 가능성이 높다. 2018년 북한 대외무역 비중의 95%가 중국인 것을 고려하면 심각한 무역구조 왜곡현상이 아닐 수 없다. 무역다변화를 위해서는 첫째, 내부 경제개혁을 통해 국제적 경쟁력을 확보한 상품을 개발할 수 있는 역량을 확보해야 하고, 둘째, 경쟁력 있는 대외경제관계를 위한 법제도적 안정성은 북한 무역의 다변화를 위한 우선적이고 근본적인 해결과제이다.

세 번째 과제는 실력이 확인되지 않은 '우리식 경제관리 방법'의 적극적인 추진이다. 2012년부터 시작된 김정은 시대 북한 경제개혁조치의 가시적인 실적은 확인되지 않는다. 김정일 시대의 2002년 '7·1 경제관리개선조치'의 '혁명적 경제정책'은 미완의 기획으로 끝났고, '우리식 경제관리 방법' 역시 아직은 실력을 확인할 수 없는 설계도일 뿐이다. 북한식 개혁·개방정책의 성공을 위해서는 첫째, 강력한 리더십을 바탕으로 한 개혁 드라이브의 지속적인 추진, 둘째, 경제개발을 위한 투자 재원의 확보, 셋째, 글로벌 경제 파트너십 구축을 위한 우호적인 국제환경 조성은 '우리식 경제관리 방법'의 성패를 좌우하는 핵심 과제이다.

조선로동당 제8차대회와 경제전략 조정

- 제7차 당 대회기간 5개년전략(2016-2020)의 경제 실패 선언과 원인
  - 외부원인: ▲ 대북 제재 ▲ 코로나19 ▲ 자연재해
  - 내부원인: ▲ 비현실적이고 과도한 경제계획수립 ▲ 과학기술발전 부진
    ▲ 불합리한 경제사업체계
- 국가경제발전 5개년계획(2021-2025): '현실적' 전략과 방법
  - (경제전략) ▲ 완충전략 ▲ 선택과 집중전략
  - 완충전략: 경제부문 간 유기적 연계성 강화와 불균형 조정으로 외부적 영향(대외의존) 최소화 전략
  - 선택과 집중전략: 금속, 화학, 농업, 경공업의 4대 분야, 제한된 자원의 선택적 투자집중전략
  - (경제방법) ▲ 현실적 계획수립 ▲ 내각중심의 역량강화와 책임집행
  - 현실적 계획수립: 실행가능성, 국가경제의 자립적 구조, 수입의존도 축소
  - 내각책임제: 내각의 경제발전 책임, 내각 부총리, 상(장관) 대거 교체

3) 한반도경제공동체: 김정은 시대 경제정책의 완성조건

북한식 개혁·개방정책은 중국·베트남 모델과 매우 닮아있다. 최근 베트남 모델에 대한 관심이 높아지고 있다. 베트남 모델은 '판문점선언' 당시 도보다리 회담에서 김정은 위원장이 거론했다고 알려지고, 2018년 미국 폼페이오 국무 장관이 북한의 미래상으로 제시한 경제발전 모델이다. 북한의 미래상으로 특히 베트남-미국 모델이 주목받는 이유는 정치적으로는 관계개선을, 경제적으로는 개혁·개방을 통한 경제발전이라는 이중의 과제를 극복한 성공적인 사례이기 때문이다.

베트남-미국 모델과 북한-미국 모델 사이에는 숨겨진 큰 차이점이 있다. 바로 중재자 역할을 하는 남한의 존재이다. 2018년 4.27 '판문점선언'은 '남북관계 개선'과 '완전한 비핵화'를 담고 있으며, 2018년 6.12 싱가포르 북미정상 합의문은 '판문점선언'을 추인하고 있다. 북미협상의 숨겨진 변수인 남한의 역할이 주목되는 이유다.

베트남과 중국이 우호적인 중재자 없이 개혁·개방을 추진했다면, 북한에게는 남한이라는 적극적 중재자와 신뢰할 만한 비즈니스 파트너가 존재한다. 더불어 남북한이 경제적으로 공동의 이익을 기획하고 지속가능성을 부여한다면, 북한 경제의 정상화뿐만 아니라 평화와 번영의 한반도경제공동체를 구축할 수 있다. 북한식 개혁·개방정책의 성공은 다시 남한과의 관계, 남북관계의 지속가능성에 그 해답이 있는 것이다.

국제정치의 결과는 '권력으로 정의되는 국가이익(National Interest)'에 의해 결정된다. 미국에게는 북한 비핵화라는 정치적 명분이, 북한에게는 체제보장을 통한 경제발전이라는 실리가 당면한 최고의 국가이익이다. 그리고 한반도경제공동체는 남북한 공동의 국가이익이다.

참고문헌

남한문헌 및 자료

김일한, "북한의 가격개혁과 시장가격 결정요인 분석", 동국대학교 박사논문, 2011.

양문수, "김정은 집권 이후 개정 법령을 통해 본 '우리식 경제관리 방법'", 「통일정책연구」, 제 26권 2호, 통일연구원, 2017.

이석기 외, 「김정은 시대 북한 경제개혁 연구-'우리식 경제관리 방법'을 중심으로」, 산업연구원, 2018.

정혁 외, "북한 경제의 대외개방에 따른 경제적 후생 변화 분석", 한국은행 경제연구 제2018-13호.

KOTRA, 『2018 북한 대외무역 동향』

한국은행 www.bok.or.kr

남북경협뉴스레터, www.sonosa.or.kr

데일리NK. www.dailynk.com

통일부 블로그 http://unikoreablog.tistory.com/5629

북한문헌 및 해외자료

김명철, "합리적인 가격제정의 주요요인", 『김일성종합대학학보-철학, 경제학』 2017년 제63권 제2호.

김정은, 《현실발전의 요구에 맞는 우리 식 경제관리 방법을 확립할데 대하여》, 당, 국가, 군대 기관 책임 일군과 한 담화(2014.5.30.)

리창하, "사회주의기업책임관리제는 우리 식의 독특한 기업관리 방법", 『김일성종합대학학보-철학, 경제학』 2018년 제64권 제2호.

박윤철, "합영, 합작대상 선정사업에서 견지하여야 할 주요원칙", 『경제연구』 평양: 과학백과사 전출판사, 2015년 3호.

차명철, 『조선민주주의인민공화국 주요경제지대들』, 평양: 외국문출판사, 2018. p. 8.

「로동신문」, 2017년 10월 11일

「조선신보」, 2015년 2월 23일

「조선중앙통신」, 2018년 12월 8일

「조선중앙통신」 2019년 12월 2일

조선의오늘, www.dprktoday.com/index.php?type=2&no=9546

data.worldbank.org.

Voluntary National Review on the Implementation of the 2030 Agenda for the
Sustainable Development, Democratic People's Republic of Korea, June 2021.

제**4**장

북한의
과학기술정책과
핵무기 개발 동향

이춘근 과학기술정책연구원 명예연구위원

I
서론

북한은 고난의 행군이 일단락된 1990년대 후반부터 국정 제1지표로 '강성대국(사상, 총대, 과학기술)전략'과 '과학기술중시정책'을 추진해 왔다. 주요 시책으로는 '과학의 해' 지정, 국가과학기술위원회의 위상 강화, 인민경제의 기술적 개건과 정보화, 네 차례의 '과학기술발전 5개년계획', '연료, 동력문제 해결을 위한 3개년계획', '산림녹화 30년계획' 등이 있다.

이러한 정책은 김정은 국무위원장 집권 이후에도 지속되고 있다. 김정은은 집권 2년이 채 안 된 2013년 11월 13~14일에 전국과학기술자대회를 개최하였다. 이는 오랫동안 후계자 수업을 한 김정일이 집권 4년 10개월 만에 개최한 것보다 빠른 것이다. 이 대회는 김정일의《당의 과학기술중시 로선을 철저히 관철할 데 대하여》발표 10주년을 겸해, 과학기술중시정책이 후대에 이어진다는 것을 명확히 하였다.

김정은은 과학기술중시정책의 계승 하에서 새로운 변화를 시도하였다. 대회 치사에서 '지식경제'와 '전민과학기술인재화'를 특별히 강조한 것이다. 선대에 비해 국제 추세와 북한의 현실을 잘 반영한 것으로 보인다. 아울러, "제4차 과학기술발전5개년계획(2013~2017)"을 수정 보완해 경제발전5개년전략(2016~2020)을 수립하였다. 다만, 국제적 고립 상황에서 자력갱생에 의존해, 노력 대비 성과가 부족한 것이 문제가 되고 있다.

국제적 고립은 김정은 위원장이 핵무력 완성에 집중하면서 더욱 심화되었다. 북한은 국제사회의 강력한 제재에도 불구하고 헌법에 핵 보유를 명시하였고, 2016년에 개최된 제7차 당대회에서는 핵무기와 경제 병진노선의 지속적 추진을 밝혔다. 이에 따라 제6차까지의 핵실험을 통해 표준 핵탄과 수소폭탄을 개발하였고, ICBM과 SLBM, 고체 추진제 미사일들을 연속 발사하며 투발수단과 핵전술의 고도화를 추진하였다.

북한은 핵과 미사일을 시험할 때마다 "우리 과학자들이 개발했다"고 발표하였다. 김정은은 중요한 시험에 참관하면서 참여한 과학자들을 격려하고, 평양 중심가에 은하과학자거리, 위성과학자거리, 미래과학자거리 등의 대규모 주택단지를 만들어 기여가 큰 과학자들에게 무상으로 제공하였다. 이는 김정은이 과학기술계 전반을 총괄하면서 자신의 주요 통치 수단으로 삼고 있다는 것을 보여 준다. 다음에서는 북한의 주요 과학기술 및 핵무기 개발 동향을 정리한다.

Ⅱ
지식경제와 전민과학기술인재화 추진 동향

지식경제는 과학기술지식을 기반으로 하는 경제성장 방식이다. 김정은의 지식경제는 김일성의 '주체과학(국내산 원료와 자력갱생 중시)'이나 김정일의 '강성대국(사상, 총대, 과학기술)'보다 합리적이고 현대 국제사회의 발전 방향이나 북한의 현실과도 잘 일치한다. 김일성과 김정일이 중후장대형 기간산업에 투자를 집중하면서 막대한 자원을 비효율적으로 사용한 것에 비해, 김정은은 투입 대비 효과가 큰 분야에 집중하는 것도 이 때문이라 할 수 있다.

북한이 지식경제를 전면에 내세우면서 경제와 과학기술의 일체화가 가속화되고 있다. 북한은 1998년부터 중장기 경제계획 대신에 국가과학기술발전 5개년계획을 연이어 수립해 경제 재건과 현장지원을 추진해 왔다. 이를 개혁해 2016년에 경제발전 5개년전략을 수립하고, 과학기술발전계획을 여기에 통합하였다. 에너지와 산림 등의 핵심 분야에는 별도의 국가계획을 수립해 경제발전 전략과 연동하고 있다.

이를 효율적으로 추진하기 위해 국가과학기술위원회의 위상을 강화하였다. 이는 중장기 과학기술발전계획을 연이어 추진하면서, 타 부처와의 종합조정과 대외협력의 중요성이 크게 부각되었기 때문이라고 생각된다. 북한의 장관급 기관을 '성'이라 칭하는데 비해 위원회는 종합조정 기능을 가진다. 국가적으로 과학기술을 중시하는 지식경제를 추진하면서, 독자적 위상이 취약했던 국가과학기술위원회의 기능이 강화된 것이다.

표 1 ▮ 북한의 국가과학기술발전5개년계획과 경제발전5개년전략

1차 과학기술발전 5개년계획 (1998~2002)	2차 과학기술발전 5개년계획 (2003~2007)	3차 과학기술발전 5개년계획 (2008~2012)	4차 과학기술발전 5개년계획 (2013~2017)	경제발전 5개년전략 (2016~2020)
인민 경제 — 에너지 해결 (6개 부문)	인민경제의 기술적 개건 (8개 중요부문 53개 대상)	인민경제 4대 선행 부문 (전력, 석탄, 금속, 철도운수)	에너지 문제 해결 (전력생산, 전기절약)	에너지 문제 우선, 인민경제 4대 선행 부문 (전력, 석탄, 금속, 철도)
기술 개건 — 기간산업 정상화 (5개 부문)		인민경제의 개건, 현대화 (자원, 채취, 기계, 화학, 건설건재, 국토환경)	공업 주체화, 현대화 (금속, 화학, 석탄, 기계, 전자, 경공업, 건설건재, 국토환경, 도시경영)	공업의 전환 (기계, 화학, 건설건재, 국토환경)
인민생활 개선 (6개 부문)	인민생활 (7개 부문)	식량 문제 해결 (농업, 수산, 경공업, 보건)	먹는 문제 해결 (농업, 축산, 과수, 수산)	인민생활 향상 (농업, 수산업, 경공업)
기초, 첨단기술 (5개 부문)	첨단과학기술 (5개 부문 37개 대상)	첨단과학기술 (IT, NT, BT, 에너지, 우주, 해양, 레이저/플라즈마)	첨단기술 비중 제고 (IT, BT, NT, 신소재, 신에너지, 우주)	첨단과학기술 (IT, BT, NT, 신소재, 신에너지, 우주, 핵)
	기초과학 (4개 부문)	기초과학 (수학, 물리, 화학, 생물, 지리)	기초과학 (수학, 물리, 화학, 생물, 지리)	기초과학 (수학, 물리, 화학, 생물)

이에 따라 연구개발체제가 크게 개편되고 있다. 국가과학원의 IT, BT, NT, 에너지 분야 연구소들이 확장되고, 과학기술자 사기진작과 연구 성과 산업화가 촉진되고 있다. 생물분원이 평양 시내 중심으로 이전하면서 크게 확장되었고, 자연에너지개발이용센터가 연구소로 개편되었으며, 산림과학분원은 산림과학원으로 분리 독립하였다. 조선컴퓨터센터(KCC)는 해체해 수익사업 위주로 전환하였다.

주력 연구과제도 크게 변화하고 있다. 가장 집중하는 분야는 ICT, 자동화 관련 기술개발과 산업화다. 사회주의국가들은 생산재 생산에 집중하면서 기계공업을 우선적으로 육성한다. 이후에 생산성을 개선하는 방안으로 이의 자동화에 치중한다. 북한도 김정일이 CNC(컴퓨터로 기계의 작동을 자동 조종하는 기술)를 강조하면서 기계공업의 자동화를 중점 과제로 추진하였다. 김정은은 이를 계승하면서 생산관리와 은행, 교육 등의 전반적인 업무 자동화로 발전시키고 있다.

표 2 ▎ 북한의 CNC화 추진단계

추진단계	내 용
1단계	• 재래식 낡은 설비의 CNC 전환 • 설비 갱신과 CNC화를 동시에 추진
2단계	• 자동화된 유연생산구역 형성 • 제한된 일정 구역에서 CNC기술에 의한 생산
3단계	• 컴퓨터 통합생산체계 구축 • 주문, 계획, 설계, 제작, 검사, 판매 등의 전 생산 분야와 인력, 자재, 설비, 회계 등의 전 경영 관리를 모두 컴퓨터망에 의해 통합 관리
4단계	• 무인화 실현

　지식경제에서 정보의 생산과 활용이 중요시되면서 전국 범위의 정보통신망 구축과 다각적인 활용이 강조되고 있다. 광케이블을 생산해 전국을 연결하는 정보통신망(광명)을 완성하고, 정보전달 속도도 대도시 10G, 말단 1G로 개선하였다. 말단 구역에서의 무선망 활용을 확대하면서 보안체계도 크게 강화하였다. 망 접속은 장치번호, 개인용 전자인증서 등을 통해 신원을 확인한 후에 가능하다.
　정보통신망 구축과 함께 각종 정보의 생산, 보급이 강화되고 있다. 과학기술 정보를 데이터베이스화해 보급하는 과학기술전당을 신설하고, 교육, 표준, 특허 등의 주요 담당 기관들도 홈페이지를 개설해 필요한 정보들을 공개한다. 김일성종합대학과 김책공업종합대학은 홈페이지를 대외에 공개해 외국에서도 열람할 수 있도록 하고 있다. 북한의 열악한 지방의료 수준을 개선하기 위한 원격의료도 확대되고 있다.

표 3 Ⅰ 북한의 정보통신망 구축과 활용체제

정보 생산	정보 전달	정보 접속	정보 활용
과학기술전당	네트워크 시스템	핸드폰, 태블릿 컴퓨터, 전자도서관 등	기업소

과학기술지식 보급과 함께 이를 활용하는 개인용 단말기들도 크게 확산되고 있다. 이동전화는 이집트 오라스콤과의 합작회사인 고려링크와 체신성에서 직접 관할하는 국영기업들이 신규 서비스를 제공해 보급률이 30%(약 600만 대)를 크게 넘어섰다. 태블릿 PC와 컴퓨터 등의 자체 조립생산이 증가하고, 정보통신망을 활용한 디지털 방송과 전자상거래도 크게 증가하고 있다. 이를 지원하기 위한 부품 국산화도 지속적으로 추진되고 있다.

'전민과학기술인재화'는 노동자 대부분이 고등학교를 졸업하고 10여 년의 군 복무를 거쳐 직장에 배치되는 북한의 현실을 반영한 것이다. 장기간 사회와 격리되어 고등학교에서 배운 지식을 잊어버리고, 최신 과학기술 발전 추세에도 어두웠기 때문이다. 이를 극복하기 위해 전국을 연결한 유무선 통신망과 PC, 태블릿, 핸드폰 등을 활용해 정규대학 수준의 원격 교육을 수행한다. 2000년대 중반에 김책공업종합대학에서 시범운영을 시작했는데, 김정은 집권 이후에 전국 범위로 확대하면서 위상을 크게 강화한 것이다.

원격 교육은 대학 수준의 교육과 사회 교육으로 구분되는데, 북한의 실정상 대학 수준의 원격 교육이 주류를 이루고 있다. 이는 5년제 정규 교육이고, 강의와 실험, 시험 등을 거쳐 졸업 자격이 주어진다. 김책공업종합대학과 김일성종합대학 홈페이지를 공유하면서 수십 개 대학에 원격교육대학, 학과를 개설하고 있다. 이에 따라 북한의 대학 재학생 규모가 급속히 증가하고 있다. 정규대학 증원이 어려운 현실을 다양한 원격 교육으로 보완하고 있는 것이다.

김책공업종합대학의 원격교육대학 홈페이지(태블릿 버전)

2020년의 코로나19 팬데믹은 북한의 원격교육이 더욱 확산되는 계기가 되었다. 많은 학교들이 단기, 장기로 휴교하거나 비대면 교육으로 전환하면서 원격교육을 활용하게 된 것이다. 전국에서 학생들을 모집하는 유명대학들의 원격입학시험이 확대되었고, 대학을 넘어 일반학교에서도 원격교육을 도입하게 되었다. 정보통신망을 활용하는 원격의료도 확대되고 있다.

핵무기 개발과 미사일 고도화

　김정은 집권 이후 핵무기와 미사일 기술도 일취월장하고 있다. 경제적 침체를 감수하고 2013년부터 추진한 '경제·핵무력 병진건설'이 상당한 성과를 거둔 것이다. 5년만인 2017년 11월 29일에는 대륙간탄도미사일(ICBM)급의 '화성15호'를 발사하면서, 핵무력 완성을 선언했다. 2020년 10월 11일에 개최된 열병식은 이러한 무기체계들이 어떻게 발전하고 있는지를 잘 보여 주었다.

　심각한 문제는 이러한 위협이 우리의 예상과 대응을 뛰어넘는 수준으로 심화되고 확산된다는 점이다. 시험 과정에서 수많은 기술적 문제점과 운용유지에서의 한계를 노출했지만, 북한 정권의 핵과 미사일에 대한 집착은 변하지 않았고 오히려 더욱 강화되고 있다. 지속되는 국제제재도 이러한 북한의 추세를 되돌리기는 어려울 것으로 보인다. 주요 동향과 우리에게 주는 위협은 다음과 같다.

　먼저, 핵탄두 폭발위력이 증가하고 있다. 우리 국방부에서는 제6차 핵실험의 폭발위력을 50~60kt 정도로 발표했지만, 이는 상당히 보수적인 판단이다. 국내외의 많은 전문가들은 풍계리 핵실험장의 암석 유형과 실험장 조건을 종합적으로 고려하면 폭발위력이 100kt를 넘어선다고 지적한다. 20kt 정도의 위력으로 수십만 명이 희생된 히로시마, 나가사키 핵폭탄을 크게 넘어서는 것이다.

　일반 핵탄이 중소도시나 군사목표를 타격하는 전술핵무기라면, 100kt 정도의 융합(증폭 또는 수소폭탄) 핵탄은 어지간한 대도시를 무력화할 수 있는 전략핵무기로 사용할 수 있다. 인구밀집도가 특별히 높은 우리나라 대도시에 5~10발 정도의 증폭 또는 수소폭탄이 떨어지면, 국가 존망의 위기에 직면할 수 있다. 이는 우리가 북한의 핵탄을 매 한 발 한 발마다 사활을 걸면서 방어해야 한다는 것을 의미한다.

둘째로, 탄두 수량이 증가하고 있다. 북한이 플루토늄(Pu)에 의존했을 때는 그 수량이 많지 않았으나, 이제는 원심분리기를 이용해 고농축우라늄(HEU)을 대량으로 생산할 수 있게 되었다. 우라늄 농축공장은 규모와 전력소모가 적고 분산이 가능해 우리가 모르는 장소에 숨기기도 쉽다. 많은 전문가들은 북한이 2020년까지 30~100개의 핵탄을 보유할 수 있을 것이라 분석한다.

탄두 수량의 증가와 표준화는 북한이 상당히 다양한 투발수단을 상호 전환하면서 사용할 수 있다는 것을 의미한다. SLBM인 '북극성 1'과 육상형인 '북극성 2' 등에 동일한 핵탄두를 사용할 수 있다는 것이다. 아울러 다수의 예비 탄두를 보유해, 선제공격을 당해도 살아남은 투발수단으로 반격할 수 있다는 것을 의미한다. 증폭 핵탄이나 수소폭탄처럼 단일탄두의 폭발위력이 증가하면 이러한 위협이 더욱 가중된다.

셋째로, 투발수단이 날로 고도화하고 있다. 북한은 실전 배치된 노동이나 스커드미사일 정도의 소형 핵탄두를 보유했다고 판단된다. 최근에는 미국에 도달할 수 있는 ICBM을 개발하면서, 우리의 탄도미사일 방어망을 돌파하기 위한 기술도 지속적으로 개발하고 있다. SLBM과 고체추진제 '북극성 2', 고체연료미사일 등이 대표적인 예이다. 이로 인해 발사준비 시간이 단축되어, 우리의 '킬 체인(Kill Chain)'을 대폭 보완해야할 필요성이 대두되고 있다.

넷째로, 최근의 미사일 시험들은 북한이 핵전술 고도화에도 상당한 노력을 기울이고 있다는 것을 보여준다. 고각발사와 탄두의 비대칭 기동 등이 그 예이다. 고고도핵폭발은 강력한 X-선과 전자기펄스(EMP)로 인공위성과 레이더, 통신망, IT기기들을 무력화할 수 있어, 21세기의 새롭고 강력한 핵전술로 자리매김하고 있다. 우리와 같이 대도시 집중도가 높은 IT 대국에 특히 위협적인 전술이다. 탄두기동과 대구경방사포와의 혼용도 상당히 위협적이다.

북한의 핵, 미사일 위협이 가중되는 상황에서 우리의 대응력 부족이 여실히 드러나고 있다. 북한 핵실험의 사전탐지와 이동식 미사일의 발사 징후 탐지, 궤도추적에 한계를 보였고, 기술 분석에서도 많은 혼선을 보였다. 핵, 미사일 정보 분석은 사전에 잘 조직되고 훈련된 과학기술자 집단과 이들 간의 협업, 장기적인 학습이 필요한데, 현재 우리 상황은 그렇지 못하다. 이를 조속히 보완하는 것이 우리에게 주어진 과제라고 하겠다.

IV
전망

　김정은이 지식경제와 전민과학기술인재화를 강조하면서 많은 성과를 거두고 있으나, 그 전망이 모두 밝은 것은 아니다. 집권 초기부터 크게 늘어난 핵실험과 각종 미사일 발사로 국제제재가 심화되고, 대외무역이 침체되면서 첨단기술 확보와 투입 여력이 줄어들고 있기 때문이다. 이를 타개하는 방안으로 자력갱생을 내세우면서 주체철과 탄소하나화학 등의 비효율적 기술에 다시 의존하는 것도 이 때문이다.

　북한의 자력갱생은 국내산 원료와 기술로 순환하는 자립적 경제운용을 의미한다. 이를 위해 공업원료의 70~80%를 국내산으로 조달할 것을 강조한다. 그러나 부존자원이 제한된 북한에서 이를 확대하는 것은 상당한 무리가 따른다. 주체철은 수입 콕스탄을 국내산 무연탄으로 대체하는 것이고, 탄소하나화학은 석유가 나오지 않는 상황에서 석탄을 가스화해 화학원료를 생산하려는 것이다. 이런 공법들의 경제성과 생산성이 극히 낮아, 국력이 낭비되고 규모 확장에 어려움을 겪는 것이다.

　결국 북한은 2021년 1월 5일부터 12일까지 개최된 노동당 제8차 당대회에서 지난 5년간 추진된 경제발전5개년전략이 "거의 모든 부문에서 엄청나게 미달했다."고 평가하고, 이를 극복할 새로운 "경제발전5개년계획(2021~2025)"의 수립, 추진을 발표하였다. 그러나 그 기본 노선이 여전히 자력갱생 중심이고 철저히 국내산 원료와 기술에 의존한다는 점에서, 그 성공 가능성이 높지 않은 것이 문제가 된다. 다만 북한의 현실에서 과학기술을 통한 생산성 개선은 포기할 수 없는 중요한 전략이다. 따라서 앞으로도 지속적으로 과학기술을 앞세우면서 필요한 개혁들을 추진할 것으로 생각된다. 이를 달성할 능력과 자원을 확보하려면 연구비 투자 확대와 선진기술 도입, 산업화가 필수적이나 이는 북한의 현 상황에서 상당한 무리가 따르는 일이다. 이를 체계적으로 지원할 여력을 남한이 가지고 있으므로 향후 한반도 정세 개선 여부에 따라 그 실현을 담보할 가능성은 남아 있다.

비핵화를 둘러싼 북미, 남북회담 전망은 아직 불투명하다. 협상이 타결되어 북한의 비핵화가 빠르게 이루어지고 국제제재가 해소되면, 김정은이 주력하는 지식경제와 전민과학기술인재화가 상당한 성과를 거두며 추진될 수 있다. 그러나 반대로 협상이 교착되고 북한의 반발로 한반도 안보정세가 어두워지면, 국제제재가 더욱 심화되면서 자력갱생정책이 가속화될 것이다. 이는 장기적으로 지속되기 어려운 것이다. 북한 과학기술계의 앞날과 주력 과제도 이러한 상황 변화에 크게 의존할 전망이다.

제5장

김정은 시대
북한의 군대:
위상, 역할, 편제와 역량을
중심으로

장철운 통일연구원 부연구위원

＊ 이 글의 내용은 필자의 개인 견해이며, 소속기관과 무관함을 밝힙니다.

I
머리말

2022년으로 북한에서 이른바 '김정은 체제'가 본격적으로 시작된 지 만 10년을 넘기게 됐다. 2011년 12월 19일, 북한의 조선중앙통신 등은 김정일 위원장이 이틀 전에 사망했다는 소식을 긴급 뉴스로 타전했다. 김정일 위원장이 사망하자마자 그의 후계자였던 김정은은 북한에서 최고지도자가 겸직하는 자리에 하나씩 올랐는데, 김정은이 가장 먼저 계승한 자리가 바로 '인민군 최고사령관'이었다. 이에 앞서 2009년 초에 김정일 위원장의 후계자로 내정된 것으로 알려진 김정은이 공식적으로 등장한 계기도 2010년 9월 열린 제3차 당대표자회에서 당중앙군사위원회 부위원장으로 임명된 것이었다. 이처럼 북한의 최고지도자, 특히 김정은 위원장에게 군권 장악은 가장 우선시해야 하는 사안이었던 것이다.

그렇지만 김정은 시대 들어 북한에서 가장 많이 변화한 조직이 바로 군대라는 데 이의를 제기하기는 어려울 것이다. 김정은 시대 초기에 북한군은 김정일 시대에 향유했던 각종 경제적 이권을 상당할 정도로 상실한 것으로 알려졌는데, 이는 북한 내에서 군대의 위상 및 역할이 김정일 시대에 비해 매우 축소된 것임을 시사하는 증거로 해석됐다. 앞선 김정일 시대가 '모든 것에 군대를 앞세우는' 이른바 '선군(先軍)'의 시대였다는 점을 감안한다면 김정은 시대 들어 북한에서 이뤄진 군대의 위상 하락 및 역할 축소 등의 변화는 더욱 크게 인식될 수밖에 없을 것이다. 김정일 사후 김정은이 권력을 승계하는 과정에서 가장 먼저 군권을 장악했다는 점을 상기했을 때에도 김정은 시대 북한군의 변화는 결코 작지 않은 사안이다.

이러한 배경 하에 이 글에서는 김정은 시대 북한의 군대에 관해 논의하고자 한다. 왜냐하면 김정은 시대 북한의 군대에 관한 기본적인 내용을 소개하는 논의가 최근에는 거의 이뤄지지 않았기 때문이다. 김정은 정권 출범 이후 북한의 군대와 관련해 가장 많이 논의된 주제 및 소재는 바로 김정은 시대 들어 북한에서 급격하게 추진된 이른바 '핵·미사일 능력 고도화'와 관련된 논의라고 할 수 있다.[1] 그리고 이보다는 양적인 측면에서 적지만, 김정일 시대에 비해 매우 크게 변화한 것으로 평가되는 김정은 시대 북한군의 위상과 역할에 관한 논의 역시 일정하게 이뤄졌다.[2]

그러나 이러한 논의에만 천착하다 보면 '나무는 보는데 숲을 보지 못하'는 우를 범할 수 있다. 오랜 시간 해당 분야에서 지속적으로 추적·관찰해 온 전문 연구자가 여러 정보의 편린을 모아 이를 심층적으로 분석하는 논의는 학문적·정책적 측면에서 반드시 필요한 것이다. 남북한 사이의 군비경쟁이 지속되며 한반도의 군사적 긴장이 쉽게 완화되지 않는 현실을 감안했을 때 이러한 논의는 더욱 활성화될 필요도 있다. 그렇지만 일반 독자가 이러한 논의만을 자주 접하다 보면 마치 그것이 전부인 것처럼 오해하기가 쉽다. 다시 말하면, 김정은 시대 북한의 군대와 관련해 핵·미사일 능력 고도화가 북한군이 갖는 역량의 전부이고, 김정은 시대 들어 나타나는 북한군의 위상 하락 및 역할 축소가 전에 없던

---

1   임상순, "안보딜레마 이론을 통해서 본 북한의 핵 개발과 남한의 대응: 현황과 전망을 중심으로", 총신대 평화통일연구소, 『평화통일연구』, 3-1 (2021); 박휘락, "북한의 대(對)미국 핵전략 분석: 최소억제전략을 중심으로", 『신아세아』, 27-2 (2020); 반길주, "게임체인저로서 북한 SLBM 위협고도화와 한국의 대응방안: 변화되는 게임진단과 SLBM 상쇄전략", 『국가전략』, 26-3 (2020); 장철운, "북한의 핵·미사일 과학기술 발전과 비핵화 프로세스 전망", 『통일문제연구』, 30-2 (2018); 신범철, "북한 핵능력 고도화에 따른 북한의 전략적 의도와 녹표의 변화", 『한국국가전략』, 3-1 (2018); 이호령, "북한의 핵·미사일 능력 고도화와 남북관계 변화", 『접경지역통일연구』, 1-2 (2017) 등.

2   장철운, "김정은 시대 북한군의 변화: 군사력과 군의 역할에 관한 논의를 중심으로", 서울대 국제문제연구소, 『세계정치』, 34 (2021); 허규호·안경모, "김정은 시기 북한 군부의 역할과 성격 변화에 대한 연구: 전문직업주의의 부상을 중심으로", 『국방정책연구』, 35-4 (2020); 김동엽, "김정은 시대 북한의 군사 분야 변화와 전망", 『경제와 사회』, 122 (2019); 이흥석, "역사적 관점에서 살펴 본 북한『군 엘리트』의 위상 변화: 당 정치국과 당 중앙위원회를 중심으로", 『군사』, 113 (2019); 김태구, "김정은 위원장 집권 이후 군부 위상 변화 연구", 『통일과 평화』, 11-2 (2019); 김성주, "김정은 시대 북한군의 성격 변화 연구", 『북한연구학회보』, 23-2 (2019); 이상숙, "김정일 시대와 김정은 시대의 당·군 관계 특성 비교: 국방위원회와 국무위원회를 중심으로", 『북한학연구』, 14-2 (2018); 장철운, "북한 전략군의 위상과 역할에 관한 연구", 『한국과 국제정치』, 33-4 (2017) 등.

특이한 현상으로 인식될 수 있다는 것이다.

이러한 맥락을 감안해 이 글은 김정은 시대 북한의 군대에 관한 기본적인 내용을 소개하는 바탕 위에서 최근의 변화를 포함시켜 논의함으로써 일반 독자의 이해를 제고하려는 목적에서 쓰였다. 이를 위해 이 글은 김정은 시대 북한군의 위상, 역할, 편제와 역량을 중심으로 논의할 것이다. 앞서 언급한 최근 연구 내용은 가급적 필요한 부분에서 제한적으로만 언급하려고 한다.

Ⅱ
북한군의 위상: 노동당의 군대

 한 국가 내에서 군대가 어떠한 위상을 갖는지와 관련해 일반적으로 통용되는 가장 대표적인 표현은 '국민의 군대'라고 할 수 있을 것이다. 대부분 군대의 기본적인 사명이 국가의 안전을 보위하고 국민의 생명과 재산 등을 지키기 위해 만약에 있을지 모르는 외부로부터의 위협에 대비하는 것이기 때문이다. 한국의 국방부는 "외부의 군사적 위협과 침략으로부터 국가를 보위하고, 평화통일을 뒷받침하며, 지역의 안정과 세계평화에 기여하는 것"을 "국방목표"로 삼고 있으며, "대한민국의 주권, 국토, 국민, 재산을 위협하고 침해하는 세력을 적으로 간주한다"고 밝히고 있다.[3] 이러한 목적과 사명 하에서 국가는 국민의 세금을 이용해 일정한 규모의 상비군을 운용하는 것이다.

 그러나 이와 같은 일반론이 현재 지구상에 존재하는 모든 국가와 군대에 동일하게 적용되는 것은 아니다. 한 국가 내에서 군대 또는 군부가 실질적인 권력을 행사하는 몇몇 군부독재 국가에서 군대가 갖는 위상과 관련해서는 '국민의 군대'보다 '정권의 군대'라는 표현이 더욱 잘 어울릴 수 있다. 국가의 모든 권력이 1인에게 집중된 독재국가에서 군대가 갖는 위상은 '최고지도자의 군대'로 표현될 수 있을 것이다. 이처럼 군대의 위상은 해당 국가의 성치체제, 권력체제와 긴밀하게 연동된다.

 북한에서 '인민군'이 갖는 위상은 어떻게 표현하는 것이 적절할까? 이 질문에 대답하기 위해서는 먼저 북한의 정치체제, 권력체제에 관해 간략하게나마 정

---

3   국방부, 『2020 국방백서』 (2020), 37쪽.

리할 필요가 있다. 김정은 시대 북한의 정치·권력체제가 이른바 '수령 중심의 당-국가체제'라는 데 이의를 제기하기는 어려울 것이다. 이를 풀어서 설명하면, 북한 내 권력의 정점인 '수령'에 자리한 김정은 위원장이 노동당을 통해 국정 전반을 관장하는 체제라고 할 수 있다. 이러한 맥락을 감안한다면, 북한에서 군대가 갖는 위상이 '수령의 군대' 또는 '노동당의 군대'일 것이라고 추정할 수 있을 것이다.

사회주의 국가인 북한의 역사에서 최고지도자인 김일성 주석, 김정일 위원장, 김정은 위원장 못지않게 중요하게 살펴봐야 하는 기관이 노동당이라는 점을 감안했을 때 「노동당 규약」에서 군대의 위상에 관한 내용이 어떻게 변화해 왔는지를 정리할 필요가 있다. 김정은 체제가 들어서기 전까지 북한에서는 총 6차례에 걸쳐 노동당 대회가 개최됐는데, 1946년 개최된 제1차 당대회에서 채택된 「노동당 규약」에서부터 1956년 개최된 제3차 당대회에서 개정된 「노동당 규약」에 이르기까지 군대의 위상을 직접적으로 표현한 적이 없었다. 군대의 위상이 「노동당 규약」에 처음 명시된 것은 1961년 개최된 제4차 당대회였는데, 여기에서 수정된 「노동당 규약」에 따르면 "인민군은 노동당의 무장력"이었다(제8장 66조). 그리고 1970년 개최된 제5차 당대회에서 개정된 「노동당 규약」에는 "인민군은 진정한 인민의 군대이며 … 노동당의 혁명적 무장력"이라고 표현돼 있다(제7장 46조).

북한에서 김정은 체제가 들어서기 이전에 마지막으로 개최된 1980년 제6차 당대회에서 고쳐진 「노동당 규약」에 따르면, "인민군은 … 노동당의 혁명적 무장력"으로 규정돼 있다(제7장 46조). 김정은 위원장이 김정일 위원장의 후계자로 내정돼 후계자 수업을 받던 기간인 2010년 개최된 제3차 당대표자회에서 개정된 「노동당 규약」에는 "인민군은 … 수령의 군대"로 표현돼 있다(제7장 46조). 그런데 제6차 당대회 이후 36년 만인 2016년, 김정은 집권 이후 처음 개최된 제7차 당대회에서 개정된 「노동당 규약」에는 "인민군은 … 수령의 군대, 당의 군대, 인민의 군대"라고 규정하고 있다(제6장 제47조). 2021년 1월 개최된 제8차 당대회에서 개정된 「노동당 규약」에는 "인민군은 … 노동당의 혁명적 무장력"이라는 표현으로 바뀌었다(제6장 47조).

이상에서 살펴본 것처럼, 「노동당 규약」을 통해 확인할 수 있는 북한에서 군대의 위상 변화를 정리하면 아래 〈표 1〉과 같다. 즉 「노동당 규약」에 따르면, 2022년 현재 북한에서 군대는 '당의 군대'라고 규정할 수 있으며, 이는 김정은 체제가 북한에 들어서기 이전인 1980년 이전으로 회귀한 표현이라고 할 수 있는 것이다.

표 1 ▎ 북한 「노동당 규약」에 나타난 군대의 위상 변화

구 분	해당 조항	내 용
제4차 당대회 (1961)	66조	노동당의 무장력
제5차 당대회 (1970)	46조	인민의 군대, 노동당의 혁명적 무장력
제6차 당대회 (1980)	46조	노동당의 혁명적 무장력
제3차 당대표자회 (2010)	46조	수령의 군대
제7차 당대회 (2016)	47조	수령의 군대, 당의 군대, 인민의 군대
제8차 당대회 (2021)	47조	노동당의 혁명적 무장력

북한에서 이처럼 군대의 위상이 변화한 배경은, 앞서 언급한 것처럼, 북한 정치·권력체제의 변화에서 찾을 수 있다. 이른바 '수령 중심의 당-국가체제'였던 김일성 시대 북한에서 군대는 '당의 군대'를 기본으로 했으며, 1970년대 일시적으로 '인민의 군대'가 추가된 바 있다. 총체적 측면에서 국가적 위기 상황에 직면해 이른바 '선군정치'를 주창하며 '수령 직할 통치체제'를 구사했던 김정일 시대 북한에서 군대는 '수령의 군대'였다. 김일성 시대의 국정운영 시스템인 '수령 중심의 당-국가체제'를 복원하고 있는 김정은 시대 북한에서 군대는 '수령의 군대, 당의 군대, 인민의 군대'였다가 '당의 군대'로 다시 회귀했다고 할 수 있는 것

이다.

그렇다면 북한에서 이처럼 군대의 위상이 변화한 것은 어떠한 의미를 가질까? 수령인 최고지도자가 당을 통해 국정 전반을 관장하는 북한의 존립과 관련해 가장 중요한 사안은 수령의 안위와 노동당을 중심으로 하는 일심단결일 수밖에 없다. 이로 인해 김일성 시대와 김정은 시대 북한에서 군대의 위상과 관련해 당의 군대가 기본적인 사항으로 꼽힐 수밖에 없는 것이다. 창군 초기 북한에서 군대는 명목상 국가의 군대였을 수 있으나 노동당이 권력의 중심에 자리하면서 군대의 위상은 당의 군대로 변화했다. 김정일 시대 들어서는 국가적 위기에 대처하기 위해서 군대를 앞세우면서도 최고지도자에게 직접적으로 도전할 수 있는 거의 유일한 세력인 군대를 통제하기 위해 수령의 군대라는 위상을 부여했던 것이다.

국가, 체제, 정권의 사전적 의미는 모두 다르지만, 북한에서는 세 가지가 사실상 거의 동일하게 인식되고 있다. 즉, 북한이라는 국가와 북한의 사회주의 체제를 유지하기 위해 가장 핵심적으로 지켜야 하는 것이 정권, 즉 최고지도자 그 자체인 것이다. 따라서 북한군에 있어 안보 못지않게 중요한 사명은 최고지도자와 그를 중심으로 하는 이른바 '혁명의 수뇌부'인 노동당 보위이다. 정권 안보가 체제 안보 및 국가 안보와 동일시되는 것이다. 2021년 들어 북한에서 군의 위상과 관련해 '당의 군대'는 남아있으면서도 '수령의 군대'가 빠진 이유는 김정은 위원장이 군대를 확실하게 통제하고 있다는 증거일 수 있으며, '인민의 군대'가 빠진 이유는 김 위원장이 노동당을 통해 내세우는 국정 목표가 '인민대중제일주의'이기 때문일 수 있다.

Ⅲ
북한군의 역할

1. 안보

북한군의 성격을 어떻게 규정하는지에 상관없이, 북한군의 기본적인 역할은 다른 국가의 상비군과 마찬가지로 북한이라는 '국가'의 안전을 보장하는 것이다. 앞서 언급한 것처럼, 북한에서는 국가와 체제, 정권이 동일하게 인식된다는 점을 감안한다면, 북한군이 지켜야 하는 대상은 국가이자 체제이며 정권이라고 규정할 수 있을 것이다. 물론 북한군이 최우선적으로 지켜야 하는 대상은 최고지도자, 즉 수령이라고 할 수 있다.

광복 이후 북한에서는 국가건설 과정의 일환으로 군대가 창설됐다. 북한 정권 수립보다 약 8개월 앞선 1948년 2월 창설된 북한의 군대, 즉 '조선인민군'(이하 북한군)은 다른 국가의 군대와 동일하게 자신들의 영토를 보존하고, 북한 주민들의 생명과 재산을 보호하는 안보(security), 즉 안전보장을 기본적인 임무로 하고 있었다고 이해하는 것이 타당하다. 앞서 살펴본 것처럼, 북한이 「노동당 규약」 등을 통해 북한군의 성격 규정을 변화시켜 온 것이 사실이지만, 이를 근거로 북한군의 역할을 논함에 있어 안보라는 군대 본연의 기본 임무를 언급조차 하지 않는 것은 상식적이지 못하다고 할 수 있다.

북한에서 군대를 '당의 군대' 등으로 규정하는 것을 거론하며 북한군이 노동당의 최종 목적인 '온 사회의 김일성·김정일주의화'를 실현하기 위한 중요 수단이기 때문에 아직도 북한이 소위 '적화통일' 야욕을 버리지 않고 있다는 주장이 제기되기도 한다. 이러한 주장이 완전하게 거짓이라고 할 수는 없지만, 현실화될 개연성이 크지 않은 것이 사실이다. 분단이 지속됨으로 인해 통일을 지향한다고 계속해서 밝혀야만 하는 상황에서 북한 정권은 자신들에게 유리하고 자신들이 옳은 것이라고 선전하는 내용을 중심으로 통일을 달성해야 한다고 주장할 수밖에 없기 때문이다. 그렇지만 북한이 6·25전쟁과 같이 무력에 의한 통일을 달성하기는 사실상 불가능해 보인다.

북한은 자신들의 안보를 위해, 여느 국가의 군대와 비슷하게, 만약에 있을지 모르는 외부로부터의 침략에 대비하려는 목적에서 군사력을 보유·운용하는 동시에 강화하고 있다. 북한이 가장 강조하는 외부의 위협 세력은 다름 아닌 미국이라고 할 수 있다. 1950년 북한의 남침으로 시작된 6·25전쟁이 1953년 7월 27일 「정전협정」 체결로 일단락됐지만, 아직 완전하게 끝난 것은 아니며, 이로 인해 북한과 미국은 적대관계에서 벗어나지 못하고 있다. 국제적인 냉전체제가 유지되던 시기에는 사회주의 진영의 대표인 소련이 미국과 경쟁했기 때문에 북한이 미국으로부터 직접적인 위협을 느끼지 않아도 됐을지 모르지만, 냉전체제가 붕괴한 뒤 북한은 세계 최강대국인 미국을 직접 상대하게 됐다. 북한의 우방국인 중국이 미국과 전략적으로 경쟁하는 이른바 'G2' 시대라고 하지만, 북한이 미국으로부터 느끼는 위협을 중국이 상쇄해 주거나 없애기는 어려운 것이 사실이다.

북한이 미국 다음으로 외부의 위협 세력이라고 인식하는 대상은 남한이다. 남북한 분단의 시작점을 어디로 설정하느냐에 따라 달라질 수 있지만, 남북한 각각에 정부가 수립된 1948년을 시작점으로 잡는다면 분단된 지 75년 가까이 지났다. 남북한은 분단 초기 3년에 걸친 전쟁을 겪었고, 전쟁이 일단락된 뒤부터 현재까지는 상대방의 존재 자체를 위협으로 인식해 왔다. 왜냐하면 양측이 모두 '통일'을 국가적인 목표로 삼고 있는데, 남북한 각각이 생각하는 통일의 방법이 무엇이든지에 상관없이 양측은 '자기중심적인 통일'을 희망하기 때문이다. 문재인 대통령이 언급한 것처럼, 남북한 사이의 체제 경쟁은 사실상 끝났다고 할 수 있다. 그렇지만 북한의 막대한 군사력이 남한의 안보에 위협이듯이 남한의 강력한 군사력은 북한의 안보에 위협이 아닐 수 없는 것이다.

2. 정치·경제사회적 역할

　민주주의 국가에서 군대의 정치참여는 대체로 금지돼 있거나 금기시되는 것이 일반적이다. 그러나 사회주의 국가에서는 반드시 그렇다고 하기 어렵다. 옛 소련을 비롯해 중국, 북한, 쿠바 등 이른바 '혁명', 특히 무장투쟁 등을 통해 사회주의 체제가 수립된 국가 건설 초기에 군대의 정치적 역할은 상대적으로 클 수밖에 없다. 이는 제도적으로 사회주의가 아닌 민주주의를 지향하지만 실질적으로 군부 권위주의 체제가 유지되는 국가에서도 나타나는 현상이기도 하다. 북한에서는 국가 건설 과정에서 항일 무장투쟁에 참여했던 인사들이 북한군뿐 아니라 노동당과 내각의 고위직에 진출했다. 소련군정이 북한의 국가 건설 과정을 지원한 것도 여기에 적지 않은 영향을 미쳤다. 특히 3년여에 걸친 6·25전쟁 기간 북한이 전시체제로 운영된 것은 북한군의 정치적 역할 증대에 결정적 영향을 미쳤다. 정전협정 체결 이후 북한은 전후 복구에서 일단의 성공을 거두고 사회주의 경제체제로의 전환을 추진하며 군 출신보다는 전문성을 갖춘 '테크노크라트(전문가)' 출신들이 정책 추진을 주도했다.

　김일성 시대가 끝난 1994년 북한에서는 더 이상 당-국가체제가 작동하지 않았다. 식량난·에너지난·외화난 등으로 대표되는 총체적 경제난, 즉 '고난의 행군'과 '강행군'이 3년여 동안 북한 전역을 휩쓸었다. 김정일 위원장은 1998년 북한의 최고지도자로 공식 등장하며 '선군정치'를 통치철학으로 제시했는데, 북한은 선군정치를 '모든 것에 군대를 앞세우는 정치 방식'이라고 설명했다. 북한 국정 운영의 근간이라고 할 수 있는 노동당이 제 기능을 전혀 하지 못하는 상황에서 김정일 위원장이 선택한 수단은 경제난 속에서도 조직과 규율을 일정하게 유지하고 있던 군대였던 것이다. 김정일 시대 북한에서는 군 고위 인사 중심으로 구성된 국방위원회가 사실상 국정을 운영하는 등 군의 정치적 역할이 매우 크게 확대됐다.

　그러나 김정일 위원장은 김정은 시대를 준비하며 당-국가체제의 복원을 도모했다. 김정일 위원장은 김정은이 당을 통해 군을 장악하게 하는 것을 시작으로 군의 정치적 역할을 축소시켜 나갔다. 김정일 사망 이후 김정은 위원장은 선군시대 군이 장악했던 경제적 이권을 내각으로 이관시켰다. 또한 군 고위 인사들로 구성됐던 국방위원회를 폐지하는 대신 당·정·군의 고위 인사가 고르게 참여하는 국무위원회를 신설해 이를 중심으로 국정을 운영하고 있다. 특히, 김정은 위원장은 숙청을 비롯해 수시로 군 장성들의 계급을 강등 및 복권시키는 등의 방법으로 정치적 역할 축소에 대한 군의 반발 가능성을 원천적으로 차단했다. 김정은 시대 북한군의 정치적 역할은 김일성 시대 수령 중심의 당-국가체제가 작동하던 시기의 그것을 지향하는 것처럼 보인다.

한편 북한에서 군대가 수행하는 경제사회적 역할은 다른 국가, 특히 저발전국에서 군대가 수행하는 역할과 유사하다. 일반적으로 저발전국에서 군대는 가장 체계적이고 전문적인 집단으로 꼽힌다. 이로 인해 저발전국에서 군대는 만약에 있을지 모르는 외부로부터의 침략에 대비하는 역할을 비롯해 대외정책뿐 아니라 대내정책에서도 중요한 역할을 수행한다. 군대의 병력 대부분이 젊은 남성으로 구성돼 있다는 점에서 많은 인력을 투입해 비교적 짧은 시간 내에 가시적인 성과를 만들어내는 사업에 군대가 동원되는 경우가 많다. 또한 대부분의 저발전국에서 그런 것처럼, 북한 사회에서 군대는 일종의 '모범'으로 간주되는 경향이 있다.

북한에서 군대는 창설된 이후부터 현재까지 북한 내에서 생산성이 가장 높은 연령대의 집합체라고 할 수 있다. 이러한 이유로 북한 경제가 발전하는 과정에서 군대가 차지한 비중은 결코 작지 않았던 것으로 평가된다. 6·25전쟁이 일단락된 이후 잔류하고 있던 중국인민지원군에게 안보를 일정하게 의존하며 북한이 상당한 정도의 전후 복구 사업에 군대를 투입했던 사실을 언급할 수 있다. 또한 북한은 과거부터 많은 인력과 장비가 필요한 대규모 토목사업 등에 지속적으로 군대를 동원하거나 군대와 유사한 지휘체계를 갖춘 돌격대를 조직해 투입해 왔다.

특히, 북한이 선군정치를 표방했던 김정일 시대 북한에서 군대의 경제적 역할이 매우 커졌던 것으로 평가된다. 노동당이 제대로 된 역할을 하지 못하는 당-국가체제의 무력화는 북한 경제의 사령탑인 내각의 역할 축소로 이어졌으며, 이는 결국 총체적 경제난을 야기했다. 이러한 상황에서 김정일 정권은 경제난 탈출을 위해 군대를 투입할 수밖에 없었다. 김일성 시대 북한은 주민들의 노(동)력 동원을 통해 각종 경제적 성과를 창출·축적해 왔지만, 김정일 시대 경제난은 주민들의 노력동원을 불가능하게 했으며, 그나마 일정하게 식량과 물자 등의 배급이 이뤄지던 군인력을 동원할 수밖에 없도록 한 것이다. 이러한 과정이 반복되며 북한군은 내각이 관장하던 여러 경제 사업에 깊숙하게 관여하며 경제적 역할을 확대시켜 나갔던 것이다.

그러나 김정은 시대 들어 북한에서 군대의 경제적 역할은 점차 작아지는 추세인 것으로 알려졌다. 여전히 많은 인력과 장비가 동원돼야 하는 대규모 토목 사업 등은 군대가 주도하고 있지만 과거에 비해 그 비중이 현저하게 감소한 것이 사실이다. 시장화 확대 등으로 이른바 '돈주' 등 신흥자본가 계층이 등장하면서 이들이 자본과 인력, 물자를 동원함으로써 경제적 성과를 창출하는 사업이 많아지는 현상과 관련된 것으로 보인다. 김정은 정권은 선군시대 군이 차지했던 각종 경제사업의 이권을 내각에 돌려주는 방향의 정책도 추진하고 있다. 그렇지만 북한에서는 여전히 군대가 유류 공급 등에서 상대적 우선권을 부여받고 있기 때문에 군대에 어느 정도 의존해야만 운송 및 물류가 가능한 상황이며, 특히 수산업의 경우에는 군대의 영향력이 아직까지도 절대적인 것으로 알려졌다.

한편 북한군은 북한 내에서 가장 전문화되고 관료화된 집단이라고 할 수 있다. 6·25전쟁 과정에서 만들어지고 널리 퍼진 많은 전쟁 영웅들과 최고지도자에게 충성하는 군인의 모습은 북한 주민들에게 일종의 표상이 아닐 수 없다. 또한 많은 저발전 국가에서 어렵지 않게 확인할 수 있는 것처럼, 북한에서 군대는 다른 집단에 비해 각종 사업에서 성과를 거두는 경우가 많다. 이러한 성과는 북한 정권의 치적이 되는 동시에 다른 집단이 본받고 따라 배워야 할 모범으로 선전돼 왔다. 이러한 경향은 김일성 시대보다 김정일 시대에 더욱 두드러졌다. 노동당과 내각이 작동하지 않는 상황에서 군대만이 이렇다 할 정도의 성과를 만들어낼 수 있었으며, 여타 집단의 성과가 전무한 상황에서 군대가 만들어

낸 성과는 더욱 돋보였다. 또한 북한 사회의 주류 계층인 노동당원이 되기 위해서는 군 복무 경력이 필수적인 것으로 알려졌다. 이러한 측면에서 북한에서 군대가 갖는 사회적 역할과 영향력은 결코 작지 않다고 할 수 있다.

IV
북한군의 편제와 역량

1. 편제

북한군은 최고사령관 등을 겸직하는 김정은 위원장을 정점으로 위계화된 조직 및 지휘통제 체계를 갖추고 있다. 〈그림 1〉에서 확인할 수 있는 것처럼, 북한군은 최고사령관 휘하에 보위국, 호위사령부, 총정치국, 총참모부, 국방성 등의 조직을 갖추고 있다. 이 중에서 보위국은 군 내 간첩 및 반체제 활동 등 범죄에 대한 수사 등을 담당하며, 호위사령부는 반체제 쿠데타 진압, 최고지도자 및 가족의 신변보호, 숙소 경계와 관리 등 경호를 담당하는 것으로 알려졌다.[4]

그림 1 ┃ **북한의 군사지휘기구도**

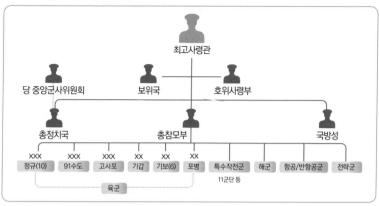

*출처: 국방부, 『2020 국방백서』 (2020), 24쪽.

---

4   통일부 국립통일교육원, 『2021 북한이해』 (2021), 132쪽.

북한군은 이중적인 지휘통제 및 지도체계를 갖는 것으로 알려졌는데, 이는 북한군에 대한 정치적인 지도·통제와 군사적인 지휘·통제가 구분된다는 의미이다. 북한군에 대한 정치적인 지도·통제, 즉 군 내 당 조직과 정치사업은 총정치국이 맡고 있는데, 북한군 당위원회의 집행기구인 총정치국은 당중앙군사위원회의 지도·감독 하에 있다. 북한군과 관련된 대외업무와 군수·재정 등의 기능은 국방성에서 담당한다. 군사적인 지휘·통제는 총참모부가 실질적으로 관장한다. 총참모부는 북한군을 실질적으로 구성하는 10개의 정규군단을 비롯한 육군과 해군, 항공 및 반항공군, 전략군, 특수작전군 등 5개 군종을 통합군제로 운용하는 과정에서 군사작전을 지휘하는 군령권을 행사하는 것으로 알려졌다.[5]

2. 재래식 군사력: 육군, 해군, 항공 및 반항공군, 특수작전군

1) 육군

2020년 12월 현재, 북한은 총 128만여 명의 상비병력을 보유·운용하는 것으로 알려졌는데, 이 가운데 110만여 명(총병력의 85.9%) 정도가 육군 병력인 것으로 알려졌다. 〈그림 1〉에 나타난 것처럼, 북한의 육군은 10개의 정규군단과 91수도군단, 고사포군단, 기갑사단, 6개의 기계화보병사단, 포병사단을 비롯해 국방성 예하의 도로건설군단, 총정치국 예하의 공병군단 등 총 15개의 군단급 부대와 84개의 사단, 117개의 여단으로 구성됐다.[6] 북한 육군은 전차 4,300여 대, 장갑차 2,600여 대, 야포 8,800여 문, 방사포 5,500여 문 등의 전력을 갖춘 것으로 평가된다(〈표 2〉 참고).

5 통일부 국립통일교육원, 『2021 북한이해』 (2021), 130~132쪽.
6 국방부, 『2020 국방백서』 (2020), 24쪽.

표 2 ┃ 북한 육군의 구성: 2020년 말 현재

구 분		주 요 내 용
병 력		110만여 명
부 대	군단(급)	15개
	사단	84개
	여단(독립여단)	117개
장 비	전 차	4,300여 대
	장 갑 차	2,600여 대
	야 포	8,800여 문
	방 사 포	5,500여 문

*출처: 국방부, 『2020 국방백서』 (2020), 290쪽.

표 3 ┃ 남북한 육군의 전력 변화: 2010년과 2020년

구 분		북한			남한		
		2010년	2020년	증감	2010년	2020년	증감
병 력		102만 명	110만 명	▲8만 명 (7.8%)	52만 명	42만 명	▽10만 명 (19.2%)
부대	군단(급)	15개	15개	–	10개	13개	▲3개
	사단	90개	84개	▽6개	46개	37개	▽9개
	여단	80개	117개	▲37개	14개	34개	▲20개
장비	전 차	4,100여 대	4,300여 대	▲200대 (4.9%)	2,400여 대	2,130여 대	▽270대 (11.3%)
	장갑차	2,100여 대	2,600여 대	▲500대 (23.8%)	2,600여 대	3,000여 대	▲400대 (15.4%)
	야 포	8,500여 문	8,800여 문	▲300문 (3.5%)	5,200여 문	6,000여 문	▲800문 (15.7%)
	방사포	5,100여 문	5,500여 문	▲400문 (7.8%)	200여 문	270여 문	▲70문 (35%)

*출처: 국방부, 『2010 국방백서』 (2010), 271쪽; 국방부, 『2020 국방백서』 (2020), 290쪽.

　그렇다면 북한의 육군 전력은 김정은 시대 들어 얼마나 강력해졌을까? 국방부에서 발간하는 『국방백서』를 기준으로 김정은 정권이 북한에 들어서기 직전인 2010년과 2020년을 비교하면 〈표 3〉과 같다. 여기에서 확인할 수 있는 것

처럼, 2010년 대비 2020년 현재 북한 육군의 경우, 병력은 7.8% 증가했지만 군단급 부대의 수는 변화가 없고, 사단이 6개 감소하는 대신 여단이 37개 증가했다. 장비 측면에서는 전차 4.9%, 장갑차 23.8%, 야포 3.5%, 방사포 7.8%가 각각 증가했다. 그런데 남북한이 군사적으로 대치하고 있다는 현실을 감안해, 같은 기간 남한 육군의 전력 증강과 비교하면 북한 육군의 전력 증강 가운데 장갑차를 제외하고는 두드러진 변화를 보인다고 평가하기가 어렵다.

한편, 국방부는 '북한 육군 전력의 약 70%가 평양-원산선 이남 지역에 배치돼 있기 때문에 언제든지 기습 공격할 태세를 갖추고 있다'고 평가한다.[7] 그런데 북한만 군사분계선에 가깝게 육군 전력을 집중적으로 배치하고 있는 것은 아니다. 남한도 육군 전력의 상당한 정도를 군사분계선에 가깝게 배치하고 있다. 남한은 2018년 현재 총 40개의 육군 사단을 보유하고 있는데, 〈그림 2〉에서 보는 것처럼 이 중 22개의 사단을 수원-삼척선 이북 지역에 주둔시키고 있다.

그림 2 ▌ **수원-삼척선 이북 지역의 남한 지상군 사단 배치 현황**

*출처: IISS, *The Conventional Military Balance on the Korean Peninsula* (2018), p. 39.

7   국방부, 『2020 국방백서』 (2020), 24쪽.

2) 해군

2020년 12월 현재, 북한 해군은 6만여 명 정도의 병력을 보유·운용하는 것으로 알려졌는데, 이는 북한 총병력(128만여 명)의 4.7% 정도에 불과하다. 북한 해군은 총참모부의 지휘를 받는 해군사령부 예하에 동해와 서해에 각각 함대사령부를 운용하고 있으며, 13개 전대 등으로 구성돼 있다. 북한 해군은 전투함정 430여 척, 상륙함정 250여 척, 소해정 20여 척, 지원함정 40여 척, 잠수함정 70여 척 등의 전력을 갖춘 것으로 평가되지만(〈표 4〉 참고), 국방부가 설명하는 것처럼 수상 전력의 대부분은 소형 고속함정으로 구성돼 있다.[8]

표 4 ▌ 북한 해군의 구성: 2020년 말 현재

구 분		주 요 내 용
병 력		6만여 명
수상함정	전투함정	430여 척
	상륙함정	250여 척
	소 해 정	20여 척
	지원함정	40여 척
잠수함정		70여 척

*출처: 국방부, 『2020 국방백서』(2020), 290쪽.

그렇다면 북한의 해군 전력은 김정은 시대 들어 얼마나 강력해졌을까? 『국방백서』를 기준으로 김정은 정권이 북한에 들어서기 직전인 2010년과 2020년을 비교하면 〈표 5〉와 같다. 여기에서 확인할 수 있는 것처럼, 2010년 대비 2020년 현재 북한 해군의 경우 병력과 장비 측면에서 큰 변화를 발견하기 어렵다.

---

8   국방부, 『2020 국방백서』(2020), 26쪽.

표 5 ┃ 남북한 해군의 전력 변화: 2010년과 2020년

구 분		북한			남한		
		2010년	2020년	증감	2010년	2020년	증감
병 력		6만 명	6만 명	–	6.8만 명	7만 명	▲0.2만 명 (2.9%)
장비	전투함정	420여 척	430여 척	▲10척 (2.4%)	120여 척	100여 척	▽20척 (16.7%)
	상륙함정	260여 척	250여 척	▽10척 (3.8%)	10여 척	10여 척	–
	기뢰전함정 /소해정	30여 척	20여 척	▽10척 (33.3%)	10여 척	10여 척	–
	지원함정	30여 척	40여 척	▲10척 (33.3%)	20여 척	20여 척	–
	잠수함정	70여 척	70여 척	–	10여 척	10여 척	–

*출처: 국방부, 『2010 국방백서』(2010), 271쪽; 국방부, 『2020 국방백서』(2020), 290쪽.

3) 항공 및 반항공군

일반적인 국가의 공군에 해당하는 북한의 항공 및 반항공군은 11만여 명 정도의 병력을 보유·운용하는 것으로 알려졌는데, 이는 북한 총병력(128만여 명)의 8.6% 정도이다. 북한의 항공 및 반항공군은 총참모부의 지휘를 받는 항공 및 반항공군사령부 예하에 5개 비행사단, 1개 전술수송여단, 방공부대 등으로 구성돼 있다. 북한의 항공 및 반항공군은 전투임무기 810여 대, 정찰기 30여 대, 공중기동기 350여 대, 훈련기 80여 대 등의 전력을 갖춘 것으로 평가되지만 (〈표 6〉 참고), 국방부가 설명하는 것처럼 북한이 독자적으로 항공기를 제작할 수 있는 기술적 능력을 갖추고 있지 못하기 때문에 신규 전투임무기 도입이 제한된다.[9]

---

9 국방부, 『2020 국방백서』(2020), 27쪽.

표 6 ▌ 북한 항공 및 반항공군의 구성

구 분		주 요 내 용
병 력		11만여 명
장 비	전투임무기	810여 대
	정찰기	30여 대
	공중기동기(AN-2 포함)	350여 대
	훈련기	80여 대
	헬기(육·해·공군)	290여 대

*출처: 국방부, 『2020 국방백서』 (2020), 290쪽.

그렇다면 북한의 항공 및 반항공군 전력은 김정은 시대 들어 얼마나 강력해졌을까? 『국방백서』를 기준으로 김정은 정권이 북한에 들어서기 직전인 2010년과 2020년을 비교하면 〈표 7〉과 같다. 여기에서 확인할 수 있는 것처럼, 2010년 대비 2020년 현재 북한 항공 및 반항공군은 공중기동기가 20대 증가했지만 전투임무기 10대, 훈련기 90대, 헬기 10대 등이 감소하며 적지 않게 약화된 것으로 보인다.

표 7 ▌ 남북한 해군의 전력 변화: 2010년과 2020년

구 분		북한			남한		
		2010년	2020년	증감	2010년	2020년	증감
병 력		11만여 명	11만여 명	–	6.5만여 명	6.5만여 명	–
장 비	전투임무기	820여 대	810여 대	▽10대 (1.2%)	460여 대	410여 대	▽50대 (10.9%)
	정찰기	30여 대	30여 대	–	50여 대	70여 대	▲20대 (40%)
	공중기동기	330여 대	350여 대	▲20대 (6.1%)	400여 대	500여 대	▲10대 (25%)
	훈련기	170여 대	80여 대	▽90대 (52.9%)	180여 대	190여 대	▲10대 (5.6%)
	헬기*	300여 대	290여 대	▽10대 (3.3%)	680여 대	660여 대	▽20대 (2.9%)

*헬기는 육·해·공군 통합.
*출처: 국방부, 『2010 국방백서』 (2010), 271쪽; 국방부, 『2020 국방백서』 (2020), 290쪽.

4) 특수작전군

북한이 육군과 해군, 항공 및 반항공군과 구별되는 별도의 군종으로 특수 작전군을 언제 신설했는지에 대해서는 알려진 내용이 많지 않다. 다만, 국방부는 '북한군이 특수전 부대의 위상을 강화하기 위해 '특수작전군'을 별도의 군종으로 분류'했고, '일명 폭풍군단으로 불리는 11군단과 특수작전대대, 전방군단의 경보병 사·여단 및 저격여단, 해군과 항공 및 반항공군 소속의 저격여단(2개 해상저격여단, 2개 공중저격여단), 전방사단의 경보병연대 등 각 군 및 제대별로 다양하게 편성되어 있'다며 '병력은 20만여 명에 달하는 것으로 평가'된다고 설명하고 있다.[10]

북한 매체가 노동당 창건 75주년을 기념해 2020년 10월 10일 개최한 열병식을 보도한 내용에 따르면, 열병식에서 특수작전군은 북한에서 제4군종으로 분류되는 전략군 다음에 등장했으며, 지상저격여단, 해상저격부대, 공중저격병부대, 경보병부대 등으로 구성된 것으로 판단된다.[11] 영국에 본부를 두고 있는 국제전략문제연구소(IISS)는 2021년 현재 북한의 '특수목적군(Special Purpose Forces Command)' 병력이 8만 8,000명 정도이며, 정찰총국 산하 8개 대대를 비롯해 17개 정찰대대, 9개 경보병여단, 6개 경보병저격수여단, 3개 공수여단, 1개 공수대대, 2개 공중저격병여단, 2개 해상저격여단으로 구성된 것으로 평가하고 있다.[12]

---

10 국방부, 『2020 국방백서』 (2020), 24~25쪽.
11 조선중앙TV가 전한 북한의 당 창건 75주년 열병식 녹화 중계에 따르면, 병력 종대 행진과 관련해 '전략군' 다음으로 '특수작전군'을 호명한 뒤 지상저격병부대(인솔자: 사령관 상장 김영복), 해상저격병부대(대좌 김광철), 공중저격병부대(대좌 윤혁철), 경보병부대(대좌 김현철)가 각각 순차적으로 등장했다. 이와 관련해 조선중앙통신(2020.10.10.)은 "지상과 해상, 공중 임의의 작전공간에서도 맡겨진 전투임무를 훌륭히 수행할 수 있는 특수작전무력으로 장성 강화된 저격병, 경보병 종대들"이라고 보도했다. 이로 미뤄 북한이 각 저격병부대와 경보병부대를 통합해 지휘·통제하는 '특수작전군'을 신설했을 가능성이 있다. 장철운, "김정은 시대 북한군의 변화: 군사력과 군의 역할에 관한 논의를 중심으로", 서울대 국제문제연구소, 『세계정치』, 34 (2021), 175쪽.
12 IISS, The Military Balance 2021(2021), p. 274.

3. 비재래식 군사력: 전략군

1) 핵개발

북한의 핵무기 개발과 관련해 외부에서 그나마 합리적으로 추정할 수 있는 한 가지는 북한이 보유한 무기급 핵분열성 물질의 질량 정도에 불과하다고 할 수 있다. 북한은 2022년 초 현재 핵무기를 만들 수 있는 무기급 핵분열성 물질을 두 가지 보유하고 있을 것으로 판단되는데, 하나는 플루토늄(Pu-239)이고, 다른 하나는 고농축 우라늄(HEU: Highly Enriched Uranium)이다. 플루토늄은 북한이 1980년대 중반부터 가동하기 시작한 영변의 5MWe 흑연감속로에서 생산된 '사용후 핵연료(spent fuel)'를 방사화학실험실 등의 시설에서 재처리해서 얻을 수 있는데, 국방부는 북한이 '현재(2020년 말)까지 핵무기를 만들 수 있는 플루토늄 50여kg을 보유하고 있는 것으로 추정'하고 있다. 또한 북한은 적게는 1,000~2,000개, 많게는 2,000~4,000개 정도 보유한 것으로 알려진 원심분리기를 가동해 고농축 우라늄을 생산할 수 있다.[13] 이와 관련해 국방부는 북한이 '우라늄 농축 프로그램을 통해 고농축 우라늄도 상당량 보유하고 있는 것으로 평가'하지만, '상당량'이 어느 정도인지 구체적인 수치는 제시하지 않고 있다.[14]

외부에서 합리적으로 판단할 수 있는 다른 한 가지는 북한이 지금까지 실시한 여섯 차례의 핵실험 결과를 살펴봄으로써 도출할 수 있다. 〈표 8〉에서 확인할 수 있는 것처럼, 제1차 핵실험부터 제3차 핵실험까지 북한은 폭발력을 2~4배 증대시켜 왔다. 만약 북한이 제1~3차 핵실험에서 같은 양의 동일한 핵분열성 물질(예: 플루토늄)을 사용했다면 효율성이 증가됐다고 평가할 수 있으며, 북한이 주장한 핵무기의 소형화 및 경량화에 합당한 행동일 수 있다. 북한은 제4차 및 제6차 핵실험과 관련해 '메가톤(Mt)' 수준의 폭발력을 내는 수소폭탄,

---

13 Chaim Braun, Siegfried Hecker, Chris Lawrence, and Panos Papadiamantis, *North Korean Nuclear Facilities After the Agreed Framework* (CISC, Stanford University, May 27, 2016) 참고.
14 국방부, 『2020 국방백서』 (2020), 28쪽.

즉 핵융합폭탄 실험이었다고 주장했는데, 이러한 주장이 사실이었다면 제4차 핵실험은 실패한 것으로 평가할 수 있지만 제6차 핵실험은 상당할 정도로 목표를 달성한 것으로 평가할 수 있다.[15]

표 8 ┃ 북한의 1~6차 핵실험 지진파 측정치와 위력 추정치

구 분	김정일 시대			김정은 시대		
	1차	2차	3차	4차	5차	6차
시 기	2006.10.9.	2009.5.25.	2013.2.12.	2016.1.6.	2016.9.9.	2017.9.3.
지진파(mb)	3.9	4.5	4.9~5.2	4.8	5.0~5.2	5.7~6.3
추정 위력(kt)	0.8	4	8~20	6~7	10~20	50~250

*출처: 장철운, "북한의 핵·미사일 과학기술 발전과 비핵화 프로세스 전망", 『통일문제연구』, 30-2 (2018), 86쪽.

한편 북한이 2018년 평창 동계올림픽에 참가하는 것을 계기로 이른바 '한반도 평화의 봄' 국면이 조성되는 과정에서 김정은 위원장은 문재인 대통령, 그리고 도널드 트럼프(Donald John Trump) 미국 대통령과 각각 남북정상회담 및 북미정상회담을 갖고, '한반도의 완전한 비핵화'를 위해 노력하겠다'고 약속했다. 그리고 여섯 차례에 걸쳐 핵실험을 실시한 함경북도 길주군 풍계리 핵실험장을 2018년 5월 24일 전격적으로 폭파했다. 북한이 여섯 차례의 핵실험을 단행하며 핵무기 개발에 필요한 각종 데이터를 충분히 확보했기 때문에 핵실험장을 전격 폭파했을 수 있지만, 2022년 들어서는 풍계리 핵실험장을 복구하는 움직임을 보이는 가운데 제7차 핵실험을 위한 기술적 준비를 사실상 끝낸 것으로 알려졌다.

이상의 내용을 종합하면, 북한은 사실상 모든 종류의 핵무기, 즉 핵분열 에너지를 이용하는 원자폭탄과 핵융합 에너지를 이용하는 수소폭탄을 모두 개발했을 가능성이 커 보인다. 그렇다면 북한은 몇 개의 핵무기를 보유하고 있을까?

15 '킬로톤(kt)'과 메가톤의 차이가 1,000배이기 때문에 제6차 핵실험의 최대 추정 위력인 250kt은 0.25Mt으로 치환할 수 있기 때문이다.

국제원자력기구(IAEA)에 따르면, 20kt의 폭발력을 낼 수 있는 핵무기를 만들기 위해서는 무기급 플루토늄 8kg 또는 고농축 우라늄 25kg 정도가 필요하다고 설명한다.[16] 그러나 미국과 러시아, 중국, 영국, 프랑스 등 「핵무기 비확산 조약(NPT)」에 규정된 '핵무기 보유국(NWS: Nuclear Weapon State)'뿐 아니라 국제사회에서 비공식 핵무기 보유국이라고 인식되는 인도와 파키스탄, 이스라엘이 만들어 갖고 있는 핵탄두에는 폭발력에 따라 다양한 질량의 핵분열성 물질이 포함돼 있다. 다시 말하면, 폭발력이 큰 전략 핵무기뿐 아니라 폭발력이 상대적으로 작은 전술 핵무기 개발까지 공언하는 북한이 몇 개의 핵무기를 갖고 있느냐는 질문은 이른바 '난센스'이며, 이러한 질문에 합리적으로 대답하기는 불가능하다는 것이다.

2) 대지 공격용 미사일

북한이 본격적으로 지대지 미사일 개발을 시작한 시기는 김일성 시대인 1980년대 초반으로 알려졌다.[17] 북한은 이집트에서 도입한 구 소련제 스커드(SCUD)-B 미사일을 분해했다가 조립하는 이른바 '역설계(reverse engineering)' 과정을 거치며 미사일 개발에 필요한 기술적 역량을 축적해 나갔다. 북한은 김일성 시대에 남한 전역을 타격할 수 있을 정도로까지 스커드 미사일의 사거리를 연장시켰다. 김정일 시대 들어서도 북한은 미사일 사거리 연장을 지속적으로 추진했다. 1998년 8월 31일에는 인공위성 발사를 내세우며 '백두산'이라는 이름이 붙여진 다단 로켓을 쏘아 올렸고, 2006년 7월 5일에는 '정상적인 군사훈련'을 주장하며 다단 미사일을 시험 발사했다. 2000년대 중반 고체 연료를 사용하는 단거리 탄도 미사일 시험 발사가 이뤄지기도 했지만, 김일성·김정일 시대 북한의 미사일 개발은 액체 연료를 사용하는 스커드 미사일 엔진

---

16 IAEA, *IAEA Safeguards Glossary* (2001), p. 23.
17 장철운, "남북한의 지대지 미사일 경쟁 연구: 결정요인 및 전력을 중심으로" (북한대학원대학교 북한학 박사학위논문, 2014) 참고.

기술을 기반으로 '미사일 사거리 연장 프로그램'에 따라 대체로 단선적(linear)인 모양새로 발전했다고 할 수 있다.

그러나 북한의 대지 공격용 미사일 개발 양상은 김정은 시대 들어 매우 복잡해졌다. 김정은 위원장은 집권 초기인 2013년 '경제건설 및 핵무력 건설 병진 노선'을 국가전략노선으로 선포했는데, 이는 결과적으로 핵·미사일 능력 고도화 노선이었다. 김 위원장이 2018년 4월 20일 열린 당중앙위 제7기 제3차 전원회의에서 병진노선의 '결속', 즉 사실상 종료를 선언할 때까지 북한은 제4~6차 핵실험뿐 아니라 다양한 미사일 시험발사를 지속적으로 단행했다. 이때 화성-12, 화성-14, 화성-15 등 액체 연료 장거리 지대지 탄도미사일뿐 아니라 고체 연료를 사용하는 북극성 잠수함발사탄도미사일(SLBM), 이를 지상 발사용으로 개량한 북극성-2형 등을 쏘아올렸다. 북한은 이른바 '한반도 평화의 봄' 기간 동안에는 미사일 시험발사를 단행하지 않았으나, 2019년 2월 제2차 북미 정상회담이 합의 없이 종료된 이후 미사일 시험발사를 재개했다. 이 시기 북한이 쏘아 올린 미사일에 한·미 정보·군사 당국은 19-1 단거리 탄도미사일(SRBM: Short Range Ballistic Missile), 19-4 SRBM, 19-5 SRBM 등의 이름을 붙였다.

북한이 노동당 창건 75주년을 기념해 2020년 10월 10일 개최한 열병식에는 신형 SLBM으로 보이는 '북극성-4ㅅ' 미사일과 한 측면에 11개, 총 22개의 바퀴가 달린 이동식 발사대에 실린 새로운 대륙간탄도미사일(ICBM) 화성-17형이 등장했다. 김정은 위원장은 2021년 1월 열린 제8차 당대회에서 새로운 ICBM과 관련해 "전 지구권 타격 로케트"라고 설명했다. 그리고 김 위원장은 제8차 당대회에서 중·장거리 순항미사일, 다탄두 개별 유도 기술이 적용된 미사일, 극초음속 활공비행 탄두를 장착한 미사일, 수중 및 지상 고체 연료 ICBM 개발 등의 과제를 제시했다.[18] 북한은 2021년 9월 11~12일 중거리 지대지 순항미사일을 시험 발사한 데 이어 같은 달 15일에는 열차에서 중거리 지대지 탄도미사일을, 29일에는 극초음속 미사일인 화성-8형을 각각 시험 발사했다. 북한

18 〈조선중앙통신〉, 2021년 1월 9일자.

의 국방과학원은 2022년 1월 5일 새로운 형태의 극초음속 미사일을 다시 쏘아 올렸고, 6일 뒤에는 김정은 위원장이 참관한 가운데 새로운 극초음속 미사일의 기술적 특성을 최종 확증하기 위한 시험발사를 진행했으며, 동년 2~3월에는 화성-17형 장거리 미사일을 발사했다.

북한이 2022년 9월 현재 개발·보유한 지대지 미사일을 사거리를 기준으로 정리하면 〈표 9〉와 같다. 여기에서 확인할 수 있는 것처럼, 북한이 현재 개발·보유한 대지 공격용 미사일의 대부분은 김일성·김정일 시대가 아닌 김정은 시대, 즉 최근 10여 년 사이에 개발된 것이다. 그렇다고 해서 김정은 정권이 김정은 시대 들어 등장한 모든 미사일을 개발하기 시작한 것이라고 하기는 어렵다. 왜냐하면 미사일을 비롯해 새로운 무기체계를 개발하는 데는 적지 않은 시간과 비용, 노력 등이 소요되기 때문이다. 즉, 김정은 정권이 '경제건설 및 핵무력 건설 병진노선'을 추진하던 집권 초기에 시험 발사되거나 쏘아 올려진 미사일의 대부분은 김정일 시대, 어쩌면 김일성 시대에 개발이 시작됐을 수도 있는 것이다.[19]

---

19 장철운, "김정은 시대 북한군의 변화: 군사력과 군의 역할에 관한 논의를 중심으로", 서울대 국제문제연구소, 『세계정치』, 34 (2021), 202쪽.

표 9 ▌ 북한의 대지 공격용 미사일 개발 및 배치 현황(2022년 9월 현재)

구 분		사거리 (km)	탄두 중량 (kg)	상태	연료	발사 및 타격 지점
단거리 (~1,000km)	SCUD-B	300	1,000	작전배치	액체	지대지
	SCUD-C	500	1,000	작전배치	액체	지대지
	19-1 SRBM*	약 600	미상	시험발사	고체	지대지
	19-4 SRBM*	약 600 미만	미상	시험발사	고체	지대지
	19-5 SRBM*	약 400	미상	시험발사	고체	지대지
준중거리 (~3,000km)	SCUD-ER	약 1,000	500	작전배치	액체	지대지
	북극성*	약 1,300	650	시험발사	고체	잠대지
	북극성-2*	약 1,300	650	시험발사	고체	지대지
	노동	1,300	700	작전배치	액체	지대지
	북극성-3*	약 2,000	미상	시험발사	고체	잠대지
	중거리 순항미사일*	–	–	시험발사	순항	지대지
	극초음속 미사일* (화성-8)	–	–	시험발사	액체	지대지 (HGV)
중거리 (~5,500km)	무수단(화성-10)	3,000 이상	650	작전배치	액체	지대지
	화성-12*	5,000	650	시험발사	액체	지대지
장거리 (5,500km~)	화성-14*	10,000 이상	미상	시험발사	액체	지대지
	화성-15*	10,000 이상	1,000	시험발사	액체	지대지
	화성-17*	15,000 이상	–	시험발사	액체	지대지
	대포동-2호 (광명성)	10,000 이상	500~ 1,000	발사	액체	지대지

*김정은 시대 들어 등장한 미사일
*출처: 장철운·김상범·김차준·이기동, 『한반도 군비경쟁과 평화정착』 (서울: 통일연구원, 2021), 106~107쪽의 〈표 II-10〉을 참고해 저자가 수정·보완.

V
맺음말

앞서 언급한 것처럼, 김정은 시대 들어 북한에서 가장 많은 변화가 발생한 집단을 꼽으라면 당연히 '군대'일 것이다. 선군정치를 내세웠던 김정일 시대, 북한에서 군대는 가장 큰 권력과 이권을 가진 집단이었다. 그러나 김정은 시대 들어 선군정치 대신 수령 중심의 당-국가체제가 복원되면서 이전까지 군대가 갖고 있던 권력과 이권은 노동당과 내각으로 이관된 것으로 알려졌다. 그렇다고 해서 이와 같은 군대의 변화가 이전에 없었던 완전히 새로운 현상은 아니다. 수령 중심의 당-국가체제는 김일성 시대 북한의 정치·권력체제였기 때문이다. 이러한 맥락에서 보면, 김정일 시대 북한에서 군대가 가졌던 권력과 누렸던 위상이 특이한 것이었을 수 있다.

북한의 「노동당 규약」에 따르면, 북한에서 군대의 위상은 계속해서 변화했다. 북한에서 군대의 위상이 「노동당 규약」에 처음으로 명문화된 1961년의 제4차 당대회에서는 '노동당의 무장력'으로 규정됐다. 9년 뒤인 1970년 제5차 당대회에서는 '인민의 군대, 노동당의 혁명적 무장력'으로 정의됐다가 이로부터 10년 뒤인 1980년 제6차 당대회에서는 '노동당의 혁명적 무장력'이라는 설명만 남았다. 김정은 체제가 준비되던 2010년 제3차 당대표자회에서는 '수령의 군대'로 명명됐으며, 김정은 집권 이후 처음이자 36년 만에 열린 2016년 제7차 당대회에서는 다시 '수령의 군대, 당의 군대, 인민의 군대'로 규정됐다. 2021년 개최된 제8차 당대회에서는 '노동당의 혁명적 무장력'으로 북한군의 위상이 다시 자리매김했다.

이와 같은 북한군의 위상 변화는 역할 변화로 이어져야 자연스러워 보이지만 북한에서 군대의 역할이 매우 크게 변화했다고 보기는 어려운 것이 사실이다. 여느 국가의 군대와 마찬가지로 북한에서 군대의 기본적인 역할은 안보라고 할 수 있다. 세계 최강대국인 미국을 최대 위협 세력으로 인식하는 동시에 막대한 군사력을 보유·운용하는 남한과 군사적으로 대치하고 있다는 측면에서 국가와 체제, 정권의 안보는 북한에서 군대에 요구되는 가장 우선적인 역할이 아닐 수 없다.

북한에서 군대는 국가 건설 초기 정치에 깊숙하게 관여했다가 국정이 안정되고 수령제가 공고해지면서 정치적 역할이 점차 작아졌으나, 김정일 위원장이 선군정치를 내세우면서 다시 북한 정치의 전면에 등장했다. 그렇지만 김정은 시대 들어 북한에서 군대는 정치에서 꽤나 벗어나 있는 것처럼 보인다. 북한에서 군대가 하는 경제사회적 역할도 정치적 역할 변화와 대체로 궤를 같이하는 것처럼 보이지만, 대규모 인력 동원이 필요한 각종 사업에서는 김일성·김정일·김정은 시대를 가리지 않고 군대의 역할이 아직까지 두드러지고 있다.

북한군은 육군과 해군, 항공 및 반항공군 등 세 가지 일반적인 군종에 전략군과 특수작전군이 더해져 총 5군으로 구성돼 있다. 북한의 상비병력은 2020년 말을 기준으로 총 128만여 명으로 추정되며, 이 가운데 110만여 명이 육군이다. 2020년 10월 10일 개최된 열병식은 북한의 재래식 군사력, 특히 육군 전력의 진일보 가능성을 과시했지만 김정은 정권 들어 장갑차 전력이 두드러지게 증강된 것 외에는 특별한 전력 증강을 확인하기 어려웠다. 북한은 육군 전력의 70% 정도를 군사분계선에서 가까운 지역에 배치한 것으로 알려졌지만, 이는 남한 역시 마찬가지이다. 김정은 집권 이후 북한 해군의 전력 변화는 크지 않은 것으로 평가되며, 항공 및 반항공군의 경우에는 전력이 오히려 약화된 것으로 보인다.

김정은 시대 들어 북한의 군사력과 관련해 가장 많이 변화한 부분은 전략군이 운용하는 핵·미사일 전력이라고 할 수 있다. 김정일 시대 두 차례에 불과했던 핵실험을 김정은 정권은 매우 빠른 간격으로 네 차례나 단행했으며, 2017년 9월 3일 실시된 제6차 핵실험은 수소폭탄에 버금가는 폭발력을 보여준 것으로 평가된다. 김일성 시대 본격화된 북한의 대지 공격용 미사일 개발은 김정일 시대까지 액체 연료를 사용하는 지대지 탄도미사일의 사거리 연장에 중점을 두고 비교적 단선적으로 추진됐다. 그렇지만 김정은 시대 들어서는 매우 복잡해졌다. 김정은 정권은 '경제건설 및 핵무력 건설 병진노선'을 추진하며 액체 연료를 사용하는 지대지 탄도미사일의 사거리를 ICBM 수준으로까지 연장하는 동시에 고체 연료를 사용하는 SLBM과 이를 지상 발사용으로 개량한 북극성-2형 등을 선보이며 발사 플랫폼을 다양화했다. 2019년 이후에는 구형 스커드 계열 미사일을 대체할 것처럼 보이는 다양한 고체 연료 탄도미사일을 시험 발사했고, 2021년 이후에는 극초음속 활동비행 탄두를 쏘아 올리며 메뉴를 추가했고, 비행기에 사용되는 제트 엔진을 탑재한 중거리 순항미사일 시험발사도 단행했다.

앞으로 북한에서 군대의 위상과 역할이 어떻게 변화할 것인지를 예단하기는 쉽지 않다. 다만, 김정은 위원장이 북한 권력의 정점에서 독점적 권한을 행사하는 수령제가 지속될 경우, 북한에서 군대의 위상과 역할이 현재의 그것에서 크게 변화할 개연성은 크지 않아 보인다. 또한 북미 간의 적대관계와 남북한 사이의 군사적 대치가 근본적으로 변화하지 않는 이상, 북한군은 '안보'에 초점을 두고 기본적인 역할을 수행할 수밖에 없을 것이다. 이에 따라 북한은 여건이 되는 한 재래식 군사력과 비재래식 군사력을 강화하려 할 것이다. 이는 곧 한반도에서의 안보 딜레마가 지속될 것이라는 비관적 전망으로 이어진다.

국방부, 『2020 국방백서』 (2020).

김동엽, "김정은 시대 북한의 군사 분야 변화와 전망", 『경제와 사회』, 122 (2019).

김성주, "김정은 시대 북한군의 성격 변화 연구", 『북한연구학회보』, 23-2 (2019).

김태구, "김정은 위원장 집권 이후 군부 위상 변화 연구", 『통일과 평화』, 11-2 (2019).

박휘락, "북한의 대(對)미국 핵전략 분석: 최소억제전략을 중심으로", 『신아세아』, 27-2 (2020).

반길주, "게임체인저로서 북한 SLBM 위협 고도화와 한국의 대응방안: 변화되는 게임진단과 SLBM 상쇄전략", 『국가전략』, 26-3 (2020).

신범철, "북한 핵능력 고도화에 따른 북한의 전략적 의도와 목표의 변화", 『한국국가전략』, 3-1 (2018).

이상숙, "김정일 시대와 김정은 시대의 당·군 관계 특성 비교: 국방위원회와 국무위원회를 중심으로", 『북한학연구』, 14-2 (2018).

이호령, "북한의 핵·미사일 능력 고도화와 남북관계 변화", 『접경지역통일연구』, 1-2 (2017).

이흥석, "역사적 관점에서 살펴본 북한 '군 엘리트'의 위상 변화: 당 정치국과 당 중앙위원회를 중심으로", 『군사』, 113 (2019).

임상순, "안보딜레마 이론을 통해서 본 북한의 핵 개발과 남한의 대응: 현황과 전망을 중심으로", 총신대 평화통일연구소, 『평화통일연구』, 3-1 (2021).

장철운, "김정은 시대 북한군의 변화: 군사력과 군의 역할에 관한 논의를 중심으로", 서울대 국제문제연구소, 『세계정치』, 34 (2021).

_____, "남북한의 지대지 미사일 경쟁 연구: 결정요인 및 전력을 중심으로" (북한대학원대학교 북한학 박사학위논문, 2014).

_____, "북한의 핵·미사일 과학기술 발전과 비핵화 프로세스 전망", 『통일문제연구』, 30-2 (2018).

_____, "북한 전략군의 위상과 역할에 관한 연구", 『한국과 국제정치』, 33-4 (2017).

장철운·김상범·김차준·이기동, 『한반도 군비경쟁과 평화정착』 (서울: 통일연구원, 2021).

허규호·안경모, "김정은 시기 북한 군부의 역할과 성격 변화에 대한 연구: 전문직업주의의 부상을 중심으로", 『국방정책연구』, 35-4 (2020).

통일부 국립통일교육원, 『2021 북한이해』 (2021).

Caim Braun·Siegfried Hecker·Chris Lawrence·Panos Papadiamantis, "*North Korean Nuclear Facilities After the Agreed Framework*" (CISC, StanfordUniversity, May 27,

2016).

IAEA, *IAEA Safeguards Glossary* (2001).

IISS, *The Conventional Military Balance on the Korean Peninsula* (2018).

_____, *The Military Balance 2021* (2021).

〈조선중앙통신〉.

제**6**장

북한의 사회문화 1:
영화로 만나는 청년의 삶

안지영 인제대학교 통일학연구소 연구교수

* 본 글은 다음 글을 수정·보완한 것이다. 안지영·진희관, "김정일 시기 북한 영화 및 TV드라마로 본 청년의 사회진출 양상과 함의", 한국문화기술 Vol.19 (2015).

I
북한 영화·드라마를 통해 삶을 만난다는 것

1. 인간이라는 보편성, 삶에 대한 공감으로 접근하기

우리가 북한 사회문화를 이해하려는 목적은 무엇인가. 상대에 대해 많이 아는 것이 어떤 식으로든 관계를 맺는 데 도움이 되긴 할 것이다. 그렇다고 호감이나 관계를 개선해야겠다는 마음까지 생길지는 의문이다. 더 혐오하고 반목하기 위해 알고자 하는 것이 아니라면 어떤 시각으로 바라볼 것인지가 중요하다.

분단이 지속되는 동안 북녘 사람들도 다양한 행위양식을 구성하며 그들만의 방식으로 사회구조와 제도, 문화를 구축하며 살아가고 있다. 그 방식에 동의하지는 않더라도 생존욕구와 느낌을 가진 똑같은 인간이라는 점에서 우리는 공감할 수 있다. 삶의 양식은 다양하지만 인간으로서 생존하기 위해 충족해야 할 욕구는 제도와 문화의 차이를 넘어 보편적인 것이다. '사람'으로서 더 나은 '삶'을 꿈꾸며 희로애락을 느끼며 살아간다는 점에서 우리는 동질감을 느낄 수 있을 것이다.

이 글에서는 북한 영화 속 삶 중 청년 시절에 주목한다. 특히 10대 후반부터 20대 초반 고급중학교나 대학교 졸업을 앞둔 시기와 군 입대 및 사회초년생 시절에 집중하였다. 이 시기는 진로 및 사회 적응에 대한 고민이 매우 큰 비중을 차지할 때이다. 하지만 이 세대의 인물이 주인공인 경우는 드물다. 현실을 소재로 하는 북한 영화는 대부분 직장/군대를 배경으로 하고 있고, 주인공은 당국이 모범으로 내세우고자 하는 인물, 즉 당과 수령에 충성스럽고, 당정책을 결사 관철하는 노동자이거나 (당)간부로 설정된다. 이들은 시행착오와 우여곡절을 겪으며 목표를 달성해 나가기는 하지만 일관되게 모범적인 긍정인물이다. 그러나 사회진출을 앞두거나 사회초년생이 주인공일 경우는 대체로 부정인물로 시작하여 특정사건을 계기로 모범인물로 변화해가는 성장서사라는 특징이 있다. 따라서 영화 속 다른 세대 인물에 비해 개인적인 지향을 더 많이 드러내 보인다. 이렇게 영화를 통해 보는 청년세대의 고민과 희망은 우리에게도 익숙한 것들이다.

2. '조선예술영화·텔레비죤극'의 특성을 활용한 역발상: 긍정/부정 인물 다시보기

영화는 해당 사회의 속성을 담고 있고, 프로파간다(선전)의 성격을 띤다. 남북한의 차이를 단순하게 비교하자면 남한 사회의 영화·드라마가 자본주의 속성을 갖는 대신 북한은 북한식 사회주의 속성을 갖는다고 보면 될 것이다. 남한의 경우 정도의 차이가 있지만 일반적으로 작품에 투자하는 자본의 이익을 반영하거나 광고를 노출시키게 된다. 유일지도자와 노동당이 국가체계를 지배하는 북한에서는 지도자와 당의 치적과 정책을 선전하는 작품을 제작해야 한다.

또한 남한에서는 개별 제작진의 의도나 여건이 각기 다르고 이들이 어떤 정치적 견해를 갖고 있는지, 자본과 어떤 관계를 맺고 있는지 등에 따라 다양한 작품 세계를 펼쳐 보인다. 상대적으로 북한 작품은 훨씬 단순한 양상을 보인다. 북한에서는 유일지배체제 사회주라는 특성상 영화 제작진은 국가 소속이며, 작품은 체계적인 검열과정을 거쳐 제작된다. 또한 인민에 대한 사상 교양과 노동력 고취를 위해 당정책을 구현하는 생활상 및 태도를 형상해야 하기 때문에 무한한 상상력과 판타지가 허용되는 남한 작품에 비해서는 실생활을 더 많이 반영하고 있다고 볼 수 있다.

북한 작품 감상 시 다음 두 가지를 유의하면 좋을 것이다. 모범인물에 대해서는 더 미화하고 과장할 수 있고, 북한 당국의 체제 선전과 다른 실상, 즉 사회주의 이념과 충돌하는 부정부패나 폭력, 자본주의적 생활상, 당국에 대한 불만 등에 대한 부분은 왜곡하거나 생략되었을 가능성이 높다는 점이다.

"영화는 우리 당의 힘 있는 직관적인 선전선동수단입니다. 영화는 여러 곳에서 많은 사람들에게 동시에 보여줄 수 있으며 비교적 짧은 시간에 오랜 기간의 력사적 사실들과 사건들을 생동하게 보여줄 수 있으므로 근로자들을 교양하는 데서 소설이나 신문보다도 낫고 무대의 제한을 받는 연극보다도 우월합니다. 영화가 여러 가지 예술형식 가운데서 가장 힘 있는 대중교양수단이라는 데 대해서는 더 말할 필요가 없습니다."

– 김일성, 『김일성저작선집』 제12권 (평양: 조선로동당출판사, 1981), 9쪽.

당의 선전매체로서 북한 영화는 정부 수립 직후부터 체제 유지 및 발전을 위한 '주민들의 선전선동 및 교양'이라는 뚜렷한 목적에 의해 제작되어 왔다. 김정일이 집필했다고 하는 『영화예술론』은 제작지침서로 기능한다. 그에 따라 제작되는 작품들은 일종의 도덕생활규범집으로 볼 수 있다. 이 점은 영화를 통해 지배권력의 전략적 의도와 함께 사회에서 통용되는(공식적으로 허용되는) 주류 문화를 분석하기 쉽다는 걸 의미한다. 따라서 북한 영화는 지배층, 피지배층을 막론하고 그 사회를 살아가는 북한 주민의 시각과 입장으로 생활문화를 이해할 기회를 제공하고 있는 것이다.

북한 영화를 북한 사회를 보는 창으로 활용하기 위해서 다음 측면들을 고려해 보자. 북한 사회에서 "위대한/경애하는 수령/지도자/총비서 ○○○ 동지" 등의 수식어나 칭송하는 말들은 관용어법에 속한다. 진심이든 아니든 의례적으로 써야만 그 사회에서 생존할 수 있는 것이다. 그런 부분을 감안하고 작품을 본다면 우리네 사는 모습과 별반 다르지 않다. 북한에서 영화는 교화하고 설득하기 위한 효과적인 도구로 쓰이기도 하지만 한편으로 주민생활 중 오락으로도 기능한다는 점은 우리와 같다.

또한 북한 영화(북한 용어로는 '예술영화')나 TV드라마(북한 용어로는 '텔레비죤극')는 대부분 실화를 바탕으로 하고 있다. 작가들이 현장에 들어가서 몸소 체험하여 작품을 형상하여야 하며 그래야만 인민들이 자기 생활이 반영되어 있어 쉽게 감동하고 교화될 수 있다고 강조한다. 북한 당국은 영화를 통해 당 정책이 제대로 집행되지 못하는 현실을 배경으로 이를 극복해 가는 모범적 인간상을 형상해 보여준다. 긍정/부정 형상을 뚜렷하게 대비시켜 그 사회에서 용인되는 '권선징악'을 명확히 보여주는 것이다. 영화 속에서 강조하고자 하는 수령과 당의 명령에 절대복종, 결사관철하는 인물들은 영화에서도 밝히듯 주위에서 흔히 찾아보기 "쉽지 않은" 인물들일 것이다. 이들은 비록 소수이겠지만 북한 체제를 지탱하는 주축일 것이다. 이들의 삶을 공감해서 본다면 주류 공식 담론에 따름으로써 사회·정치·경제적 안정을 꾀하고, 또 그 테두리에서 사회적 인정과 성취를 이루려는 것으로 볼 수 있다.

또한 긍정인물과 대비시켜 보여주는 부정인물들의 경우 주인공에 맞서는 주연급 조연이거나 그에 동조하는 주변인물이다. 비중이 큰 경우는 사리사욕을 취하기 위해 당 정책을 자기식으로 왜곡하여 집행하는 식으로, 단역의 경우는 태만한 정도로 형상된다. 이러한 부정인물들의 행위도 달리 보면 주류 담론에 소극적이거나 또는 적극적으로 다른/다양한 방향을 모색하며 그들 나름의 안정과 인정, 성취를 도모하려는 것일 테다. 이때 작품에서 비중이 작은 부정인물들이 실제로는 대다수 북한 주민의 모습과 유사할 것이라는 역발상도 가능하다. 물론 탈북 주민들을 통해 익히 알려진 장마당이나 날품팔이 등 비공식적 경제활동이라든가, (성)폭력이나 최고위층 당 간부의 부정부패 등 심각한 사회모순이나 치부는 은유적으로 파악할 수는 있지만 직접적으로 형상하지는 않는다.

종합하면 북한 영화를 통해 북한 주민들에게 공식적으로 허용되는 정서와 생활상을 엿볼 수 있다는 점은 분명하다. 북한 영화가 가진 특성과 한계를 감안하여 잘 활용한다면 남북 간 교류가 거의 불가능해진 현실에서 북한 주류 시각 및 생활상에 대한 이해나 통일교육의 생생한 간접체험 자료로서 그 효용성을 높일 수 있을 것이다.

II
청년의 삶을 비추는 이중적 시선: 체제의 희망이자 위협

1. '청년강국'과 '청년영웅'[1]: 체제의 '옹호자', '건설자', '보위자'

역대 북한 당국은 청년들을 '사회주의의 견결한 옹호자, 힘 있는 건설자, 믿음직한 보위자'로 호명하며 '당과 수령에게 무한히 충실한 충신, 효자가 되여야' 한다고 교양해 왔다. 청년중시정책을 표방하며 청년에게 정권과 체제 유지를 위한 경제건설과 국방 등 중요한 역할을 부여해 왔다. 김정은 체제는 '인민중시', '군대중시'와 함께 '청년중시'를 당 3대 전략으로 내세웠다. '청년강국'을 새로운 시대어로 선포하고 '백두산영웅청년정신'을 시대정신으로 제시하며 청년들에게 '청년영웅'이 되라고 독려하고 있다.

'청년강국'은 "청년들이 선봉적이며 핵심적인 역할에 의하여 약동하는 젊음으로 비약하며 부강번영하는 나라"로서 모든 청년이 현재와 미래 청년강국의 주인공이라고 치켜세웠다. '청년강국'의 본질은 청년동맹 500만 명과 군부대 128만 명의 청년세대를 당과 수령에 충실한 체제의 동력으로서, 그들 세대의 특성인 진취성, 용감성을 발휘하는 선봉적, 돌격대적 역할을 통해 부강번영하는 나라를 건설하겠다는 의도이자 청년을 향한 선전선동 구호다. '청년강국'이라는 비전으로 청년들의 마음을 사로잡고 '청년지도자'로서 김정은의 존재감을 각인시키려는 것이다. 이를 위해 다양한 청년대회를 개최하며 김정은 위원장이

---

1   김정은 시기 청년정책 관련 다음을 참고. 송현진, "김정은 시대의 '청년강국'과 '청년영웅' 연구", 『북한연구학회보』, 제25권 제1호(2021).

직접 행사에 참석하거나 챙기는 행보를 보였다(〈표 1〉 참조).

북한은 한국전쟁 시기 '영웅' 칭호를 제정하여, 주체형 공산주의 인간의 전형으로 '영웅'을 내세워 체제 유지를 위한 효과적인 인민 동원수단으로 활용해 왔다. 2012년 김정은 집권 후 2021년 4월까지 약 8년 만에 542명의 '영웅'을 배출했다. 한국전쟁 3년 동안 배출한 547명의 영웅, 김정일 시대 총 589명의 영웅을 배출한 것에 비해 수치상으로도 크게 증가했다. 김정은 시기 개정된 고등학교 교과서에는 '청년영웅'과 '청년과학자 영웅'이라는 제목이 새롭게 등장했다. 이전 시기보다 청년정책에 더 큰 비중을 두고 있다는 것을 알 수 있다.

강조되는 청년영웅의 유형은 다음과 같다. 사상문화적 이완을 극복하고 '사회주의 미풍'에 앞장선 청년, 국위를 선양하고 인민들에게 희망을 안겨줄 '체육'인, 경제난에 지친 인민에게 활기와 생산 열정을 불어넣어줄 '음악'인, 어려운 경제문제를 극복하고 경제발전 5개년계획의 돌파구를 열어줄 '청년돌격대'와 '청년과학자', 김정은을 결사옹위할 청년 등이다.

표 1 ▎ 김정은 시대 청년대회(회의) 현황

연도	횟수	청년대회(회의) 현황
2012	2	• 청년동맹 대표자회(7월) • 조선인민군중대 청년동맹초급단체위원장 대회(10월)
2013	2	• 청년동맹 중앙위원회 전원회의(1월) • 전국3대혁명소조원열성자회의(2월)
2014	4	• 청년동맹 중앙위원회 전원회의(2, 4, 10월) • 청년동맹 제4차 초급일군대회(9월)
2015	5	• 제2차 전국청년미풍선구자대회(5월) • 청년동맹 중앙위원회 전원회의(1, 3, 10, 11월) • 제4차 3대혁명붉은기쟁취운동선구자대회(11월)
2016	4	• 청년동맹 중앙위원회 전원회의(1, 5, 9월) • 청년동맹 제9차 대회(8월) - '김일성사회주의청년동맹'(1996)에서 '김일성-김정일주의청년동맹'으로 명칭 변경
2017	5	• 청년동맹 중앙위원회 전원회의(1, 6, 11월) • 청년동맹 90돌 기념 중앙보고회(8월) • 조선인민군 제4차 청년동맹 초급단체비서 열성자대회(9월)

연도	횟수	청년대회(회의) 현황
2018	3	• 청년동맹 중앙위원회 전원회의(5, 11월) • 전국청년과학기술성과전시회(8월)
2019	5	• 청년동맹 중앙위원회 전원회의(1월) • 모범적인 청년동맹초급선전일군 경험토론회(3월) • 전국청년동맹 5대교양해설대경연(3월) • 전국청년건설기능공경기(5월) • 전국청년과학기술성과전시회(8월)
2020	1	• 청년동맹 중앙위원회 전원회의(1월)
2021	4	• 청년동맹 제10차 대회(4월) -'김일성-김정일주의청년동맹'(2016)에서 '사회주의애국청년동맹'으로 명칭 변경 • 청년동맹 중앙위원회 전원회의(2, 3, 6월)

*출처: 송현진, "김정은 시대의 '청년강국'과 '청년영웅' 연구", 『북한연구학회보』, 제25권 제1호(2021), 245쪽.

2. 청년교양보장법(2021.9.)'과 '반동사상문화배격법(2020.12.)'

청년층은 장년층과 달리 가정, 건강 등 현실에 대한 걱정 없이 국가가 부여하는 임무를 실천하는 세대이다. 그러나 고난의 행군 시기에 태어났거나 유아기를 보냈던 김정은 시기 청년들은 식민지에서의 해방이나 사회주의 제도의 혜택을 경험하지 못한 채 자기 스스로 어떤 일을 해서라도 살아남아야 했다. 이전 시기와 다른 청년의 사상·정신·문화·생활 문제에 직면해 당국은 청년들에 대한 사상교양 사업을 3배로 강화하라는 지침을 내렸다.

북한 당국은 청년세대의 혁명성 약화와 자본주의 문화의 유입으로 생활풍조가 오염됐다고 빈번하게 거론해 왔다. 이러한 인식은 2020년 12월 '반동사상문화배격법', 2021년 9월 '청년교양보장법' 제정으로 이어졌다. 반동사상문화배격법에서는 "반사회주의사상문화의 류입, 류포 행위를 철저히 막고 우리의 사상, 우리의 정신, 우리의 문화를 굳건히 수호함으로써 사상진지, 혁명진지, 계급진지를 더욱 강화하는 데서 모든 기관, 기업소, 단체와 공민들이 반드시 지켜야 할 준칙들을 규제하였다"고 해설하고 있다. '남조선(한국)의 문화콘텐츠의 시청 및 유포', '음란물 제작 및 유포', '등록되지 않은 TV, 라지오(라디오), 콤퓨터(컴퓨터) 같은 전자기기의 사용', '열람이 금지된 영화, 녹화편집물, 도서를 시청하거나 보관한 경우' 받게 되는 형사적 처벌에 대해 구체적으로 명시했다.

2021년 4월 제10차 청년동맹대회에서는 '청년세대가 타락하면 그런 나라의 앞날은 없다'고 강조하며 '청년들을 사회주의 도덕과 문화의 참다운 주인으로 만드는 것'을 청년동맹의 중요한 과업으로 제시했다. 김정은은 '청년들 속에 퍼진 악성종양 같은 반동적 사상문화의 해독성을 인식하고 반사회주의, 비사회주의 행위들을 조장하거나 청년들의 건전한 정신을 좀먹는 사소한 요소도 절대로 묵과하지 말 것'을 지시했다. 2021년 9월 최고인민회의 시정연설에서는 "공화국 정부는 사람들의 의식상태와 변화된 환경에 맞게 자라나는 새 세대들 속에서 공산주의 도덕 교양, 집단주의 교양을 방법론 있게 강화하기 위한 사업을 끊임없이 심화시켜 나가야 한다"고 했다. 이 회의에서 '청년교양보장법'이 채택되었다.

"청소년들 속에 밖으로부터 반동적이고 퇴폐적인 부르주아 도덕과 생활풍조가 침습하지 못하도록 모기장을 든든히 치는 동시에 그것이 발을 붙일 수 있는 온상인 낡은 도덕과 생활양식을 뿌리 뽑기 위한 조직적인 통제와 사상투쟁을 끊임없이 강하게 벌여 나가야 한다."

– 〈청년전위〉(청년동맹 기관지) 2001.5.25..

"당세포들은 **청년들에 대한 교양사업을** 청년동맹초급조직들에만 맡겨놓는 편향을 철저히 극복하고 이 사업을 **당원대중의 사업으로** 확고히 전환시켜야 하겠습니다……당원들이 의식적으로 청년교양에 관심을 돌리며 특히 **자녀교양에서** 책임을 다하도록 하여야 합니다… 청년들의 옷차림과 머리단장, 언행, 사람들과의 관계에 대하여서도 어머니처럼 세심히 보살피며 정신문화생활과 경제도덕생활을 바르게, 고상하게 해 나가도록 **늘 교양하고 통제**하여야 합니다."

– 2021.4.8. 제6차 세포비서대회, 김정은 결론 중.

여전한 체제 고립 속에서도 외부 사조와 문물에 호기심을 갖고 쉽게 물드는 청년층에 대한 당국의 경계는 완화되기보다 갈수록 더 강해지고 있다. 이처럼 '청년중시', '청년강국'이라는 통치담론과 '청년교양보장법' '반동사상문화배격법' 제정 사이에는 당국의 딜레마가 함축되어 있다. 북한 당국은 청년세대에 상반된 시선, 즉 체제 유지 및 발전 동력이라는 기대 한편에 체제 전환/전복을 추동할 세력이 될 수도 있다는 두려움을 갖고 있는 것이다.

Ⅲ
북한 영화 속 청년의 사회진출 경로

1. 세 가지 길: 직장/군대/대학

　북한 영화에서 보여주는 청년의 모습에는 청년세대를 체제의 희망과 동력으로 보는 한편 체제를 위협하는 계층으로 보며 교양하려는 당국의 이중적 시선과 의도가 잘 드러난다. 학교에서 직장으로 이행하는 사회초년기 청(소)년이 주인공인 작품이 대부분 부정형상에서 시작하는 성장서사라는 점이 그 방증이다. 하지만 그들이 모범인물과 대비 또는 갈등을 이루며 드러내는 개인적인 욕구에 대한 묘사 정도나 수용되는 정도는 시기별로 다르다.

　예를 들어, 1998년경부터 2000년대 초 체제위기를 극복하면서 개선방안을 모색하던 시기 작품에서는 불만의 목소리가 강하게 표출되었다. 그러나 김정일의 건강상 문제가 불거지고 후계체제가 모색된 2000년대 중후반 이후 2022년 현재 김정은 시기에 이르기까지 상대적으로 부정적 형상의 비중이 줄거나 성격변화가 거의 없이 전형적인 긍정인물 일색으로 그려지고 있다. 반면 이전에는 부정적 형상에 속하던 개별 욕구에 대한 시선이 긍정적으로 변화하고 있다. '사회주의대가정' 및 집단에의 헌신과 더불어 개별 가족의 행복을 강조한다. 또한 개인이 자신의 재능을 토대로 꿈을 키워가거나 성취를 이루려는 데 대해 긍정인물 및 주변인물이 통렬하게 비판하고 개조하려던 이전과는 다르게 수용하고 지지하는 양상을 보이는 것이다.

　두 선대 지도자가 영화를 중시했던 것과 달리 김정은 시기에는 극영화를 거의 제작하지 않고 있다. 투자 대비 교양 효과가 없다고 판단했을 수 있다. 청년강국을 표방하면서도 청년 통제를 강화하는 김정은 정권의 딜레마가 보인다. 청년세대는 체제의 고립이 지속되는 가운데서도 비공식적으로 한류 등 외부 문물을 접하며 변화를 주도하고 있다. 이들에게 새로운 시대상을 반영한 모범형상을 제시하지 못한 채 입체적인 성장과정을 보여주는 청년 형상도 사라졌다. 북한 청년의 다양한 욕구는 김정일 시기 영화에서 더 잘 드러난다. 따라서 이 글에서 소개하는 인물은 김정일 시기 제작된 작품에서 주로 선정되었다.

북한 청년들은 만 16~17세에 (고급)중학교[2]를 졸업하고 사회로 진출하게 되는데 그 과정은 크게 세 가지로 나뉜다(〈그림 1〉 참조). 일반적으로는 직장에 배치 받는다. 일부 성적이 우수한 학생은 대학에 진학할 수 있고, 직장생활을 하는 중에 통신대학을 다닐 수도 있다. 결격사유가 없는 대부분의 남성은 군에 입대하게 되고, 여성의 경우도 자원입대할 수 있다. 제대한 뒤 직장에 배치 받는다.

그림 1 ▮ **북한 청년의 사회진출 경로**

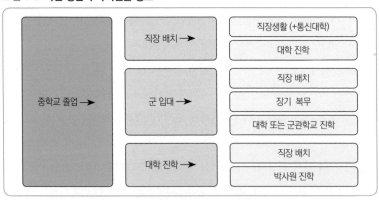

군대에 남는 경우 외진 군부대에 일반병사로 자원해서 남거나 군관학교를 거쳐 군관으로 진급하여 장기 복무하는 것으로 나뉜다. 군 복무 중 대학에 진학하는 것 또한 정치대학에 추천받아 졸업하면 군대 정치지도원이 되거나 일반대학으로 추천받는 기회가 주어져서 제대하는 경우로 나뉜다. 대학을 졸업하게

---

2   영화 제작 당시 북한의 교육 편제는 유치원 졸업 이후 소학교 4년, 중학교 6년으로, 졸업하여 사회 생활을 시작하게 된다. 2014년부터 11년에서 12년으로 의무교육제도가 재편되었다.

되면 상급교육기관인 연구원이나 박사원에 다시 진학할 수 있다.

또한 특별한 재능이 있는 경우 영재교육기관을 나와 해당 기관에 소속되기도 한다. 혁명가나 열사의 유자녀이거나 고위간부의 자녀인 경우 일반학교와 별도로 운영되는 '혁명학원'에 다니는 혜택이 주어지기도 한다. 학생들은 항일혁명 과정이나 한국전쟁 기간 그리고 대남사업 과정에서 공을 세운 혁명가들의 유자녀들과 당·정 고위간부들의 자녀들이다. 성분이 좋은 사람들에게 입학이 허용되는 까닭에 혁명유자녀학원 출신들은 김일성종합대학 등 주요 대학을 거쳐 북한의 핵심적인 엘리트로 성장하는 경우가 많다. 이들의 진로 또한 위의 사례들 중에서 개인의 의지에 따라 다르게 묘사된다.

직업을 선택할 때는 각각 생업, 사회적 역할분담, 자아실현의 측면에서 신중히 고려되어야 하겠지만 북한 영화 속 청년들에게서는 사회적 의무가 가장 많이 표현된다. 또한 영화에서 청년들이 생업의 측면에서 직업에 대해 고민하거나 선택하는 경우는 보기 드물고, 오히려 자아실현의 측면이 주로 고려된다. 이는 영화의 기본 배경이 사회주의 계획경제 아래 당국에 의해 직장을 배치 받고 배급을 기본으로 생활하는 것으로 그려지는 데서 기인하는 듯하다.

2. 세 가지 방향: 사상적 관점/주요부문 자원/사회적 명예

북한에서는 국가가 직업을 배치해 주기 때문에 공식적으로는 완전고용이다. 취업이 보장된 북한 청년들이 느낄 진로 장벽은 무엇일까. 자본주의 사회인 한국의 경우, 취업전쟁이라는 말이 있을 정도로 청년들이 진로문제로 애로를 겪고 있다. 부모의 재력과 권력에 따라 격차도 크다. 드라마에서 반복되는 소재인 '출생의 비밀'은 대부분 가난했던 주인공이 알고 보니 재벌가의 자손이었다는 식의 내용으로 서민들의 로망을 자극한다.

흥미롭게도 북한 영화나 드라마에서도 출생의 비밀이 흔하다. 예를 들면, 매우 열악한 농촌/탄광 등에 자원하여 헌신하던 충성스런 인물이 알고 보니 영웅의 자녀였다는 게 뒤늦게 밝혀지며 반전을 주는 것이다. 영웅 또는 고위직 간부의 자녀인 인물은 자신에게 주어진 혜택을 마다하고 사회에 헌신하고 빈곤한 삶을 이어가며 사회에 모범을 보여야 한다. 그렇지 못한 부정인물은 사리사욕을 추구하고 혜택과 이권을 세습하고자 애쓰는 모습으로 대비를 이룬다.

북한은 공식적으로 드러내지는 않지만 출신성분에 의한 신분 및 직업 세습과 연좌제가 제도화되어 있다. 배우자를 선택할 때 직업이나 부모의 배경에 따라 차별하고, 직업의 귀천을 따지는 장면은 북한 영화에서도 흔하다. 매우 드물지만 비록 가족 중 일제/한국전쟁 시기 친일/부역을 했다거나 남쪽에 가족이 있다거나 하는 출신배경이 있더라도 이를 문제 삼아 차별하지 말라는 교훈을 주는 영화도 있다.[3] 이런 작품들을 통해 실상은 출신과 배경에 따라 진로 선택/직장생활/배우자 선택 등에서 차별이 이루어지고 있음을 알 수 있다. 게다가 영화에서는 1990년대 이후 임금과 배급이 끊기고 생산현장이 멈춘 조건에서 노동자들의 삶이 어떤 변화를 겪고 있는지 비공식 경제생활상은 전혀 다뤄지지 않고 있다. 취약계층이 더한 고통을 겪고 있을 것은 자명할 테지만 정권 안정과 유지 차원에서 영화 제작도 후순위로 밀리면서 당국에 비판적이거나 취약계층에 대한 형상도 사라진 것으로 짐작된다.

출신성분에 의한 노동자 차별 문제를 정면으로 다룬 대표적인 작품으로 〈보증〉(1987)을 들 수 있다. 〈보증〉은 당원에게 필수 관람 작품이며, 김정일에 이어 김정은의 광폭정치 선전용으로도 활용되고 있다. 2008년 이후 방영되지 않다가 2013년 이후부터 2014, 2016년을 제외하고 매년 조선중앙TV에서 방영되고 있다. 해당 작품들은 당 간부들에게 사람을 과거 행적이나 출신성분에 따라 차별하지 말고 현행을 보라고 교훈을 주는 내용이다. 하지만 이런 작품은 역설적이게도 신분의 세습이 당연시되고, 신분이 열악할수록 더 결사적으로 충성하는 형상을 통해 신분에 따라 처우나 처세가 달라지는 사회적 관행을 재생산

3   안지영·김화순, 「배제와 포용-북한영화 및 드라마를 통해 본 '복잡군중' 정책」, 『한민족문화연구』 72, 한민족문화학회, 2020 참고.

하는 효과도 있을 것으로 보인다.[4] 이처럼 평등한 사회임을 주장하지만 영화는 오히려 신분 경계가 더 강고하고 계급/계층 이동이 자유롭지 못한 이면을 잘 드러내고 있다.

이런 제약을 안고 있는 가운데 영화는 청년의 진로를 세 가지 방향으로 제시하고 있다. '정치사상적 관점 견지, 국가 주요부문 우선 배치, 정신적·물질적 보상'이다.

첫째, 청년들의 사회진출 즉 직장배치, 대학진학, 군 입대 등과 관련하여 가장 우선적이고 중요한 원칙은 사상 관점 견지이다. 경제난과 체제 붕괴의 위기를 겪었던 김정일 시기에는 특히 절대복종하는 '혁명적 군인정신'을 강조하면서 '민족제일주의'라는 수사로 열악한 환경의 고향을 지킬 것을 독려했다. 혁명적 군인정신은 '수령결사옹위정신, 결사관철의 정신, 영웅적 희생정신'으로 제시되었다. 군인을 형상한 작품 외 김정일 시기 제작된 거의 모든 작품 속 인물의 대사와 행위에 녹아들어 있다.

모든 근로자들이 혁명적 군인정신을 따라 배워야……첨단과학기술의 요새도 점령할 수 있고 경제강국도 건설할 수 있으며 온 사회에 알뜰한 살림살이기풍과 고상한 문화정서생활기풍도 세울 수 있고 우리 인민에게 남부럽지 않는 행복한 생활을 마련해줄 수 있다……

- 김정일선집 15권, "선군혁명로선은 우리 시대의 위대한 혁명로선이며 우리 혁명의 백전백승의 기치이다" 2003.1.29.

위 담화에서는 모든 근로자들이 혁명적 군인정신으로 일하기만 한다면 경제난도 해결되고 남부럽지 않은 행복한 생활을 하리라고 낙관한다. 이처럼 영화에서도 수령과 장군님의 말씀에 따라 앞장서서 힘든 경제부문에 자원해 나서

4 　안지영, "제한된 꿈에 갇힌 희망의 아이콘: 김정은 시기 북한 영화와 TV드라마 속 아동·청소년 형상", 『통일인문학』 86집, 248쪽.

고(〈시대는 축복한다〉, 〈붉은 열매〉, 〈민들레 꽃다발〉 등), 고향 및 집단의 발전을 위해 힘쓸 수 있는 희생적 헌신성을 가져야 군에 입대(〈고향산천〉 등)하게 되고, 사회생활 또한 제시된 정책과 명령을 철저히 관철해 나가는 과정을 보여주고 있다. 민족제일주의와 관련해서는 정성옥을 비롯한 여성 체육인들이 국가대표선수로서 민족적 얼을 담아낸 요소로 국위선양을 하고(〈달려서 하늘까지〉, 〈옥류풍경〉, 〈갈매기〉 등), 과학적 성과도 국제적 기준을 뛰어넘는 것을 목표로 삼아야 한다거나(〈봄향기〉, 〈존엄〉 등) 외국 문물을 많이 접하더라도 김치연구사가 되고 민족생활양식을 지켜내는(〈우리의 향기〉) 식이다.

둘째, 국가적으로 중요한 부문에 우선 자원하는 것이다. 이 경우 특징적인 것은 청년돌격대 모집이나 졸업반 학생들이나 제대하는 군인들이 집단 탄원하는 것이다. 당국에 의한 '무리배치(집단배치)'이기도 하다. 청년군인을 비롯하여 청년돌격대원들이 정책적으로 제시되는 발전소, 고속도로, 양어장 건설 등과 감자농사, 고치농사 현장 등에 동원되어 일하는 것, 제대군인들이나 고학력 졸업자들 또한 대학 진학이나 연구원 등 안정되고 편한 직장으로 배치 받는 혜택을 마다하고 그러한 현장으로 달려가는 모습이 강조되는 것에서 알 수 있다(〈그들은 제대병사였다〉, 〈수업은 계속된다〉, 〈복 받은 대지에서〉, 〈성강의 파도〉 등 다수).

셋째, 사회적 명예로 보상받는 것이다. 이는 북한의 주요 통치담론인 '사회정치적 생명체론'으로 설명된다. 북한에서는 사람의 생명을 '육체적 생명'과 '사회정치적 생명'으로 나누고 사회정치적 생명이 육체적 생명보다 귀중하다는 전제에서 출발한다. 집단주의 생명관에 기초하여 개개인의 육체적 생명은 유한하나 '사회정치적 생명은 수령, 당, 대중의 통일체를 이룰 경우 사회정치적 생명체를 통해 영생하는 생명을 얻을 수 있다'는 논리다.

북한 영화에서 기본적인 청년 형상은 당국의 노동정책에 따라 배치 또는 자원하여 그 의무를 다하는 것이다. '장군님(수령)' 또는 부모의 뜻에 따라 남들이 선택하지 않는 고되고 열악한 직업을 선택하거나 대물림한다. 성과를 내기 힘들다는 걸 알면서도 돌아가신 아버지의 연구 과제를 이어서 수행해 나간다. 자신의 재능이나 적성을 포기하고, 평생 고난이 예고되어 있지만 인민생활을 향상시키고 국가경제를 발전시키기 위해 선차적으로 집중해야 한다고 당이 제시한 부문에 진출한다. 권선징악의 전형적인 구도를 고수하는 북한 영화의 마지막 장면은 대부분 최고지도자의 인정을 받는 사회적 명예 및 정신적 보상과 함께 주택, 기자재 등의 물질적 보상이 이루어지는 것이다. 이것은 수령과 당이 제시하는 대로 열심히 따르면 반드시 대가가 있다는 메시지이다.

하지만 더불어 강조하는 내용은 혜택을 받을 수 있는 청년이 그것을 마다하고 계속 고난을 감수하며 영웅적 희생정신을 발휘해 나간다는 것이다. 사회진출 형상에서는 주로 부모들의 업적과 관련하여 영웅의 자녀에게 주어지는 혜택이 거의 대부분이다. 하지만 영화의 중심주제는 그런 자녀들이 다시 혁명적 군인정신으로 무장하여 보상과 혜택을 마다하고 대를 이어 희생해야 한다는 것이다. 종합해 보면 열심히 하는 만큼 보상이나 대가가 주어지지만 그 혜택을 바라거나 누리려 하지 말고 집단을 위해 당국에 충성하라는 것이다.

이처럼 모두가 평등하고 공평한 이상사회를 지향한다는 북한이지만 현실적으로 부족한 자원으로는 주민의 노동력을 이끌어내기 어렵다. 오히려 '사회주의적 경쟁'이라는 미명 하에 성과주의를 부추기고 차등적 보상을 공식화했다. 그리고 보상을 받은 이들에게 다시 희생을 독려하는 것으로 신분·계급적 차별에 대한 대다수 주민의 불만을 무마하고자 한다. 현실의 어려움은 제국주의에 의한 것이고 자본주의는 '돈밖에 모르고' '노동자를 착취'하는 체제이기 때문에 북한식 체제를 고수하기 위해, 특히 '청년' '군인'들은 수령을 '결사옹위'하고 당의 정책과 노선을 무조건 '결사관철'해야 한다고 교양한다.

그러나 청년에 대한 당국의 이중적 시각을 내포하듯 사회진출을 앞둔 중학교 졸업반 학생 및 청년이 주연일 경우 그들은 일관된 긍정인물이 아니다. 대부분의 작품에서 주인공이 혁명과 건설을 추동하고 사회주의 원칙을 체현한 긍정인물인 반면, 청소년의 경우 부정인물로 시작하여 교화되는 성장기를 거친다. 청년들은 개별적 주체로서 새로운 시대적·사회적 변화에 적응하기 위한 방도를 모색해 가는 과정에 있다. 청년세대 교양을 목적으로 하는 북한 영화에서도 자신의 조건과 환경을 극복하려는 청년들의 다양한 생존전략이 드러난다.

탈북 청소년들을 대상으로 한 그들의 고민과 인기 직업에 대한 조사결과를 보면 출신성분과 집안배경, 진로에 대한 고민이 가장 크며, 무역 및 상업 일꾼, 연예인이나 운동선수가 상위를 차지하고 있다. 이러한 선호도는 영화에서도 드러난다. 당국의 인재양성 정책과 함께 주로 예술적 재능을 지니고 꿈을 펼치고자 하는 인물들과 국제대회에서 좋은 성적을 낸 체육인들이 등장한다. 또한 대외부서에서 일하는 청년이 맞선 상대로 선호되는(《축복합니다》) 반면 외진 군부대에서 근무하는 군인이나 일반 공장 노동자나 농장원인 청년에 대해서는 반대하는 주위 사람이나 헤어지는 처녀들(《먼 산의 노을》, 〈발걸음〉)을 통해 생계 안정을 위해 노력하는 현실을 짐작할 수 있다. 이 대목에서 직업에 귀천이 없다는 당국의 공식 주장과는 상관없이 육체노동보다는 정신노동을, 즉 농장, 탄광, 공장 등 기술직보다는 연구원, 예술가, 체육인 등을 선호하는 것을 확인할 수 있다.

경직된 사회구조 속에서 청년들은 '사회주의공화국의 참된 영웅'이 되기까지 신분(출신성분)·계급(부모의 직업이나 직위)에 의해 제한되지 않고 성·재능 등 개인의 조건과 특성에 따라 진출하고자 하는 욕구를 내보인다. 사회진출 후 초년생 시절에도 자신의 경력을 위해 거짓열성을 부리거나 일시적 흥분에 들떠 집단진출하기도 하며, 대학에 가거나 학위를 따기 위해 부정한 방법이 시도되기도 한다.

IV
청년들의 꿈과 현실 사이:
진로 모색을 위한 탐색과 출신의 제약

이 장에서는 진로를 모색 중인 졸업반 또는 사회초년생 시절을 다룬 북한영화/드라마를 선정하여 열 가지 유형의 인물들을 소개하고자 한다. 우선 (고등) 중학교 졸업을 앞두고 명예와 부를 꿈꾸는 다재다능한 '수련', 아버지처럼 군인 영웅이 되고 싶어 하는 '영길', 각각 군당비서와 평범한 농사군의 자녀로서 자신의 위치에서 우정과 신분 격차, 진로 고민으로 갈등하는 '윤경과 은진'이다. 그리고 졸업반 시절과 졸업 이후 집단으로 탄원해 가는 과정을 보여주는 '강범, 준경, 허철, 리영, 선녀' 가 있다.

그 외에도 우수한 성적으로 대학을 졸업하며 부와 명예를 꿈꾸는 가난한 영웅의 후손 '광옥', 성공을 위한 기약없는 노동생활과 결혼 및 안락한 생활 사이에서 고민하는 '명심과 송이', 여성간부로 성공하기 위해 농사군 애인을 외면하는 '옥주', 대를 이어온 평범한 노동자에서 신분상승을 꿈꾸는 흙수저 '리창', 부모 덕을 보려고 꼼수를 부리는 금수저 '진호', 가난에서 벗어나려 몸부림치는 '창식'을 볼 수 있다.

1. 부와 명예를 꿈꾸는 다재다능한 '수련'(《한 녀학생의 일기, 2006)

아파트를 올려다보는 9살 수련

신문에 난 경아아버지의 박사
취득 소식

박사를 따면 아버지 뜻에
따르겠다는 수련

경아네 집 벽에 걸린 박사증

벽에 걸린 박사증을 하염없이
보는 수련

경아와 달리기경주 후 경고하는
수련

〈한 녀학생의 일기〉는 중학 졸업반인 주인공 수련(박미향 분)의 1인칭 시점
으로 전개되며 진로에 대한 고민을 풀어가는 과정을 담고 있다. 영화는 수련이
9살 때 소학교에서 하굣길 회상 장면과 함께 수련의 내레이션으로 시작된다.
수련은 과학원 연구사이자 조정기계실장인 아버지가 가정을 돌보지 못한 채 연
구에만 헌신하는 것도 모자라 국가로부터 배정 받은 아파트 입사증(국가가 주
택이용 허가를 보증하는 사용권)을 양보했다는 걸 알고 크게 실망한다.

내가 9살 때 누군가 나에게 네 소원이 무엇인가 하고 물은 적이 있었다. '나
는 아파트에서 살았으면 좋겠어요' 하고 대답하였다.……대신 우리 집에는 아
파트 아이들이 부러워하는 제비둥지가 있었는데 나에게는 자랑거리가 그것밖
에 없었다.……우리 여자 네 식구를 구석에 박아놓고 아버진 늘 집을 떠나 살
았다. 나는 학부형 회의에 한 번도 오지 않은 아버지를 남몰래 원망하곤 하였
다. 내가 어머니와 엇서나가기 시작한 것도 사실은 아버지 때문이었다.

수련은 어머니와 할머니가 계시지만 아버지의 빈자리를 크게 느낀다. 낡은
집은 손볼 데가 많지만 어쩌다 가끔 방문하는 아버지는 자신의 집은 나 몰라라

한 채 이웃집 일을 돕는 데만 바쁘다. 도서관 사서인 어머니마저 아버지 연구를 뒷바라지하기 위해 번역일로 매일 밤을 지새우고, 결국 건강까지 악화되어 목숨이 달린 수술을 받아야 할 지경에 이른다. 아버지는 일을 핑계로 병문안조차 오지 않고, 아버지를 향한 수련의 원망은 커져만 간다.

수련과 수옥 자매에겐 특별한 행사인 학교 야유회(소풍)날, 어머니는 이를 잊고 평소처럼 도시락을 싸 보낸다. 수련 자매는 다른 아이들이 선생님께 빵이며 과일 등을 드리며 흥겨운 시간을 보낼 때 자신의 도시락이 부끄러워 내놓지도 못하고 굶고 만다. 집으로 돌아온 수련은 동생 수옥이 엄마를 향해 "의붓엄마보다 더하다"며 대드는 것을 보고는 동생을 혼내며 몸싸움까지 벌이게 된다. 그러나 실은 자신도 섭섭한 마음에 싸움을 말리는 어머니에게 더 강하게 반발한다. 이때 수련의 대사는 기존 영화에서 보기 힘든 강한 비난을 담고 있다. 국가가부장제라고도 불리는 북한 사회에서 '아버지'에 대한 직접적인 비난은 이례적인 것이다.

> 수련: 아버지가 날 어떻게 알아요! 가물에 콩 나듯이 이따금 나타나서 훈시만 하는 아버지. 아버진 말할 자격도 없어요!
> 어머니: 너 정말 아무 말이나 막 할래?
> 수련: 난 하고 싶은 말을 했어요. **자식들의 심정, 부모들이 알라는 거예요**!

수련은 학교에서 짝인 경아와 아버지 업적 문제로 갈등을 빚기도 한다. 경아는 박사증을 따 신문에까지 오른 자신의 아버지를 자랑하면서 수련의 아버지가 "연구종자도 신통치 않고 성공해봐야 국가에 별 소득도 없대"라고 말하고, 이에 수련은 기분이 상한다. 경아는 한 술 더 떠 수련이 과학을 전공해 아버지 대신 국가에 보답해야 한다고까지 말한다. 경아는 다재다능한 수련을 질투하여 그런 것이지만 몹시 화가 난 수련은 달리기경주를 신청한다. 수련은 구두까지 벗어 던지고 온힘을 다해 뛰어서 경아를 이기고야 만다.

친구1: 너희들은 어떻게 할래?

친구2: 뭘?

친구1: 전망 문제.

친구2: 나는 군대 가겠어.

친구3: 난 종합대학. 수련아, 넌?

수련: 아직은 결정 못 했어.

친구1: 난 수련이 문학대학에 갔으면 좋겠어. 작가 아니면 기자. 노동신문 한 면을 단숨에 써 내린다. 아니면 장편소설의 저자.

경아: 아니야. 수련이는 아버지가 못 한 일을 마저 해야 해. 나라에 빚을 졌으면 딸이 대신 갚아야지 뭐.

수련: 경아! 다시 한 번 말해 보라.

경아: 왜, 내가 잘못 말했니?

수련: 네가 뭘 안다고 아무 말이나 막 해!

경아: 난 사실대로 말했어.

수련: 뭘!

경아: 야 너 정말 세우지 말라. 난 너한테 다 이길 수 있어!

수련: 너 말로 하면 안 되겠구나. 달리기 해보자!

경아: 할 테면 해보자.

수련: (힘껏 달리며 마음속으로 울분) 내가 왜 아버지 때문에 이런 모욕을 당해야 하나요.

경아: 내가 졌다. 그래, 뭘 내란?

수련: 다신 내 앞에서 까불지 마라.

하지만 수련의 속마음은 아버지가 박사증을 따 사회적 인정도 받고 부를 누리기를 바라는 것이다. 방과 후 경아의 집에서 친구들과 함께 공부할 때도 수련의 부러움 가득한 시선은 벽에 걸린 박사증과 상패에 꽂혀 있다. 수련의 할머니도 "온 식구가 니 아버지 성공 하나를 바라보고 사는데, 아 이건 굼벵이 한가

지니, 나도 막 욕이 나간다.", 굴뚝이 막혀 난방도 요리도 하기 힘들어지자 며느리에게 "집안에 아들이 없으니 원. 둘 중 하나라도 아들이었으면 좋으련만. 이제라도 하나 더 낳아보려무나"라며 탄식한다. 빈부의 격차와 아버지의 직책이나 업적이 가족 및 자녀들의 생활에 영향을 미치는 것을 알 수 있다.

아버지: 수련인 내년도 졸업인데 어떻게 하려니?

수련: 지금 생각 중이에요.

아버지: 음, 결심된 줄 알았는데?

수련: 아버지, 새는 바라볼 하늘이 있어 마음껏 날고 기차는 곧바로 갈 수 있는 철길이 있어 힘차게 달리지요?

아버지: 수련이 컸구나. 그래.

수련: 난 아버지가 박사만 되면 아버지 하라는 데로 다 할게요.

아버지: 흠, 과학은 꼭 박사가 되겠다고만 하는 게 아니다.

할머니: 왜 박사가 되면 좋지, 같은 값이면 나쁠 게 뭐야.

아버지: 좋다. 아버지가 박사 못 된 값은 후에 갚도록 하자. 대신 수련인 지금 결심을 명백히 가질 때가 아닌가?

수련: ……..

할머니: 쟈 외삼촌이 나서겠다는데 거기다 맡기렴.

아버지: (부인을 보며) 처남이 나선다는 데가 어디요? 작년까지만 해도 리상이 확고했는데, 잘못 나가려고 한다. 수련이, 쓸데없는 생각 말고 명심해라. 앞으로 과학을 몰라가지고는 못 살아.

영화의 결말은 결국 아버지가 연구 성과를 인정받아 아파트로 이사하고, 수련도 부모님의 충성심에 감복하여 아버지(당)의 권고대로 이과대학에 진학하는 것이다. 북한 당국은 이 작품에 대해 "평범한 한 과학자 가정의 생활을 일기 형식으로 펼쳐 보이면서 선군시대 인민들의 기쁨과 행복이 어디 있고, 새세대 청년들의 참다운 이상이 무엇인가 하는 물음에 훌륭한 해답을 주고 있다"고 소개하였다. 당국은 김정일 국방위원장이 작가만이 아니라 배우들에게도 1년간에 걸친 집중학습을 마련하여 생활적이지 못한 배우들의 연기를 극복할 수 있도록 지도했으며, 특히 실생활 어투를 자연스럽게 연기할 데 대한 강조를 많이 했다고 소개했다. 이 작품은 생활 묘사에 생생함을 더하며 대중적 인기를 끌었다고 한다.[5] 수련이 '박사증'과 '아파트'라는 실물을 거론하며 명예와 부를 바라는 자기 욕구를 솔직하게 표현했다는 점도 주목된다.

2. 영웅이 되고픈 영웅의 아들 '영길'(《위훈의 길》, 1996)

어머니께 포부를 밝히는 영길

교장 훈혁과 담임 금주

불발탄이라는 말에 충격받은 영길

군에 입대하는 친구들

담배로 마음을 달래는 영길이

체력훈련에 지친 영길

남학생의 군 입대 과정을 다룬 작품으로는 군에 입대하기 전부터 사상교양을 잘 시켜야 한다는 주제가 대부분이다.[6] 군인들의 민가 약탈, 부대 이탈, 어려운 식량사정, 무질서한 훈련 상태 등 군부대 생활상이 담긴 작품들(《기다리는 처녀》 등)로 유추해 보면 경제난으로 인해 부대생활도 어려웠고 당시 군부대의

---

5   개봉한 지 6개월 만에 전체 북한 인구 중 1/3인 800만 명이 관람했다고 기록하고 있다. 북한 영화 중 최초로 칸영화제(2007년 제60회)에서 상영되면서 캐나다 토론토의 릴 아시안 국제영화제, 호주의 멜버른 국제영화제, 프랑스 실루엣 영화제를 거쳐 2009년에는 이란의 파지르 영화제 등에서 상영되었다.
     출처: https://unikoreablog.tistory.com/3253.
6   《고향산천》(2002, TV, 2부작), 《어머니의 행복》(2003) 등.

기강 해이가 심각했기에 입대를 앞둔 청소년을 대상으로 교양하려고 제작했을 것이다. 아울러 이 작품들은 공통적으로 '조국애는 곧 향토애'라며 고향을 사랑하고 지키는 것이 진정한 군인정신이라는 주제를 담고 있다. 체제 위기 속에 군부대를 중심으로 한 지역 단위 군민일치로 자력갱생의 토대를 만들면서 부대 및 주민 결속과 생산력 고취를 의도한 것이다.

〈위훈의 길〉은 영웅비행사[7] 주철웅의 아들인 영길(김철영 분)이 중학교('영덕군-실제는 문덕군- 립송고등중학교 6학년 3반') 졸업을 앞두고 자신도 공군에 입대하여 아버지의 길을 따르고자 하지만 그의 결함을 지적하며 초모(군대에 지망하는 사람을 모집) 명단에 추천하길 주저하는 학교장 훈혁(인민배우 김룡린 분)의 가르침을 통해 '당과 수령을 위해 모든 것을 다 바치는 사상과 정신'을 갖추어 간다는 내용이다. 한국전쟁 시기 부상을 입고 한쪽 팔이 없는 영예군인인 훈혁은 영화에서 긍정인물이자 도덕 담지자인 주인공으로서 전쟁 당시 자신이 모범생으로 판단했던 제자가 정작 전투에서 다리 폭파 임무를 수행하지 못하고 탄환이 무서워 숨어버린 행동을 했던 데 대한 자책이 크다. 이를 극복하려 교육에 힘써 모교 출신 12명의 공화국영웅과 노력영웅을 배출했다.

주인공 영길이 갖는 출신에 대한 자부심/자만심이나 친구와 교사 등 주변 인물들의 반응을 통해 출신배경에 따른 특혜와 차별에 대한 보편적 인식 및 실상을 확인할 수 있다. 또한 사회적으로는 진로를 앞둔 학생들의 영웅심리를 조장하고 학생들도 자신의 꿈을 그에 맞춰 가는 분위기가 형성되어 있을 것으로 짐작된다. 훈혁은 영웅의 자녀라고 특혜를 주는 관습을 비판하며 엄격하게 학생들을 평가하도록 교사들을 독려하고, 입대 추천에서 여러 차례 떨어지면서 강하게 반발하는 영길과 학생들에게 끊임없이 사상 교양(소년빨치산들이 고향을

---

7   실존인물 '길영조'를 모델로 한 것으로 추정된다. 1993년 12월 강원도 원산시 갈마비행장에서 출격한 길영조는 비행훈련 도중 고장 난 비행기를 버리고 탈출할 수 있었음에도 주민 거주지역에 피해를 줄 것을 우려해 그 지역을 벗어나다가 비행기와 함께 추락, 사망했다. 당시 북한은 길영조가 원산시내의 김일성 동상 주변에 비행기가 추락할 것을 우려해 기수를 돌리다가 기체와 함께 자폭했다고 주장하며 다음해 5월 그에게 '공화국 영웅' 칭호를 수여하고 '수령 결사옹위의 귀감'으로 내세웠다. 1998년에는 〈비행사 길영조〉가 제작되었다.

지키기 위해 목숨을 걸고 미군과 싸운 일화 등)을 하며 교정해 나간다.

학교 교정에서 열정에 넘쳐 노래 부르는 영길이네들
(노래) 아시는가 청춘의 첫사랑 무엇인지 / 말해주지 청춘의 첫사랑 총이라네 / 언제나 변함없는 성실한 총대와 함께 / 병사로 청춘시절 빛내고 싶어라
순애: 야 동무들, 이제 얼마 있으면 우리 모두 군복을 입게 될 테지요.
학생들: 그럼. 그야 두말할 것 있니.
현철: 참, 너희들 생각엔 **우리 학교의 열세 번째 영웅이 누가 될 것 같애?**
진수: **거야 두말할 것 있니? 영웅비행사의 아들인 이 주영길이지 뭐!**
영길: 음! (으쓱한다.)
순애: 천만에, 난 우리 학교의 열세 번째 영웅을 절대 양보 안 할 테야.
영길: 흥, 순애 네가 나보다 먼저 영웅이 된다?
순애: 못 될 건 뭐야? **아버지가 영웅이지 제가 영웅이야? 제가 똑 제일인 것처럼 우쭐렁대면서….**
영길: **여, 콩 심은 데서 콩대가 나오지 아무렴 쑥대가 나올까?**
(모두 따라 웃는다.)

아이들이 주고받는 대화를 듣고 안색이 어두워진 훈혁은 교장실에서 교사들과 학생들의 생활평정서를 점검하며 영길의 입대 추천을 미루자고 지시한다. 게시판에 붙은 입대 추천자 명단에서 자신의 이름이 빠진 것을 확인한 영길은 어머니 봉숙(인민배우 홍영희 분)이 근무하는 진료소로 달려가 불평한다. 봉숙은 훈혁을 찾아가 따지고 사정해 보지만 훈혁은 냉정하다.

훈혁: 금주 선생, 왜 이 현철 학생의 생활평정서엔 좋은 점만 있고 결함은 없소?
금주(담임교사): 저 솔직히 말씀드리면 **군대에 나가는 학생들에게 괜히 꼬리표를 달아서 허물을 만들고 싶지 않았습니다.** 특별한 말썽군도 아니지 않

습니까?

부교장: 무슨 소릴 하오? **지휘관들이 신입병사들을 파악하는 데 시간을 허비하지 않도록 구체적으로 솔직하게 써주어야 하오.**

금주: 네….

훈혁: 이 학생에겐 지각을 자주 하는 습관이 있지!

금주: 네.

훈혁: 보충하시오.

지도원: 주영길 학생입니다.

훈혁: 예.

부교장: 오, **주철웅 영웅비행사의 아들이구만! 이 학생이야 별다른 문제가 없지.** 사방에서 욕심을 내는 학생인데.

지도원: 그렇습니다.

금주: 학업성적도 괜찮구. 품행도 모범입니다.

부교장: 그렇소?

지도원: 그렇지만 **주영길 학생은 생활에서 소총명이 많구. 동무들보다 자기부터 생각하는 결함**이 있습니다. 하지만 군대생활 그 자체가 동지애를 키워주는 학교인 것만큼 크게 문제될 것이 없다고 봅니다.

훈혁: 주영길이, 주영길이라…. 자기를 먼저 생각하는 결함이 있단 말이지…. (영길이 물에 빠진, 수영을 못하는 다른 친구들을 외면한 채 수영에 능한 자신만 빠져나온 일을 회상한다.) 난 주영길 학생의 입대 추천을 미루자는 걸 제기합니다.

부교장: 예?

지도원: 아니?

금주: 교장선생님! 그 학생은 우리 학교가 낳은 공화국영웅의 아들이 아닙니까?

훈혁: 아버지가 영웅이라고 해서 아들이 저절로 영웅이 된다는 건 아니지 않소?

금주: 그렇지만….

훈혁: 우리의 사명이 뭡니까? 우리가 영웅의 아들이라구 해서 결함을 다 묵과해주고 내보낸다면 총폭탄을 키워서 장군님 앞에 내세워야 할 우리 교육자들이 당 앞에 무슨 면목이 서겠습니까?

영길: 오늘 초모생 명단을 발표했는데 내 이름이 없지 않아요? (억울해한다.)
봉숙(영길 어머니): 아니? 야, 혹시 네가 잘못 들었거나 이름이 빠진 건 아니냐?
영길: 내가 잘못 들었을 게 뭐예요? 섭섭하지만 이번에는 나갈 수 없다는 건데….
봉숙: 나갈 수 없다구? 그럴 수가 없는데…. 널 잘 키워달라던 너의 아버지의 부탁을 교장 선생님만은 잊지 않으실 게다.
영길: 아, 사실이란 말이에요. 가서 물어보세요. 내 체면이 이게 뭐예요? **동무들 앞에 나서기 부끄러워서 어디 견디겠어요?**

영길과 친구들은 명단에서 제외된 것을 부끄러워하며 입대하기 위해 열차를 타고 떠나는 친구들 배웅도 못 하고 의기소침한 채 역 한쪽에 모여 담배를 피우며 마음을 달래려 한다.

명남: (부러운 눈길로 역 홈 쪽을 바라본다. 그러다 잔디밭에 털썩 앉는다.)
제길 **다리 부러진 노루 한곳에 모인다더니 신통히 우리만 남았구나.**
영길: 뭐? 그럼 내가 다리 부러진 노루야?
명남: 야, 그럼 **넌 왜 못 나갔니? 치마 두른 순애까지 다 나가는 판에, 체.**
영길: …. (말문이 막힌다.)
진수: 그래두 동무들을 바래주러 나갈 걸 잘못했어. 이제 헤여지면 언제 다시 만나겠니?
영길: 야, 넌 자존심도 없니?

진수: (머리를 숙이고)

명남: (담배를 꺼내 붙여 문다.) 여. 영길이, **속이 탈 땐 담배가 제일이래.**

영길: 그만둬!

명남: (영길 옆에 앉아 담배를 피운다.)

영길: (참지 못하고 담배를 빼앗아 한 모금 빨다 컬럭컬럭 목이 멘다.)

진수: (담배를 빼앗아 명남에게 다시 준다.) 자! 얘들아, 우리 교장 선생님한테 가서 졸라대 볼까?

명남: 그 호랑이 같은 선생님이 우리 말을 들어줄 것 같애? 그럴 것 같으면 애초에 부결도 안 해.

진수: 하긴 그래.

명남: 글쎄, **난 농촌지원 때 담배를 피우다 원두막을 불태웠으니 떨어졌다 치구. 아 너야 공부를 못하니, 이 진수처럼 약하길 하니. 좀 비겁하긴 하지만.**

영길: 뭐야?

진수: 영길아, 야 그만두라.

금주: (학생들 저편에서 훈혁과 걸어오며) 걱정입니다. 선생님, 저러다가… **영길 학생만 내보낼걸 그러지 않았습니까? 그 애 하나 믿고 사는 어머닐 봐서두 그렇구.**

훈혁: … (말없이 걸어간다.)

금주: 학생들, 여기서 뭣들 하고있어요? (놀라는 영길이네들을 쏘아본다.)

진수: 담… 담배를 안 피웠습니다….

명남: (연기를 한입 문 채 어쩔 줄 모른다. 담배꽁초를 숨기다가 그만 영길의 손에 댄다.)

영길: 앗 따가….

명남: (참지 못하고 입에 물었던 연기를 내뱉는다.)

금주: (어이없이 바라보며) 허 참. 동무들은 불량의 시초가 담배로부터 시작된다는 걸 몰라요? 아직 학생이라는 걸 명심하세요.

봉숙은 영길을 데리고 직접 도의 군사동원부를 찾아가고, 심사를 맡은 군관은 영길이 영웅의 아들이라는 말만 듣고는 "아니 그렇습니까? 그럼 추천서구 뭐구 할 게 있습니까? 주철웅 영웅비행사의 아들이라는 그 이상 훌륭한 추천서가 어디 있습니까? 문건은 후에 보내줘도 됩니다."라고 대꾸한다. 모자는 기뻐하지만 곧 또 다른 영웅인 용범이 훈혁의 의중을 전하며 가로막는다. 용범으로부터 "네가 이대로 군대에 나가서는 불발탄이 되겠길래 그렇게 하신 거다. 불발탄은 아무리 많아도 필요 없어."라는 말을 들은 영길은 크게 좌절한다.

영길을 비롯해 군에 입대하지 못하고 남아있는 아이들은 잔뜩 주눅 든 모습이다. 친구들은 영길이 출신성분이 좋고 학업도 우수하지만 계속 초모생 명단에 들지 못하여 상대적으로 자신들보다 더 비참해할 것을 염려한다. 아이들도 신분 및 학력으로 차별 대우 하는 것을 자연스럽게 여긴다는 점을 알 수 있다. 또한 한국 사회에서도 군필자가 아닐 경우 받는 사회적 시선과 제도적 차별이 있는데, 군사를 중시하는 북한 사회는 더욱 심할 것으로 보인다.

금주: (시무룩해서 철길을 가꾸는 영길, 진수, 명남에게 다가앉는다.) 모두 수고들 하누만요.
영길: (슬며시 자리를 피한다.)
금주: 하늘엔 해가 났는데 여긴 비 내리는 것 같다?
진수: 선생님, 선생님에게도 학창 시절이 있었겠지요?
명남: 선생님, 어머니에게 말 못 하는 아픔도 선생님에게는 다 터놓았다고 우리에게 늘 얘기하지 않았습니까?
진수: 선생님! 제자를 위해서 하늘의 별이라도 따오는 게 스승이라고 하던데 **제발 영길이만이라도 군대에 내보내 주십시오.** 예? (홀로 일하는 영길의 모습.) 영길인 요새 뜬눈으로 밤을 새우고 있습니다.

체력훈련 등을 이겨내기 힘들어 상심과 불만에 가득 찬 영길은 엄마에게 "전쟁까지 나갔다면서 영웅은커녕 한 팔만 잃고 돌아온 주제에… 이게 다 그 외

팔이교장 때문이란 말예요!"라고 말했다가 뺨까지 맞는다. 우여곡절 끝에 영길은 훈혁이 팔을 잃은 것은 전투에서 제자를 구하고 다친 거라는 사실을 알게 되면서 크게 뉘우치고 '잘못을 씻고 떳떳하게 나서려고 떠나가니 찾지 말아주세요'라는 내용의 편지를 남기고 가출한다. 훈혁에 의해 다시 돌아온 이후 불이 난 집에 서슴없이 뛰어들어 이웃을 구하려는 행동까지 하게 된다.

한편, 영길 같은 남성들처럼 여성들에게서도 선군시대 영웅에 대한 포부는 공통적으로 드러난다. 향순(〈녀병사의 수기〉, 2003)은 친구들처럼 내세울 전쟁영웅 할아버지가 없는 대신 자신이 스스로 영웅이 되겠다는 포부로 입대한다. 경심(〈복무의 길〉, 2001)도 '선군가정'으로 추앙받으며 방송국에서까지 찾아온 군인가족인 이웃집을 부러워하면서 자기 가정도 자격이 충분하지만 자신이 딸이기 때문이라는 자격지심을 갖는다. 아버지로부터, 또 사회로부터 인정받고 싶은 마음에 의학대학을 최우등으로 졸업하고도 자원입대하게 된다.

남성들의 경우는 입대하기 위해 고군분투하는 과정이 주된 소재로 다뤄졌지만 여성인 향순, 경실(〈붉은 감〉, 1998, TV, 2부작)과 경심의 경우는 입대와 함께 초년병으로, 초임 군의관으로 근무하며 좌충우돌하는 과정이 주로 다뤄졌다는 점에서 차이가 있다. 이는 군대에서의 실질적인 젠더 비율 때문에 생기는 차이이기도 할 것이다. 또한 경실이 여성중대인 고사포중대로, 향순이 철길관리 임무를 주로 하는 산골초소로 배치되고, 경심이 군의관이라는 부분도 실제 군대의 직무상 젠더 특성일 것이다. 나아가 경심에게는 희생된 영웅의 자녀들을 돌보는 양육의 책임까지 맡겨진다는 점에서 성역할 구분이 더 드러난다.

3. 우정과 신분 차이, '윤경'과 '은진'(《자기를 바치라》, 2012, TV, 10부작)

시작화면: 제목

시작화면: 한반도 북단 외진

함북 영원군(실제는 경원군)

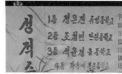
군 단위 상급시험 성적 게시

기뻐하는 은진과 윤경

윤경과 아버지(책임비서)

청진농업대학 파견서

아버지와 갈등하는 은진

좌절하는 은진

《자기를 바치라》는 10부작 드라마('텔레비죤련속극')다. 김정은 집권 초인 2012년 5월 7일에 처음 방영됐다. 함경북도 영원군 인민위원회와 협동농장 경영위원회를 배경으로 군의 당 책임비서 석길훈(인민배우 최봉식)이 영원군의 간부 및 주민들과 함께 농사, 산림 회복 등 어려운 문제들을 극복해 가는 이야기다. 1부에서는 군 단위 농장의 부족한 노동력을 확보하기 위해 고군분투하는 간부들의 모습과 중학생들의 대학 입시와 농장 탄원 등 진로 탐색 과정을 그리고 있다. 특히 책임비서 석길훈의 딸 윤경(김송이)과 헌신적인 평농장원 정현수(리수룡)의 딸 은진(송수련)의 대학 입시에서[8] 비리와 갈등 문제를 주되게 다루었다. 2부에서는 책임비서로서 모범이 되려는 아버지의 간곡한 설득으로 윤경

---

8 북한의 대학 입학시험은 우리의 수능시험과 비슷한 11월에 시작된다. 이후 몇 달 동안 세 번의 시험을 거쳐야 한다. 모든 고등학생이 1차 '예비시험'을 보고, 그 성적에 따라 일부 학생들만 2차로 시, 군별 '본시험'을 치른다. 2차를 통과한 학생들만 배정된 대학교에 가서 입학시험을 치르게 된다. 남한의 대학진학률은 약 70% 정도인 반면, 북한은 약 10% 정도다.

이 농장으로 자원하고, 3부에서는 그런 윤경의 모습을 본 은진도 대학 입학을 포기하고 농장으로 자원한다.

윤경과 은진은 우수생으로 각 학교를 대표하여 군 내 상급학교(대학) 추천생 선발을 위한 시험장(1차 입시)에서 만난다. 시험 도중 윤경이 어려워하는 모습을 본 은진이 답을 몰래 알려주며 도움을 준다. 시험장에서 나오는 은진을 불러 세운 윤경은 친하게 지내자 하고, 은진은 중요한 시험장에 부모님이 오지 않은 윤경을 보며 내심 안쓰러워한다. 시험 성적을 받아 든 둘은 손잡고 들녘을 신나게 누비며 '김일성종합대학' 입학을 응원하며 한껏 즐거워한다.

윤경: 은진아, 저기 시험 성적이 나온 거 같애. 어머 은진아, 네가 1등이야! 1등! 축하해!
은진: 고마워, 윤경아. 난 네가 3등을 해서 섭섭해할 줄 알았는데.
윤경: 아이, 무슨 소리를 하니? 난 네가 아니었다면 3등도 못 할 뻔하지 않았니.

윤경: 하하하. 은진아, 넌 어느 대학에 가겠니? 종합대학이겠지?
은진: 종합대학, 정말 갈 수 있을까?
윤경: 그럼. 넌 1등을 했으니까 당당히 갈 수 있어!
은진: 윤경아, 넌?
윤경: 나? **나도 종합대학에 갈 테야! 우리 헤어지지 말고 평양에 가서 함께 공부하자!**

그런데 은진은 윤경이 자기 아버지가 '농사꾼'이라 해서 자신과 비슷한 처지인 것 같아 더 반가워하다 실은 고위 간부의 딸임을 알고 오히려 주눅이 든다. 은진의 아버지는 평농장원이면서도 벼 품종 개량 연구를 할 정도로 열성적이고 헌신적이다. 하지만 연구는 성과가 없고 오히려 '농사일이나 착실히 하라'는 말을 들으며 무시당하는 처지다.

윤경: 은진아, 너희 아버지 뭘 하시니?

은진: 우리 아버지 농장원이야. 너희 아버진?

윤경: **우리 아버지도 농사꾼이야. 논두렁아바이.**

은진: 하하하. 논두렁아바이?

윤경: 응. (다가오는 차를 향해 손을 흔들며) 아, 저기 온다! 아버지! 아버지! 아버지! 아버지! (차는 그냥 지나치고) 아이, 태워 달랠까봐 못 본 척하고 지나가네! 집에 가서 보자이. 씨.

은진: 네 **아버지는 간부였구나.**(시무룩한 표정과 힘 빠진 목소리)

윤경: 책임비서면 뭘 해. 그저 일밖에 모르는 거.

은진: (놀라며) 뭐, 책임비서?

윤경: 흥! 이자도 봤지? 오늘 시험 점수를 발표한다는 걸 뻔히 알면서도 한마디 물어보지도 않고 씽 하고 지나가는 거.

영원군 경영위원장은 "종합대학 추천 대상자는 1등한 학생이 선출되게 되어 있는데 군적으로 지표가 하나밖에 안 나와서 교육부장 동지도 딱해합니다."라는 보고를 받고 교육부장에게 전화로 윤경이 추천되도록 청탁한다. "책임비서 동지야 대학에 가게 됐던 아들까지 탄광에 진출시켰는데 인간적으로 우리가 도와 나서야지 책임비서 동지가 나설 일이 아니지 않습니까? 아, 그리고 1등과 3등 차이야 종이 한 장 차이인데." 결국 종합대학 예비입학 통지서를 받은 윤경과 달리 은진은 청진농업대학을 배정받고 좌절한다. 경영위원장이 직접 찾아와 윤경을 축하하는 모습을 보고 그 배경을 짐작하고는 억울함에 입학마저 포기하려 한다.

윤경: 은진아, 왜 이제 오니? 얼마나 기다렸다고.

은진: 그래, 받았니?

윤경: 응. 자, 종합대학 통지서야.

은진: 이야, 정말! 축하해, 윤경아!

윤경: 고마워. 참, 어서 들어가 봐. 네 이름도 아까부터 불렀댔어.

은진: 그래.

윤경: 빨리 나와. 내 밖에서 기다릴게.

직원: (농업대학 파견서에 충격받아 쓰러질 듯한 은진을 부축하며) 아, 학생 동무! 왜 그래요?

은진: 일없습니다.

윤경: 은진아! 받았니? 종합대학이겠지? 은진아!

은진: (고개를 숙인 채 침묵)

집으로 돌아간 은진은 차라리 대학에 가지 않겠다고 선언한다. 이에 놀란 아버지는 은진에게 농업대학도 과분한데 주제를 모른다며 격하게 나무라지만 자신의 말에 순응하지 않는 은진의 태도에 충격을 받아 쓰러진다.

은진 모: (전화) **시험에서 1등은 자기가 했는데, 아 종합대학에는 글쎄 책임 비서 딸이 간다고 안 가겠다지 않아요.**

은진 부: (농장에서 일하던 중 놀라면서) 덜 된 년!

은진 부: 말해봐라. 그래 왜 대학에 안 가겠다는 거냐? 농업대학이 어때서! **농사꾼의 자식이 농업대학이면 가남하지. 덜 되먹게 무슨 놈의 대학 타발이 냐, 응! 하, 세월이 하도 좋으니 책임비서 자녀와 꿈새를 같이 쳐달라고 그 짓이구나. 못된 년 같으니!** 그래, 대학에 가겠니 안 가겠니?

은진 모: 아이고, 어서 말 좀 하려무나.

은진: 안 가겠어요.

은진 부: 뭐라구!

은진: **난 차라리 농장에 나가 일하다가 내년에 종합대학에 다시 가면 갔지, 못 가겠어요.**

은진 부: 뭐야! (내리칠 듯이 오른팔을 힘껏 들어 올린다.)

은진 모: (팔을 붙잡아 말리며) 아이고 여보! 어쩌자고 그래요, 예?

은진 부: (은진의 양팔을 붙잡고 흔들며) 다시 말해봐라! 어서!

은진: 종합대학이 아니면 안 가겠어요.

은진 모: 아니 아이고! (가슴을 붙잡고 쓰러지는 남편을 붙들며) 은진이 아버지 왜 그래요 예? 여보.

은진 부: 다 자란 줄 알았더니 **우리가 저 앨 잘못 키운 것 같소.**

은진 모: 좀 우는 척이라도 하려무나야, 에! (흐느끼며) 저러다가 아버지 심장이 멎는 걸 보고 싶어서 이 안달이냐. 아이고.

한편, 자초지종을 모른 채 은진이 걱정된 윤경은 윤경대로 업무로 힘든 아버지에게 도시락까지 싸들고 찾아가서 애교도 부리며 은진의 일을 부탁한다. 하지만 오히려 농장에 자원하라는 설득에 절망한다. 책임비서인 아버지는 농장 노동력 부족 문제로 고심하는데 농장 지원 노력으로 믿었던 여맹에서조차 거부당한다. 중학생 졸업자들이 자발적으로 농장으로 탄원했다는 소식에 기뻐 달려가 보지만 그들은 모두 농장의 자녀들이다. 이에 책임을 느끼고 군에서 최고간부인 자기 가정이 모범을 보이는 방식으로 주민을 동원해 보려는 것이다.

윤경: (도시락을 앞에 두고 입맛이 없다는 아버지에게) 힘들어서 그럴 거예요. 아버지 내가 안마 해줄게. 참, 아버지. 나 한 가지 부탁할 게 있는데 들어줄래요?

책임비서(윤경 부): 뭔데?

윤경: 사실 이번 시험 때 날 도와준 동무가 있는데 군적으로 일등을 했죠 뭐. 그런데 글쎄 1등을 하면 종합대학 추천을 받게 되어 있는데 아마 받지 못한 것 같아요.

책임비서(윤경 부): 그건 왜?

윤경: 글쎄 말이에요. 왜 그렇게 됐을까요?

책임비서(윤경 부): 이름이 뭐냐.

윤경: 유성중학교 정은진.

책임비서(윤경 부): 정은진. (전화) 군 교육부에 대주오. 퇴근했다고? 그럼 내일 아침이라도 **교육부장 동무가 나한테 전화하라고 전해주오.**

윤경: 고마워요. 아버지, 가만. 그런데 어떻게 된 거예요? 이때까지 우리 부탁은 안 돼 하고서 한마디로 자르더니.

책임비서(윤경 부): 그거야 우리 윤경이 부탁이 정당한 요구니까 들어주는 거지.

윤경: 우리 아버지가 제일이야! 어서 들어요.

책임비서(윤경 부): 윤경아, 나도 오늘 너한테 한 가지 부탁을 좀 해도 되겠니?

윤경: 아유. 아버지도 나한테 부탁할 게 다 있나요? 아무 부탁이든 다 하라요. 몽땅 들어줄 테니.

책임비서(윤경 부): 무슨 부탁인가 하면….

윤경: 빨리 말하라요.

책임비서(윤경 부): 물론 우리 윤경이도 공부를 잘했으니 당당하게 대학에 갈수 있다. 그러나 이 아버진 말이다. **책임비서의 딸인 우리 윤경이가 이번 졸업생 청년들의 불씨가 돼서 농장에 진출했으면 한다.**

윤경: 예? 하하하. 아버지, 그게 진담이나?

책임비서(윤경 부): 난 오늘 너에게 제일 힘든 말을 했다.

윤경: 아버진 그럼 **날더러 농장원이 되라는 거예요?** 아버지 대답해줘요.

책임비서(윤경 부): 윤경아, 이 아버지 심정을 이해해 주렴.

윤경: 어쩌면 아버진 오빠도 탄광에 진출시키더니 이젠 나까지. 아버지, 말해줘요. 책임비서 자식이면 다 대학에 갈 수 없나요?

책임비서(윤경 부): 윤경아.

윤경: 아버진 너무해. (흐느끼며) 내가 언제 한 번 책임비서의 딸이라고 아버지 덕을 본 적이 있었나요? 난 책임비서의 딸이기 때문에 **남들이 좋은 옷을 입어도 입지 못했고, 다른 애들이 음악 소조에 다닐 때도 난 소를 먹이러 밭**

둑길을 다녔어요. 그래도 나는 아버지를 탓하지 않고 모든 걸 참아왔어요.
그래서 대학 시험도 어떻게 하나 내 힘으로 치려고 이를 악물고 공부했단
말이에요.

책임비서(윤경 부): 그건 나도 안다. 하지만….

윤경: 난 대학에 가고 싶어요. 가겠단 말이에요!

책임비서는 은진 대신 윤경이 추천된 전말을 알게 되어 일을 바로잡는다.
하지만 윤경이 농장으로 탄원한 것을 알게 된 은진도 책임을 느끼며 대학을 포
기하고 농장으로 자원한다. 이처럼 드라마에서는 학생들이 '자원'하는 것으로
그려지지만 결국 부모의 직업을 세습하도록 직업을 배치 받는 실태를 잘 보여
주고 있다. 앞서 수련처럼 은진이의 사례에서도 현재보다 나은 미래를 꿈꾸며
수재로서 능력을 펼쳐가고자 하는 모습과 함께 입시비리에다 부모에게서조차
지지받지 못한 채 신분의 벽 앞에 크게 좌절하는 모습까지 확인할 수 있다.

4. 고치농장으로 향한 '강범과 친구들'(《수업은 계속된다》, 2006, TV, 8부작)

담임 박윤실(박미화 분)   강범(김원일 분)   준경(문귀룡 분)   근동(리금성 분)

허철(김혁 분)   선녀(리향숙 분)   리영(리수경 분)   백화(조송이 분)

《수업은 계속된다》는 8부작 드라마다. 봉학중학교 졸업반 학생들의 진로

및 사회초년생 시절의 고민과 갈등을 주제로 한 작품이다. 주인공이자 헌신적인 담임 교원 윤실은 진로 문제로 갈등을 빚는 학생들에게 먼저 모범을 보이고자 당에서 요구하는 주요 부문인 고치농장에 자원하여 학생들과 함께 농장원이 된다. 유치원생에 불과한 어린 두 자녀도 남편에게 맡겨둔 채 몇 년을 농장에서 학생들과 동고동락하며 제자들의 졸업 이후 생활까지 책임진다. 그 공로에 대한 어떤 혜택도 바라지 않은 채 평농장원으로 생활하다 다시 평교사로 학교로 돌아가는 것으로 혁명적 교사상을 제시하는 인물이다.

1부는 전출 간 학교 졸업반 학급을 맡아 서로 적응해 가는 과정과 좌충우돌 벌어지는 학교생활을, 2부는 졸업 전 진로를 모색하며 겪는 갈등을, 3~8부는 농장에서 일하면서 우여곡절을 겪으며 다사다난한 노동생활 속에서도 각자 자신의 특성을 살리며 진로를 개척해 가는 성장과정을 묘사하고 있다.

2부에서는 세 가지 진로 경로인 직장배치/군 입대/대학 입학과 관련된 에피소드가 펼쳐진다. 등장인물별로 살펴보면 학업 성적이 우수해 대학 진학을 꿈꾸는 '선녀'와 '리영', 농장으로 집단 탄원하자며 선동하는 의협심 넘치는 다혈질 초급단체(청년동맹) 부비서 겸 학급장 '강범', 각자 원하는 대로 해야 한다며 자기주장이 분명하고 강직하면서 의젓하게 친구를 배려할 줄 아는 '허철', 시를 멋들어지게 낭독하는 문학청년이자 능글맞게 친구들을 이끄는 학급의 초급단체 비서 '준경', 늘 카메라를 품고 다니는 사진사 지망생 '근동', 부지런하고 똑 부러지는 '백화' 등이다. 평범하지만 개성 넘치는 친구들이 모여 희로애락을 나누며 함께 꿈을 키워간다. 3부 이후 농장으로 진출한 이들은 노동을 하면서 윤실의 도움으로 학업을 이어 통신대학도 졸업하고, 그 과정에서 강범과 선녀, 준경과 리영, 근동과 백화가 짝을 이룬다. 군에 입대한 허철도 산불 진화에 공을 세우며 공화국영웅 칭호도 받고 농장에 휴가 나온 사이 인연을 맺은 금향과 연인 사이로 발전한다.

한편 앞서 소개한 수련이나 은진, 윤경처럼 진로를 모색하는 졸업반 학생이 주연급인 북한 영화에서 '대학에 진학'하려고 들면서 부모나 긍정인물과 갈등을 빚는 이는 주로 여성이다. 이 작품에서도 마찬가지로 여학생인 선녀와 리영이다. 여기서는 특히 실제 직업 배치와 관련한 학급 풍경을 생생하게 묘사하고 있다. 선녀와 리영은 자강도의 고치농장에 집단진출하자는 데 동참하지 않아 강범과 대립한다. 이 장면을 보면 당의 명령을 집행하자는 선동과 공명심으로 고양된 집단에서 개인이 자기주장을 얼마나 드러낼 수 있을지 우려된다.

강범: 뭐? 샘물중학교 학생들이 탄원했단 말이야?

준경: 응. 이번에 우리 자강도에 대한 아버지 장군님의 현지지도 말씀을 높이 받들고 우리 같은 중학교 졸업생들이 어렵고 힘든 부분으로 진출할 것을 탄원해 나서고 있는데 이걸 강계선 시내중학교 졸업반 3개 학급이 중요 공장기업소들에 진출할 것을 탄원했고, 우리 시에서는 샘물중학교 졸업반 1개 학급이 시적으로 제일 중시하는 고치농장으로 진출할 것을 발기했다는 거야.

강범: 그렇단 말이지. (학생들 웅성거린다.) 여, 준경이! **우리도 가자! 우리도 탄원하자! 아 샘물중학교 졸업생들이 가는데 우리라고 걔들한테 짝질 게 뭐야.** 우리, 선생님을 생각해서라도 말이야. 어 안 그래?

준경: 좋아! 절대 찬성이다! 그렇지 않아도 난 요즘 우리가 졸업 후 헤어지면 어쩌나 했댔는데. 여! 우리 다 같이 가서 잠을 자도 같이 자고, 밥을 먹어도 같이 먹고, 일을 해도, 아, 춤을 춰도 함께하잔 말이야!

해남: 이야 좋구나! 여, 동무들! 우리 다 같이 가자! 여, 근동이 고치농장에 가면 먹을 게 얼마나 많은지 몰라! 이 뽕나무엔 달달한 오디가 쫙쫙 달리지. 아 이 누에 번데기는 불판에다 까서 먹으면 얼마나 고소한지 몰라. 아 고단백이라나.

근동: 야! 누굴 식충으로 알아? 난 먹을 게 많아서가 아니고 우리 동무들이 같이 가는 게 좋아서 찬성이다!

해남: (남학생들, 서로 서로 손을 대고 쌓으며) 아 그러니까 찬성이란 말이지?

허철: (함박 웃으며 친구들에게 다가가려다 수그리고 앉아있는 삼봉을 염려하여 다시 앉는다.)

준경: 여동무들은 함께 안 가겠소? 여, 백화!

백화: 이제껏 거들떠보지도 않더니. 우린 우리끼리 따로 탄원하겠어요. 그렇지? (웃음)

근동: 한 학급에서 따로 탄원한다는 건 또 뭐야.

백화: 불러주지 않으니 그러지!

준경: 어. (다 함께 웃음) 그래서 선녀 동무와 리영 동무가 저렇게 성이 났는가?

학생들: 그러게 말이야. (다 함께 웃음)

선녀: (책만 보며 모른 척 외면하고 있다가) 왜들 그래요?

준경: 아니, **선녀는 호응 안 하나? 다들 고치농장으로 탄원해 가자는데.**

선녀: 고치농장? (웃으며) 아니, 내가 거긴 왜 가요? (단호하게) **난 고치농장에 갈 생각 없으니까 방해하지 말아요.**

강범: 뭐야. 야!

준경: (선녀에게 다가서려는 강범을 막으며) 야, 참으라. 내 아무래도 선녀 동무와 리영 동무를 위해서 자작시를 하나 읊어야겠구만. 나는 청춘(제목) / 산 나이보다 살아야 할 나이가 더 많은 애젊은 나이 / 나는 살련다. / 먼 훗날 지나온 삶을 돌아볼 때 가슴속에 떳떳이 긍지만이 넘치더라 / 그래서 나는 뿌리를 내리련다 / 정다운 교정을 떠나 푸른 뽕잎 펼쳐진 저 산야 / 조국이 부르는 보람찬 일터에 / 내 거기서 열 밤을 새워도 피곤을 모르리 / 진한 땀 쏟고 쏟아도 힘든 줄 모르리 / 자욱자욱 가야 할 머나먼 미래 (이때 선망의 눈길로 준경을 바라보는 리영의 모습)/ 그 **미래 바라보며 오늘을 채찍질하며 내 청춘을 빛내리라 열정을 다 바쳐** / 드높이 끓는 심장을 다 바쳐!

학생들: 야 이거. 아 가슴이 뭉클하잖아 이거. 선생님이 가져다준 책을 한 보따리나 읽더니 아 괜찮아.

강범: 그래 선녀, 이래도 생각되는 게 없어? 어?

친구들: 야 선녀야, 빨리 좀 대답하려무나. 리영아 대답하라. 이야 지독하구나.

강범: (책가방을 바닥에 팽개치며) 에이! **나가! 나가! 우리랑 같이 고치농장에**

가든지 아니면 이 교실에서 썩 나가!

선녀: (다른 여학생들은 모두 겁먹고 움츠리는데) 우리가 왜 나가야 하니? 난 고치농장에도 가지 않고 교실에서도 나가지 않겠어!

강범: 뭐라구!

선녀: 우리가 왜 고치농장에 가야 하니? 우리는 어떻게 하나 대학에 붙자고 남들 쉴 때도 쉬지 않고 이악하게 공부했단 말이야. 그런데 왜 자기가 가고 싶은 대학에도 못 가구…….. 으 씨…….

강범: 아 요게 아직 대꾸할 테야!

허철: 강범이 뭘 그래, 진정하라. **각자에게는 선택의 자유가 있어. 우리가 고치농장으로 가는 건 어디까지나 탄원이지 강요가 돼선 안 되잖아.**

강범: 그래? 그럼 네 입장은 뭔가?

허철: 글쎄, 고치농장으로 가고 싶은 동무들이야 가야지. 하지만 학급이 무조건 다 같이 가자는 건 나도 반대다.

대화에서 보이듯, 홀어머니가 아파 자원하지 못하는 친구 삼동이를 배려하고자 개인적인 사정을 살펴야 한다는 주장을 펼치는 허철도 선녀와 리영처럼 취급받는다. 끈질기게 자신을 설득하려는 준경에게 허철은 "우리에겐 제 나름의 희망도 있고, 피치 못할 사정도 있는 거야. 누구도 그걸 무시할 권리가 없어. 없단 말이야."라고 강하게 주장하는 모습으로 청년들의 목소리를 대변하는 듯하다. 이후 북미관계가 악화되어 위기가 조성되었다며 허철과 삼봉 등 일부 남학생들은 군입대를 선택하게 되고, '당의 배려'라는 명목으로 더 시급한 부문인 농장으로 대다수 학생들이 가게 된다. 처음에는 윤실이 홀어머니 간병해야 하는 삼동이나 상급학교에 추천을 받은 선녀와 리영은 명단에서 제외해 주기로 했지만 결국에는 고치농장에 가게 된다. 선녀는 대학 시험장에서 강범이 썼다고 전해 받은 거짓 연애편지 때문에 시험을 망치게 되었고, 리영은 농장에 자원하면 여러 혜택이 많으니 후에 김일성종합대학에도 수월하게 갈 수 있을 거라는 준경의 설득에 넘어간다.

"나는 학급의 초급단체 비서로서 앞을 내다보고 하는 말인데 우리 **진출생은 진출도 빠르고 모든 데서 우선권이라는 거야. 3년이면 입당을 하고 누구는 정치학교로, 누구는 중앙대학으로!** 나는 문학 공부를 하고 있다가 김일성종합대학으로 뻗어 볼 생각이야. … (중략) … 나는 그때 가서 리영이가 오늘을 후회하게 될까봐 이 말을 해주는 거야."

리영은 허풍 섞인 준경의 말에 솔깃해진 나머지 '농장 다녀와서 중앙대학에 갈 수 있다면 그게 더 나으니까'라고 타산한다. 준경은 당과 수령, 인민을 위해 농장에 집단으로 간다는 명분을 내세우지만 기실 개인의 실익도 고려한 유리한 진로선택이다. 준경의 말처럼, 한국 사회에서 스펙을 쌓는 것과 마찬가지로, 북한에서는 당이 요구하는 힘든 부문에서 경력을 쌓는 것으로 북한 사회에서 공식적으로 인정받을 수 있는 성공 경로를 설계하기도 한다. 담임 윤실은 이러한 학생들의 모습에 우려를 표한다.

윤실: 전 학급 담임으로서 학생들이 고치농장에 탄원하는 것을 찬성할 수 없습니다.
교장: 그 이유는 뭡니까?
윤실: **학생들은 지금 일시적인 흥분에 들떠 있습니다.** 그 어떤 시대적인 자각이나 자기들의 운명에 대한 높은 리상을 안고 탄원하는 것이 아니라 **순수 학급동무들과 헤어지고 싶지 않고, 더욱이는 남들이 탄원한다니까 우리도 탄원해서 선생님들을 기쁘게 해주자는** 식의 허영심도 섞여 있다고 생각합니다. 그리고 다른 한 가지는 매 학생들이 처한 **환경과 지향이 서로 다른 것만큼 일률적으로 농장 탄원을 요구하는 것은 무리한** 일이기 때문입니다. 이제 요란한 환경과 축복을 받으며 진출해 나갔다가 **농장에서 부닥치게 될 현실적인 생활 앞에서 후회하거나 독려하면서 주저앉게 된다면** 전 그들의 오늘만이 아니라 내일까지도 책임져야 할 교원으로서 차라리….
교장: 학생들의 장래를 두고 마음 쓰는 선생님의 심정은 이해됩니다. 하지만

지금 중학교를 졸업한 학생들이 **어렵고 힘든 부문으로 저마다 탄원해 가는 것은 시대적인 흐름이고 현실의 요구**이기도 합니다. 만일 우리 교육자들이 시대와 함께 살려는 제자들의 의로운 지향을 적극 지지해주고 떠밀어줄 대신 그들의 앞길을 막아 나선다면 훗날에 그들이 우리 교육자들을 어떻게 추억하겠는지 생각해 봤습니까?

윤실: 전 우리 학생들을 누구보다 잘 압니다. 훗날 그들이 설사 나를 원망한다 해도 학생들의 운명 문제를 그들의 일시적인 흥분에 떠맡기고 싶지 않습니다.

이처럼 신문이나 방송을 통해 집단 진출하는 사례들이 많이 소개되고 그것에 감동받아 자원하는 학생들이 있는가 하면, 그러한 집단적 분위기로 인해 개별 조건과 개성, 자율성과 선택권을 침해받기도 한다. 담임교원인 윤실도 학생들이 진지하게 고민하기보다 일시적 충동에 휩쓸리는 것과 제각기 환경과 지향이 서로 다른데 집단 진출하는 것에 대해 반대한다. 학생들이 공명심이나 소영웅주의적 발상으로 힘든 부문에 자원 진출했다가 적응하지 못해 오히려 집단생활에 해가 되는 폐단을 증언하는 것이다. 그러나 이 작품에서 제시하는 대안은 결국 교사가 더 모범을 보이며 학생들을 설득하라는 것이다.

2007년에 방영된 작품에서는 예상되는 문제를 교사의 헌신과 설득으로 미봉하였다면 2022년 현재는 개선되었을까. 최근 몇 년간 대외적 고립이 심화되고 경제난도 악화되어 '자력갱생'이 '자강력'으로 더욱 강조되고 있다. 김정은 시기에서도 여전히 열악하고 힘든 부문으로의 집단(무리)배치를 탄원·자원이라는 말로 대대적으로 선전, 독려하면서 청년들의 노력동원에 힘쓰고 있는 실정이다.

5. 대학을 졸업한 유능한 인재 '광옥'(《이어가는 참된 삶》, 2003, 2부작) 외

영웅의 자녀로 혁명학원에서 자라 군관이 된 광일, 대학생 광옥 남매

군 휴가와 방학으로 고향 가는 남매

열차에서 만난 순정(서진주 영웅의 딸이라고 말하는)

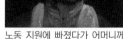
노동 지원에 빠졌다가 어머니께 혼나고 항변하는 광옥

가족 앞에서 포부를 밝히는 광옥

말다툼 끝에 오빠에게 뺨을 맞는 광옥

현실에서는 고위직 간부가 자신의 자녀를 대학에 보내지 않는 상황이 흔하지 않을 것이지만, 당국은 이를 교양하고자 주요 주제로 내세운다. 영웅/고위직 가정이 특혜를 마다하고 충성한다는 주제는 북한 영화에서 흔하게 다뤄진다. 신분 차이와 직업 세습이 잘 드러난 작품으로 〈이어가는 참된 삶〉(2003, 2부작)을 들 수 있다. 주인공인 광옥과 순정은 아버지들이 한날한시에 전사한 공화국 영웅 전우의 유자녀다. 그런데 두 영웅가정은 각기 다른 선택을 한다. 광옥의 엄마 서진주는 남편의 뜻을 이어 고향에서 헌신적으로 일을 하고 노력영웅이 되는 반면 순정의 엄마는 '장군님과 당의 배려'로 평양에서 좋은 직장과 집에서 유복하게 지낸다. 광옥과 순정은 어린 시절과 상반된 진로를 선택하게 된다. 힘든 어린 시절을 보낸 광옥은 단란한 가정과 성공을 꿈꾸고, 유복한 어린 시절을 보낸 순정은 서진주를 보며 부끄러워하는 엄마에게 영웅이 되겠다고 다짐하고 군에 입대한다. 그리고 제대한 후에는 서진주의 농장으로 자원해 와서 집안 배경도 숨기고 힘든 일을 도맡아 하려 한다.

노동을 당연한 권리요 의무로 귀히 여겨야 하고 직업의 귀천이 없음을 강조하는 북한이지만 실상은 그렇지 못하다. 대학 졸업을 앞둔 광옥은 오랜만에 고향에 내려가 군에서 휴가 나온 오빠와 어머니와 함께 박사원에 진학하여 촉망받는 유전공학자가 되겠다는 자신의 포부를 밝힌다.

어머니(서진주): 우리 광옥이 곶감도 제일, 공부도 제일.

광일: 야심도 제일.

광옥: 뭐? 오빤 정말.

광일: 야망의 화신.

광옥: 야망의? (오빠의 팔을 꼬집는다) 엄마, 선생님들이 내 논문을 보고 뭘 하는지 아세요? 멘델 모르간을 보충하는 새로운 발견이 있대나. 그 어떤 애들은 날 보고 **여성간부 양성 대상으로 점찍혀져 있대요. 하지만 난 지금처럼 유전자 공학을 전공하고 싶어요.**

어머니: 우리 유복녀가 제법이구나. 그러니 우리 집안에도 유명한 연구사 선생님이 나오시겠는걸. 순정이 걔도 공부를 했으면 성공했을 텐데.

광옥: 엄만 그저 순정이 순정이!

어머니: 음, 이제는 한집안 식구나 같은 애인데 외지에 나와서 고생이 여간 아니다.

광옥: 난 그 애가 **자기 어머니 경력도 숨기고 여기 와서 분조장까지 한다는 게 어쩐지 미타해요,** 어머니.

어머니: 미타하긴. 좋은 일이지.

광일: 어머니, 광옥이 지금 열차칸에서부터 그 동무를 아니꼽게 봤는데 지금 **자기 대신 어머니 옆자리를 차지할까봐 편안치 않아** 그러는 거예요. 질투쟁이 같은 거.

광옥: 뭐 말 다 했어요! (두 주먹으로 가볍게 광일을 때린다) 오빤 그 처녀가 사람들 앞에서 서진주 영웅의 딸이라고 뻔뻔스럽게 거짓말하던 걸 잊었어요? 아마 우리를 여기서 만날 줄은 몰랐겠죠.

광일: 아 영웅의 딸이 되겠다는 거야 좋은 거지 뭐. 그렇지 않아요?

광옥: 어머나, 오빠 혹시 열차칸에서부터 반한 게 아니에요?

광일: 반할 수도 있지 뭐. 아버지도 어머닐 열차칸에서 그렇게 만나지 않았니.

광옥: 그럼 그 처녀와 아예 잔치를 하고 가는 게 어때요? 내가 중매를 서줄게.

광일: 난 네가 오빠 중매는 못 서도 천석이나 좀 모욕하지 말았으면 좋겠다. 멘델 모른간이요 유전학이요. 글쎄 그것도 좋지. 하지만 문제는 거기에 있는 게 아니야. 넌 **연구소를 발판으로 평양총각한테 시집이나 가겠다는 거지** 응? 곶감도 순정동무가 맛보게 좀 남겨라.

광옥은 집에 있는 동안 모두가 고생하는데 혼자서만 빈둥거리며 책만 읽는다. 오빠인 광일은 못마땅해하면서 광옥의 정신상태가 글렀다고 강하게 질책하고 뺨까지 친다. 광옥은 오빠에게 직업조차 대를 이어야 하느냐고 따진다. 광옥이 순정을 빗대어 하는 말에서는 영웅의 자녀라는 우월감과 신분차별 의식도 엿보인다. 어쩌면 신분차별이 보편화된 사회이니만큼 광옥의 생각처럼 사리사욕을 취하려는 의도로 영웅가정에 접근하는 이도 있을 것이다.

광옥: 그래 오빠 내가 순정이처럼 **평생 농사를 짓길 원한단 말이에요?**

광일: 난 네가 농사를 짓든 과학을 하든 그걸 말하는 게 아니야. 문젠 네 머리가 달라지고 있어!

광옥: 오빠의 본심은 그게 아니에요. 오빠 지금 **농사꾼의 자식은 농사를 짓고 탄부의 자식은 대를 이어 탄부가 되어야 한다는 걸 나한테 납득시키자는 거지요?**

광일: 허튼소리 말아! 순정이란 처녀는 뭐 너보다 못해서 평양에서 여기로 탄원해 왔겠니?

광옥: **그 앤 우리 집과 처지가 다르단 말이에요. 다 제 목도릴 써서 그런 거지 뭐. 난 그 처녀가 우리 영웅가정에 들어와서 자기 문제를 해결하려 한다면 절대로 허용하지 않겠어요. 우리 집안 핏줄에 그런 유전인자가 섞여서는 안 된단 말이에요.**

광일: 그만해! 어머닐 진심으로 돕는 그 깨끗한 처녀를 모욕하다니, 이제 보

니 우리 집안에 진짜 필요 없는 건 바로 너야. **우리 집안은 군인정신만을 인정해. 그 뜻을 따르지 못하겠으면 썩 사라져! 당장 평양에 올라가 짐을 싸서 내려와.** 그런 머리통을 가지곤 과학은커녕 아무것도 못해!

광옥: 난 내려오지 않겠어요. 난 싫어요! **어머니는 귀하지만 어머니의 그 고달픈 인생은 답습하고 싶지 않단 말이에요!!**

편부모 가정의 광옥 남매에게 어머니의 고달픈 인생이란 곧 부모의 부재와 방임을 뜻한다. 대학시절 노력동원에 빠졌다가 어머니께 혼나고 뺨을 맞으면서도 광옥은 거칠게 항변한다. 자신이 얼마나 서럽고 비참하게 어린 시절을 보냈는지, 그래서 얼마나 가정의 행복을 원했는지. 아마도 광옥은 살뜰한 보살핌과 사랑을 그리워했을 것이다. 그만큼 자신이 없는 사이 자신의 방과 어머니의 사랑을 차지한 순정을 강하게 질투했던 것이다.

"영웅의 딸은 꼭 이렇게 늘 괴롭게 살아야 하나요? 남들은 이렇게 안 살아도 부모의 로고로 다 잘되는데 내가 무슨 죄를 졌다고 우리 집안에선 왜 자꾸 날 보고만…(울음) **어려서는 아버지의 얼굴도 모르고 자라고 방학 때 집에 가면 엄마도 없는 빈집에서 밥도 못 먹고 홀로 쪽잠만 잤는데.** ……이제 와서 또 그때의 엄마처럼 살라는 거예요? 여기에 무슨 가정의 행복이 있어요! 어머니가 겪은 고생만도 가슴이 아픈데. 싫어요! 싫단 말이에요!"

광옥이나 윤경은 얼마든지 유복하게 지내고 진학, 취업 등에서 특혜를 받는 신분이지만 충성스럽고 우직한 부모들에 의해 고난을 강요받은 것으로 그려진다. 하지만 이는 실제로는 흔치 않은 일일 것이다. 이들의 고생과 항변은 영웅 및 고위직 간부 가정이 아니라 오히려 대다수 평범한 노동자 농민 및 그 자녀들의 고된 일상과 의식의 단면일 것으로 짐작된다.

6. 온 나라가 다 아는 이가 되려는 '명심'과 '송이'
(《시대는 축복한다》, 2004)

어머니께 포부 밝히는 명심

동굴 건설장으로 향하는 명심

명심과 대학 동기들

건설장에서 고생하는 처녀들

집으로 돌아가겠다는 송이

송이를 설득하려는 명심

이 작품은 송암동굴을 관광 명소로 개발하는 과정과 실존인물 김명옥, 김정남 부부를 다룬 실화다. 1997년 명옥이 배치받은 후 2004년에서야 관람객에 개방됐다. 명심은 교원대학을 졸업하고 동기인 송이, 현옥과 함께 송암동굴관리소 해설강사로 배치된다. 동굴 건설장으로 떠나는 자신을 걱정하는 어머니에게 후일을 도모하기 위해 한때 고생하고 오겠다는 식으로 얘기한다. 그러나 동굴을 관광 명소로 개조하는 과정은 험난하다. 고난의 행군 시기 군대를 동원하여 공사가 시작되었다. 명심이네가 합류해서도 여전히 인력, 식량, 기자재가 부족한 데다 원형을 유지하기 위해 조금이라도 훼손되지 않도록 맨손으로 주의를 기울여 작업하다 보니 여러 해가 지나도 완공은 기약이 없다. 함께 고생하던 송이는 '온 나라가 다 아는 해설강사가 되고 누구나 부러워하는' 명예를 꿈꿨지만 결국 중도 포기하고 떠나간다.

어머니: 동굴 해설강사가 된다고? 무슨 소리냐, 이제 **대학을 졸업하면 연구원에 간다, 박사가 된다 떠들어대더니?**

명심: 나도 다 생각이 있어요.

어머니: 생각은 무슨 생각, 이제 동굴귀신이 되지 별 수 있니.

명심: 어머니도 참, **강사라는 건 처녀시절 한때란 말이에요.** 게다가 인적 없는 그 심심산골에 일생을 묻을 처녀가 어디 있겠어요.

송이: (어머니의 편지를 읽고 있다.) '송이야, 이 어미의 편지를 받았느냐? 꽃도 한철이라고 너도 이젠 결심을 해야 하지 않겠니? 지금 남자 쪽에선 독촉이 불같다.'

명심: 어떻게 할 작정이니?

송이: 현실을 외면할 수가 없구나. 기약할 수 없는 일을 가지고.

명심: 눈은 현실을 보지만 신념은 미래를 본다고 했다. 넌 온 나라가 다 아는 강사가 되겠다고 하지 않았니? 이제 아름답게 변모될 동굴의 내일을 그려보렴. 그럼.

송이: 그럼 내 하나 묻자. 그래 넌 정묵 동무를 어떻게 할 셈이니? 그더러 한정 없이 기다려 달라고 할 순 없겠지?

명심: 뭐?

송이: 그럼 또 하나 묻자. 그래 넌 **인적 없는 이 심심산골에 일생을 묻을 각오가 되어 있니?** 그것 봐. 대답을 못 하는 거. 생활이란 구체적인 거야. 들뜬 욕망과 리상만으론 결코 현실을 재단할 수 없어. 예로부터 새는 밝은 곳을 찾아 날고 사람은 행복을 찾아간댔어. 솔직히 난 여기를 올 때 **온 나라가 다 아는 해설강사가 되고, 또 누구나 다 부러워하는 영광의 그 순간을 그려보았어.** 하지만 이젠 이루지 못할 꿈이 되고 말았어. 우린 해설강사지 건설자는 아니야. 그러니 이제 우리가 떠나간다고 누가 탓할 사람도 없어.

명심: 그만해. 나도 네 심정을 모르는 건 아니야. 하지만 동굴을 버리고 떠나가는 건 절대로 찬성할 수 없어. 제발 현실을 도피하면서 행복에 대해 말하지 마라. 그건 순간의 안일이지 결코 행복은 아니야.

7. 성공을 위해 애인과 이별하는 '옥주'(〈기다려지는 사람〉, 2004)

다정한 옥주와 성남

선전비서 사윗감으로 혜택받고 싶지 않다는 성남에게 비밀연애 약속하는 옥주

농촌을 나오지 않으면 이별하겠다는 옥주의 편지

여성간부로 발전하고 싶다며 아버지께 간청하는 옥주

성남의 설득을 외면하는 옥주

옥주에게 배신감 느끼는 성남

광옥(〈이어가는 참된 삶〉)이 어린 시절 호감을 갖고 있던 사이던 제대군인 출신 농장원인 고향 오빠 천석을 외면했듯, 미래를 약속했던 애인 성남을 버리고 자신의 길을 선택하는 옥주(〈기다려지는 사람〉)도 있다. 농업대학을 졸업한 옥주를 기다리는 아버지를 비롯한 고향 사람들의 염원을 저버리고, 제대 후 옥주의 고향에 정착하려는 성남에게까지 그를 출세시키기 위해 힘쓰겠다는 편지를 쓴다.

성남 동무, 제가 도농촌 경리위원이 배치 받은 걸 그렇게까지 나무람할 줄은 몰랐어요. 물론 전 성남 동무를 잃고 싶지 않아요. 또 현재 저의 직업도 버리고 싶지 않구요. 성남 동무를 아버지의 도움을 받아 꼭 끌어올리겠어요. 하지만 동무가 기어이 거절한다면 우린 영원히 벗으로만 남아있게 될 거예요. 저의 확고한 이 심정을 리해해 주세요.

옥주를 설득하러 기숙사에 찾아간 아버지의 눈에 비친 옥주의 방은 화사하게 꾸며져 있다. 마치 안락한 삶을 바라는 옥주의 지향을 말하는 듯하다. 옥주는 벽거울 앞에서 꽃무늬 분홍색 스웨터를 걸쳐보며 카세트에서 울려나오는 경쾌한 노랫소리에 맞춰 콧노래를 흥얼거리고 있다. 그리고 침대커버와 커튼도 꽃무늬로 구색을 맞추어 잘 꾸며놓았다.

　아버지의 대사에서는 당 간부의 자녀를 설득하고 훈계하려는 당의 의도가 잘 드러난다. 아버지는 성남과 같은 '훌륭한'(농촌에 자원해 들어온 제대군인이자 지역 자체 발전소를 건설하겠다고 나선) 청년을 마다한 건 옥주의 이기심 때문이라고 비난한다. 그리고 농업대학을 졸업한 옥주 같은 인재가 농촌위원회보다는 농촌 현실에 더 필요하니 고향으로 내려오라고 설득하지만 옥주는 받아들이지 못한다. 성남까지 찾아와 옥주를 설득하지만 외면한다.

아버지: 직방 말하자. 너 성남이라는 청년하고는 언제부터 사귀었니?

옥주: 저 졸업 후 농촌동원 나갔다가 한 분조에서….

아버지: 사랑은 언제 약속했구?

옥주: 그 동무가 제대돼서 찾아왔더군요. 그때.

아버지: 헌데 그 청년을 배반한 이유가 뭐냐?

옥주: (고개를 푹 숙인 채) ….

아버지: 대답을 못 하는 걸 보니 정당한 이유가 못 되는가 보구나. 내 그렇지 않아도 농촌경리위원회에 배치 받은 걸 보고 말 좀 하려고 했다. 너 대학에 입학할 때 고향으로 다시 오겠다던 그 약속은 어다다 줴버렸느냐, 응!

옥주: 아버지, 더 묻지 말아주세요.

아버지: 으응? 난 요즘 원봉에 나가있으면서 성남이란 동무를 보고 크게 탄복했다. 그는 정말 나무랄 데 없이 훌륭한 청년이야. 장차 우리 농촌에 큰 기둥감이고. 그런 청년을 마다한 건 너의 이기심 때문이겠지, 하지만 그 청년은 용기를 잃지 않고 있더라. 옥주야. 농업대학을 졸업한 넌 도 농촌위원회보다 농촌 현실에 더 필요하고, 성남이한테는 없어서는 안 될 사람이야, 그가 널 기다리고 있어. 그러니 결심해라. 응? 내려오지?

옥주: 아버지 솔직히 도에 배치 받고 보니 나라는 존재를 다시 생각하게 됐어요. 제가 부임 인사하던 날, 위원장 동진 저더러 앞날이 촉망된다고 하셨

어요, 또 일을 시작하고부터 포부도 커지고 뭔가 큰일을 할 수 있다는 자신심도 생기고.

아버지: 응… 여성 간부가 되겠다.

옥주: 저라고 못 할 게 뭐예요. 아버지 절 리해해 주세요. 다른 요구라면 뭐든 다 따르겠어요, 하지만….

아버지: 나에겐 다른 요구는 없다. 단지 네가 고향으로 내려왔으면 하는 것 뿐이다.

옥주: 지금까지 한 번도 아버지 말씀 거역한 적 없어요. 하지만 고향으로 내려오라는 건….

아버지: 너, 끝내 못 내려오겠다? 그만큼 말했는데도, 꿈에도 상상 못 했다. 당 일꾼의 자식인 네가 허영에 들며 고향땅에 등을 돌려대고 고향 사람들의 기대를 저버리면, 당 일꾼 나 개인보다도 우리 당의 용상이 흐려진다는 걸 넌 몰라?! 가슴이 미어지는구나, 딸자식한테 배반을 당하다니. 어쩌면 네가! 내겐 너 같은 딸이 없다!

성남: 나 같은 건 열백 번 차버려도 좋소. 나도 동무 같은 건 사랑하고 싶지도 않단 말이야. 옥주란 인간이 뭐라고. 하지만 그렇게도 괴로워하는 동무의 아버지를 보고는 동물 그냥 내버려둘 수는 없소. 내버려둘 수가 없단 말이요! 동무한테 왔다 간 후부턴 식사 한 끼 제대로 하는 줄 아오, 잠을 제대로 자는 줄 아는가. 오죽했으면 입술이 다 부르트고. 선전비서 동지의 그 같은 당적 양심을 다른 사람도 아닌 딸자식이 어쩜 그렇게 외면할 수가 있소! 그런 훌륭한 아버지를 배반할 수 있는가 말이야, 에잇! (주먹으로 나무를 친다.)

옥주: …. (팔짱을 낀 채 듣고만 있다.)

성남: (옥주 손을 잡으며) 옥주, 우리 농촌을 일떠세우려는 아버님의 양심 앞에 사죄를 하오! 하겠소 못하겠소! 으응? 내려오겠소 안 오겠소!

옥주: …. (외면한 채 잡힌 손을 뺀다.)

8. 직업 세습 거부하고 도전하는 노동자 '리창'(〈표창〉, 2015) 외

강리창

안영순

안천복(영순의 아버지)

게시판에 오른 천복, 리창

연인 사이인 리창과 영순

영순에게 포부를 밝히는 리창

표창 받고 기념사진 찍는 리창과 수리작업반

지금까지 살펴본 영화 속 청년들은 대부분 부모의 직업을 세습하고 있으면서 반발심을 표현하고 있다. 그런 가운데 김정은 시기인 2015년에 제작된 〈표창〉은 주인공 리창이 직업 세습을 거부하고 개인적인 발전과 성취를 위한 노력을 긍정적인 시선으로 그리고 있다는 점에서 주목된다. 〈표창〉(텔레비죤극)은 김정일 시대의 대표적 단편소설가인 한웅빈이 1992년 발표한 소설 「딸의 고민」을 각색하여 2015년 김정은 체제하 제작 및 방영한 TV드라마다. 드라마는 '남흥청년화학련합기업소'를 배경으로 하고 있어 노동생활도 엿볼 수 있다.

원작 작가인 한웅빈은 북한 작가 중 비교적 냉소적 시선을 근간으로 북한 사회를 그려내고 있다는 평가를 받는다. 그의 소설 「딸의 고민」은 관료주의가 팽배하고 사회적으로 성과를 우선하는 분위기에 대해 성찰하고 있다. 전쟁경험과 전후복구를 지내온 이전 세대의 지난한 삶을 어떻게 평가할지에 대한 고민도 엿보인다. 물자 부족에 시달리는 고난의 행군 세대에게 세대 문제에 대한 이해와 존경을 쉽사리 종용하지 않는 열린 결말로 끝을 맺는다는 것 등이 특징이다.

딸 영순과 아버지 안창복의 갈등이 주축인 소설과 달리 김정은 시기 각색된 드라마에서는 영순은 주변인으로 비켜나고, 소설 속 '돌격대장'이 '강리창'이라는 실명을 얻으며 주인공으로 부상했다. 내용도 관료주의가 아니라 새 세대들이 개인의 발전을 위해 성과중심으로 치우치는 행태나 안전불감증에 대한 훈계, 직업 세습 정당화로 달라졌다. 그런 한편 리창의 개인적인 욕망이 주변 인물들에게 당연하고 자연스러운 것으로 수용되는 모습이다. 이는 영화 초반 부정적 형상에서 점차 교화되어 가는 것과 유사하면서도 미묘하지만 확실히 다른 지점이다. 영화 속 첫 장면은 리창의 내레이션으로 시작된다.

내가 어렸을 때 할머닌 나에게 '**우리 집안은 수리공의 집안**이니라.' 하고 자랑스럽게 말하곤 했다. 수리공의 집안. 할아버진 이 요소직장에 오랜 수리 작업 반장이었고 아버지 역시 여기서 한내('하나'의 함경북도 방언) 수리공으로 일하다 순직하였다. **아버지의 뒤를 이어 수리공이 됐지만 난 애당초 한생 수리공을 할 생각은 해본 적이 없었다.** 조롱 속의 새가 푸른 하늘을 넘보듯이 내 마음은 늘 수리공이라는 **하찮은 이 직업을 떠나 보다 높은 곳으로 나래치고** 있었던 것이다.

리창과 영순은 자연스럽게 연인 사이로 발전하였고, 리창은 영순에게 당당하게 보이고 싶어 더 노력한다. 영화 초반 리창은 사고가 자신의 부주의로 일어난 것인지 모른 채 영웅 대우를 받는 데 우쭐하고 영순은 자기 일처럼 기뻐한다.

리창: (내레이션) 이 처녀와 나는 아버지들의 연고로 어릴 적부터 오빠 동생처럼 허물없이 자랐다. 처녀에게는 오빠가 없었고 나에겐 여동생이 없었던 탓에 **우리 사인 남들이 부러워할 정도로 가까웠다.** 언제부터였던지 그는 내 앞에서 자기가 이젠 다 자란 처녀임을 티내려 하였고, 나는 **그 앞에서 보다 훌륭한 모습을 보이지 못하는 것이 은근히 불만스러워지곤** 했다.

영순: 호호. 리창 동무, 오늘 하루 종일 우리 직장 사람들 입에서 동무 이름이 몇 번이나 올랐는지 알아요?
리창: 글쎄.
영순: 수백 수천 번.

리창: 그럼 내 이름이 다 닳아서 없어졌게.

영순: 수백 수천 번 닦아줘서 반짝반짝 빛나죠, 뭐.

영순: (담배를 내밀며) 자, 우리 아버지 안 볼 때 피우라요.

리창: 왜?

영순: 우리 아버지가 요즘 좀 이상해요. 좋은 담배만 생기면 슬그머니 내 빼남(서랍) 안에 넣어놓곤 하는데. 아무래도 날 떠보려는 거 같애. (웃음) 어, 혹시 사진도 찍자고 할 수 있는데 옷차림도 잘하고 의젓하게 찍으라요. (괜히 무안해하며) 동무보다 우리 공장 체면이 깎일까봐 그래요.

리창: 핑곈 좋다.

영순: (리창의 등을 두드리며) 뭐예요? 이 동무 정말!

리창: 영순이, 동문 **내가 왜 이런 기회 마다하지 않는지 아직 모르지? 드디어 때가 온 것 같애.**

영순: 응?

리창: 내가 **지금껏 바라던 그런 기회**가 말이야.

영순: 그건 무슨 소리예요?

리창: 아직은 비밀.

영순: 응, 엉터리. 됐어요. 빨리 가보라요.

리창: 내 잘해 보겠어!

리창은 일에서나 직장 내 체육대회 등 여러 면에서 다재다능하여 모두에게 촉망받는 인재다. 상사와 동료들은 "직장의 보배"라고 그를 치켜세우고 "최고"라는 찬사를 선사하기도 한다. 리창은 희망 가득한 '꿈'을 지닌 채 이를 차근차근 의욕적으로 준비해 나간다. 작업반장을 찾아가 "상급학교에 추천을 받고자" 한다는 속내를 솔직하게 표현한다. 이때 잘 부탁한다는 의미로 담배를 내미는데 이 담배는 연인인 영순이 자신에게 애정의 마음을 담아 건네준 선물이다. 반장은 안천복과의 대화에서 "젊은 사람이 발전하겠다는 거야 좋은 일이 아닌가."

라고 말한다. 게다가 리창 같은 인재라면 앞으로 미래가 창창하니까 "좀 발전하면 우리 기업소 처녀는 언제 봤느냐 뒷발차기하지 않을까. 요새 젊은이들이 간단하니까!"라는 말로 부와 성공을 위해 출신성분이나 배경이 유리한 배우자나 애인을 선호하는 세태를 묘사해준다. 반장에 동조하던 천복은 표정이 어두워지며 행여 자기 딸이 리창에게 버림이라도 받을까 염려한다.

이처럼 북한에서도 청년들은 당이 정해준 운명의 삶을 벗어나 다른 진출 경로를 스스로 발견하려 하며, 개인 발전에 힘쓰는 일을 가치 우위에 두고 살아가고 있다. 게다가 이러한 사회적 진출이 새 세대들 사이에서는 '능력'으로 이해되고 있으며, 이를 서로 간에 인정하고 추구하는 분위기도 있다. 그러나 김정은 시기 드라마는 김정일 시기 원작 소설에 비해 닫힌 결말을 보인다. 리창은 공장의 사고가 자신의 과오 때문이라는 것을 알게 되고, 이를 대신 뒤집어쓴 충직한 안천복에게 감화되어 반성한다. 이로써 리창은 수리공의 운명을 받아들이며 모범 노동자로 거듭나게 된다.

9. 공장/돌격대에서 경력 쌓는 금수저 '진호'
(《청춘의 자서전》, 2001)

진호의 경력을 평가하는 직속 간부 설향에게 잘 보이라고 훈수 두는 어머니

어머니께 동조하는 진호

힘든 일을 맡겨 달라는 진호에게 감동하는 설향

청년돌격대 명단에 1번으로 올려져 당황한 진호

설향에게 투정하며 소극적으로 일하는 진호

진호가 못마땅한 설봉과 말리는 설향

김정일 시기 작품에서도 공장/건설 부문 노동자로서 리창처럼 자신의 경력을 적극적으로 만들어 가는 인물로 진호(〈청춘의 자서전〉, 2001)를 들 수 있다.

하지만 진호는 리창과는 처지가 다르다. 노력영웅에 노동성 부상이라는 고위직 간부의 아들이자 기계전문학교 출신이지만 탄탄한 경력을 위해 영대기계공장에 탄원하여 단조직장에서 일한다. 여기에 안주하지 않고 어머니의 적극적인 지원을 받으며 직장 청년동맹 초급단체 비서인 설향에게 평정서를 잘 받고자 애쓴다. 자서전(이력서)에 쓸 경력을 만들어 간부양성기관으로 옮겨가기 위해 빈말이라도 열성적인 척하는 것이다.

진호: (방을 나간 설향을 향해) 간부죠. 간부라도 나를 직접 들어준 직속 간부 우리 단도직장 청년동맹 초급단체 비서니까요. 저 처녀 앞에서 생활총화도 하고, 또 위임분공도 받고.

어머니: 어쩌겠니. **너야 장래를 위해서 일부러 이런 생활을 마련한 건데. 이제 한두 달만 더 못 견디겠니, 응?**

진호: 아 그럼요. 이런 조직생활도 다 필요한 거고. 아 처음엔 저 중학교 졸업생 처녀한데 이 동맹규약이랑 외워바칠 땐, 하. 내 좀 어처구니없는 생각이 들다가도. 야 까짓거 뭐, 이제 헤어지면 다시 만날 처녀도 아닌데 하는 생각으로 그저 두루 다….

어머니: 하 그렇지 않고. 나도 **이제는 아버지를 졸라서 너를 빨리 양성기관에 끌어올리게 해야겠는데 그땐 청년동맹 평정서랑 다 받아야겠지?**

진호: 아 거야 물론.

어머니: 으음 진호야. 저 처녀에게도 그저 비서 동지 비서 동지 하면서 어렵고 힘든 일을 맡겨달라고 자진해서 찾아도 가고….

진호: 아 어머니도 동지는 또 무슨 동지.

어머니: 야! 실제 또 공장에 어려운 일이 생기면 자기 한 몸도 좀 내밀 줄 알고, 여길 떠나기 전에 바짝 좀 기운을 못 쓰겠니?

진호: 알겠어요. 어머니.

　진호는 전혀 뜻하지 않게 탄밭(탄광)을 조성하기 위한 청년돌격대로 나가게 되고, 게으른 사고뭉치가 된다. 이에 동료들 사이에 원성이 자자하던 차에 빨래를 대신하던 여성들이 진호의 옷 주머니에 있던 평양의 진호 애인으로부터 온 편지로 인해 본심을 들키고 만다.

　진호 동무, 어머니의 말씀을 들어보니 설향이라는 처녀에게 코를 꿰어서… 평양으로 오게 될 날을 며칠 앞두고 참 공교롭게 됐더군요. **평정서를 잘 받기 위해서 좀 어려운 일을 맡겨달라고 제기**한 것이 거기(탄광 건설하는 청년돌격대)로 나가는 명단에 제1번으로 등록되게 됐고 ….

　이처럼 진호는 자신을 돌격대에 오게 만든 설향을 원망하고, 설향은 믿었던 진호의 진심을 알게 되어 배신감을 느끼고 참담해한다. 하지만 결국 진호는 교화되고 청년영예상까지 타는 헌신적인 노동자로 거듭난다. 그 계기는 설향 남매의 출신을 알게 되어서다. 설향 남매는 아버지가 노력영웅임에도 대학 입학 특혜도 마다하고 더 힘든 노동현장에 자원했던 것이다. 더구나 설향의 동생 설봉은 중학교를 졸업하자마자 탄광 돌격대에서 일하던 중 산사태에 동료를 구하고 순직한다. 이를 목격한 진호는 큰 충격을 받고 회개하는 것이다.

　이처럼 금수저 집안에 태어났더라도 아무 노력 없이 배경과 연줄만으로 다 되는 건 아니다. '자서전'(이력서)에 기록하기 위해 일부러 주요 부문 공장 및 건설장에서 2~3년 정도 경력을 쌓아 북한판 스펙을 갖추어야 하는 것이다.

10. 가난을 극복하려 비합법적인 일도 서슴지 않는 '창식' (〈가정의 재부〉, TV, 2부작)

일찍이 부모를 여의고 할머니 밑에서 자란 3형제

부모의 사회주의애국열사증을 바라보는 창욱, 창복, 창식

1년간의 해외연수를 마치고 귀국하는 장남 창욱

형에게서 달러나 선물을 기대하는 창식

결근하고 용재와 어울리며 진로를 모색하는 창식

용재에게 직장 이동을 부탁하는 창식

　　북한 영화에서는 드물지만 가난한 환경을 극복하기 위해 주도적으로 나서는 인물도 있다. 삼형제 중 막내인 창식(〈가정의 재부〉)은 어려서 부모가 순직하고 사회주의애국열사증을 받은 가정이지만 할머니 슬하에서 끼니를 걱정하며 살아왔다. 창식은 그에 대한 불만으로 비합법적인 방법으로 자신의 진로를 모색해 나간다. 장남인 창욱은 1년 해외연수를 갔다 돌아오는데 동생 창식은 들떠서 용재와 차를 빌려서까지 공항으로 마중 나간다. 하지만 창욱의 짐은 달랑 서류가방 하나밖에 없는데다 기업소 차가 마중 나왔다며 먼저 가버린다. 창식은 자기 일처럼 나서준 용재에게 미안해하면서 그 가방 안에 달러라도 들어 있으리라 기대한다. 집에서 할머니와 저녁상을 마주한 창욱, 창식은 할머니 안경 선물을 창식이 부러워하고, 직장에 나가지 않겠다며 불만을 토로한다.

> 창식: 그 **외국에서 가져온 담배 좀 달라요.**
> 창욱: 아니 야! 너도 담배를 피우니?
> 창식: 좀 달라요. 세 막대기만.
> 창욱: 세 막대기만? 야, 그런 건 없어!

창식: 야, 형님. **그럼 외화라도 좀.**

창욱: 뭐 외화?

창식: 예. 좀 달라요.

창욱: 야! 기술대표단이 뭐 돈 버는 대표단인 줄 알아! (꿀밤을 때리고) 보자 보자 하니까.

창식: 아이 형님! 아 그동안 **신세진 동무들한테 신세갚음을 해야겠는데.**

창욱: 무슨 신세를 졌기에.

창식: 아 그 비행장에 나왔던 곽용재 형님만 해도 제가 타던 자전거를 나한테 줬단 말이야요.

창욱: 뭐 자전거까지?

창식: 네. 지난해 여름이었어요. 그날은 소낙비가 몹시 퍼부었는데 아 글쎄 곽용재 형님이 차가 큰길에서 고장이 났거든요. 내가 지나가다가 그 형님의 일을 도와주었죠. 그런데 글쎄 그 형님은 아 **외국에 형님이 가 있으면서도 자전거도 없이 걸어다니는 내가 불쌍하다면서** 자기가 타고 다니던 자전거를 내게 주었단 말이에요. 그 형님은 정말 속이 큰 사람이에요.

창욱: 고마운 일이지. 한 번 찾아가 인사를 해야겠다. 참 창식아 듣자니 **너도 회사에 들어갈 생각을 한다면서?** 아니 야! 갑자기 무슨 바람이 불어서 발전소를 뜬다는 거냐. 응?

창식: 형님은 그새 조국을 떠나 있다나니 형편을 잘 몰라요. 아 까놓고 말해서 **발전소에서 일을 한댔자 지내 형편이 피겠어요?** 형님과 나는 그렇다 치더라도 할머니는 부엌에서 뭘 잡숫는지 아오? 형님은 맏이니까 아버지가 일하던 발전소를 둘 수 없고, 둘째 형은 또 군대니까 할 수 없고, 그러니 막내인 내가 나서야지요. 어떻게 해서라도 할머니를 잘 모시고 고난의 행군을 이겨내야 하지 않소.

창식의 사례를 통해 공장노동자가 벌이나 대우가 변변치 못한 점에 상대적 박탈감을 느낀다는 것을 알 수 있다. 창식이 무역회사에서 근무하고 싶어 뇌물을 주고 궂은일까지 맡아주면서 용재를 쫓아다닌다. 부모가 해외근무 중인 용재는 한껏 멋을 부리며 사치를 일삼는 인물이다. 창식의 형이 해외연수를 나간 것을 알고 창식을 의도적으로 도와주고 뇌물을 받고 직장 이동 등 편의를 봐준다. 이 작품은 '시장'이라는 말도 나오고 비공식경제의 일단을 묘사하는 흔치 않은 작품이다. 또한 직업에서의 귀천, 빈부격차의 현실을 드러내고 있다.

용재: 오늘은 맥주나 실컷 먹자고. (직장에 결근하고 수영장으로 찾아온 창식에게) 자. 여 마시라.

창식: 아 예. 형님, **약소하지만 이걸. (담배 한 보루를 내밀며)**

용재: 오아. 이건 외국에 갔다 온 형님 턱이가.

창식: 형님 말은 꺼내지도 말라요. 형님도 봤죠? 비행장에서. 트렁크 하나만 난 딱 들고 온 걸.

용재: 오하하하. 넌 물정을 몰라서 그래. **요새 외국에 갔던 일부 사람들이 짐짝을 끌고 다니는 줄 알아? 트렁크 속에도 있을 건 다 있어.**

창욱: (대자로 뻗어 자고 있는 창식을 발로 차며) 야! 창식아 일어나지 못하겠니? 너 밤새 직장에도 안 나오고 어디로 싸다녀! 일어나지 못하겠어! 너 **혹시 시장으로 싸다니는 게 아니야?**

창식: 예? 아, 시시하게 시장엔 왜 가요!

창욱: 그럼 어디로 싸다녀!

창식: 자 보라요. (서류 종이를 내밀며) 이제는 발전소하고 인연이 없어요.

창욱: 그럼 너 진짜 발전소를 뜬다는 거냐?

창식: 그럼요.

창욱: 아무 데도 못 가!

창식: 남들은 나를 위해서 이런 것까지 떼주고 있는데! 형님이 발전소 기사라고 하지만 우리 집에 뭐가 볼 게 있어요, 예! 솔직히 말해서 **발전소에서 아글타글 전기를 생산하는 우리 집은 등잔불을 켜놓고 있지만 그렇지 않고도**

통일
교육

238

충전지랑 켜놓고 흥청거리는 사람들이 있단 말이에요.

창식: (야외에서 용재에게 수첩을 내밀며) **조동수첩을 떼 가지고 왔어요.**

용재: 응? 아니 벌써?

창욱: 아 벌써라니요. 아 그것도 우리 형님 몰래 겨우. 이제는 용재 형님 손에 달렸어요.

용재: 지금은 바빠.

창욱: 아 **요새 사업하지 않으면 통하지 않는다는 걸 나도 알아요. 내 꼭 신세갚음 하겠어요. 예?**

용재: 나한테도 신세갚음 할 게 있어? 네 형은 뭐 **외국에 갔다가 빈 몸으로 왔다면서?**

창욱: 허, 빈 몸인지 아닌지 두고 봐야죠 뭐.

용재: 형님이 **트렁크에 외화라도 가지고 온 모양이지?**

창욱: (마음속으로- **햐, 이거 고이라는 소린데.**) 형님, 지금까지 잘 도와줬는데 이번 일까지만 꼭 도와주십시오. 자 이거.

용재: 어차피 사업은 해야 돼.

이외에도 옥류관 요리사로 취업한 제대군인 출신의 한기와 흥수(《옥류풍경》)가 청년들이 자강도에서 혁신을 이루고 있을 때 자기네들은 '아낙네들이나 하는 국수떡이나 주무르고' 있다고 하는 데서 직업에서의 성차별 의식도 볼 수 있다. 영화 속에서도 남성과 여성의 직종은 뚜렷하게 구별된다.

영화에서는 남성들보다 여성들이 자아실현의 측면에서 진로를 고민하는 모습이 더 많다. 앞서 소개한 수련, 광옥 외에도 여성들은 사사로운 공명심이나 허영에 들며 사회진출을 결정하곤 한다. 남성보다는 여성 청년이 주연이거나 주요 인물일 경우 자신의 이름을 사회에 떨치고픈 소영웅주의적 공명심과 개인적인 사리사욕을 추구하는 허영심이 많이 표출되는 편이다.

주목되는 것은 청년들의 자아실현이나 성취욕을 대하는 부모나 주변 사람들의 태도가 시기별로 다르다는 점이다. 이전 시기 작품에서 옥주의 아버지나 광옥의 어머니가 '장군님'과 '당'을 거론하며 장황하게 설교를 늘어놓거나 뺨을 때리기까지 하면서 단호하고 강하게 비난하고 설득하려는 반면 2006년 작품 속 수련의 아버지는 한마디로 조용히 당부하는 것으로 끝난다. 또한 모범인물의 목숨 건 헌신 등 충격적인 계기를 통해 긍정인물로 거듭나는 데 반해, 수련의 경우는 설교나 사건보다는 직접 자신의 눈으로 아버지가 하는 일의 중요성을 보고 깨닫는 식으로 좀 더 자연스럽게 설정하려는 노력이 보인다. 특히 수련의 항변 속에 '아버지'에 대한 간접적인 비난도 내비치고 있으며 수련을 설득하기 위해 '장군님의 노고와 당의 은혜'를 전혀 언급하지 않는다는 점, 그리고 수련의 물질적 풍요에 대한 욕구가 부정적으로 묘사되지 않는다는 점 등은 큰 변화로 보인다.

그러나 앞에서 살펴본 것처럼 2012년 작품인 〈자기를 바치라〉에서 은진의 아버지는 다시 수령과 당의 은혜를 거론하며 농민 출신에 만족하라고 강하게 훈계하는 모습으로 후퇴하였다. 반면 2015년 작 〈표창〉에서 리창을 향한 시선은 상대적으로 긍정적이다. 이러한 변화는 정권/체제 안정기나 과도기라는 시기별 정세에 따른 것으로 볼 수 있다. 김정은 시기 들어 영화나 드라마 제작은 한 해 한두 편에 머물더니 영화로는 2016년 〈우리 집 이야기〉, 〈복무의 자욱〉 등과 드라마로는 2017년 〈북방의 노을〉(TV, 10부작), 2018년 시대물 〈임진년의 심마니〉(TV, 8부작), 2021년 생활태도를 교양하는 단편 작품들이 확인된다.

V
집단으로부터 개인의 발견으로: 사회주의도덕 담지자의 빈자리

2021년 4월부터 2022년 1월 현재까지 10분 남짓 분량의 단편드라마 6편이 조선중앙TV에서 방영되었다. 〈호각소리〉, 〈열성독자〉, 〈내가 찾은 보물〉, 〈21초〉, 〈텅 빈 절약함〉, 〈수명이 다 됐소〉이다. '이런 현상을 없앱시다'라는 부제를 달고 주민의 생활 및 노동 규범을 제시하는 작품들이다. 주제는 각각 '자연보호(나무), 첨단과학기술 습득 및 활용, 자원 재활용, 생산성 향상, 직업에서의 성차별 교정' 등이다. 이러한 작품은 사회통제를 더 강화하려는 목적으로 보인다. 1980년대 중후반, 2000년대 중후반 등과 같이 후계체제나 정권안정이 필요한 과도기에 주로 나왔다.

이전 시기 생활/노동 규범을 다룬 단편 영화/드라마들에는 타이르고 설교하며 교양하는 도덕적 담지자에 해당하는 인물이 있었다. 그는 주로 노년기인 1세대, 즉 항일 또는 전쟁영웅이다. 그러나 김정은 후계체제 이후 여성(아내)이나 자녀가 남편이나 아버지를 교양하는 경우가 많았다. '사회주의문명국가'를 내세우지만 이전 시기처럼 영화를 통해 뚜렷한 인물상을 제시하지는 못하고 있는 것으로 보인다. 또한 이전 시기 작품들이 주변에 흔히 있을 법한 실수나 오류로 가벼운 웃음과 교훈을 주는 식이었다면, 최근 작품들에서 부정인물이자 주인공은 마지막 반전이 있을 때까지 쭉 보기 흉한 모습으로 형상되고 있다. 그렇다고 영화의 주제를 교훈삼고 싶을 만큼 설득력 있게 매력적이거나 위트 있는 긍정인물도 두드러지지 않는다.

북한 당국은 기본적으로 청년에 대해 혁명위업을 계승할 새 세대로서 국방과 경제건설 및 사회문화에 이르기까지 혁명적 군인정신으로 무장하여 정권과 체제를 유지 및 강화시키는 주력군으로 내세운다. 그러나 한편으로는 자본주의 문물에 쉽게 물드는 청년들의 비사회주의적 현상을 철저히 반대, 배격해야 한다고 강조하고 있다. 이러한 이중적 시각으로 인해 당국은 더욱 강력한 통제와 함께 청년의 특성을 고려한 보상 등을 제시하기도 한다.

북한 청년은 중학교를 졸업한 이후 군 입대, 직장 배치, 대학 진학이라는 세 가지 경로로 사회에 진출한다는 것을 영화에서도 확인할 수 있다. 이때 영화는 이상적 청년을 통해 군인이 될 수 있는 자격으로 향토애와 희생정신을 가져야 하고, 국가적으로 시급하게 요청되는 부문에 자원하여 진출하며, 대학에 갈 수 있는 혜택을 포기하거나 가더라도 재능보다는 국가에서 장려하는 주요 분야를 전공하라는 노동정책을 제시한다. '출신성분'과 '평정서' 및 '자서전' 등에 기초한 북한 당국의 직장 배치 정책은 청년들의 진로 선택에 결정적인 사회구조적 요인으로 작용하였다.

이러한 조건 속에서 청년들은 다양한 직업관에 따라 사회진출 전략을 모색하는 것으로 드러났다. 첫째, 사회적 의무를 최우선으로 고려하는 유형이 많다. 이는 사상 교양적 특성이 강한 북한 영화의 특성상 때문이기도 하다. 소위 '장군님의 말씀' 및 당 정책에 따라, 또는 부모의 권유로 사회가 필요로 하는 분야를 선택하는 것이다. 그러나 이는 역으로 교화되기 전의 인물의 행위를 통해 체제순응적인 출세지향의 모습으로 해석할 수 있다. 사회로부터 인정받으려는 공명심 또는 향후 진로에 유리한 경력을 쌓기 위해 청년돌격대나 국가적 주요 건설장에 자원하는 것이다.

둘째, 자신의 꿈이나 재능이라는 자아실현 측면에서 고민하기도 한다. 직업의 세습을 비판하면서 자신의 재능을 펼치려 하거나 가난한 현실에서 벗어나기 위해 뇌물 상납 및 비리를 저지르기도 하였다.

셋째, 생계유지 수단이라는 측면은 직접적으로 묘사되지 않고 대외부문 직장인을 선호한다거나 대학 진학을 선망하는 것 등으로 좀 더 나은 조건에 진출하길 바라는 모습을 확인할 수 있다. 또한 선호하는 배우자감이나 농장이나 탄광, 건설장 등을 기피하는 모습에서는 사회적으로 대우를 받는 정신노동과 육체노동에 차등을 두고 있는 것이 확인된다. 이외에 성별 직종 구분, 국가의 예체능 육성 정책에 따른 사회진출 양상도 볼 수 있었다.

북한 영화와 드라마에서 여성들은 주로 개인적인 욕구를 표출하는 모습, 남성들은 주로 군 입대 과정에서 차별 및 배제되는 데 따른 갈등이 묘사되었다. 여성의 경우 가부장적 남성권력의 시선에서 여성들을 사적인 욕구의 존재로 본다거나 여성들이 사회 변화를 주도하는 현실을 반영한 것으로 보인다. 남성의 경우 군 복무 경력이 사회생활에 미치는 영향이 크다는 것을 알 수 있다. 이는 출세지향적인 일부 여성들의 경우도 영웅이 되기 위해 군 입대를 선택하는 것으로 묘사되고 있는데 이 또한 현실의 반영이다.

한편 달라진 사회 현실을 계몽할 기준을 마련하지 못한 채 2022년 현재 조선중앙TV에서는 주로 1980년대 전후를 비롯한 과거 작품들이 매일같이 방영되고 있다. 공식직업만으로는 생계를 유지할 수 없는 만큼 노동사회에서의 합법과 비합법, 불법의 경계가 모호해졌다. 또한 국제정세와 국내 정치 및 경제 상황 등과 같은 정세의 변화에 따라 '과오'에 대한 기준이 달라진다. 이는 북한 사회 계층 변화에도 크게 영향을 미치게 된다. 1~2세대를 일제에의 부역, 전쟁 시기 부역의 정도에 따라 적대계급과 복잡계급으로 나누었다면 3세대 이후로는 직업 근로생활에서 받는 평정서가 사회성분이 되고, 이 사회성분은 그 자녀 세대에게 다시 출신성분으로서 영향을 끼치게 된다. 따라서 복잡군중의 경계가 다변화되면서 당국의 고민이 깊을 것으로 짐작된다.

출신배경 등에 의해 각종 혜택이 주어지는 부유층 청년들에 대해 사회적 의무를 강조하는 내용이 많다. 이는 역으로 그러한 차별과 혜택에 따르는 부정부패 등이 존재한다는 것으로 볼 수 있다. 북한 당국은 정신적·물질적 보상으로 동기를 부여한 후 다시 사회적 의무와 영웅적 희생정신을 강조하며 체제를 유지·발전시키는 데 필요한 핵심계층을 길러내고자 하지만 사상교양만으로는 실효성이 없을 것이다.

또한 청년군인을 사회 발전의 주력군으로 내세우는 방식은 일시적인 난관을 극복하는 데에는 성과가 있겠으나 장기적으로는 군사주의문화로 인한 각종 차별과 불평등, 폭력문화 등이 우려된다. 북한 당국이 냉전이 끝난 시점에서도 국제정세를 대결적 관점으로만 이해하여 그들의 기득권과 체제 유지에만 몰두하는 한 크게 달라지지 않을 것이다. 오히려 청년세대는 체제 변화를 추동하는 세력이 될 가능성이 크지만, 그것이 꼭 순기능을 하는 변화일지는 알 수 없다. 남북한 공히 청년들이 자유롭게 꿈꾸고 자아실현과 생계유지가 가능한 직업을 갖고 바람직한 노동생활을 해나갈 수 있는 사회구조와 문화를 적극적으로 모색하며 변화의 주체로 나서게 되기를 기대한다.

제**7**장

북한의 사회문화 2: 교육정책과 제도

김창근 부산교육대학교 윤리교육과 교수

I
북한 교육을 보는 관점:
지속과 변화

북한은 2019년 9월 평양에서 제14차 전국교원대회를 개최해 향후 교육정책 방향과 과제를 논의하였다. 김정은 국무위원장은 이 대회에서 교육은 "과학기술의 어머니"이며, 과학기술은 "나라의 경제발전을 추동하는 기관차"라고 강조하였다. 이는 과학기술교육이 정보화 시대나 4차 산업혁명 시대로 변화하고 있는 국제 추세에 대응하면서 내부 국가발전전략을 주도하도록 촉구한 것이다.

북한의 제14차 전국교원대회(2019.9.3., 평양체육관)

*출처: 우리민족끼리, 2019.9.4.

이렇듯 북한 교육도 국내외 정세 변화에 반응한다. 북한 교육은 사회주의 국가와 체제의 유지·발전과 계승에 최우선의 방점을 두고 있지만, 대내외 정책 환경 속에서 나름의 교육정책과 제도를 발전시켜 가는 실체이다.

북한의 교육을 두려운 사상이나 교조적 이념과 동일시하게 되면, 우리는 북한 교육에서 나타나는 지속과 변화를 의식하지 못하게 된다. 우리는 지속과 변화의 관점에서 북한 교육에 더욱 관심을 갖고 관찰해야 한다. 북한은 교육 활동에 어떠한 기본 방침을 가지고 있는지, 그에 기초해 조직화된 체계와 내용은 어떠한지 등을 살펴보면서, 대내외 정세 변화에 반응하는 북한 교육의 지속과 변화를 정책과 제도의 차원에서 찾아보는 접근이 필요하다.

이 장에서는 북한의 교육정책과 제도를 살펴보며 김정은 시기 북한 교육의 지속과 변화에 주목하고자 한다.

II
북한의 교육정책

1. 교육 이념과 목표

1948년 9월 9일 북한에 들어선 조선민주주의인민공화국은 마르크스-레닌주의를 공식 지도노선으로 채택하였다. 1970년 조선노동당 제5차대회에서 개정된 당규약 전문에는 마르크스-레닌주의와 김일성의 주체사상이 지도적 지침으로 병기되었다. 이어 1980년 제6차 당대회 당규약에는 김일성의 주체사상만이 유일한 지침으로 천명되었다.

북한은 1998년 개정 헌법에서 김일성을 '공화국의 영원한 주석'으로 못 박아 '김일성헌법'을 이룬 데 이어, 2012년 개정 헌법에서는 김정일도 '영원한 국방위원장'으로 규정하여 '김일성-김정일헌법'을 만들었다. 북한은 2019년 4월 개정 헌법에서 김정은을 '국가를 대표하는' 국가수반으로 공식화함으로써 (제100조) '김정은헌법'마저 이루었다.

북한의 최고지도자를 둘러싼 공식 지도노선의 이러한 변화는 교육정책과 제도를 이행하는 데 일정한 영향을 미쳐왔다. 하지만 김일성의 주체사상은 김일성-김정일-김정은 정권으로 이어지는 동안 북한의 교육 이념과 목표의 절대적 지침이 되어왔다.

김일성 시기 북한은 1972년 『사회주의 헌법』을 제정하면서 제43조에 '후대들을 사회와 인민을 위하여 투쟁하는 견결한 혁명가로, 지덕체를 갖춘 공산주의적 새 인간으로 키운다'고 교육의 목표를 밝혔다. 1977년 9월 당중앙위원회 제5기 제14차 전원회의에서 발표된 『사회주의 교육에 관한 테제』(이하 테제)는 북한 교육체계의 기본 골격과 교육 운영에 관한 기본 방침이다. 테제는 교육에 관해 김일성이 행한 연설, 교시, 명령 등을 정리하여 공포한 것으로 북한 교육 전반에 걸친 방향과 지침이 집대성되어 있다. 교육의 사회적 기능을 강조하는 테제의 영향은 지금까지도 지속되고 있다.

김정일 시기 북한은 2009년 개정 『사회주의헌법』 제43조에서 교육의 목표를 기존의 '공산주의적 새 인간'에서 '주체형의 새 인간' 양성으로 바꾸었다. '주체형의 새 인간'이란 김일성·김정일주의로 무장하고 개인의 이익보다 사회적 집단의 이익을 중시하며, 혁명적 낙관주의 정신을 겸비하고 대중동원 운동 및 사회노동에 적극적으로 참여하는 인간을 의미한다. '혁명화, 노동계급화, 공산주의화'가 핵심이다.

이를 근간으로 북한은 1999년에 『교육법』을, 2011년에 『보통교육법』과 『고등교육법』을 제정하였다. 이러한 법 제정은 1990년대의 사회주의권 붕괴와 내부적인 경제난을 겪으면서 파행된 공교육을 수습하기 위해 이루어졌는데, 과학기술 분야 인재 양성을 위한 수재교육 체계의 확립과 실리주의적인 교육에 대한 강조가 두드러졌다. 당시 고등교육 및 수재교육의 학생모집에 '실력을 기본으로' 한다는 규정이 눈에 띄는데, 기존의 테제 등에서 '사상적 각오나 학습성적 우수'가 우선이었다는 점을 감안하면 적지 않은 실리적 변화였다.

『교육법』은 북한이 추구할 사회주의교육의 인간상을 '자주적인 사상의식과 창조적인 능력을 가진 인재'(제1조), '건전한 사상의식과 깊은 과학기술지식, 튼튼한 체력을 가진 믿음직한 인재'(제3조)로 설정하였다. 이를 위해 '교육기관은 학생에게 건전한 사상과 도덕, 깊은 지식을 주고 그들이 튼튼한 체력과 풍만한 정서를 지닐 수 있게 정치사상교육을 앞세우면서 과학기술교육을 깊이 있게 하고 체육, 예능 교육을 결합시켜야 한다'(제29조)고 규정하였다. 교육의 기반으로서 정치사상교육의 의미가 여전히 강조된 것이다.

김정은 시기 첫 해인 2012년 9월 북한은 최고인민회의 법령으로 '전반적 12년제 의무교육을 실시하며 그 질을 결정적으로 높일 데 대하여'를 발표하였다. 다음해 북한은 '전반적 12년제 의무교육 강령'을 제시한 후 단계별 시행을 거쳐 2017년에 '전반적 12년제 의무교육 전면시행'을 공포하였다. 근 40년 만에 학제 개편이 이루어진 것이다. 이는 그간의 '전반적 11년제 의무교육'을 제도적으로 계승한 것으로, 교육의 목표와 행정체계, 교육기관 등에서의 기본적인 변화는 거의 없다.

전면적 학제 개편에 따라 기존의 『교육법』(2013, 2015 개정), 『보통교육법』(2013 개정), 『고등교육법』(2015 개정), 『교원법』(2015 제정) 등 교육관계 법령이 정비되었다. 이어 북한은 2019년 4월 개정 헌법 제43조에서, 2009년의 개정 헌법에 교육의 목표로 표기했던 '주체형의 새 인간'을 '사회주의건설의 역군'으로 수정하였다. 제46조에서는 '국가가 교육 내용과 방법, 교육 조건과 환경을 부단히 개선'하겠다는 의지가 나타났고, 제47조에서는 2015년 개정된 『고등교육법』에서 대학의 분류가 명확히 규정된 데 따라 '전문학교'라는 표현이 삭제되었다(〈표 1〉 참조).

표 1 ┃ 2019년 개정 헌법의 교육 관련 내용 변화

	2016년 6월 개정 헌법	2019년 4월 개정 헌법
제40조	조선민주주의인민공화국은 문화혁명을 철저히 수행하여 모든 사람들을 자연과 사회에 대한 깊은 지식과 높은 문화기술수준을 가진 사회주의건설자로 만들며 온 사회를 인테리화한다.	조선민주주의인민공화국은 문화혁명을 철저히 수행하여 모든 사람들을 자연과 사회에 대한 깊은 지식과 높은 문화기술수준을 가진 사회주의건설자로 만들며 전민과학기술인재화를 다그친다.
제43조	국가는 사회주의교육학의 원리를 구현하여 후대들을 사회와 인민을 위하여 투쟁하는 견결한 혁명가로 지덕체를 갖춘 주체형의 새 인간으로 키운다.	국가는 사회주의교육학의 원리를 구현하여 후대들을 사회와 인민을 위하여 투쟁하는 참다운 애국자로, 지덕체를 갖춘 사회주의건설의 역군으로 키운다.
제46조	국가는 학업을 전문으로 하는 교육체계와 일하면서 공부하는 여러 가지 형태의 교육체계를 발전시키며 기술교육과 사회과학, 기초과학교육의 과학리론수준을 높여 유능한 기술자, 전문가들을 키워낸다.	국가는 학업을 전문으로 하는 교육체계와 일하면서 공부하는 여러 가지 형태의 교육체계를 발전시키며 교육내용과 방법, 교육조건과 환경을 부단히 개선하여 유능한 과학기술인재들을 키워낸다.
제47조	국가는 모든 학생들을 무료로 공부시키며 대학과 전문학교 학생들에게는 장학금을 준다.	국가는 모든 학생들을 무료로 공부시키며 대학생들에게는 장학금을 준다.

김정은 정권이 강조하고 있는 '사회주의건설의 역군'이란 이전의 '주체형의 새 인간'과 내용에서는 차이가 없다. 단지 시기적으로 2016년 5월부터 시작된 국가경제발전 5개년계획의 추진과 2018년 4월 당 전원회의에서 국가발전노선을 경제건설 집중으로 전환한 상황이 반영된 것이다. 정치사상교육으로 무장되어 있으면서 사회주의건설을 위해 과학기술교육과 외국어교육 등으로 양성된 인재가 절실하다는 의미였던 것이다.

교육의 목표로서 정치사상교육의 강조는 김정은 시기에도 지속되고 있다. 눈에 띄는 것은 5대 교양이 강조되고 있는 점이다. 이는 2014~2015년까지 북한이 『노동신문』과 『교육신문』을 통해 학교와 사회교육에서 추구해야 할 사상 사업교양으로 제시한 항목인데, 김정일애국주의교양, 신념교양, 반제계급교양, 도덕교양, 위대성교양을 지칭한다.

5대 교양은 2021년 1월 제8차 당대회에서 개정된 당규약에 일부 변경되어 나타나고 있다. 그것은 혁명전통교양, 충실성교양, 애국주의교양, 반제계급교양, 도덕교양인데, '김정일' 표현이 삭제되고 '혁명전통' 용어가 등장한 것이 특징적이다.

김정은 시기에 북한이 과학자들의 '우주 정복의 정신·기백'과 '지식경제 추구'를 강조하고 있는 것도 특징적이다. 이는 김정일 시기에 선군정치에 기반해 '혁명적 군인정신'과 '노동동원 추구'가 강조되었던 것과 비교되기 때문이다.

2. 교육 행정체계

당-국가체제인 북한에서 조선노동당은 국가기구와 사회조직 일체를 통제·지도한다. 북한의 모든 교육기관은 조선노동당 및 관련 국가기구의 지도와 감독을 받는다. 중요한 교육정책은 당중앙위원회 전원회의에서 토의·결정된다. 당중앙위원회 산하 교육 관련 부서인 과학교육부는 실제적인 교육정책을 수립하고 세부 집행계획 지침을 작성하여 교육행정기구로 내려보낸다. 교육정책의 행정은 내각의 교육위원회가 담당하며, 각급 교육기관은 당과 내각의 지도 아래 교육과 실무를 담당한다. 북한의 교육 행정체계는 '당(감독과 지시)-내각(정책 수립 구체화)-교육기관(교육정책 실시)'으로 구성되는 3원 구조이며, 교육 부문에 당의 개입이 제도화된 '교육의 당 통제체제'이다(〈그림 1〉 참조).

그림 1 ▮ **북한의 교육행정체계**

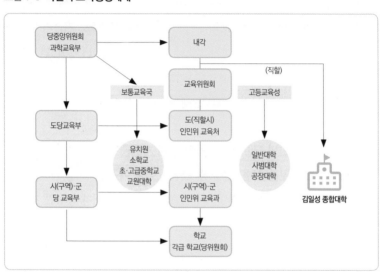

*출처: 통일교육원, 『2022 북한이해』 (2022), p.243.

내각의 교육위원회 산하에는 보통교육국과 고등교육성이 있다. 보통교육국은 유치원, 소학교, 중학교 및 교원대학을, 고등교육성은 일반대학, 사범대학, 공장대학을 각각 관장한다. 교육위원회는 교육 지침을 각 도(직할시)에 위치한 인민위원회 교육처로 하달하고, 인민위원회 교육처는 이를 다시 해당 시(구역)·군에 위치한 인민위원회 교육과로 보내 각급 학교에 전달하게 한다.

각급 학교의 행정체계는 행정조직과 정치조직으로 이루어진다. 행정조직은 교장과 부교장을 책임자로 하고 교무부와 경리부가 실제 실무를 한다. 정치조직은 당 세포비서를 겸하고 있는 부교장을 중심으로 학교 당위원회, 소년단위원회, 청년동맹위원회 등으로 구성된다. 학교교육은 당을 중심으로 한 위계적

구조를 지니고 있다. 형식상 교장이 행정과 재정의 총괄 책임을 지지만, 학교에 파견된 초급당위원회 위원장인 부교장이 실권을 쥐고 교원과 학생들의 조직생활을 관리하고 사상교양 사업을 담당한다. 이로 인해 부교장의 실제 권한은 교장의 권한을 능가한다.

소학교에는 학년별로 분과가, 중학교에는 교과별로 분과가 구성되어 있다. 학교 당위원회 산하에는 교원 및 학생 사회단체 등의 정치·사회 활동 조직이 편성되어 있다.

3. 의무교육 학제의 변화

광복 이후 북한은 소련식 교육 제도를 도입해 실시하면서 문맹 해소에 우선 역점을 두었고, 6·25전쟁 후에는 전후 복구와 사회주의체제 건설을 위한 학교체제 구축에 초점을 맞추었다. 북한의 의무교육 학제는 1956년 4년제 초등 의무교육에 이어 계속 변화해 왔다(〈표 2〉 참조).

표 2 ┃ 북한의 의무교육 학제의 변화

시기	내용	편제	비고
1956	전반적 초등 의무교육	인민학교 4년	• 1950.9 시행 예정이었으나 6·25전쟁으로 중단
1958	전반적 중등 의무교육	인민학교 4년 중학교 3년	
1967	전반적 9년제 기술의무교육	인민학교 4년 중학교 5년	• 2년제 기술학교와 고등기술학교 신설 • 5년제 중학교(3년제 중학교와 2년제 기술학교 통합) 신설
1972	전반적 11년제 의무교육	유치원 1년(높은반) 인민학교 4년 고등중학교 6년	• 2002년, 인민학교는 소학교로, 고등중학교는 중학교로 개칭
2012	전반적 12년제 의무교육	유치원 1년(높은반) 소학교 5년 초급중학교 3년 고급중학교 3년	• 2013년, 6년제 중학교 과정을 3년제 초등중학교와 3년제 고급중학교로 분리 • 2014년, 4년제 소학교 과정을 5년제 과정으로 연장

1967년 전반적 9년제 기술의무교육은 4년제 인민학교와 5년제 중학교 교육을 의무화하여 북한 교육 전반을 변화시켰다. 이는 노동할 나이(17세)가 될 때까지 국가가 미성년자를 무상교육을 시키는 첫 제도이자, 이전의 초·중등 일반교육에서 벗어나 생산과 기술의 기초원리, 전기·기계 등 기초 기술지식을 가르쳐 학생들이 한 가지 이상의 기술을 습득하도록 했다는 데 의미가 있다.

1972년 '10년제 의무교육과 1년간 학교 전 의무교육 단계별 실시'가 결의된 이후 1976년 전면 실시된 '전반적 11년제 의무교육'은 이후 40여 년 유지되었다. 이는 김정은 시기에 들어와 2012년 '전반적 12년제 의무교육'으로 바뀌어 지금에 이른다. 북한은 지속적으로 확대되고 있는 무상 의무교육 학제가 사회주의체제의 우월성을 드러내는 제도라고 주장한다.

김정은 정권은 집권 첫해인 2012년 9월 '전반적 12년제 의무교육을 실시하며 그 질을 결정적으로 높일 데 대하여'를 최고인민회의 법령으로 발표하고, 다음해 2013년 4월 개정 헌법 제45조에 '전반적 12년제 의무교육'을 명시하였다. 이후 기존 6년제 중학교 과정이 3년제 초급중학교와 3년제 고급중학교로 분리되고, 2014년부터 4년제 소학교가 5년제로 연장되는 단계별 시행을 거쳐 2017년 '전반적 12년제 의무교육 전면시행'이 공포되었다. 12년제 의무교육제는 '유치원 1년(높은반), 소학교 5년, 초급중학교 3년, 고급중학교 3년'이다.

북한은 12년제 의무교육제 실시의 배경이 '지식경제 시대 교육발전의 요구와 세계적 수위에 맞게 교육의 질'을 향상시키며, '새 세대들을 중등 일반지식, 현대적인 기초기술지식, 창

북한의 과학기술 강조 선전화

*출처: 조선중앙통신. 2020.1.22.

조적 능력'을 소유한 '주체형 혁명인재'로 키워나가려 하는 데 있다고 밝혔다. 지금 시대를 '지식경제 시대'라고 표현한 부분은 주목할 만하다.

김정은 시기 북한은 '전민과학기술인재화'가 지식경제시대의 요구에 맞는 21세기 사회주의 교육강국 건설의 목표라면서 과학기술교육 강화를 강조하고 있다. 전민과학기술인재화는 2013년 개정된 『교육법』 1장에 교육사업의 제반 원칙으로 명기된 이후 북한이 과학기술교육을 독려할 때 자주 쓰는 구호이다. 전민과학기술인재화는 2019년 4월 개정 헌법(제40조)에 처음으로 명시되었다 (〈표 1〉 참조).

전민과학기술인재화를 위해 북한은 고급중학교 단계에서 '기술고급중학교'를 설립하여 교육하고 있다. 북한의 『교육신문』(2014.10.2.)에 따르면, "일반 중학교에서는 중등일반지식을 위주로 하고, 기술고급중학교에서는 일반교육과 함께 해당 지역의 경제적·지리적 특성에 따른 기초기술교육을 실시"한다. 북한은 2019년 모든 시·군에 정보기술 부문 기술고급중학교를 1개씩 선정하고, 운영하기 위

북한의 과학기술전당 우표

*출처: 우리민족끼리, 2016.4.21.

한 준비를 시작해 2020년에 190곳을 신설, 개교하였다. 이는 정보통신 특화 교육시설을 전국의 10대 학생으로 낮춘 의미가 있다.

전민과학기술인재화를 위해 고등교육 방침에서도 변화가 있는데, 일하면서 배우는 교육체계와 기술전습체계의 활성화가 추진되고 있다. 전국의 도서관, 자연박물관, 과학전시관 등이 현대화되고 있고, 공장 근로자들이 사이버대학을 수강할 수 있도록 기존 공장대학의 과학기술보급실이 확대되고 있다.

2015년에 설립된 과학기술전당은 북한 과학기술의 보급기지 역할을 하고 있다. 평양 대동강 쑥섬에 자리한 과학기술전당은 10만㎡ 면적의 원자구조 모양 건물로 기초과학기술관, 과학탐구관, 첨단과학기술관, 응용과학기술관 등으로 구성되어 있다.

Ⅲ
북한의 교육 제도

1. 학교교육과 특수학교 교육

1) 학교교육

북한의 학교교육은 보통교육과 고등교육으로 나뉜다(〈그림 2〉 참조). 보통교육은 가장 일반적이며 기초지식을 가르치는 일반교육이다. 『보통교육법』 제8조에는 이 법의 목적을 '학교 전 교육과 초등교육, 중등교육 단계의 교육사업과 관련한 질서를 규제'하는 데 있다고 밝히고 있다. 이러한 대상으로 볼 때 북한에서 보통교육은 '12년제 의무교육'을 중심으로 하고 있다고 할 수 있다.

『보통교육법』 제19조에는 관련 교육기관이 1년제 학교 전 교육을 위한 유치원, 5년제 초등교육을 위한 소학교, 3년제 낮은 단계의 중등교육을 위한 초급중학교, 3년제 높은 단계의 중등교육을 위한 고급중학교, 장애자 교육을 위한 맹·농아학교, 특정한 대상의 교육을 위한 학원, 수재형의 학생들을 위한 제1중학교로 규정되어 있다. 이렇게 보통교육 기관이 명시된 것은 법적 규제 대상을 『보통교육법』으로 특정화할 필요성이 있었던 것으로 보인다. 이로 인해 이들 기관에 대한 지도통제, 행정 책임 등이 명확해지기 때문이다.

『보통교육법』이 제정될 당시, 북한에도 수재교육과 일반교육 간의 불균형이 문제로 대두되었다. 김정일은 2008년의 담화인 '교육사업에서 혁명적 전환을 일으킬 데 대하여'에서 "중학교단계에서 대학진학생이니 사회진출생이니 하면서 학생들을 이러저러하게 갈라놓고 교육에서 차이를 두는 것"을 질타하였다. 당시 지적된 '교육에서 차이'는 제1고등중학교와 같은 수재교육과 일반교육 간의 불균형을 말하는 것이었다. 이러한 상황에서 2013년 개정된 『보통교육법』은 과학·기술·외국어 중심의 수재교육을 지속하면서 일반교육의 규제 대상과 질서체계를 정리하고자 한 의도가 강했다고 볼 수 있다. 교육시설로는 소학교 4,800여 개, 초급·고급중학교 4,000여 개 학교가 있다.

그림 2 ▮ **북한의 학교교육**

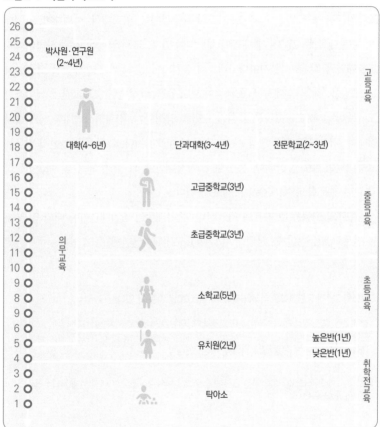

*출처: 통일교육원(2022), p.246.

북한의 고등교육은 1946년 평양에 김일성종합대학이 설립되면서 시작되었다. 6·25전쟁기와 1950년대 전후 복구 건설기까지는 정치·경제 분야 대학들이 신설되었고, 교원을 양성하는 교원대학과 사범대학이 확장되었다. 1960~1970년대는 경제계획 이행을 위한 기술자 확보를 위해 일하면서 배우는 대학으로 공장대학, 야간대학이 설립되었고, 소규모 공장대학, 통신대학, 전문학교 등이 증설되었다.

현재 고등교육 기관은 종합대학으로 김일성종합대학, 김책공업종합대학, 고려성균관 등이 있으며, 각 도·직할시에 공업대학, 의과대학, 사범대학, 교원대학, 공산대학 등 270여 개 대학이 설립되어 있다. 교원 양성을 맡는 사범대학과 교원대학은 각 도·직할시마다 2개교씩 설치되어 있다. 제1사범대학은 고급중학교 교원을, 제2사범대학은 초급중학교 교원을 양성한다. 제1교원대학은 소학교 교원을, 제2교원대학은 유치원 교원을 양성한다. 김형직사범대학, 김정숙사범대학, 평양교원대학, 평성교원대학 등이 대표적이다. 그밖에 일하면서 배우는 고등교육체계로 공장대학, 농장대학, 어장대학 등과 함께 체육 및 예술전문학교, 기술전문학교 등 600여 개 학교가 있다.

북한의 고등교육 학제는 다양하다. 종합대학(4~6년제), 일반 대학 및 부문별 전문학교(2~3년제), 사범대학(4년제), 교원대학(3년제) 등이 있다.

북한의 3년제 교원대학은 아래와 같이 14개(2020년 기준)가 있다.

강계교원대학, 김정숙교원대학, 남포교원대학, 덕천교원대학, 리수덕원산교원대학, 사리원교원대학, 선천교원대학, 신의주교원대학, 조옥희해주교원대학, 최희숙함흥교원대학, 평성교원대학, 평양교원대학, 함흥제2교원대학, 혜산교원대학

---

*출처: 조정아·이춘근·엄현숙, 『'지식경제시대' 북한의 대학과 고등교육』(서울: 통일연구원, 2020), pp.273-298.

평양교원대학

*출처: KBS 1TV, "클로즈업 북한," 2018년 평양은…열흘간의 기록, 2018.8.31., 캡처사진

화면의 가상세계 학생들을 상대로 한 평양교원대학의 실습수업

*출처: KBS 1TV, "클로즈업 북한," 2018년 평양은…열흘간의 기록, 2018.8.31., 캡처사진

북한의 고등교육은 2011년 제정되고 2015년 수정된 『고등교육법』에 따라 구분과 명칭이 달라졌다. 북한은 고등교육을 대학교육으로 명기했으며, 고등교육체계를 정비하였다. 대학교육으로서 고등교육은 '본과교육, 박사원교육, 과학연구원교육'으로 구분된다. 대학은 '종합대학과 부문별·지역별 종합대학, 부문별대학, 직업기술대학'이 있다. 고등교육체계는 학업을 전문으로 하는

고등교육체계와 일하면서 배우는 고등교육체계로 구분된다. 학업을 전문으로 하는 고등교육체계에 대학교육이 포함되며, 일하면서 배우는 고등교육체계에는 기존의 공장대학, 농장대학, 어장대학 등이 해당된다.

김일성종합대학 첨단기술개발원

*출처: 우리민족끼리, 2019.11.29.

김책공업종합대학 미래과학기술원

*출처: 우리민족끼리, 2019.8.6.

김정은 시기의 고등교육에서 주목되었던 것은 2012년 무렵 시작되었던 부문별·지역별 대학을 종합대학으로 확대하는 방식의 교육체제 정비였다. 그동안 함흥화학공업종합대학, 한덕수평양경공업대학, 장철구평양상업대학, 평양기계대학 등이 종합대학으로 승격되었다. 하지만 2019년 가을부터, 통합했던 대학을 다시 분리하거나 학부제로 돌리는 식으로 고등교육 체제를 복구하고 있는 것으로 알려진다(연합뉴스, 2020.8.2.). 이는 종합대학 체제보다는 전문적인 학부체제 운영이 북한의 교육 현실에서 전문화와 정예화된 인재 양성에 더 효율적이라고 판단했기 때문으로 보인다.

2020년 10월 북한 당창건 75주년 열병식에 등장한 '김정은국방종합대학'은 김정은 이름을 딴 북한의 첫 대학이다. 이 대학은 기존의 '미림국방대학'이 확대·개편되어 설립된 국방 관련 첨단과학기술 인재를 육성하는 군사대학인 것으로 추정된다(연합뉴스, 2020.10.14.).

2) 특수학교 교육

북한은 재능이 뛰어난 학생을 조기에 발굴해 수재교육하는 수재양성기지, 학원, 소년학생궁전 등의 특수학교 교육을 학교 교육제와 별도로 실시하고 있다.

수재교육은 북한이 '주체교육'의 일환이라고 주장할 정도로 중요하다. 음악·무용, 체육 학교 및 각종 외국어 특수학교, 제1중학교 운영을 기반으로 특출한 예술적 기량을 가진 '음악예술인후비', 컴퓨터수재, 과학기술인재 등의 육성이 강조된다. 다양한 유치원 경연대회, 음악·미술·무용·문학 수재대회, 컴퓨터·수학 국제대회 등의 수상이 장려된다.

대표적 수재양성 기관인 과학기술 중심의 평양 제1고등중학교는 1984년에 설립되었다. 제1고등중학교는 1990년대 말부터 전국 시·군·구역에 1개교씩 설치되어 현재는 200여 개에 달하며 제1중학교로 개칭되었다. 제1중학교는 과학기술수재 양성이 목표이기에 출신성분은 물론 과학, 수학 성적이 우수해야 입학할 수 있다. 제1중학교 학생들은 일반 중학교와 달리 대학 수준의 교재로 자연과학, 컴퓨터, 영어 등을 배운다.

　외국어를 전문으로 하는 특수교육기관으로는 평양외국어학원과 각 시·도에 설치되어 있는 외국어학원이 있다. 평양외국어학원은 영어, 중국어 등 8개 외국어가 중점 교육되며 6년제 중학교 과정으로 운영된다. 입학자격은 소학교 졸업자로서 외국어에 소질이 있는 학생이다.

평양 만경대학생소년궁전의 전경과 내부 시설

*출처: 우리민족끼리, 2015.12.10.

　혁명 유가족 및 당·정 고위간부 자녀들을 대상으로 하는 특수교육기관으로는 만경대혁명학원, 강반석혁명학원, 남포혁명학원, 새날혁명학원 등이 있다.

1947년에 설립된 만경대혁명학원은 인민무력성 산하 교육기관으로 9년제 특수학교이다. 입학자격은 혁명 유가족, 전사자 가족 및 당·정 고위 간부 자녀이다. 이들은 입학과 동시에 군사조직 형태로 편성되어 기숙사 생활을 하며, 졸업 후에는 군이나 특수 요직에 진출한다. 예·체능 분야 특수교육기관으로는 금성학원, 평양음악학원, 남포중앙체육학원, 김정일예술학원 등이 있다.

그밖에 특수교육기관으로는 학생소년궁전 및 회관, 학습당, 도서관, 소년단 야영소, 체육관 등이 있다. 소학교와 중학교 학생들의 과외활동을 위해 건설된 학생회관 중 규모가 가장 큰 곳이 학생소년궁전이다. 만경대학생소년궁전, 평양학생소년궁전과 같은 기관은 평양의 대표 청소년 시설로서 특기가 있는 다양한 분야의 수재 양성을 위한 특수교육을 담당한다. 만경대학생소년궁전은 2,000석 규모의 극장과 도서관을 비롯해 과학기술, 체육, 문화예술 등 각 부문의 소조실과 체육관, 수영장, 과학기술제품 전시관 등의 활동실 200여 개를 갖추고 있다.

2. 교과 교육과정 및 교과 외 교육

1) 교과 교육과정

북한의 교육과정은 교과와 교과 외로 구분된다. 먼저 교과 교육과정으로 소학교에는 5년 동안 총13개 과목이 편성되어 있다(〈표 3〉 참조). '경애하는 김정은 원수님 어린 시절' 과목이 신설되어 전체적으로는 정치사상교과 시간이 조금 늘어났다. 한국의 도덕, 과학, 음악, 미술을 북한은 각각 사회주의 도덕, 자연, 음악무용, 도화공작이라 부른다. 영어는 4학년부터 배정되어 있고, 사회 교과목은 없다. 교과 비중은 국어, 수학 등 기초과목과 정치사상교육의 비중이 상대적으로 높다. 정보기술(컴퓨터) 교과는 1주 집중교수 방식으로 실시된다.

표 3 ▎ 북한의 소학교 교육과정

구분	교과명	학년별 주당 수업시간 수				
		1학년	2학년	3학년	4학년	5학년
1	위대한 수령 김일성 대원수님 어린 시절	1	1	1	1	1
2	위대한 령도자 김정일 원수님 어린 시절	1	1	1	1	1
3	항일의 녀성영웅 김정숙 어머님 어린 시절	1				
4	경애하는 김정은 원수님 어린 시절	1	1	1	1	1
5	사회주의 도덕	1	1	1	1	1
6	수학	4	5	5	5	5
7	국어	7	7	7	7	7
8	자연	1주	1주	2	2	2
9	음악무용	2	2	2	2	2
10	체육	2	2	2	2	2
11	도화공작	2	2	2	2	2
12	영어				2	2
13	정보기술(컴퓨터)			1주	1주	

- '제1차 전반적 12년제 의무교육강령(소학교)' 내용 재구성
- 북한의 교육과정은 주당 교수시간과 집중교수(주 단위로 표시) 시간을 명시하고 있고, 위의 표에서 1주는 집중교수 시간을 의미
*출처: 통일교육원(2022), p.253.

중등교육과정은 초급중학교 3년과 고급중학교 3년으로 나뉜다. 김정은 시기 북한은 중등일반교육을 부쩍 강조하고 있다. 북한의 『교육신문』(2014.1.9.)은 중등일반교육이 "사회와 자연, 사물현상에 대한 표상과 일반기초기술지식"을 제공하는 것을 목표로 하기에 이를 떠나서는 "현대과학기술의 발전과 문명을 상상조차 할 수 없다"고 강조한다.

초급중학교는 16개 과목에 주당 수업시수가 32시간이며, 고급중학교는 22개 과목에 주당수업시수가 34시간이다(〈표 4〉 참조). 초급중학교의 교과 편성은 수학, 국

북한의 소학교 교과서

*출처: 통일교육원(2022), p.253.

어에 이어 자연과학과 영어의 시수가 많으며, 정치사상교과의 비중도 높다. '경애하는 김정은 원수님 혁명활동'이 신설되었고, 제도와 실습 등은 기초기술 과목에서 다루어진다. 정보기술 과목에는 기존 컴퓨터 과목에 통계 및 그림 파일의 기초·응용에 관한 부분이 포함되었다. 소학교의 자연은 자연과학으로, 도화공작은 미술로 바뀌었다. 사회 관련 교과로는 조선력사 및 조선지리가 있다.

고급중학교의 교과에도 '경애하는 김정은 원수님 혁명력사'가 신설되었다. 초급중학교의 자연과학은 고급중학교에서 물리, 화학, 생물로 세분화되었다. 초급중학교에 없던 '당정책', '심리와 론리', '한문', '공업(농업)기초', '군사 활동 초보' 과목이 고급중학교 교과에 추가되었다. 기존의 '사회주의도덕'은 '사회주의도덕과 법'으로 바뀌었다. 초급중학교의 음악무용과 미술은 고급중학교에서 합쳐져 예술 교과로 다루어진다. 교과 영역에서는 수학, 물리, 화학 등 자연과학 교과와 영어 교과의 비중이 높다. 지역 특성에 따라 선택하는 교과로는 공업기초와 농업기초 교과가 있다.

고급중학교의 기본적인 특성은 대학 진학보다는 졸업 후 직업을 갖기 위한 교과 구조라는 점에 있다. 모든 학생들은 정보기술, 기초기술, 공업 혹은 농업기초 교과를 필수로 배워야 하며, '군사 활동 초보' 교과는 대부분의 고교 졸업생들이 장기적인 군생활을 준비하도록 하는 역할을 한다.

2016년 한국교육개발원의 북한 교과서 분석에 따르면, '조선력사' 교과서에 기존에 북한의 사상적 맥락에서는 쓰이지 않던 B.C.(기원전), A.D.(서기) 같은 국제적 용어들이 처음 등장하였다. 국제적 기준을 따라가며 이념보다는 실리가 강조되고 있는 것이다. '사회주의도덕과 법'이라는 교과처럼 교육과정에 법이 등장한 대목에서는 법이 강조되는 사회 분위기가 읽힌다.

대학의 교육과정은 학교와 전공에 따라 다르다. 대체로는 정치사상교과, 일반교과, 일반기초, 전공기초, 전공 등 5개 영역이 있다. 정치사상교과, 외국어, 체육 등 일반교과는 모두 이수되어야 한다. 교과별 비중은 정치사상교과가 20% 정도로 여전히 높은 편이다.

표 4 ┃ 북한의 초급중학교·고급중학교 교육과정

	초급중학교					고급중학교			
구분	교과명	학년별 주당 수업시간 수			구분	교과명	학년별 주당 수업시간 수		
		1학년	2학년	3학년			1학년	2학년	3학년
1	위대한 수령 김일성 대원수님 혁명활동	2	2		1	위대한 수령 김일성 대원수님 혁명력사	3	2	
2	위대한 령도자 김정일 대원수님 혁명활동		2	2	2	위대한 령도자 김정일 대원수님 혁명력사		2	4
3	항일의 녀성영웅 김정숙 어머님 혁명활동	1			3	항일의 녀성영웅 김정숙 어머님 혁명력사		1/2	
4	경애하는 김정은 원수님 혁명활동	1	1	1	4	경애하는 김정은 원수님 혁명력사	1	1	1
5	사회주의도덕	1	1	1	5	당정책	1주	1주	1주
6	국어	5	5	5	6	사회주의도덕과 법	1	1	1
7	영어	4	4	4	7	심리와 론리			1주
8	조선력사	1	1	2	8	국어문학	3	2	3
9	조선지리	1	1	1	9	한문	1	1	1
10	수학	6	6	6	10	영어	3	3	3
11	자연과학	5	5	5	11	력사	1	1	2
12	정보기술	2주	2주	2주	12	지리	1	1	1
13	기초기술	1	1	1	13	수학	5	5/4	4
14	체육	2(1주)	2(1주)	2(1주)	14	물리	5	4	2
15	음악무용	1	1	1	15	화학	3	4	2
16	미술	1	1	1	16	생물	3	3	3
					17	정보기술	2	1	1
					18	기초기술	2주	3주	3주
					19	공업(농업)기초			4
					20	군사 활동 초보		1주	1주
					21	체육	1	1	1
					22	예술	1	1	1

- '제1차 전반적 12년제 의무교육 강령(초급중학교, 고급중학교)' 내용 재구성
- 초급중학교 체육 교과의 주당 교습 시간은 2시간이며, 괄호 1주는 집중교수 시간을 의미
- 고급중학교 2학년의 '김정숙 혁명력사' 과목과 '수학' 과목의 주당 수업시간은 상호 연계되어 운영되는 것으로 추정

*출처: 통일교육원(2022), pp.255, 257.

북한의 초급중학교·고급중학교 교과서

*출처: 통일교육원(2022), pp.254, 256.

대학 진학은 대학 입학 추천을 위한 예비시험과 도별 각 대학의 본시험 등의 절차를 거쳐 이루어진다. 내각 교육위원회가 도별로 각 대학에 본시험을 위한 수험생 수를 정해준다. 시·군 인민위원회 대학 모집과는 도에서 할당한 인원수를 바탕으로 예비시험에 합격한 학생들에게 수험통지서를 발급한다. 예비시험을 거쳐 대학 추천을 받은 학생은 전체 중학교 졸업생의 약 20%이며, 이 중 시험에 합격해 대학에 진학하는 학생은 평균 10% 수준이다. 이들은 성적은 물론 출신성분과 경제력이 좋아야 한다. 북한에서 이들은 '직통생'이라 불린다. 시험에 떨어지면 남학생은 군대에 가고, 여학생은 직장에 배치된다. 재수생은 없다. 군대나 직장에 배치되었다가 추천을 받은 자는 대학시험에 재응시할 수 있다.

북한, '코로나19' 확산 우려로 두 달간 여름방학

유엔아동기금(UNICEF)이 발간한 '교육 코로나19 대응 업데이트 9월호' 보고서(2020.9.29.)에 따르면 북한의 모든 어린이집과 초·중등학교, 대학교가 2020년 7월 초부터 두 달간 여름방학으로 문을 닫았다고 한다. 북한은 '코로나19' 확산을 우려해 정상 개학일 보다 두 달 늦은 6월 3일에 개학했다. 9월에도 일부 학교만 가을학기를 시작하였다(연합뉴스, 2020.10.3.).

북한의 한 학년은 1996년부터 매년 4월 1일에 시작하여 다음해 3월 31일까지다. 여름방학(8.1.~31.), 겨울방학(1.1.~2.16.), 봄방학(3월 말 1주일)이 있다. 학년 말 시험은 3월에 치러지며, 수업은 주 6일제이다. 연간 수업 수는 소학교와 초급중학교가 40주, 고급중학교가 37~40주이다. 한 교시 수업은 소학교가

40분, 초급중학교와 고급중학교가 45분, 대학이 기본 90분이다. 하루 수업 교과 수는 소학교가 4과목, 초급중학교와 고급중학교가 5~6과목, 대학이 보통 4과목이다.

수업은 보통 아침 8시에 시작한다. 소학교는 8시에 1교시를 시작하여 12시 35분에 5교시를 마친다. 쉬는 시간은 대개 10분이며, 3교시와 4교시 사이에 15분간 대중율동체조 등을 하는 '업간체조' 시간이 있다. 소학교는 집에서 점심식사를 한 후 학교 일정에 따라 방과 후 활동을 한다. 중학교는 점심시간 이후 오후 교과시간으로 1~2교시가 편성된다. 대학생은 등교 후 30분간 독보와 상학 전 검열이 실시되며 8시 반부터 강의가 시작된다.

'코로나19'로 마스크 쓰고 수업 듣는 평양 옥류소학교 학생들

*출처: 메아리, 2020.6.4.

2) 교과 외 교육

교과 외 교육은 북한에서 '과외활동'으로 불린다. 과외활동은 정규 수업 시간에 포함되지 않는다. 과외학습, 과외체육, 조직생활 등이 있으며, 소조활동이나 사회의무노동 시간이 추가된다. 조직생활로는 소학교와 초급중학교에 소년 단생활이, 고급중학교에는 김일성-김정일주의청년동맹(이하 청년동맹) 활동이 있다. 학생들은 만 7세가 되면 소년단에, 만 14세가 되면 청년동맹에 가입한다. 소학교, 초급중학교, 고급중학교의 각각 재학 동안 교과 외 교육 시간은 〈표 5〉 와 같다.

표 5 ┃ 북한의 교과 외 교육 시간

		소학교(5년간)	초급중학교(3년간)	고급중학교(3년간)
과외학습		900	540	465
과외체육		513	306	243
조직생활	소년단	432	432	–
	청년동맹	–	–	372
소조활동		매일 방과후 2~3시간, 소수 학생 대상		
사회의무노동		나무심기, 모내기, 김매기 등 초급중학교: 매학년 1주(나무심기 4일, 나무열매따기 3일) 고급중학교: 매학년 나무심기 1주, 생산노동 3주		

*출처: 통일교육원(2022), pp.264-267.

교과 외 교육은 체험활동, 공동체에 대한 관심, 지역사회에 대한 기여 등을 추구한다. 하지만 북한의 과외활동은 개인의 흥미나 자율성보다는 집단주의적 활동과 가치관, 사상·교양학습과 사회의무노동 등을 강조하는 경향이 크다.

과외학습으로 북한의 학생들과 교원들은 학교수업 시작 전에 「노동신문」 사설과 논설을 읽는 독보활동이나 아침학습, 수업 전 학습, 365일 교양 등의 사상교양을 실시한다. 정규수업 후에는 하루를 돌아보는 총화나 추가 과외학습이 이어진다. 물론 과외학습 시간에 자습, 복습·예습, 보충수업이 있지만 담임교원들은 주로 이 시간을 활용해 수령의 위대성 교양, 회고록 학습 등의 정치사상 교양, '좋은 일 하기 운동' 등의 도덕 교양을 한다. 과외학습은 교실이나 야외학습터에서 이루어진다.

소조활동이란 학생소년궁전·회관, 도서관, 소년단 야영소 등 주로 학교 이외의 '과외교양기지'를 중심으로 한 교육활동을 말한다. 대체로 매일 방과 후 2~3시간 소수의 학생을 대상으로 한 소조가 분야별로 교원의 지도를 받는다. 분야는 교과별 소조, 교과목 학습소조, 문학소조, 축구·농구·배구·태권도·씨름·수영·체조 등 체육소조, 노래·합창 등 성악소조, 취주악소조, 미술소조 등이 있다.

사회의무노동은 '교육과 실천 활동, 교육과 생산노동'을 결합하기 위해 북한이 강조하는 과외활동이다. 2019년 4월 개정된 『사회주의헌법』 제31조에서 16세 미만 소년들의 노동을 금지하고 있지만, 학생의 사회의무노동은 1959년 이래 정규교육의 일환으로 계속 실시되고 있다. 학생들의 학업을 위해 과외 노동을 시키지 말라는 김정은의 지시가 있었지만, 학생들이 나무심기, 모내기, 김매기 등의 생산노동을 해야 하는 데는 현실적인 이유가 크다. 이로 인해 북한의 사회의무노동은 국제사회로부터 강제노동이라는 비난을 받는다. 나무심기는 국가적 사업으로서 특히 강조된다. 초급중학교는 매학년 1주(나무심기 4일, 나무열매따기 3일), 고급중학교는 매학년 나무심기 1주와 생산노동 3주가 기본적으로 편성된다.

3. 교육방법과 교수방법

북한의 학교 교육방법은 '사회주의 교육방법'이다. 1977년 9월의 『사회주의 교육에 관한 테제』에 명시되어 있는 관련 내용은 교수교양, 이론 교육과 실천 교육, 교육과 생산노동의 결합, 조직생활, 사회정치 활동의 강화, 학교교육과 사회교육의 결합, 학교 전 교육·학교교육·성인교육의 결합이었다. 이러한 지침은 지금까지 지속되고 있다.

'깨우쳐주는 교수방법'은 1960년대 중반 등장한 북한의 대표적인 교수방법이다. 『조선대백과사전』에는 그 의미가 '학생들 자신이 사물 현상의 본질을 쉽게 파악하고 깨닫도록 하는 교수방법'이라고 정의되어 있다. 하지만 실제는 교원들의 교육 강령 준수, 교수안에 대한 사전점검 등으로 교수내용과 교수방법이 통제되고 있는 상황에서 학생 중심의 깨우침보다는 교수자 중심의 지식 전달이 주를 이루었다.

최근 북한에서도 학습자 중심 교육이 강조되고 있고, 학습효과를 높이기 위한 멀티미디어 매체 활용이 보이며, 교원과 학생 및 학생 간 소통이 중시되고 있다. 이는 각 교과의 구조와 교육 목적·내용·방법을 명시한 새로운 교육 강령에도 강조되어 있다. 새 강령에 따라 교과서가 새롭게 집필되고, 교과서의 삽화와 종이의 질이 개선되고 있으며, 학교 건물과 시설·환경의 개건·보수사업이 강조되고 있다. 현대화된 과학기술교육을 위한 '다기능화 교실'로의 전환도 촉구되고 있다.

새 교과서에는 〈연구와 발표〉, 〈다시 새겨보자요〉, 〈이야기해보자〉 등 종전에 없었던 새로운 표제들이 사용되는 변화가 나타난다. 교수방법에서도 '들이먹이는 식'에서 벗어나 자발적 토론과 질문식 수업 등을 시도하는 '새 교수방법'이 강조되고 있다. 북한의 『교육신문』(2013.11.7.)은 질문식 수업을 "책상이 ㄷ자 형으로 놓여진 가운데서 … 짧은 질문의 〈줄소나기〉가 시작"되는 방식이라고 소개하였다.

4. 도덕규범의 범주와 학생·교원의 학교생활

북한의 교육을 이해하기 위해 학생들이 지녀야 할 도덕규범의 범주를 살펴보는 것이 필요하다. 도덕규범이 얼마나 내재화되었는지는 별개의 문제이지만, 북한의 도덕규범의 범주를 이해하는 것은 북한 교육의 방향을 보는 하나의 방법이기 때문이다. 1991년 안만히가 저술한 『혁명적도덕관이란 무엇인가』(평양: 금성청년출판사)에는 북한의 도덕규범의 범주와 세부 내용이 잘 나타나 있다. 그것은 ① 수령·당·인민에 대한 충실성, ② 사회생활에서의 혁명적 의리와 동지애, ③ 사회공동생활을 위한 공민의 도덕이다(〈표 6〉 참조). 이는 사회주의 도덕의 근간으로서 학생들이 지녀야 할 가치이다.

북한 학교교육의 근간이 되는 것은 교과서 및 과외활동 중심의 교육과정이 겠지만, 정치사상조직이 학교생활에 미치는 영향은 매우 크다. 북한의 학교는 그 자체가 연대, 대대, 중대, 소대의 군대식 대열로 편성되어 있다. 학생들은 소학교와 초급중학교의 소년단활동, 고급중학교의 청년동맹활동을 통한 정치사상 조직활동을 해야 한다. 청년동맹 가입 후에는 교내 군사조직인 붉은청년근위대가 있다. 대학생은 남녀구분 없이 대학교 교도대에서 6개월간 군사훈련을 받는다. 교도대 복무 수료증이 없으면 대학 졸업이 안 된다.

북한에서도 학교규율 위반은 흡연, 음주, 이성교제, 장발, 쫄바지, 자본주의 문화 유입 등 다양한 형태로 나타난다. 교실 내에서의 규율 위반은 교사나 위원회에서 처벌하지만, 교실 밖의 경우는 소년단이나 청년동맹에서 처벌한다. 처벌은 주로 각종 '교양'으로 이루어지는데, 심한 경우는 시·군·구역별로 문제 학생을 집단교양하기도 한다.

표 6 ┃ 북한의 도덕규범: 범주와 세부 내용

도덕규범	세부 내용
수령·당·인민에 대한 충실성	• 수령에 대한 존경과 흠모 • 당조직에 대한 존엄과 조직규율 준수 • 인민대중에 대한 사랑과 인민대중을 위한 복무
사회생활에서의 혁명적 의리와 동지애	• 동지들 간의 혁명적 의리 • 가족들 간의 육친적 사랑과 동지적 사랑 • 남녀 간의 혁명동지적 사랑
사회공동생활을 위한 공민의 도덕	• 노동애호 • 사회적 재부* 절약 • 예의범절 준수 • 노약자를 돌보는 사회적 기풍

*북한에서 사회적 재부란 "사회의 모든 성원들이 공동으로 리용하면서 쓰고 사는 가치 있는 모든 것"을 의미한다.

북한에서 교원의 사회적 지위는 높은 편이다. 교사에 대한 학생과 학부모들의 존경심도 크다. 하지만 교원의 실질적 처우는 그다지 높지 않다. 경제난 때문에 월급만으로 실제 생활이 어려워지고 있는데 반해 상대적으로 높은 사회 책임과 도덕성을 요구받으면서 교원에 대한 선호도는 갈수록 떨어지고 있다. 교원들이 방과 후 학습지도, 총화시간, 분과모임, 노동현장 동원 등으로 분주한 것은 교직 선호도를 떨어뜨리는 또 다른 원인이다.

　김정은 시기에 『교원법』(2015)이 제정된 것은 이러한 상황과도 관련이 있다. 외형적으로는 11년제 의무교육에서 12년제 의무교육으로 소학교가 1년 늘어난 데 따른 운영의 문제가 규정된 것처럼 보였지만, 본질에서는 교원의 사기 진작이 필요했기 때문이다. 12년제 의무교육이 시행되면서 신규 교원이 필요했던 북한은 퇴직 경력자를 다시 교직에 세우거나 적격자를 찾아 단기 교원양성과정을 밟도록 하는 조치를 취하였다. 하지만 이는 그간의 교육재정 악화, 교원의 사기 저하 등과 맞물려 내부적으로 북한 교육의 질을 더욱 떨어뜨리는 원인이 되었다.

　이에 북한은 『교원법』 제정으로 교원의 범위와 규제를 명확히 하고 교원의 사기 저하를 막고자 한 것이다. 『교원법』 제45조는 교원을 "여러 형태의 각급 학교와 사회교육기관에서 전문적으로 교수 교양 사업을 맡아 하는 일군"으로 규정하고, "국가는 교원생활비를 비생산부문 사무원들의 생활비에서 높은 수준으로 정하며 나라의 경제가 발전하는 데 따라 교원생활비수준을 체계적으로 높이도록 한다"고 생활비 제정원칙을 밝혔다. 교원의 사기 저하는 여전하지만, 『교원법』은 그동안 교원의 의무만을 강조하던 수준에서 교원의 이탈을 막고 교원을 확보하기 위한 법 제정으로 진일보했다는 점에서 의미가 있다.

IV
김정은 시대
북한 교육의 지속과 변화

　김정은 시기에 여전히 정치사상교양은 북한 교육의 근간이다. 학생들은 교과서 중심의 정규 교육과정은 물론 교과 외 과정인 여러 과외활동과 정치사상 조직활동을 통해 수령·당·인민에 대한 충실성, 사회생활에서의 혁명적 의리와 동지애, 사회공동생활을 위한 공민의 도덕을 갖추어야 한다.

　학교 교육과정의 교과목에는 기존의 김일성, 김정일, 김정숙에 관한 교과와 함께 김정은의 위대성교양을 위한 어린시절, 혁명활동, 혁명력사 과목이 신설되었다. 이 과목들은 소학교 1학년부터 고급중학교 3학년까지 전 학년에 걸쳐 주당 1시간씩 배정되었다. 대학생은 전공에 관계없이 김일성주의 노작, 주체철학, 혁명력사, 주체정치경제학 등을 이수해야 한다.

　김정은 시기는 5대 교양을 특히 강조한다. 2014~2015년까지 정리된 5대 교양은 학교 및 사회교육이 추구할 사상사업교양이다. 그것은 김정일애국주의

김정은의 교육사업 업적을 소재로 한 첫 장편소설 『부흥』

*출처: 메아리, 2020.9.20.

교양, 신념교양, 반제계급교양, 도덕교양, 위대성교양으로 김정은 시기 사상사업교양의 지침이 된다. 5대 교양은 2021년 1월 제8차 당대회에서 개정된 당규약에 일부 변경되어 나타나고 있다. 그것은 혁명전통교양, 충실성교양, 애국주의교양, 반제계급교양, 도덕교양인데, 김정은 집권 10년차를 맞은 시점에서 '김정일' 표현이 '혁명전통' 용어로 바뀐 것에 주목할 만하다.

　2020년 10월에는 김정은 국무위원장의

업적을 소재로 한 총서 '불멸의 여정'의 첫 장편소설 『부흥』이 출간되었다. 『부흥』은 인재양성을 위한 김 위원장의 교육사업을 선전하는 데 초점을 맞추고 있는데, 김 위원장의 인재양성 의지, 의무교육 12년제 전환, 대학교수들을 위한 미래과학자거리 조성, 평양애육원 건설, 교복·학습장 보급 등이 소개되어 있다(연합뉴스, 2020.10.23.).

김정은 시기의 북한 교육에서 나타나는 변화도 뚜렷하다. 1990년대 중반부터 강조돼 오던 실리주의 교육 경향은 김정은 시기들어 더욱 강화되고 있다. 현재 영어는 소학교 4학년부터 고급중학교까지 모든 학생이 배우도록 편성되어 있으며, 교육방법도 문법에서 회화 위주로 전환되고 있다. 대학에서도 전공과목 교재를 원서로 하는 경우가 늘고, 자연과학 부문 교원들을 대상으로 '전공과목 외국어 교수 경연'이 개최되기도 한다.

컴퓨터교육은 정보기술이라는 교과로 소학교 4학년부터 고급중학교까지 정규교과로 편성되어 있다. 내용에서도 기존 컴퓨터교육에 통계 및 그림 파일의 기초·응용에 관한 내용이 추가되어 있다. 대학에서도 정보통신, 컴퓨터, IT, 생명과학, 나노과학 등과 관련된 과학기술교육 중심으로 학교 설립 및 학과와 교과의 개편이 계속되고 있다.

김정은 시기의 북한 교육이 한층 강조하고 있는 목표는 '지식경제 시대가 요구하는 창조형 인재 양성'이다. 이를 위해 '전민과학기술인재화'가 21세기 사회주의 교육강국 건설의 핵심으로 간주된다. 기술고급중학교 설치, 고등교육에서 기술전습체계 활성화, 공장대학의 과학기술보급실 확대, 과학기술전당 설립 등의 노력이 추진되었다.

김정은 시기 북한은 40여 년만의 학제 개편을 비롯해 『교육법』, 『보통교육법』, 『고등교육법』 개정 및 『교원법』 제정 등 관련 법제 정비로 교육 정상화를 시도하고 있다. 북한은 2013년도부터 6년제 중학교 과정을 3년제 초급중학교와 3년제 고급중학교로 분리했고, 2014년도부터 4년제 소학교 과정을 1년 연장하여 5년제 소학교 과정으로 바꾸었다. 북한의 '전반적 12년제 의무교육'은 유치원 1년(높은반), 소학교 5년, 초급중학교 3년, 고급중학교 3년이다. 『교원법」 제정은 교원의 처우를 개선하여 12년제 의무교육에 따른 유능한 교원을 확보하려는 취지에서 이루어졌다. 하지만 경제난과 낙후된 교육환경 아래 실질적인 교원생활 개선이 이루어지기 어려워 법의 효과성은 기대하기 힘든 실정이다.

세계적 변화 추세에 발맞추려는 교육 제도의 변화도 눈에 띈다. 2019년 10월 북한은 고급중학교에 서구식 융합교육과정인 스템(STEM)을 도입해 숙달된 융합형 인재를 키워 혁신을 주도하겠다고 밝힌 바 있다. 수재양성 기지인 제1중학교의 고급반 2학년 학생들에게는 과학기술교과 중심의 선택과목제가 도입된 것으로 보인다. 정보기술, 나노기술, 생물공학, 새 재료기술, 새 에너지기술 등 핵심 기초기술과 첨단과학기술, 기타 응용과학기술 부문을 포괄하는 10개 분야 과목이 선택과목제 적용 대상이다(연합뉴스, 2020.6.3.).

북한은 2019년에 정보보안학과, 나노재료공학과, 로봇공학과 등 첨단과학 학과 7개를 신설한데 이어 2020년에도 여러 대학에 인공지능학과, 바이오, 신소재, 신에너지 관련 학과, 융합형 인재를 양성하기 위한 자연과학과 사회과학, 기초·응용과학 등을 결합한 학과 등을 개설한 것으로 전해진다. 가상현실(VR)과 증강현실(AR) 등의 기술을 초·중등 교육에 활용하려는 관심도 나타나고 있다(연합뉴스, 2020.5.21.).

평양의 한 중학생이 개발한 교내 복도용 '손소독제 뿌려주는 로봇'

*출처: 조선신보, 2021.6.6.

교수방식도 한 수업에 여러 과목 교사가 참여하는 협동교수 형식이 독려되고 있다. 「노동신문」(2020.6.3.)에는 학생들이 탐구 활동으로 동물원에 간 상황을 예로 들면서 "협동교수 형식으로 생물 교원은 동물에 대한 지식을, 외국어 교원은 필요한 외국어 지식을 습득시켜주며, 정보기술 교원은 정동화상(동영상) 촬영방법을 가르쳐준다"는 내용도 소개되었다.

소학교 교육에는 예체능, 영어, 정보기술 등 1~3개 특정 과목을 중심으로 한 과목 담임제가 추진될 전망이다. 2017년 1월 평양 평천구역 봉학소학교 4,5학년 대상으로 과목 담임제가 시범 운영되고 있기 때문이다(연합뉴스, 2020.4.1.). 교원들에게는 컴퓨터로 시험문제를 작성하도록 유도하는 등 교원들의 '다매체편집물' 작성 실력 습득이 강조되고 있다.

2015년부터 북한은 김일성종합대학 등 주요 대학에 교육학부를 설치해 교사에 대한 재교육을 전개하고 있다. 북한의 교육학부는 소학교, 초급·고급중학교, 대학교수 등 이미 교원으로 활동하는 사람들을 재교육하는 곳이다. 김책공업종합대학의 교육학부에서는 인공지능과 정보기술 재교육 프로그램을, 한덕수평양경공업대학의 교육학부에서는 식품안전관리와 재자원화 등 경공업 부문 재교육 프로그램 등이 운영되고 있다(연합뉴스, 2020.2.20.).

김정은 시기 북한은 공교육 강화를 위한 정책적 노력을 지속하고 있다. 교육 예산 확충, 교육시설·환경 정비, 교원 처우 개선과 확보, 새 교과서 발간 등이 추구되고 있다. 김정은 시기의 교육예산은 전체 예산에서 평균 7% 정도 증가 추세에 있다고 알려진다. 하지만 내부 경제난과 국제사회의 경제제재로 인한 현실적 문제가 여전히 큰 걸림돌이다. 교원의 생활 처우는 나아지지 않고 있으며, 수업료만 없을 뿐 교과서, 학용품, 교복 등 학교생활 물품이나 학교 운영 소요 경비를 학생들이 자체 부담해야 하는 실정은 여전하다. 『교육법』(1999 제정)에 명시되었던(제23조, 제37조, 제44조) 기관, 기업소, 단체 등 후원단체의 학교 후원 사업은 전사회적으로 촉구되고 있는 형편이다. '자체적인 학교 꾸리기 사업'이 본보기인데, 지붕 보수, 벽체 미장, 교실 비품·물자, 사무실 시설, 실험실습비 등을 후원단체가 부담하고 있다.

평양과 지방 교육의 격차가 심한 것도 공교육 정상화의 큰 걸림돌이다(강영실, 『KDI 북한경제리뷰』(2020.6), pp.39-40.). 북한은 교육 수준 격차를 줄이겠다는 의지를 지속해서 표명하면서 각지에 '본보기 학교'를 건설하고 원격교육을 강화하며 교수방법을 개선하는 데 힘을 쏟고 있다(연합뉴스, 2021.7.31.) 하지만, 정책의 효과는 사실상 평양시에 국한되고 있으며 대상도 중앙대학과 일부 군수 산업체에 한정되어 있다. 첨단과학기술 교육도 현재의 산업구조상 전통산업이나 일부 정보기술 분야에 국한될 가능성이 커 보인다.

북한은 2021년 1월 제8차 당대회에서 내부적으로 김정은의 '수령' 등극을 사실상 이루었으며, 이후 '김정은주의' 용어를 사용하면서 집권 10년차를 맞은 김정은 정권의 독자적 사상체계 정립을 시작한 것으로 보인다. 제7차 당대회 (2016.5)에서 과학기술과 교육부문이 강조되었던 것에 비해 제8차 당대회에서는 교육부문의 새로운 것 없이 기존의 정책기조가 유지되는 선에 그쳤다. 하지만 김정은 정권의 독자적인 사상체계를 정립하는 과정에서 교육부문에서의 실천 담론이 어떻게 제시될지 주목된다.

V
북한 교육의 발전을 위하여

　북한 교육은 기본적으로 정치사상교양을 근간으로 한 정치사회화와 체제 유지 기능이 매우 뛰어나다. 김정은 시기에 들어 정보화 시대, 지식경제 시대, 국가발전전략 수립 등과 같은 국내외 정세 변화에 따른 실리주의 교육의 경향은 한층 강화되고 있다. 하지만 2019년 9월 제14차 전국교원대회에서 김정은 국무위원장이 강조했듯이 "세계에 도전하고 경쟁하며 세계를 앞서나가는" 것이 교육 수준의 목표라면 북한 교육의 방향은 본질적으로 크게 달라져야 한다. 국제사회와의 교류·협력 아래 창의성, 시민성, 책무성을 지닌 '개인'을 길러내는 데 초점이 맞추어져야 한다. 그게 북한 교육의 발전을 위한 길이며 북한을 도약시키는 진정한 동력이 될 것이다. '백년지계 막여수인'(百年之計 莫如樹人)이라는 말처럼 미래를 내다본다면 진정한 인재를 길러내는 것이 가장 중요하기 때문이다.

제8장

북한의 문학과 예술

전영선 건국대학교 통일인문학연구단 HK연구교수

I
북한 문학과 예술의 정체

북한의 문학과 예술은 '북한'이라는 체제 안에서 통용된다. 문학과 예술은 태생적으로 해당 작가나 국가의 특성을 담고 있는 동시에 세계적으로 통용되는 공통성이 있다. 문학예술의 특수성과 보편성이다. 국가는 문학예술이 탄생하는 토대이다. 하지만 세계적인 작품은 특정한 사회를 넘어선다. 인간 문제, 인간과 사회 문제를 다루면서, 국경을 넘어 세계적인 작품으로 발돋움한다. 세계인들이 좋아하는 K-POP이나 한류를 이끈 영화, 드라마 등은 대한민국의 국경을 넘어 세계인의 사랑을 받은 사례이다.

노동자들에게 음악을 보급하는 선전원

*자료: 『로동신문』, 2021.6.6.

북한의 문학과 예술이 북한이라는 사회 안에서 통용된다는 말은 보편성을 얻은 작품이 많지 않다는 뜻이다. 예외적인 작품도 있다. 백남룡이라는 작가의 〈벗〉이라는 소설은 남한에서도 출판되었고, 프랑스어로도 출판되었다. 2020년에는 미국에서 영어로 출판되었고, 미국 도서관협회에서 발간하는 '라이브러리 저널'에서 선정한 2020년 최고의 세계 문학 10편 중 하나로 선정되기도 하였다.

하지만 이런 사례는 매우 이례적이다. 북한의 문학과 예술의 대부분은 북한 사회 내에서 통용된다. 창작의 지형 역시 내부에 맞추어져 있다. 북한에서 작가나 예술인들은 창작 기관에 소속되어 선전과 선동의 일을 맡아보는 공무원이다. 작품의 기획부터 창작 과정은 당의 정책과 기준에 맞추어 진행되며, 까다로운 검열을 통과해야 한다. 북한 당국이 지향하는 정책 방향을 벗어나거나 정책에 반하는 작품은 허용되지 않는다.[1]

이런 이유로 북한 문학예술에 대해서는 "북한 문학과 예술은 진짜 문학예술인가?", "북한 문학예술도 문학예술이라고 할 수 있는가?"라는 의문이 덧붙여진다. 북한 문학예술에 의심의 시선을 보내는 것은 '문학예술이 순수해야 한다'고 믿기 때문이다. 하지만 그런 작품은 많지 않다. 문학과 예술 중에서 정치성을 지향하는 것은 보편적인 현상이다. 문학으로 독립을 외쳤고, 문학으로 민중을 계몽했고, 문학을 시대를 비판했었다. 심지어 '순수문학이어야 한다', '문학이 정치를 지향해서는 안 된다'고 주장하는 것 역시 일종의 정치적인 견해이다. 신라 시대의 문학은 불교적 세계관을 담았고, 조선 시대의 문학은 유교의 사상을 담았다. 이슬람의 예술은 이슬람의 세계관을 넘어서기 어렵다. 북한의 문학과 예술은 북한이라는 정치적 지형 위에서 온전하게 작동한다.

북한의 문학과 예술이 놓인 자리는 자본주의 시장경제 시스템의 영역이 아니다. 국가에서 작품을 공급한다. 보아야 할 문학 작품이나 보아야 할 영화나 연극을 인민들에게 공급한다. 시장이 없고, 스타가 없다. 주제와 이야기가 있다.

---

1 이지순, 「가족은유의 시적 형상화 고찰」, 『북한연구학회보』 제10권 2호(북한연구학회, 2006), 279쪽: "북한에서 작가는 '당'의 말을 구체적으로 집행하며 당의 권위를 대행하며, 대중과 신념과 사유체계, 즉 행위를 조작한다. 문학의 언어행위는 사적 인간을 집합의식으로 단일화하고 주체를 호명한다. 이는 국가를 운영하고 유일지배와 개인숭배라는 목적을 위해 문학이 수단화되는 경향과 일치한다."

시장의 영향을 받지 않는다. 하지만 철저하게 국가의 영향력 아래에 있다.

기본적인 역할과 기능도 다르다. 북한 문학과 예술이 수행해야 하는 일차적 기능은 선전과 선동이다. 북한 체제를 선전하고, 당 정책을 실천하도록 인민들을 독려한다. 북한 문학과 예술이 당으로부터 부여받은 엄숙한 사명이자 작가, 예술인들에게 주어진 임무이다.[2]

**김일성이 문학 분야에 대한
지도 내용을 담은 시리즈 도서**

*자료:『위대한 수령 김일성동지 문학령도사
(7)』, 문학예술종합출판사, 1993.

북한 문학예술 창작에서 가장 중요한 지침이 되는 것은 최고지도자의 영도이다. 최고지도자의 교시와 영도가 현장에서 제대로 실천되는지를 당에서 감시하고 관리한다. 문학예술에 대한 관리가 가능한 것은 모든 작가가 국가에 등록해야 하는 시스템 때문이다. 작가로 살기 위해서는 예술단이나 문학 창작 기관에 소속되어야 한다. 북한의 모든 창작 기관은 국가에서 관리한다.

작가나 예술가들이 소속된 가장 큰 기관은 '문학예술총동맹'이다. 북한의 모든 작가와 예술인들은 기본적으로 '문학예술 총동맹'에 소속되어야 한다. 분야별 전문 창작 기관인 '4·15문학창작단', '만수대창작사', '만수대예술단', '모란봉악단', '국무위원회연주단' 등에 소속되어 있

---

2   고인환,「주체의 균열과 욕망」, 이화여자대학교 통일학연구원편,『북한문학의 지향도』(이화여자대학교출판부, 2008), 301~302쪽: "북한 문학은 남한에 비해 독자적인 지위를 갖지 못한데, 이는 북한 문학을 이해하는 데 적지 않은 어려움을 야기한다. '북한'에 악센트를 두었을 때 문학은 북한 사회의 이해 수단으로 전락함으로써 심도 깊은 논의를 가로막고 있으며, 한편 '문학'에 강조점을 주었을 때 민족 문학, 통일 문학의 하위 범주로 논의를 진행할 수는 있으나 문학의 자율성을 강조하는 남한의 문학과 접점을 찾기가 쉽지 않다. 따라서 북한 문학을 이해하기 위해서는 북한 사회(총체성)와 문학의 특수성(구체성)을 동시에 고려하는 유연한 사고가 요구된다. 북한 사회에 대한 전체적인 밑그림을 그리는 작업과 텍스트에 대한 구체적 이해가 적절한 균형 감각을 유지함으로써, 상대편에 대한 짝사랑의 방식으로 전개되는 이해나 혹은 상대에 대한 편견으로 인해 객관적인 현실을 보지 못하는 어리석음을 범하지 말아야 한다."

조선화, 〈위대한 수령님을 목숨으로 지켜 싸우시는 항일의 녀성영웅 김정숙 동지〉

《위대한 수령님을 목숨으로 지켜 싸우시는 항일의 녀성영웅 김정숙동지》 (주체 63(1974)년, 정영만, 최계근, 김동용작)

*자료: 정영만·최계근·김동용, 1974.

다고 해도 문학예술총동맹의 정책 방향을 따라야 한다. 아마추어로 활동하기도
한다. 직장에 다니면서 공장이나 협동농장에서 소설이나 시를 쓰기도 한다. 때
로는 군중현상공모를 통해서 문학인으로 데뷔하기도 한다. 현상공모에 당선되
어서 영화나 만화영화로 만들어지기도 한다. 하지만 공모전에 입선하거나 경연
대회에서 우수한 성적을 올렸다고 해서 곧바로 작가나 예술가로 활동하지는 않
는다. 특전으로 작가과정이나 예술대학에 입학할 기회가 주어진다. 그리고 그
과정을 밟고, 기관에 소속되어 전문가로 활동한다.

작가나 예술가들이 소속된 조직은 국가 조직이다. 예술인들이 속한 단체는
활동 범위에 따라서 중앙 단위와 지방 단위로 나누어진다. 지방 예술기관도 중
앙 기관의 지도와 지침을 받아서 활동한다. 어느 조직이든 당의 목적에 충실해
야 한다.

북한 문학예술이 당의 방향을 따르고 있는 사례로 다음의 시가 있다.

우리 한마음으로 우러릅니다
가슴속엔 힘이 넘칩니다
장군님 그대로이신 김정은 동지는
슬픔에 잠겨있는 인민을 한 품에 안고
세기의 큰걸음 내짚으셨습니다
…
그렇습니다
그 이름도 친근한 김정은 동지는
조선혁명을 개척하시고
승리와 영광에로 이끌어오신
김일성 동지이시며 김정일 동지

– 〈위대한 김정일 동지의 령전에는〉 – 조선작가동맹 중앙위원회의 추도시, 「로동신문」, 2011년 12월 30일.

이 시는 2011년 12월 30일 『로동신문』에 실린 조선작가동맹중앙위원회의 추도시 〈위대한 김정일 동지의 령전에는〉의 일부이다. 김정일 국방위원장(이하 김정일)이 2011년 12월 17일 사망한 지 2주가 지나지 않은 시점에서 발표한 '김정은을 후계자로 모시자'는 시이다.

조선작가동맹중앙위원회에서 발표한 추도시로 소개하였다. '조선작가동맹'은 북한의 모든 작가가 소속되어 있는 조직이다. 조선작가동맹중앙위원회는 문학 창작의 방향을 결정하고, 작가들의 활동 지침을 규정하는 최고 결정단위이다. 따라서 조선작가동맹중앙위원회에서 결정한 내용은 그대로 북한의 모든 작가가 따라야 할 지침이 된다. 조선작가동맹중앙위원회에서 김정일을 추도하는 시를 발표하면서, 김정은을 "김일성 동지이시며 김정일 동지"라고 한 것은 시적 표현을 넘어선 정치적 선언이라고 할 수 있다. 이후 "장군님 그대로이신 김정은 동지"는 김정은을 표현하는 일종의 상용구가 되었다.

백두산의 혈통을 줄기차게 이어

태양조선의 천만년미래를 창창히 열어가시는

김정은동지의 품에

우리 조선

우리 인민을 맡겨주신

김정일장군님의 고귀한 한평생이여

– 조선작가동맹 시문학분과위원회 집체작, 〈영원한 선군의 태양 김정일동지〉, 「로동신문」, 2012년 2월 13일.

김정은 체제가 본격적으로 시작된 2012년 이후 북한 문학의 과제는 최고 지도자로서 김정은의 위대성을 높이는 것이었다. 위의 시는 2012년 2월 13일자 『로동신문』에 실린 〈영원한 선군의 태양 김정일동지〉라는 시이다. 조선작가동맹중앙위원회에서 발표한 시의 내용을 따라 김정은의 최고 지도자로서 위상을 보여주는 시로 조선작가동맹 시문학분과위원회에서 집체작으로 발표하였다.

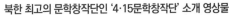

북한 최고의 문학창작단인 '4·15문학창작단' 소개 영상물

두 편의 시는 북한 문학의 역할을 분명하게 보여주는 사례이다. 북한 문학이 정치와 어떤 연관을 맺고 있으며, 어떤 일을 해야 하는지를 보여준다. 북한의 문학, 예술은 인민을 대상으로 한 교양 교재이자 정치교양물이다.[3]

---

3   김은정, 「'불후의 고전적 명작'의 장르적 교섭과 확장」, 『국제어문』 제56집(국제어문학회, 2012), 286쪽: "북한에서 '불후의 고전적 명작'이 김일성 작으로 호명되고 있다. 자본주의의 권리 주장 방식인 저작권과 달리 집체창작에 대표 필자를 선정하는 방식을 취하고 있는데 북한이 평가하는 좋은 작품을 아버지의 이름 즉 '불후의 고전적 명작'으로 명명함으로써 누구도 독점하지 못하는 공동의

Ⅱ
북한 문학과 예술의 지향

북한 문학과 예술의 방향을 결정하는 것은 당이다. 북한은 '조선로동당'이 모든 것을 영도한다. 모든 조직에 당의 영향이 직접 미친다. 문학예술도 예외 없다. 국가가 창작부터 발표까지 모든 단계마다 검열이 이루어진다. 당의 통제에서 벗어난 창작은 원천적으로 불가능하다.

노동당 제8차대회 결정 관철을 위한 공연

*자료: 『로동신문』, 2021.6.7.

당에서 문학예술에 대해 검열하는 명분은 '인민 교양'이다. 사회주의를 지향하는 북한은 인민들이 '개인주의'나 '자본주의' 같은 사상에 빠지지 않도록 교

작품, 국가의 작품으로 귀속시키는 것이다."

양해야 할 대상으로 본다. 문학예술 작품을 통해서 잘못된 생각을 하게 되면 사회주의 혁명에 참여하지 않게 될 수 있다고 교양한다. 인민들에게는 사회주의에 맞는 작품만을 보여주어야 한다는 명분을 내세운다. 작가들이 창작한 작품이 시대의 상황을 잘 반영하고 있는지를 검열한다.

북한의 문학과 예술은 사회주의가 얼마나 훌륭한 제도인지를 보여주어야 하고, 수령에 의해 변화되는 사회주의 조국의 아름다움을 노래해야 한다. 사회주의를 이끄는 가장 중요한 인물은 최고지도자이다. 북한 문학예술에 최고지도자와 관련한 내용이 많은 것도 사회주의의 수호자이자 지도자가 되어야 하기 때문이다. 그래서 최고지도자가 얼마나 위대한지를 문학으로 형상해야 한다. 최고지도자와 인민이 어떤 관계로 만나야 하는지를 영화나 노래로 보여주어야 한다.

> 오, 그날의 아름다운 추억의 단맛은
> 단숨에 정신으로 ≪마식령속도≫로 달리여
> 오늘로 달려온
> 아름다운 추억의 성상봉
> 세계인류급의 마식령스키장에 오른
> 마식령병사 우리만이 할수 있는 추억이 아니라
>
> ― 리경체, 〈마식령병사는 추억하리〉, 『조선문학』, 2013년 8호.

『조선문학』 2013년 8호에 실린 리경체의 시 〈마식령병사는 추억하리〉라는 시이다. 10년이 걸려도 해내지 못할 방대한 공사를 짧은 기간에 성과적으로 수행한 마식령스키장 건설을 소재로 한 시이다. '세상에 스키장을 소재로 한 시라니!'라고 생각할 수도 있다. 이 시의 소재가 된 '스키장'은 일반적인 스키장이 아니다.

김정은 시대가 본격적으로 시작한 2012년에 북한은 '사회주의 문명국' 건설을 국가 목표로 제시하였다. '사회주의 제도를 유지하면서, 세계적인 문명 수준을 인민들에게 누리게 하겠다'는 것이 핵심이다. 이 시의 소재가 된 '마식령스키장'은 '사회주의 문명국' 건설이 눈부신 속도로 진행되고 있다는 것을 보여주는 구체적인 사례이다. 빠른 속도로 사회주의 문명국을 건설하여 더 높은 문명을 즐기자는 상징적인 사업이었다. '마식령스키장'은 새로운 시대인 김정은 시대의 사회주의 문명국 건설을 향한 열망을 담고 있다.

2013년 12월 31일 개장식을 가진 이후 김정은 시대의 상징으로서 마식령스키장을 소재로 한 시와 노래가 창작되었고, '마식령 속도'라는 용어도 만들어졌다. 북한 인민들에게 '마식령스키장'이 어떤 의미인지, 얼마나 중요한지를 체감하도록 하는 것이 북한 문학예술이 해야 할 임무이다.

북한의 문학예술은 작품을 통해 변화하는 사회의 본질을 보여주고, 인민들에게 사회주의 제도가 얼마나 좋은지를 보여준다. 그리고 이런 제도 속에 살고 있어서 행복하다는 것을 느끼도록 해야 한다. 사회주의 건설을 위해서 헌신적으로 희생하는 본보기를 보여준다. 이렇게 보여주고 들려주는 소설 속 이야기를 따라서 사람들이 읽고, 음악으로 들려주는 가사를 듣고 배우면서 현장에서 실천하도록 하는 것이다. 이런 과정을 통해 전체 인민들이 사회주의 혁명에 참여하게 하는 것이 북한 문학 예술인에게 주어진 기본적인 임무이자 정체성의 핵심이다.

III
북한에서 좋은 작품이란

북한 문학과 예술에서 좋은 작품이란 곧 시대적 요구에 부응하는 작품이다. 지금이 어떤 시대이고, 이런 시대에는 어떻게 행동해야 하는지를 보여주는 작품이다. 시대의 요구를 파악하는 것이 중요하다. 그래야만 시대가 요구하는 방향에 맞는 작품을 창작할 수 있기 때문이다.

평양시 보통강 구역에 진행 중인 주택 건설을 독려하는 선전화(좌),
대평지구 살림집건설장의 화선공연(우)

*자료: 『로동신문』, 2021.12.26.

북한 문학과 예술이 시대에 맞는 작품으로 혁명에 참여하는 방법은 '인물'이다. 북한 문학예술은 인간을 보여준다. 심리나 실존을 드러내거나 풍경을 묘사하는 문학이나 인간의 감정을 표현하는 예술은 필요하지 않다. 북한 문학예술이 보여주고자 하는 것은 '인간'이다. 시대를 살아가는 '인간'이다. 한 시대를 대표하는 '전형적인 인간'이다. 혁명의 현재 단계에서 필요한 인물을 창조한다. 인민들이 작품 속 주인공의 삶을 보고 배우게 한다. 작가, 예술가들의 창작은 시대를 파악하는 것부터 시작하여 시대를 대표하는 전형적인 인물을 창작하는 것

으로 귀결된다.[4]

　문학과 예술을 혁명을 위한 사업으로 강조하는 것은 '감성' 때문이다. 교양 사업은 강연이나 교육을 통해서도 이루어진다. 강연이나 교육, 신문이나 방송언론을 이용한 보도도 있다. 정치집회, 당대회, 토론회, 총화 등의 방법을 통하여 당의 정책을 선전할 수도 있다. 그러나 이러한 방식은 문학과 예술의 감수성에 미치지 못한다. 문학과 예술의 감성과는 차원이 다르다. 문학이나 영화, 음악이 주는 감동이 있다. 문학, 예술은 감성적인 접근을 통해 자발적으로 혁명에 동참할 동력을 만들고자 한다. 북한 문학과 예술은 심장을 울리고, 정서적 공감대를 형성하는 감성적 동화(同化)의 수단이다.

　감성의 출발은 이야기이다. 북한 문학과 예술은 '이야기'의 힘을 통하여 혁명에 참여한다. 당의 정책 방향을 이야기를 통해 알게 되고, 이야기를 통해 자연스럽게 받아들이게 된다. 인민들을 굳건한 믿음과 사회경제적 동원으로 이어지도록 한다. 이것이 북한 문학예술에서 강조하는 '심장을 울리는' 작품이다.

　인민들의 마음을 움직이기 위해서는 어떻게 해야 할까? '심장을 울리는 작품'을 창작하기 위해 작가는 당 정책의 지향과 방향을 잘 알아야 한다. 그리고 인민들이 진정성을 느낄 수 있도록 감정 조직을 잘해야 한다. 그리고 일상에서 느껴야 한다. 이야기의 소재는 생활과 연결되어야 한다. 좋은 작품을 쓰기 위해서는 무엇보다 현재가 어떤 사회인지를 정확하게 파악하는 것이 중요하다. 그래야 시대가 요구하는 인물, 시대가 필요로 하는 인물을 그릴 수 있다. 그렇게 현시대의 정치적 의미를 해석한 다음 인민들의 생활 속에서 시대적 사명을 잘 보여주는 인물과 사건을 찾아야 한다.

　정치와 생활 현장을 이어주는 가장 일상적인 방법이 바로 인물인 것이다. 북한 문학과 예술에선 언제나 당 정책을 충실하게 실천하는 인물이 주인공이다.

4　오태호, 「북한 단편소설에 나타난 연애 담론 연구 - 2000년대 초반 단편소설을 중심으로」, 『국제어문』 제58집(국제어문학회, 2013), 561쪽: "사회주의 현실을 주제로 형상화한 작품에서도 '수령의 가르침'을 절대시하고, 계명주의적 관점으로 주인공들이 혁명적 자각에 이르는 발전의 과정을 그려내게 된다. 일종의 '성장소설적 구도'를 통해 주인공이 시련과 난관을 극복함으로써 사회주의적 인간으로 거듭나도록 형상화되고 있는 것이다."

부정적인 인물이 주인공일 수는 없다. '긍정적 주인공'을 보여주고, 그대로 따라 배우도록 한다. 긴 설명이 필요 없다.

인민들이 따라 배워야 할 주인공들은 완벽하다. 몸과 마음으로 당이 결정한 정책을 받아들이고, 가슴 깊이 새겨듣고 실천한다. 잘못 알고 있었던 사실을 반성하고, 진정한 당원, 진정한 혁명가로서 거듭난다. 이런 인물을 보면서, 북한 체제가 보이지 않은 곳에서 일하는 수많은 헌신과 희생을 통해 유지되고 있다는 것을 각인시킨다. 그리고 그 헌신과 희생을 본받아 국가와 사회를 위해 모든 것을 바치는 긍정적인 인물로 성장한다.

인민들의 생활 속에서 이야기 소재를 찾고, 긍정적인 인물을 통해 인민들의 교양에 이바지하도록 하는 것이 북한에서 문학예술을 창작하는 원칙이다. 이것을 '인민성의 원칙'이라고 한다. '인민성의 원칙'이란 문학예술 창작에서 인민들의 정서와 감성, 인민들의 이해와 요구, 인민들의 눈높이와 현실을 기본으로 해야 한다는 원칙이다.

인민성의 원칙은 내용과 함께 형식에서도 강조하는 부분이다. 인민들이 보도록 하고, 읽도록 하는 것이 우선이다. 인민들이 보고, 읽어야 한다. 인민들이 보지 않고, 읽지 않는다면 문학예술은 아무런 의미가 없다. 북한에서 문학예술은 작가의 창작적 개성이나 흥미를 위해 존재하지 않는다. 작가들은 인민들이 생활 속에서 자기 일로 느끼게 해야 한다. 인민들의 근로 현장에 나가서 생활하는 것도 인민들의 생활과 밀접한 이야기를 쓰기 위해서이다. 현실과 거리가 먼 작품은 인민들이 잘 읽지도 않을 뿐만 아니라 작품에 대한 혹독한 비판을 면할 수 없다.

이것은 작가나 예술가의 개인적인 능력으로는 한계가 있다. 부족한 부분은 당으로부터 배워야 한다. 당에서는 작가, 예술가들을 대상으로 한 정치학습이 일상적으로 이루어진다. 명분은 정치력을 높인다는 것이다. 작가들이 좋은 작품을 창작할 수 있도록 당에서는 작가들의 정치적 식견과 안목을 넓히는 교양 사업을 더욱 실속 있게 진행하는 것이 주요한 임무의 하나이다.

창작 과정에서는 '집단 창작'을 강조한다. 집단의 힘을 모아서 공동으로 창작하면서, 개인적인 편향이나 오류를 바로잡을 수 있다고 본다. 북한 문학예술에서 집체 창작이나 사상학습이 강조되는 이유이다. 개인 창작물에 대해서도 집단 토론회를 통해서 수시로 비판과 검열을 진행한다.

IV
북한 문학과 예술의 특성

1. 이야기 중심

문학과 예술은 내용과 형식으로 이루어져 있다. 내용이 아무리 훌륭해도 예술적으로 제대로 표현하지 못하면 좋은 작품이라고 할 수 없다. 반대로 예술적으로 잘 표현되었다고 해도 반사회적인 내용이라면 좋은 작품이라고 할 수 없다. 문학예술의 형식과 내용이 잘 어우러지는 것이 중요하다.

북한의 문학과 예술 역시 '내용과 형식이 잘 조화되어야 한다'고 강조한다. 하지만 내용과 형식에서 중요한 것은 내용이다. 북한에는 추상 예술은 없다. 사건 없는 심리묘사도 없다. 모든 문학과 예술은 구체적인 사건이 있어야 한다. 즉 스토리가 있어야 한다.

북한 문학예술에서 중요한 것은 스토리이다. 남한에서 '문화'는 곧 문화예술이지만 북한에서는 문학예술이다. 북한 문학예술은 문학이 중심이다. 문학이 이야기를 만들면, 그 이야기는 모든 예술에 적용된다. 북한의 모든 예술에는 반드시 서사가 있어야 하는데, 서사를 문학에서 만드는 것이다. 서사가 없는 예술은 없다. 문학, 영화, 연극, 가극과 같이 서사를 포함할 수 있는 장르는 물론이거니와 무용이나 가요도 예외가 아니다. 주제가 없는 예술은 없다. 반드시 이야기가 포함되어야 하는데, 그 이야기를 만들어 내는 것이 바로 문학인 것이다.

문학은 문학을 포함하여 모든 예술의 주제(종자)를 창작하는 기본 과정이다. 당의 지침에 맞추어 이야기가 만들어지고, 검열을 통해 인민들에게 읽히는 과정을 거친다. 이 과정은 하나의 서사를 공유하는 과정이다.[5] 이 서사를 각 예술 분야에서 장르별 특성에 맞는 예술로 창작하는 것이다. '원 소스(one source) 멀티 유즈(multi use)'의 전형적인 구조이다.

대표적인 사례로 〈피바다〉가 있다. 〈피바다〉는 북한에서 가장 많이 공연되는 작품으로 김일성이 일제 강점기에 항일무장혁명 투쟁과정에서 창작하였다고 주장하는 작품이다. 북한에서는 1936년 여름에 처음 공연하였다고 주장하는 '불후의 고전적 명작'이다. 〈피바다〉는 북한 정권이 수립된 1960년대 말부터 1970년대 초에 여러 '예술'로 재창작되었다. 1969년에는 영화 〈피바다〉로, 1971년에는 가극 〈피바다〉로, 1972년에는 장편소설로 각각 옮겨졌으며, 교향곡 〈피바다〉, 가요 〈피바다〉 등으로 창작되었다. 줄거리는 모두 같다.

2. 장르 복합적 형식

북한 예술에는 장르 복합적인 형식이 많다. 오페라처럼 한 작품에서 노래도 하고, 무용도 한다. 장점이 있다. 한 작품 안에 여러 형식을 결합하는 것은 주제를 잘 살릴 수 있기 때문이다. 북한 문학예술은 주제를 전달하는 것이 중요하기 때문에, 주제를 위해서 필요한 장르를 적절하게 활용하는 것이다. 독창이 필요하면 독창으로 진행하고, 무용이 적절하다고 생각되면 무용을 사용하여 표현한다. 북한을 대표하는 공연인 혁명가극을 비롯하여 음악무용서사시, 대집단체조와 예술공연이 이런 특징을 잘 보여주는 장르이다.

종합적으로 운영하기 위해서는 음악, 미술, 무용 등 여러 분야의 배우가 한 예술단에 있어야 한다. 규모도 커야 하고, 연습장도 있어야 한다. 작가, 음악가,

---

5   김은정, 「'불후의 고전적 명작'의 장르적 교섭과 확장」, 『국제어문』 제56집(국제어문학회, 2012), 286쪽: "북한에서 '불후의 고전적 명작'이 김일성 작으로 호명되고 있다. 자본주의의 권리 주장 방식인 저작권과 달리 집체창작에 대표 필자를 선정하는 방식을 취하고 있는데 북한이 평가하는 좋은 작품을 아버지의 이름 즉 '불후의 고전적 명작'으로 명명함으로써 누구도 독점하지 못하는 공동의 작품, 국가의 작품으로 귀속시키는 것이다."

배우, 미술가들이 소속되어 있어서 작품 창작에서 기획단계에서부터 전문성을 살려 창작할 수 있다. 북한의 예술단은 전문예술단보다는 종합적인 예술단으로 구성되어 있다. 만수대예술단, 피바다가극단, 국립민족예술단, 공훈국가합창단 등이 종합공연예술단인데, 종합공연단체로 운영하는 것도 장르 복합적인 공연이 많기 때문이다.

장르 복합적인 작품은 대형 작품에서 많이 활용한다. 북한은 수천 명에서 수만 명이 참가하는 대형 작품이 많다. 10만 명이 출연하는 대집단체조와 예술 공연도 있다. 이러한 공연이 가능한 것도 한 단체 안에 여러 장르의 전문가들이 소속되어 있기 때문이다.

장르 복합적인 공연의 대표적인 형식으로 음악무용서사시가 있다. 음악무용서사시는 글자 그대로 음악과 무용을 기본으로 하여 역사적 사건들과 사실들을 작품으로 옮긴 대규모의 종합예술이다. 1950년대 후반부터 시작하여 합창과 무용을 비롯한 시 낭송과 관현악, 무대미술 등의 각 장르를 망라하여 다양한 효과와 극적인 전개를 결합한 형식으로 선을 보였다. 북한에서는 음악의 청각적 표현력과 풍부한 내용에 무용의 시각적인 효과를 이용한 장르로 평가한다.

3. 대작 지향

북한 문학, 예술에는 대형 작품이 많다. 평양 시내 한가운데 있는 주체사상탑을 비롯하여 만수대의 김일성 동상, 노동당 상징탑, 천리마동상 같은 조각, 인민대학습당, 인민문화궁전, 과학기술의 전당 같은 건축물을 보면 한결같이 크다는 것을 알 수 있다.

북한 문화예술 작품에서도 건물만큼이나 큰 대형 작품이 많다. 북한에서 대작이란 단순히 규모가 큰 것을 의미하지 않는다. 규모에 걸맞게 내용도 훌륭한 작품이라고 설명한다. 북한이 말하는 내용은 곧 최고지도자와 관련한 것이다. 대형 작품을 지향하는 것은 최고지도자의 정치적 업적을 기념하기 위해서이다.

대동강변에 세워진 주체사상탑

최고지도자의 혁명 업적을 기념하는 만큼 특별한 의미를 부여하면서 규모도 커졌다.[6]

대작은 북한 문학과 예술의 모든 분야에 있다. 문학 분야에서의 총서 시리즈를 비롯하여 서사시 〈백두산〉, 조각 〈천리마동상〉, 〈주체사상탑〉, 〈개선문〉, 〈만수대 대기념비〉, 〈보천보전투승리기념탑〉, 〈삼지연 대기념비〉, 〈왕재산 대기념비〉, 영화에서 〈민족과 운명〉, 〈조선의 별〉, 〈첫 무장대오에서 있은 이야기〉, 공연에서 음악무용서사시, 대집단체조와 예술공연 등이 있다.

문학에서 대작을 대표하는 작품으로는 총서 시리즈가 있다. '총서'는 장편소설 시리즈이다. 특별히 '최고지도자'인 김일성, 김정일, 김정은의 혁명 활동에 관한 작품에만 붙이는 명칭이다. 김일성의 혁명업적을 소재로 한 장편소설 시리즈인 '불멸의 력사'[7], 김정일의 혁명업적을 소재로 한 장편소설 시리즈인 '불멸의 향도'[8], 2020년부터 나오기 시작한 김정은 혁명업적을 소재로 한 '불멸의 려정'이 있다.[9]

조각에서는 천리마동상이 있다. 천리마동상은 김일성의 49회 생일을 기념하여 1961년 4월 15일에 평양시 모란봉 기슭의 만수대 위에 세운 조각상이다. 천리마동상의 높이는 50.2m이다. 동상에 있는 노동자가 들고 있는 붉은색의 편지

---

6   이런 작품을 기념비적 대작이라고 한다. 문학예술사전에서 기념비적 작품은 "심오한 사상적 내용을 높은 형상 속에 구현함으로써 커다란 사상예술적 가치를 지니고 사람들을 사상미학적으로 교양하며 자주성을 위한 투쟁으로 불러일으키는데서 큰 역할을 하는 매우 우수한 문학예술작품"이다.

7   총서 '불멸의 력사'는 김일성의 혁명 활동이 시작된 시기부터 주요 행적을 소재로 한 장편소설 시리즈이다. 1972년부터 조선작가동맹중앙위원회 4·15문학창작단 집체작 창작으로 〈1932〉라는 장편소설로 시작하였다. 제1권 〈1932〉부터 제12권 〈잊지 못할 겨울〉까지는 4·15문학창작단 이름으로 발표되었다. 그러다 1985년 제13권인 〈봄 우뢰〉부터는 소설가 개인 이름으로 발표하고 있다.

8   총서 '불멸의 향도'는 김정일의 혁명사적을 소재로 한 장편소설 시리즈이다. 1989년 현승걸의 『아침해』를 시작으로 28권 이상이 발표되었다.

9   총서 '불멸의 려정'은 2020년 9월에 처음 출간되었다. 첫 작품은 백남룡의 〈부흥〉으로 과학기술의 중요성을 강조하면서, 교육 분야를 지도한 김정은의 업적을 내용으로 한다.

가 1.3m에 달한다. 동상에 사용된 구리의 양은 100톤이 넘는다.

주체사상탑은 김일성의 70회 생일을 기념하여 1982년 4월 15일에 평양시 중심부인 김일성광장을 사이에 두고 인민대학습당 맞은편에 세웠다. 높이는 170m로 탑의 최상층 전망대에는 엘리베이터를 타고 올라갈 수 있다.

개선문은 김일성의 70회 생일을 기념하여 1982년 4월 15일에 세운 기념문이다. 광복되고 김일성이 돌아와 평양공설운동장(현재 김일성경기장)에서 연설한 것을 기념하기 위해서 김일성경기장 옆에 세웠는데, 높이는 60m이며, 폭은 52.5m로 세계적으로 알려진 파리의 개선문보다 크다.

만수대 대기념비는 1972년 김일성의 60회 생일을 맞아 평양의 만수대 언덕 위에 세워진 기념비이다. 대기념비 좌우 양편에는 22.5m 높이의 탑이 세워져 있다. 김일성이 가리키는 방향으로 나아가는 모습을 취하고 있는 228명의 인물들이 조각된 인물조각상과 기폭이 있다. 조각상의 평균 높이는 5m이고, 총길이는 200m이다.

영화에서 대작을 대표하는 작품으로는 '다부작 예술영화'가 있다. '다부작 예술영화'는 하나의 이어지는 이야기를 여러 편의 영화로 제작한 시리즈물이다. 대표적인 영화로는 〈조선의 별〉, 〈민족과 운명〉이 있다.

영화 〈조선의 별〉은 1920년대 중반부터 1930년대까지 김일성 주석과 김일성 주석을 따르는 인물들의 항일무장혁명 투쟁을 찬양하는 내용으로 조선예술영화촬영소에서 1980년부터 1987년까지 10부작으로 제작하였다.

영화 〈조선의 별〉보다 더 많은 기획시리즈로 제작된 영화로 〈민족과 운명〉이 있다. 다부작 예술영화 시리즈를 대표하는 〈민족과 운명〉은 1991년부터 제작되고 있는 영화이다. 〈민족과 운명〉의 주제는 '내가 사는 내 나라가 제일 좋다'는 것이다. 이 영화는 김정일이 〈내 나라 제일로 좋아〉라는 노래를 듣고, 영화의 주제가 좋다면서 '내 나라 제일로 좋아'를 주제로 한 영화 제작을 지시하였다. 처음에는 10부작으로 기획하여 시작하였다. 중간에 20부작으로 늘어났고, 다시 50부로 확대되었고, 50부 이후에도 시리즈가 계속되어서 80여 편을 넘겨서 아직도 제작하고 있는 영화 시리즈이다.

다부작 예술영화 〈민족과 운명〉 시리즈의 하나인 〈어제, 오늘 그리고 래일편〉 중에서

대집단체조와 예술공연 〈아리랑〉

　　공연예술에서 대작으로는 음악무용서사시와 대집단체조와 예술공연이 있다. 음악무용서사시는 북한이 주장하는 현대사를 음악과 무용을 이용하여 창작한 종합공연예술 작품이다. 음악무용서사시의 대표작품으로 〈영광스러운 우리 조국〉, 〈영광의 노래〉, 〈행복의 노래〉 등이 있다. 이들 작품은 김일성이나 김정일의 생일에 맞추어 최고지도자의 업적을 기념하기 위한 목적으로 제작한다. 음악무용서사시 〈영광의 노래〉는 김일성 주석 70회 생일을 기념하여 1982년 4월 15일에 공연되었고, 음악무용서사시 〈행복의 노래〉는 김일성의 75회 생일을 기념

하여 공연하였다. 실내 공연으로 진행하면서도 5,000명이 넘게 출연하였다.

북한식 매스게임 '대집단체조와 예술공연'은 참여 인원이 조금씩 늘어나더니 2000년 〈백전백승의 조선로동당〉 공연부터 출연 인원이 10만 명에 이르렀다. 2002년부터 진행한 대집단체조와 예술공연 〈아리랑〉은 2015년까지 공연되었다. 엄청난 인원이 참여하는 공연인 만큼 공연이 진행되는 곳도 제한적이다. 〈아리랑〉 공연에는 어린 학생부터 전문예술인까지 참여한다. '배경대미술'이라고 하는 카드섹션과 집단체조가 어우러진 초대형 공연으로 기네스북에 오르기도 하였다. 대집단체조와 예술공연은 북한 최대 경기장으로 15만 명을 수용하는 릉라도의 '5·1경기장'에서 진행된다. 2018년에는 〈빛나는 조국〉, 2019년에는 〈인민의 나라〉, 〈불패의 사회주의〉 등의 공연으로 이어지고 있다.

전문예술인이 참가하는 공연으로는 2015년에 있었던 조선로동당 창건 70주년 1만 명 대공연 〈위대한 당, 찬란한 조선〉이 있다. 북한은 매년 조선로동당 창건 기념일인 10월 10일이 되면 여러 형태의 행사를 진행한다. 특히 5년, 10년 단위가 되면 정년이라고 하여서 특별하게 큰 행사를 진행한다. 2015년은 조선로동당 창건 70주년으로 어느 해보다 크게 축하행사를 진행하였다. 2015년 10월 10일 중앙당 행사가 있었고, 다음 날 축하 공연이 있었다.

축하공연은 청봉악단의 '조선로동당 창건 70주년 경축공연', 공훈국가합창단과 모란봉악단의 '조선로동당 창건 70주년 경축 합동공연'을 비롯한 여러 공연이 열렸는데, 여러 행사 중에서 가장 규모가 큰 행사는 '1만 명 대공연 〈위대한 당, 찬란한 조선〉'이었다. 공연 제목에서 알 수 있듯이 참가한 전문예술인들이 1만 명을 넘었다. 만수대예술단, 보천보전자악단의 옛 성원들, 왕재산경음악단을 비롯한 예술인들이 참가하였다. 공연은 김일성광장 앞 대동강에 가설무대를 세우고 진행하였다.

노동당 창건 70주년 기념공연을 보도한 기사

*자료: 「로동신문」, 2015년 10월

이런 대형 공연을 진행하는 것은 집단주의를 강조하는 북한에서 조직의 위력을 보여주기 위한 목적이 크다. 대작이라고 하지만 모든 대작은 김일성, 김정일, 김정은과 관련된다. 공연의 내용도 그렇고, 공연이 열리는 시기도 최고지도자와 관련된다. 작가나 예술인 한 개인으로서는 감당할 수 없는 큰 규모의 예술작품을 통해 사회주의의 우월성을 과시하고, 집단의 위력을 체감하게 한다. 문화예술이 정치와 어떻게 연결되는지를 보여준다.

V
김정은 시대의 북한 문학

　김정은 시대의 북한 문학과 예술은 어떻게 달라졌을까? 결론부터 말하자면 내용은 전과 같다. 하지만 형식은 상당히 달라졌다. 같은 노래도 어떻게 부르느냐에 따라서 느낌이나 감성이 달라진다. 국악이라고 해도 국악인들이 부르는 방식과 이날치 밴드가 부르는 방식은 천지 차이이다. 김정은 시대의 문학예술은 표현 방식이나 무대 연출에서 전에 없이 달라졌다.

　김정은 시대 북한 문학예술의 첫 임무는 새로운 지도자 김정은이 어떤 인물인지를 규정하는 것이었다. 문학예술을 통해 김정은의 위상을 자리매김하고자 하였다. 김정은 시대의 문학예술은 이렇게 시작하였다.

김정은동지의 령도는
당과 혁명
조국과 민족의 운명이며
우리 군대와 인민의 생명!
김일성조선의 무궁무진한 힘의 원천이며
영원한 승리의 기치!

힘차게 나아가겠습니다
김정은동지의 두리에 결사옹위의 성벽을 쌓고
그이의 발걸음따라 나아가는 우리의 전진은
천지를 진감합니다.

초소와 고지, 구내길과 포전길에서
병사들과 인민들을 만나
따뜻이 나누는 김정은동지의 말씀에서
장군님의 그 음성은 높이 울립니다
그 음성은 강성국가의 하늘아래
통일광장에도 장엄히 울릴것입니다.

- 〈위대한 김정일동지의 령전에〉, 『조선문학』, 2012년 01호.

『조선문학』2012년 01호에 실린 시 〈위대한 김정일동지의 령전에〉의 한 부분이다. 『조선문학』은 북한의 유일한 문학 전문 잡지이자 조선작가동맹중앙위원회 기관지이다. 김정은 체제가 시작된 2012년 1월에 발간된 잡지의 첫머리에 '조선작가동맹중앙위원회' 이름으로 실렸다. 〈위대한 김정일동지의 령전에〉라는 시의 내용은 김정일을 추모하면서, 김정은을 곧 김일성, 김정일과 같이 믿고 따르겠다는 결의를 다지는 내용이다. 김정은에 대한 확고한 믿음을 다짐하고, 김정은을 끝까지 '결사옹위하겠다'는 다짐이 실려 있다.

> 부총장 신태영장령은 몇해전 경애하는 김정은동지를 처음으로 만나뵙게 되었을 때 심장이 띠끔하는 커다란 충격을 느꼈다. 너무도 놀란 나머지 미처 인사도 올리지 못한채 화석처럼 굳어졌다. 후리후리한 키에 환화면서도 영준한 존안, 푸른 영채가 빛나는 예지로운 안광과 보폭이 큰 활탈한 걸음씨…분명 어버이수령님이시였다. 해방직후 모란봉공설운동장(당시)에서 개선연설을 하실 때 바다처럼 설레며 환호하는 군중들에게 해빛같은 웃음을 보내시던 백두산청년장군의 모습이시였다. 그런가 하면 1970년대초 당의 기초축성시기 열정에 넘쳐 사업하시던 위대한 장군님의 모습같기도 하시였다.
>
> – 리웅수, 〈려명〉, 『조선문학』 2016년 01호, 13쪽.

『조선문학』 2016년 01호에 실렸던 리웅수의 소설 〈려명〉의 일부이다. 김정은 체제가 시작된 2012년 이후 새로운 지도자로서 김정은의 이미지를 묘사한 장면이다. 권력계승의 시기에 가장 필요한 것은 새로운 지도자에 대한 위상을 바로 잡는 것이다.[10]

---

10 이지순, 「북한 서사시의 김정은 후계 선전 양상」, 『북한연구학회보』 제16권 제1호(북한연구학회, 2012), 218쪽: "2010년 9월에 김정은이 중앙군사위원회 부위원장이 되면서 북한의 3대 권력세습이 대외적으로 공식화되었다. 2008년 김정일이 뇌졸중으로 쓰러진 이후 체제 위기에 봉착했던 북한은 후계자로 김정은을 결정하였다. 일상생활과 달리 문학 분야에서 3세대 후계자 김정은의 정통성과 정당성에 대한 선전 양상은 크게 두드러진 바가 없었다.…그러나 2011년 12월 17일 김정일이 갑자기 사망한 후 모든 상황이 급변하게 되었다. 우선 2011년 12월 31일에 북한 로동당 중앙위원회 정치국회의는 김정은을 조선인민군최고사령관으로 추대했다. 이후 미약한 징후로만 파악되던 김

소설 〈려명〉은 전선을 시찰하고 새벽에 군사종합대학 기숙사를 찾아온 김정은의 이야기로 시작한다. 김정은의 모습을 본 종합대학 부총장 신태영은 김일성의 이미지를 회상한다. 광복 직후 평양공설운동장에서 개선 연설을 하였던 김일성의 모습을 떠올린다. 그때 그대로이신 김정은이 다시 살아난 것처럼 놀란다. 김정은의 조부이자 수령인 김일성의 이미지가 그대로 김정은에게 투영되어 있다. 이로써 김정은은 곧 살아있는 김일성으로 다시 태어난다. 인민들에게 김정은은 '위대하신 김일성의 재림(再臨)'이었다.

2012년 이후 북한 문학은 김정은의 주요 행적을 따라 김정은의 업적과 김정은에 의해 변화되는 북한 사회를 담아 나가고 있다. 김정은 시대에 달라진 도시풍경은 김정은 시대를 상징하는 성과물로 선전하고 있다. 북한 문학도 김정은의 업적으로 강조되는 새로운 도시 건설의 성과를 담아내고 있다. 대표적인 업적으로 과학기술의 중요성을 강조하는 '미래과학자거리'와 '려명거리'가 있다.

고층주택 넓은 방에도 들려보시고
아빠트 높은 계단도 밟아보시며
하늘에서 내려다보며 흡족하던 거리
땅우에 내려서보니 더 웅장하다고
우렁우렁하신 음성으로 말씀하시네
원수님 너무도 기쁘시여

말씀하시네 희열에 넘치시여
여기서 인재의 숲이 자라야 한다고
여기에 미래의 만년기초를 앉혀야 한다고
미래과학자거리를
조국의 보석바다로 빛내여주시는
경애하는 김정은원수님

– 백하, 〈미래〉, 『조선문학』 2015년 05호, 13쪽.

정은에 대한 문학적 형상화는 급선회하게 되었다.”

『조선문학』 2015년 05호에 실린 백하의 시 〈미래〉이다. 미래과학자거리 건설을 소재로 한 시이다. 김정은 체제 이후 건설 사업이 곳곳에서 진행되었다. 대외적으로는 국제 사회의 대북 제재가 여전한 가운데서도 북한 체제가 건재하다는 것을 도시개발로 보여주고자 하였다.

《은하》! 《미래》! 《려명》!
그 이름으로 불리우는 인민의 거리들
인민의 스키장 물놀이장 승마구락부
인민극장 인민의 지하전동차 무궤도전차
로동당의 하늘 인민이 사는 세계
그 창가마다에서 우리는
더 아름답고 환희로운 꿈을 꾸어라

황금산! 황금벌! 황금해!
인민의 영원한 보물고에서
끝없이 새 문명 새 노래를 창조하며
한껏 무르익은 열매를 따들이고
아름찬 보물을 퍼올리고 쌓아거려니
빛나라 내 나라 사회주의여

— 심복실, 〈서해의 새 풍경〉, 『조선문학』 2018년 06호.

『조선문학』 2018년 06호에 실린 심복실의 〈서해의 새 풍경〉의 일부이다. '은하', '미래', '려명'은 모두 김정은 시대에 새롭게 건설된 아파트와 거리들이다. 마식령스키장, 문수물놀이장, 미림승마구락부는 인민대중 제일주의를 앞세운 김정은의 대표적인 치적으로 선전하는 휴양시설이다. 김정은 시대에 올린 성과물들을 나열하면서, 김정은에 의해 변모되는 '사회주의 문명국'의 희망을 보여주고 있다.

Ⅵ
김정은 시대의 아이콘
모란봉전자악단

1. 김정은 시대의 아이콘 '모란봉악단'

김정은 시대의 예술은 모란봉악단(나중에는 모란봉전자악단으로 개칭)으로
시작하였다. 모란봉악단은 김정은 시대를 상징하는 전자예술단이다. 김정은 시
대가 시작된 2012년 7월 '시범공연'으로 첫선을 보였다. 시범공연에서부터 김정
은의 '각별한 관심과 지도'로 만들어진 전자악단이라고 소개하였다.

2012년 7월에 있었던 모란봉악단 시범공연 장면

모란봉악단은 시범공연부터 확실하게 존재감을 부각시켰다. 모란봉악단의
시범공연은 2012년 7월 6일 만수대예술극장에서 김정은이 참가한 가운데 진행
되었다. 시범공연은 파격의 연속이었다. LED 패널을 사용한 다양한 배경화면을
이용하여 무대를 화려하게 구성하였고, 레이저 조명을 적극적으로 활용하면서
축제 형식으로 무대를 진행하였다. 출연진들은 형광색 반짝이의 미니스커트와

어깨선이 드러나는 의상을 입었다.

더욱 놀라운 것은 선곡이었다. 2부로 구성된 공연은 1부 〈아리랑〉으로 시작하여 북한 가요와 중국 가요로 구성하였다. 문제는 2부였다. 2부의 시작 곡은 1980년대 세대들에게 너무도 익숙한 영화 〈록키〉의 주제가 'Gonna Fly Now'였다. 전주가 흐르는 가운데 2부의 막이 올랐다. 그리고 2시간 10분 정도 진행된 공연 후반부에는 디즈니사의 애니메이션 주제가들이 줄줄이 연주되었다. 애니메이션 주제가가 연주되는 동안 미키마우스, 곰돌이 푸 등의 캐릭터가 등장하였다. 미키마우스가 직접 연주단을 지휘하는 퍼포먼스도 있었다.

「감사문: 당의 문예정책관철에서 선봉적역할을 훌륭히 수행한
모란봉악단의 창작가, 예술인들에게」

*자료: 「로동신문」, 2012년 12월 31일.

2012년 7월 9일자 『로동신문』은 「경애하는 김정은동지께서 새로 조직된 모란봉악단의 시범공연을 관람하시였다」를 게재하면서, "내용에서 혁명적이고 전투적이며 형식에서 새롭고 독특하며 현대적이면서도 인민적인 것으로 일관된 개성 있는 공연"이라고 평가하였다. 그리고 과거에 얽매이지 않고, 과감하게 받아들여서 적극적으로 '우리(조선)의 것'으로 만들어야 한다고 하였다.[11]

11 본사정치보도반, 「경애하는 김정은동지께서 새로 조직된 모란봉악단의 시범공연을 관람하시였다」,
    『로동신문』, 2012년 7월 9일.

시범공연 이후 모란봉악단은 주요 명절을 맞이한 축하행사나 합동공연을 주도하면서 김정은 시대를 상징하는 예술단으로 자리 잡았다. 모란봉악단은 과감한 혁신을 이끈 성공적인 단체로 소개하였다. "화려한 무대조명의 효과로 하여 청각과 시각적으로 변화무쌍한 공연은 음악형상창조의 모든 요소들을 예술적으로 완전히 조화시켰다. 공연의 주제와 구성으로부터 편곡, 악기편성, 연주기법과 형상에 이르는 모든 음악 요소들을 기성관례에서 벗어나 대담하게 혁신"한 예술단으로 주목받았고, 북한의 모든 사회단체가 본받아야 할 단체가 되었다.

모란봉악단의 이런 성과를 다른 예술단과 사회단체에서 본받을 것을 요구하였다. 모든 분야에서 모란봉악단을 따라 배우자는 운동이 벌어졌다. '모란봉악단 창조기풍', '모란봉악단 일본새(일하는 방식)'라는 용어도 생겼다. 2014년 6월 3일자 『로동신문』은 「모란봉악단의 창조기풍으로 명작창작의 불길을 세차게 지펴 올리자」는 기사를 통해 '모란봉악단의 창조기풍'을 "당이 준 과업을 열백 밤을 패서라도 최상의 수준에서 완전무결하게 실천하는 결사관철의 정신, 기성의 형식과 틀에서 벗어나는 혁신적 안목에서 끊임없이 새것을 만들어 내는 참신하고 진취적인 창조 열풍, 서로 돕고 이끌면서 실력전을 벌려 나가는 집단주의적 경쟁 열풍'이라고 하였다.[12]

2. 삼지연관현악단

삼지연관현악단은 2018년 평창동계올림픽 축하공연으로 이름을 알렸다. 삼지연관현악단은 2009년 1월에 창단한 '삼지연악단'에 가수들이 결합한 예술

---

12 『조선예술』 2015년 1호에 실린 리설향의 글 「모란봉악단이 창조한 혁신적인 창조 기풍은 창작가, 예술인들이 따라 배워야 할 좋은 모범」에서는 "모란봉악단의 집단주의적 경쟁 열풍은 고상한 창조 륜리에 기초한 경쟁 열풍이다. 고상한 창조 도덕륜리는 집단을 하나의 동지적 집단으로 만들기 위한 확고한 담보이다. 모란봉악단의 창조집단이 발휘한 집단주의적 경쟁 열풍은 자기의 형상기능과 재능 수준을 절대화하는 것이 아니라 서로가 도와주고 방조를 받으면서 높은 실력을 갖추기 위한 집단 투쟁이다"라고 소개하였다.

단이다. 북한을 대표하는 종합예술단체인 만수대예술단에서 여성으로 이루어진 기악중주 팀을 독립시켜 별도의 예술단체로 만들고는 '삼지연악단', '만수대예술단 삼지연악단'이라고 하였다. 삼지연악단은 클래식 전문연주단이었는데, 평창동계올림픽 축하공연을 위해서 가수들이 결합한 특별 편성으로 강릉과 서울에서 공연하였다.

삼지연관현악단은 2018년 남한에서 공연한 이후 김정은의 지시로 가수들을 포함하여 대중적인 공연을 하는 삼지연관현악단으로 확대되었다. 그리고 2018년 10월 10일 삼지연관현악단극장(현재는 삼지연극장)이라는 전문공연장을 전용극장으로 활동하게 되었다. 삼지연관현악단은 2020년 조선로동당 중앙위원회 제7기 제5차 전원회의 참가자들을 위한 축하공연을 진행하는 등, 2020년까지 국가 명절 공연에서 중심적인 역할을 하였다.

3. 국무위원회연주단

국무위원회연주단은 2020년부터 본격적으로 활동을 시작한 연주단이다. 국무위원회연주단의 존재가 알려진 것은 2020년 1월 25일에 열린 설 명절 기념 공연이었다. 당시 공연은 삼지연관현악단, 공훈국가합창단과 함께 국무위원회연주단이 참가한 합동공연으로 진행되었다. 공연장에는 김정은과 리설주 부부, 김정은의 여동생인 김여정 부부, 그리고 한동안 언론에 노출되지 않았던 김정일의 여동생 김경희가 자리하였다.

국무위원회연주단이 주목을 받은 것은 2020년 10월 10일 노동당창건 창건 75돌 기념열병식이었다. 국무위원회연주단은 국방성국악단과 함께 현장에서 행사 배경음악을 라이브로 연주하였다. 이후 북한의 주요 명절이나 기념일 공연을 주도하면서, 최고 예술인으로 자리 잡았다. 2021년 7월에는 국무위원회 소속 가수 김옥주가 인민배우 칭호를 받은 것을 비롯하여 여러 가수들이 국가 칭호와 표창을 받기도 하였다.

국가 표창장을 수여한 예술인들과의 기념사진

*자료: 「로동신문」, 2021년 7월 12일.

VII
화려하고 다양한
퍼포먼스의 공연예술

　북한 공연예술이 어느 때보다 화려해졌다. 북한 음악의 중심은 여전히 당과 수령이 중심이지만, 경쾌하고 빠른 노래와 화려한 춤이 어우러지는 종합공연도 많아지고 있다. 인민의 눈높이에 맞추어 북한의 공연무대도 화려해지고 다양해지고 있다.

　김정은 시대에 많이 불리는 가요는 대체로 경쾌하고 빠르다. 과학기술로 최첨단을 돌파하자는 주제의 가요 〈돌파하라 최첨단을〉, 〈더 높이 더 빨리〉, 〈전선에서 만나자〉, 〈단숨에〉 등의 노래는 속도감에서 분명한 차이를 느낄 수 있다.

　율동이 눈에 띄게 많아지고 동작도 화려해졌다. 북한의 공연에서는 음악과 무용이 철저히 분리되었다. 가수는 무대에서 노래만 하였고, 무용수들은 무용만 하였다. 하지만 김정은 시대의 공연에서는 춤과 음악이 하나가 되는 공연이 늘어났다. 노래와 안무가 함께 어우러지는 '가무(歌舞)'의 비중이 높아졌다. 2018년 평창동계올림픽을 위해 서울을 방문한 삼지연관현악단은 달라진 공연을 선보였다. 일회성 공연이 아니었다. 2019년 1월 북중 수교 70주년을 기념하기 위해서 북한 예술단이 베이징을 방문하여 공연할 때에도 같은 무용을 선보였다.

2018년 평창동계올림픽 축하공연에서 〈달려가자 미래로〉를 부르는 삼지연관현악단(좌),
2019년 1월에 있었던 북한 예술대표단의 중국 공연 타프춤 〈청춘시절〉(우)

북한 내부 공연에서도 달라진 것을 확인할 수 있다. 김정은 체제 출범 이후 트렌드가 된 예술단의 전국 순회공연에서는 예전에 볼 수 없었던 화려한 무대가 펼쳐지고 있다. 가장 현란한 무대를 선보이는 예술단은 단연 왕재산예술단이다. 왕재산예술단은 최근 몇 년간 지방 순회공연을 가장 많이 진행한 예술단이다. 〈배우자〉, 〈우등불〉, 〈달려가자 미래로〉, 〈보란듯이〉와 같이 빠르고 경쾌한 리듬의 노래를 배경으로 다이내믹하고 화려한 무용으로 다양한 레퍼토리를 구성하고 있다.

왕재산예술단의 퍼포먼스를 보여주는 공연으로 2017년의 "대륙간탄도로케트 시험발사 성공 기념 음악무용 종합공연"이 있다. 〈달려가자 미래로〉에 맞추어 타이트한 흰색 바지에 흰색 상의를 입은 여성무용수 6명이 나와 시원한 동작으로 현대적 군무를 선보였다. 이 무대에는 '탭댄스'의 북한식 표현인 타프춤도 등장했다. 군복을 입은 남성무용수 8명과 빨강, 노랑, 파랑 등 원색의 의상을 입은 여성무용수 8명이 현란한 발동작을 선보였다. 북한 가요 〈승리의 축배〉를 배경음악으로 했지만, 동작은 서양 탭댄스 그대로였다.

더욱 파격적인 공연은 〈륜춤〉이었다. '륜'은 홀라후프의 북한식 표현이다. 기계체조의 동작과 무용을 결합해 서커스를 무색하게 할 정도로 현란하게 홀라후프를 돌리면서 다양한 동작을 선보였다. 더 놀라운 것은 그들의 복장이었다.

7명의 여성 무용단원이 탱크톱과 초미니스커트를 입고 무용을 선보였다. 이전까지 북한 공연에서는 볼 수 없었던 아찔한 공연이었고, '선정성' 논란이 생기지 않을까 싶을 정도로 파격적인 무대의상이었다.

2017년 대륙간탄도로케트 시험발사 성공 축하 음악무용종합 공연 중 왕재산예술단의 〈륜춤〉

북한의 공연예술은 2019년 이후 첨단 과학과 결합한 퍼포먼스로 이어졌다. 미디어 파사드를 이용한 공연부터 디지털을 중심으로 한 공연으로 새로운 변화를 시도하고 있다. 김정은 시대에 강조하는 첨단 과학기술을 예술과 결합하여 새로운 시대의 예술로 주목하고 있다.

2021년 태양절에 선보인 미디어 파사드

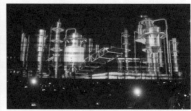

2021년 태양절 경축공연(좌), 노동당창건 76돌 경축공연(우)

VIII
어떻게 될 것인가?

　북한 사회가 폐쇄적이라고 해도 세계사적인 변화를 온전히 외면할 수는 없다. 물론 북한 체제의 근간에 해당하는 핵심적인 문제는 변하지 않는다고 해도 변화의 흐름을 멈추게 할 수는 없다. 세계 모든 문학과 예술이 그렇듯이 북한의 문학예술 역시 북한이라는 사회체제가 지향하는 지향점과 허용할 수 있는 범위 안에서 창작되고 유통된다. 견고할 것 같은 북한 사회도 시간이 흐르면서 많은 것이 변화되었고, 그 변화는 어떤 방식이든 작품으로 반영된다.[13]

　북한에서 문학과 예술은 어디까지나 정치의 영역이다. "경애하는 원수님의 사랑과 은덕으로 당의 품 안에서 이루어지"는 예술이다. 북한 문학과 예술의 중심은 당과 최고지도자를 향하고 있다. 문학의 주제는 여전히 사회주의 건설이고, 가사의 내용에서도 최고지도자에 대한 칭송, 당에 대한 감사, 변화하는 사회주의 조국에 대한 애국이 빠지지 않는다.

　북한 문학예술의 근본적인 속성에도 불구하고 상당한 변화가 진행 중이다. 새로운 시대가 시작되었고, 새로운 시대는 과거와 같은 운영시스템으로는 살아갈 수 없기 때문이다. 세계와 경쟁해야 하고, 먹고살기 위해서는 새로운 시대에 맞게 변화되어야 한다. 북한은 21세기를 '지식경제시대'라고 규정하였다. 과학기술과 첨단산업이 중심이 된 '지식경제시대'에 살아남기 위해서는 혁신이 필요하다. 과거와 같은 방식의 접근으로는 한계가 있다. 김정은 시대 문학예술의 변

13　오삼언, 「북한의 지도자 형상화와 기억정치 -『영생』과 『야전렬차』를 중심으로-」, 동국대학교 북한학과 석사학위논문(2017), 1쪽: "북한 문학은 당의 지도와 통제 속에서 창작되고 편집된다. 북한 문학 속에서, 북한의 현실은 있는 그대로가 아니라 당의 정책이라는 프리즘을 거쳐 굴절되어 드러난다. 이러한 제약에도 불구하고 문학은 현실을 반영할 수밖에 없다. 북한 문학 역시 북한의 시대 흐름과 현실 양상을 어떠한 방식으로든 작품에 반영하고 있다."

화는 이러한 변화를 촉발하고, 동력을 확보하기 위한 차원의 변화이다. 이 역시 정치적인 행위이다.

코로나 팬데믹으로 인한 경제위기, 자연재해로 인한 식량 위기감이 높아진 이후로 북한 문화예술은 '천리마시대'를 호명하고 있다. 체제의 위기가 문화예술에 그대로 반영된다.

북한 사회의 변화와 대중문화의 변화는 상대적이다. 변화해야 한다는 절박함이 묻어 있다. 여전히 당의 검열을 받고, 당의 노래를 하고 있지만 '이런 것까지…'라고 말할 정도로 달라진 것도 있다. 어찌 보면 변화에 대한 강박이다. 새로운 비전을 공유하고 혁명에 동참하도록 해야 한다. 전면적인 변화가 필요하다는 방증이기도 하다. 이러한 울림이 성과를 얻기 위해서는 인민들이 체감할 수 있는 사회 변화가 동반되어야 한다. 북한 문화예술이 주도하는 변화의 결과이자 관 주도 예술의 분기점에 서 있다.

참고문헌

남한문헌

고인환, 「주체의 균열과 욕망」, 이화여자대학교 통일학연구원편, 『북한문학의 지향도』, 이화여자대학교출판부, 2008.

김은정, 「'불후의 고전적 명작'의 장르적 교섭과 확장」, 『국제어문』 제56집, 국제어문학회, 2012.

남원진, 「이북문학의 정치적 종속화에 관한 연구: '종자'와 '대작'을 중심으로」, 『통일정책연구』 제17권 1호, 통일연구원, 2008.

오삼언, 「북한의 지도자 형상화와 기억정치 -『영생』과 『야전렬차』를 중심으로-」, 동국대학교 북한학과 석사학위논문, 2017.

오태호, 「북한 단편소설에 나타난 연애 담론 연구 - 2000년대 초반 단편소설을 중심으로」, 『국제어문』 제58집, 국제어문학회, 2013.

이지순, 「가족은유의 시적 형상화 고찰」, 『북한연구학회보』 제10권 2호, 북한연구학회, 2006.

이지순, 「북한 서사시의 김정은 후계 선전 양상」, 『북한연구학회보』 제16권 1호, 북한연구학회, 2012.

북한문헌

리경체, 〈마식령병사는 추억하리〉, 『조선문학』, 2013년 8호.
본사정치보도반, 「경애하는 김정은동지께서 새로 조직된 모란봉악단의 시범공연을 관람하시였다」, 『로동신문』, 2012년 7월 9일.
조선작가동맹 시문학분과위원회 집체작, 〈영원한 선군의 태양 김정일동지〉, 『로동신문』, 2012년 2월 13일.
조선작가동맹중앙위원회, 〈위대한 김정일동지의 령전에〉, 『조선문학』 2012년 1호, 2012.

제9장

북한의
교통

안병민 한반도경제협력원 원장

I
북한에서의 교통이란?

　일반적으로 교통은 사람과 재화의 공간적 이동, 즉 어떤 지점에서 다른 지점으로의 이동으로 정의된다. 특히 재화는 재화를 보다 높이 평가해 주는 목적지로의 공간적 이동을 통해 이윤이 창출된다. 따라서 재화의 공간적 이동 수요는 목적지에서 발생하는 그 자체의 수요로부터 파생한다고 설명할 수 있다.

　한편 북한에서의 교통은 어떠한 개념으로 통용될까? 북한의 『조선말대사전』에서는 교통은 '길이나 철도, 항로 등으로 사람이 래왕하거나 각종 운수 수단으로 사람과 짐이 오고 가는 것'으로 정의하고 있다. 또한 '교통'이라는 개념은 '운수'와 함께 혼용하고 있는데, '운수'는 '사람이나 짐을 일정한 수송 수단을 리용하여 나르는 일, 또는 그런 것을 분업으로 하는 인민경제의 한 부문'으로 설명하고 있다.

　북한에서 간행된 『조선지리전서』에서는 교통을 '일정한 수송 수단을 리용하여 화물과 여객을 한 장소에서 다른 장소로 옮기는 것을 전문으로 하는 인민경제의 한 부문'이라고 설명한다. 이와 함께 '사회 재생산과정에서의 한 구성 부문이며, 생산과 유통을 위한 생산적 봉사 부문'이 교통이라고 정의한다.

　북한 정권 초기에는 교통이라는 개념보다 수송이라는 용어가 자주 사용되었다. 김일성은 수송의 위상을 생산과 대등한 반열에 두는 발언을 한 바 있다. 즉, "생산은 곧 수송이며 수송은 곧 생산"이라고 한 것이다. 물질적 생산의 구성 부문인 수송은 생산을 전제로 하며, 생산은 수송을 떠나서는 성과적으로 실현될 수 없다는 의미이다. 생산과 수송은 서로 뗄 수 없는 하나의 통일체를 이루고 있다는 것을 강조하였다.

북한에서는 생산력과 교통망이 불가분의 통일체를 이루면서 밀접한 연관 관계를 갖는다는 원칙하에 생산력을 배치하고 있다. 다시말해 ① 공장과 기업소들의 원료원천지-소비지 접근, ② 지역 생산 잠재력의 최대한 동원·이용 및 인민경제부문과 지역의 균형적 발전 보장, ③ 도시와 농촌 사이의 생산 소비적 연계 강화 및 도시와 농촌 간 격차 해소를 위해 교통운수망을 발전시켜 왔다.

공장·기업소들을 원료 원천지와 소비지에 접근시켜야 하는 이유

1) 제철공업: 예를 들면 공업용 선철 1톤 생산에 필요한 원료는 품위가 60%인 철광석 정광 1.7톤과 석회석 10kg, 연료로 유연탄 100kg과 코크스 540kg이다.
   - 선철 생산의 원가 절감을 위해서는 수송비 부담을 줄여야 한다. 이를 위해 원료 생산지인 철광석 생산지에 생산시설을 배치해야 한다.
2) 식료공업: 완제품보다는 원료의 무게가 적기 때문에 생산시설을 완제품 소비지에 접근시켜야 수송 거리와 수송비를 절약할 수 있다.

그림 1 ▎ **교통과 생산성(1) 공업용 선철 생산 사례**

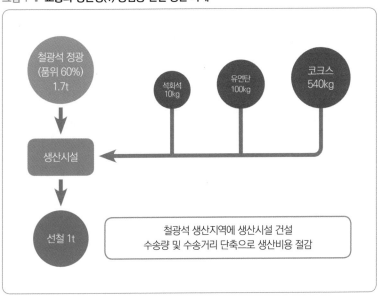

그림 2 ┃ 교통과 생산성(1) 식료품 생산 사례

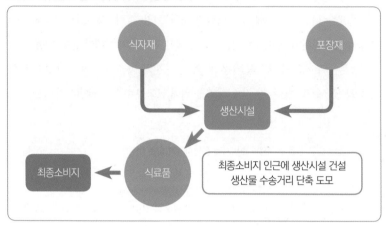

북한은 1977년 당중앙위원회 제5기 13차 전원회의에서 3대 수송방침을 결정하였다. 3대 수송방침이란 집중수송, 연대수송, 짐함수송을 말한다.
- 집중수송: 중량 화물을 생산지에서 소비지까지 중간 정차 없이 수송
- 연대수송: 철도, 자동차, 선박 등의 운송 수단을 서로 연계, 결합시켜 수송
- 짐함수송: 화물을 규격화된 함(컨테이너)에 수납하여 수송

이와 함께 기존 수송망을 보완하기 위한 3화수송을 중점적으로 시행하고 있다. 3화수송이란 관(管)화, 삭도(索道)화, 벨트컨베이어화 등을 말한다. 관수송이란 파이프라인을 이용하는 수송이며, 삭도수송은 케이블카를 이용하는 수송이다. 산악지형이 80% 이상인 북한에서 철도, 도로의 한계를 극복하기 위한 수송방식인 것이다.

Ⅱ
북한에서의 교통 분류와 특성은?

1. 교통의 특성별 분류

북한에서는 교통(수송)을 철도교통, 자동차교통, 수상교통, 항공교통으로 구분한다. 북한에서 간행된 『광명백과사전』에서 정의하는 교통 분류 및 특성은 다음과 같다.

- 철도운수와 수상운수는 대량 화물의 먼 거리 수송에 적합한 운수형태이고, 자동차운수는 가까운 거리 화물 수송에 적합한 운수형태이다.
- 철도운수는 화물 송달 속도에서 자동차 운수보다는 떨어진다.
- 수상운수에서는 항(항만)에서의 화물 작업 시간이 매우 길지만 총체적인 화물 송달 속도는 철도운수보다 높다.
- 여객의 평균 여행 속도의 견지에서 제일 우월한 것은 항공운수이고 그 다음에 철도운수와 자동차운수가 놓인다.
- 노동생산 능률의 견지에서 보면 수상운수가 철도운수보다 앞서며, 자동차 운수가 노동생산성이 제일 낮다.
- 운수형태를 합리적으로 선택하고 그들 사이의 수송량 분배를 잘하는 것은 수송에서 운수 형태들의 기술경제적 우월성을 최대한으로 이용하여 사회적인 총수송비를 절약하며 수송의 효과성을 높이는 데서 중요한 의의를 가진다는 것이다.

표 1 ┃ **교통수단별 경쟁력**

구분	화물 송달 속도	평균 여행 속도	먼 거리 수송	노동생산능률	화물 작업 시간
철도	4	2	3	2	3
도로	2	3	4	3	1
해운	3	4	2	1	4
항공	1	1	1	4	2

*주: 경쟁력이 가장 높은 것을 1, 가장 낮은 것을 4로 책정

2. 북한의 교통 관련 법체계 및 행정 조직

1) 법체계

북한의 법체계 및 법 제정원칙은 우리와는 다르다. 이른바 북한의 사회주의 법치국가라는 것은 당(노동당)의 영도에 인민 대중의 의사와 요구가 행위 규범으로 표현된 사회주의 법을 기본 수단으로 하여 사회관리, 국가관리를 해나가는 국가로 정의하고 있다.

북한의 법 제정원칙은 당 노선 구현, 인민 의사 반영, 현실성과 과학성의 보장, 준법성 보장, 명확성 등이다.

법의 형식은 부문법, 규정, 세칙 등이 있으나 일반적으로 우리가 말하는 법은 북한의 부문법에 해당한다. 부문법은 '조선민주주위 인민공화국 법'이라는 명칭으로 되어 있으며, 최고인민회의 및 최고인민회의 상임위원회가 채택, 수정할 수 있다.

북한 법체계에서 교통은 매우 복잡한 체계로 되어 있다. 18개로 분류되는 북한 법체계에서 교통과 직간접적으로 관련된 부문은 행정 부문, 교통운수 부문, 재판·인민보안 부문, 국토·환경도시 부문, 외교·대외경제 부문, 계획·노동·재산관리 부문, 인민봉사·건설·도시경영 부문 등이다.

- 교통운수 부문: 「철도법」, 「철도차량법」, 「자동차운수법」, 「지하철도법」, 「민용항공법」, 「해운법」, 「해상짐수송법」, 「배길표식법」, 「수로법」, 「항만법」, 「배등록법」, 「배안전법」, 「선원법」, 「해사감독법」, 「항무감독법」, 「무역짐배용선 중개법」, 「다른나라배대리업무법」
- 재판·인민보안 부문: 「도로교통법」
- 국토·환경도시 부문: 「갑문법」, 「도로법」, 「하천법」
- 외교·대외경제 부문: 「국제철도화물수송법」
- 계획·노동·재산관리 부문: 「인민경제계획법」, 「국토계획법」, 「도시계획법」
- 인민봉사·건설·도시경영부문: 「도시경영법」

2) 행정 조직

북한의 내각은 행정적 집행기관, 전반적 국가관리기관이며, 국방 분야 이외의 행정 및 경제 관련 사업을 담당한다.[1] 북한의 내각은 2020년 말 기준 8위원회(교육위원회, 국가가격위원회, 국가검열위원회, 국가계획위원회, 국가과학기술위원회, 국가품질감독위원회, 수도건설위원회, 조국평화통일위원회), 34성, 3국(국가우주개발국, 내각사무국, 중앙통계국), 1원(국가과학원), 1은행(중앙은행)으로 구성된다.

이 가운데 교통과 직접 관련된 중앙행정부서는 철도성, 국토환경보호성, 육해운성이 있으며, 유관 부서는 국가계획위원회, 수도건설위원회, 건설건재공업성, 국가건설감독성, 도시경영성, 선박공업성 이다.

철도 업무를 담당하는 철도성은 북한에서 가장 규모가 큰 중앙행정기관 중 하나로 산하에 병원, 인쇄공장, 혁명사적관, 연구기관, 청년돌격대 등을 두고 있다. 주요 부서로는 객화차국, 계획국, 국제교통국, 기관차국, 수송지휘국, 국제교통국 등 20여 개 국이 있다. 지방의 철도조직으로는 4개의 국(평양철도국, 개천철도국, 함흥철도국, 청진철도국)이 있으며, 지방철도국 아래에 중간 관리기구로서 철도분국을 설치하고 있다.

도로 업무를 담당하는 국토환경보호성은 도로, 산림, 강·하천, 해양 환경 보호 등의 업무를 담당하고 있다. 도로 업무를 육해운성이 아닌 국토환경보호성이 맡고 있는 것은 도로를 국토 관리사업의 한 부분으로 인식하고 있기 때문이다.

국토환경보호성은 도로관리국, 강하천관리국, 산림관리국, 산림총국, 자연보호감독국, 대외협력국, 과학기술국, 해양국, 환경보호국과 산하 국토계획연구소, 환경과학기술연구원, 산림연구원 등으로 구성된다.

육해운성은 자동차 관리 및 운영, 항만 및 수상운송 관리, 해운 관리, 수로

---

1   통일부, 『2021 북한 이해』, 통일부(서울), 2021, P.69.

갑문 운영 등의 업무를 맡고 있다. 육해운성의 주요 부서로는 수송생산종합국, 계획국, 자동차관리국, 자동차운수관리국, 항만수상운수관리국, 해운관리국, 갑문관리국, 외국선박사업국 등 10여 개 국이 있다.

산하에 해운과학연구소, 해운설계연구소, 해운연합기업소를 두고 있다. 자동차운수국에는 특정화물 수송을 담당하는 기동여단을 두고 있으며, 해운관리국은 북한의 주요 무역 짐배(화물선)를 관리한다.

그림3 ▎ 북한의 교통행정 조직도

민용항공기 운영을 담당하는 기관은 조선인민군 공군 산하의 조선민용항공총국이다. 민용항공총국은 운수부, 대외사업부, 계획부, 장비부, 재정부로 구성되며 자재상사, 비행기표판매사무소를 두고 있다.

북한의 국가 주권의 최고정책 지도기관은 국무위원회이다. 국무위원회는 국방을 비롯한 국가의 중요정책을 토의·결정하고, 국무위원장 명령, 국무위 결정·지시 집행 정형을 감독하고 대책을 수립하고 있다. 국무위원회의 지도를 받는 별도의 기관에는 국방성, 사회안전성, 국가보위성이 있다. 이 가운데 교통업무와 관련이 있는 기관은 국무위원회와 사회안전성이다. 국무위원회에는 설계국이 설치되어 있어 주요 전략사업의 설계를 담당하고 있는 것으로 보이며, 사회안전성은 도로총국을 설치하여, 도로 통행과 관련된 안전, 통제 업무를 하고 있다.

Ⅲ
북한의 철도

1. 나라의 동맥이며 인민경제의 선행관

북한의 「철도법」(제1조)에서는 '철도는 나라의 동맥이며 인민경제의 선행관
이다'라고 명시되어 있다. 또한 동법에서는 철도는 투쟁을 통하여 쟁취한 혁명
의 고귀한 '전취물'이라고 규정하고 있다. 북한 법에서 혁명의 전취물로 규정된
것은 토지와 철도뿐이다.

그림 4 ┃ 인민경제 4대 주공전선 중 하나인 철도

북한에서 철도는 운송 수단의 한 종류라기보다는 운송 수단 그 자체를 의미한다.

북한에서의 교통수단은 철도와 기타 운송 수단으로 분류되는데, 교통정책을 철도정책이라고 이해하면 될 정도로 철도가 절대적이다. 요컨대 북한의 교통 인프라체계는 철도를 중심으로 도로 및 해운이 보조적으로 이용되는 소위 '주철종도(主鐵從道)'의 체계를 갖추고 있다.

김일성은 "철도가 운영되는 것은 인체에 비유하면 혈액이 순환되는 것과 같다. 철도가 잘 운영되어야만 공업과 농업 생산이 보장되고 경제건설이 빨리 추진될 수 있으며, 또한 인민생활도 보장될 수 있다"고 하였다.

이 발언은 북한의 철도 위상을 반영한 것으로 이해할 수 있다. 북한에서는 철도가 전력과 석탄, 그리고 금속과 함께 인민경제의 4대 주력 부문으로 간주되고 있다.

2. 시설 및 운영 현황

북한의 철도 총연장은 2020년 현재 약 5,300km이며, 그 중 80%가 전철화 구간이다. 그러나 노선의 97%가 단선이고, 대부분의 철도 시설은 노후화가 상당히 진행된 상태이다.

선로 궤도는 표준궤(선로 폭이 1,435mm)와 협궤(1,067mm), 광궤(1,520mm)가 노선에 따라 사용되고 있다. 협궤 철도는 일제강점기에 부설된 것으로, 주로 광산지역이나 산림지역, 낙후지역에 집중되어 있다. 광궤 철도는 나진역과 러시아 하산역을 연결하는 구간에 부설되어 있다.

북한 나진-두만강역 간 복합궤도 노선
(1,435㎜ 표준궤도와 1,520㎜ 광궤도가 병행 부설)

북한에서 철도는 여객수송의 약 60%, 화물수송의 약 90%를 담당하고 있다. 북한의 교통수단이 철도를 중심으로 형성된 가장 큰 이유는 험준한 산악지형이 많은 지리적 여건 때문이라고 할 수 있다. 북한처럼 동고서저의 특성, 산악지형이 많은 곳의 장거리 수송에서 철도는 다른 수송 수단에 비해 강력하고 효율적이기 때문이다.

또한 북한은 정권 수립 직후부터 일제가 남겨 놓은 철도 시설의 복구와 함께 경제계획의 추진에 필수적인 철도망 구축을 추진하였다. 북한에서 철도의 중요성이 특히 강조되는 이유는 철도가 대량 수송, 규칙적인 수송이 가능하며 수송 시간이 짧고 수송원가가 싼 교통수단이기 때문이다.

북한 전기기관차의 평균 견인중량은 약 1,300톤으로 북한 연안해운의 평균 적재능력인 1,000톤보다 1.3배 높다. 철도의 수송 원가는 자동차의 34%, 해상운송의 53% 수준으로 알려져 있다. 또한 북한 철도화물의 평균 수송거리는 약 160㎞로서 자동차 화물운송 거리의 15배, 연안 해운 거리의 1.7배에 해당한다.

북한 철도망은 동부, 서부, 북부, 동서연결 노선으로 이루어진다. 동부노선의 대표적인 노선으로는 평라선, 함북선, 강원선, 금강산청년선이 있다. 서부노선은 평양과 신의주를 연결하는 평의선, 평양-개성을 연계하는 평부선이 등 간선노선이 있다. 북부노선은 북-중 접경지역인 양강도, 자강도의 간선노선으로 만포선과 백두산청년선이 있다.

표 2 ‖ 북한철도 주요노선

■ 동부노선

노 선 명	구 간	거리(km)	비 고
평 라 선	간리~라진(나진)	781	1992년 평양~청진 간 철도중량화
함 북 선	반죽/회령~라진	327	
강 원 선	고원~평강	145	
금강산청년선	안변~구읍	102	1997년 4월 개통

■ 서부노선

노 선 명	구 간	거리(km)	비 고
평 의 선	평양~신의주	225	1964년 전철화
평 북 선	정주청년~청수	121	
평 부 선	평양~개성	187	
평 덕 선	덕천~구장청년	192	

■ 북부노선

노 선 명	구 간	거리(km)	비 고
만 포 선	순천~만포국경	303	
백두산청년선	길주청년~혜산청년	142	1990년 개통(전철)
백 무 선	백암청년~무산	187	

북한 철도의 가장 큰 특징은 중국, 러시아와 4개 지점에서 국제철도가 연결, 운영되고 있다는 것이다. 현재 북-중 간에는 신의주~단둥, 남양~도문, 만포~집안, 북-러 간에는 두만강~하산 연결 노선이 있다. 일제강점기에는 4개 노선

이외에 청수~상하구, 삼봉~개산둔, 훈융~훈춘 간 3개 철도 노선이 운영되었으나, 현재는 단절되어 있다.

그림 5 ┃ **북한의 국제열차 노선**

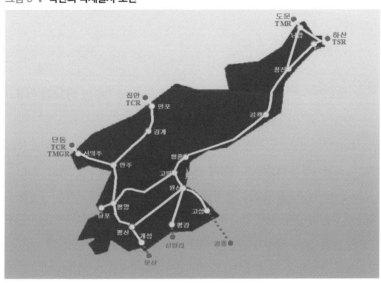

IV
북한의 도로

1. 도로는 나라의 얼굴이며 문화발전 수준을 보여주는 중요한 징표

북한에서는 도로를 '자동차를 비롯한 여러 운송 수단들과 사람들의 교통을 안전하고 편리하게 보장하기 위하여 건설한 비교적 큰 길'[2]로 정의하고 있다.

또한 북한은 '도로의 건설과 정비가 나라의 경제, 문화 발전과 인민들의 생활상 편의를 보장해 주며, 증가하는 수송 수요에 대응 가능하다고 보고 있다. 도로를 발전시켜야 중앙과 지방, 지역들 호상 간의 련계, 특히 도시와 농촌 간의 련계를 강화할 수 있으며 나라의 전반적인 문화발전을 촉진할 수 있다'고 말한다.

김정일은 도로의 기능 및 역할에 대해 "도로는 나라의 경제를 발전시키고 인민들의 생활상 편의를 도모하는 데서 중요한 자리를 차지한다. 도로를 잘 건설하고 정비하여야 수송 수요를 원만히 보장하고 경제건설을 다그칠 수 있으며 인민들에게 생활상 편의를 더 잘 보장해 줄 수 있다. 도로는 나라의 얼굴이며 문화발전 수준을 보여주는 중요한 징표의 하나이다. 도로가 어떠한가에 따라 그 나라의 발전면모가 나타나고 문화수준이 평가된다"[3]고 발언한 바 있다.

북한에서의 도로는 '인민경제의 중요 구성 부문'이며 '수송 수요의 보장', '경제건설', '인민에게 생활편의를 보장해 주는 수단'인 것이다.

---

2 남측에서의 도로에 대한 정의는 '사람이나 차들이 편히 다닐 수 있도록 만든 비교적 큰 길'이다. 우리말대사전편찬회, 『우리말대사전』, 1995, p. 435.

3 김수연, 『국토관리사업에서의 위대한 변혁』, 사회과학출판사(북한), 1992, p. 10.

김일성은 도로건설의 원칙으로서 "산간지대의 교통문제 해결, 농촌경리의 기계화 실현, 농경지를 침범하지 않는 도로건설"을 강조하였다. 김일성의 이러한 발언은 북한 도로정책의 기본이 되었고, 아울러 도로 운송은 30㎞ 이내의 단거리 운송에 국한한다는 원칙도 수립되었다.

북한이 본격적인 도로 정비에 착수하게 된 것은 북한지역 도로의 대부분이 일제 하에서 건설된 것으로, 정상적인 인적, 물적 수송 기능을 수행할 수 없는 기형적인 구조를 갖고 있었기 때문이다.

철도와 마찬가지로 북한 내 도로는 일제가 자원 개발, 물자 반출, 대륙 침략의 효율적인 수행을 위한 식민지 활용 수단으로 건설된 것이었다. 따라서 남북 분단 초기의 북한도로망은 남북으로 관통하는 간선도로와 그것을 항구도시들과 연결시키는 단거리 노선이 대부분이었다.

그림 6 ┃ **북한 도로 관련 선전물**

1980년대까지 북한의 도로는 주요 철도역이나 항구 등을 잇는 연결교통 및 보조 수송 수단으로 활용되었다. 즉 철도나 수운(水運)망이 없는 지역에 한하여 장거리 수송을 담당하도록 한다는 기본 입장에서 정책이 추진되었다.

그러나 최근 북한은 도로 수송의 중요성을 강조하는 등 기존 철도 위주의 교통정책에서 탈피하는 모습을 보이고 있다. 북한은 도로 운송이 기동성 및 운행 속도가 높으며 원하는 시간에 수송이 가능한 교통수단이라고 평가하고 있다. 또한 도로 운송은 주로 가까운 거리인 약 150~200㎞ 수준에서는 수송 원가가 저렴하고, 철도에 비해 건설비가 수십분의 1에 불과하다고 밝히고 있다.

북한 도로망은 지형 조건, 경제·정치·군사적 여건을 고려하여 평양을 중심으로 원산 이남을 연결하는 노선에 집중되어 있다. 북한의 지형적 특성상 북부지역은 고원지대, 중앙부에는 낭림산맥이 위치하고 있어 동서 해안선을 따라 도로망이 형성되어 있다.

내륙 산지들은 해발 300~1,500m의 고도로 동해안으로는 급경사, 서해안에는 긴 산맥들이 완경사로 뻗어 있어 대부분의 도로망이 하천을 따라 발달되어 있으며, 터널과 교량이 많다. 따라서 동서 연결 도로망과 북부내륙지역 연결 도로망은 취약한 실정이다.

북한에서의 도로의 역할은, ① 자동차 수송을 더욱 촉진시켜 공장, 기업소 등에 필요한 원료, 자재, 설비를 공급하여 생산과 건설을 정상화시키는 것, ② 생산과 소비의 긴밀한 연계와 균형을 보장해주는 것, ③ 도시와 농촌지역 간의 정치, 경제, 문화적 연계를 보장하여 지역 간 격차를 해소시키기 위한 것이다.

또한 북한에서의 도로망 계획을 수립할 때는 다음과 같은 원칙을 지켜야 한다.

① 해당지역의 경제발전 및 건설과 관련된 김일성, 김정일, 김정은 동지의 말씀과 당(조선노동당)의 방침에 철저히 입각할 것
② 인민경제의 모든 부분을 유기적으로 결합, 장성하는 수송수요를 원만하게 보장할 것
③ 지역 간 문화적 연계와 주민들의 이동상 요구를 원만히 보장할 것
④ 도로망은 될수록 농경지를 침범하지 않는 원칙을 지킬 것
⑤ 자동차 운행을 편리하고 안전하게 보장할 것
⑥ 모든 리(里)에 들어간 도로들을 정상적으로 조사하여 더욱 개선할 것

⑦ 도로망은 농촌경리 기계화를 성과적으로 보장할 수 있게 계획할 것

⑧ 도로망은 국방상 요구에 맞게 계획할 것

2. 시설 및 운영 현황

북한은 대외선전용 책자인 『조선개관』을 통해 북한의 도로 연장이 7만 5,500 ㎞라고 밝혔다. 또한 같은 해에 출간된 『조선지리전서』에서는 1982년 말 통계를 인용하여 도로총연장이 6만 537㎞라고 밝혔다. 자동차의 양방향 통행이 가능한 4급도로 이상을 대상으로 할 경우 북한의 도로 총연장은 2013년 기준으로 2만 6,000㎞로 추정된다.

도로망은 서해축, 동해축, 동서연결축, 북부내륙축, 동서국경축 등 5개축으로 구분할 수 있다.

- 서해축 노선: 판문점~개성~금천~사리원~황주~중화~평양~순안~숙천~정주~용천~신의주를 잇는 노선과 해주~재령~남포~평원을 연결하는 노선
- 동해축 노선: 고성~원산~함흥~성진~길주~청진~나진~웅상~온성을 잇는 노선과 평강~원산~함흥~청진~속사리~후창을 연결하는 노선
- 동서연결축 노선: 평양~원산 간 고속도로, 장산곶~송화~장연~남포~평양~강동~양덕~덕원을 연결하는 노선
- 북부내륙축 노선: 평양~이천~곡산~양덕~희천~초산 간 노선과 신북청~갑산~혜산 간 연결 노선, 용잠리~태천~상용평~무산 간 연결 노선
- 동서국경축 노선: 신의주~수풍~초산~만포~후창~혜산~회령~온성 연결 노선

북한은 1964년 6월에 도로정비 및 관리사업의 효율화를 위해 도로를 6개 등급으로 나누는 한편 각 도로별로 관리의 책임 한계를 규정했다. 북한의 도로별 정의에 의하면 1급 도로는 중앙과 도(道) 사이, 2급 도로는 도(道)와 도(道)

사이, 3급도로는 도(道)와 군(郡), 군郡)과 군(郡) 사이, 4급 도로는 군(郡)과 리(里) 사이, 5급 도로는 리(里)와 리(里) 사이, 6급 도로는 리(里) 안의 마을과 마을을 연결하는 도로를 말한다. 평양-원산 고속도로가 건설된 1978년 이후에는 고속도로가 도로 등급에 추가되어 7개 등급으로 확대되었다.

표 3 ┃ 북한의 도로 등급

도로 등급	도로의 행정적 구분	승용차 환산 운행강도(대/일)
고속도로	수도와 도, 주요주민지를 연결하는 고속도로	
1급도로	수도와 도를 연결하는 도로, 국가 간선도로	5,500이상
2급도로	도와 도를 연결하는 도로, 도 주요도로	2,500~5,500
3급도로	도와 군, 군과 군을 연결하는 도로	800~2,500
4급도로	군과 리를 연결하는 도로, 군적인 주요도로	300~800
5급도로	리와 리를 연결하는 도로	150~300
6급도로	리 안의 마을과 마을 연결 도로, 포전도로	150 이하

북한에서의 고속도로는 6개 노선, 노선 총연장은 661㎞이다. 그간 북한 내 고속도로로 알려져 있던 평양~순안, 평양~남포 간 강안고속도로는 1급 도로로 전환되었다.

북한의 고속도로는 엄격한 차량 통제가 이루어지고 있다. 고속도로 운행 차량은 외국인 관광객 수송 차량, 북한 주민의 혁명 전적지 참관용 차량, 긴급 물자 수송 차량, 도시 간 시외버스, 군 작전용 차량 등으로 제한되어 있다.

표 4 ┃ 북한의 고속도로

노선명	구간	거리(㎞)	노폭(m)	개통시기
평원 고속도로	평양~원산	196	2~4차선(20)	1978년
평개 고속도로	평양~개성	162	4차선(19)	1992년
평양-향산 고속도로	평양~향산	119	4차선(24)	
평남 고속도로	평양~남포	44	4차선(20~24)	2000년
금강산 고속도로	원산~온정리	107	2~4차선(14)	1989년
평양-강동 고속도로	평양~강동	33	4차선(18)	

북한 도로법에 따르면, 도로건설계획은 국가계획기관이, 도로설계는 도로 설계기관과 기업소가 작성하는 것으로 되어 있다. 또한 도로건설은 도로건설기 관이 담당하며, 도로건설의 품질 검사는 국가건설감독기관이 맡고 있다. 한편 도로급수 결정은 국토환경보호기관이, 도로관리는 국토환경보호기관과 도시 경영기관, 인민보안기관이 하고 있다.

이러한 내용을 다시 정리해 보면, 북한에서 도로와 관련된 중앙행정기관은 국가계획위원회, 수도건설위원회, 건설건재공업성, 국가건설감독성, 국토환경 보호성, 도시경영성, 육해운성과 인민보안성 등이다. 건설계획부터 건설, 감독, 운영까지 매우 복잡한 체계 안에서 운영되어 효율성이 저하되고 있다는 것을 알 수 있다.

북한 1급도로(함흥~청진 간)

V
북한의 해운, 항만

1. 지리적 한계를 극복하지 못하는 해운

북한은 약 3,000㎞에 달하는 동서해안이 국토분단으로 분리된 지리적인 한계로 인해 연안 해운 중심으로 발전하였고, 해운 항만시설 노후화로 이용률이 저조하여 해운의 수송분담률은 2~3%에 불과하다.

따라서 북한에서는 해운이 철도의 수송 문제를 해결하고, 무역화물의 원활한 처리와 수송을 보장하는 수단으로 보고 있다. 그리고 내륙 하천을 이용한 수상 운송은 도로 운송의 한계를 극복, 대체하는 운송 수단으로 이용하고 있다.

북한은 해운이 속도 측면에서 철도나 도로에 비해 경쟁력은 약하지만, 수송 원가의 저렴성, 화물 수송의 대량성 측면에서 우월성을 갖는다고 평가한다. 왜냐하면 수송 원가 분석 시 중요한 요소인 인건비와 연료비 측면에서 경쟁력이 있기 때문이다. 또한 톤당 노동량을 비교할 경우, 해운은 철도에 비해 약 30%, 자동차운수의 약 2%가량 인건비가 저렴하다.

북한은 1960년대까지는 연안 해운 수준의 해운을 유지하였고, 이후 1961년에 수립된 인민경제발전 7개년계획에 따라 해운, 항만 부문에 대한 집중투자를 실시하였다. 북한은 7개년계획기간 중 '연해 수송을 보장하고 철도와의 연대 수송을 확대하며 특히 우리나라 선박에 의한 대외무역을 발전시킬 것'이며 '남포, 흥남, 청진, 원산, 단천 등 중요 항구들을 현대적 시설로 개선, 확장하여 대형선박들이 출입할 수 있도록 할 것'에 해상 운송 부문의 목표를 두고 집중적인 항만 투자를 실시했다.

대외무역이 확대되기 시작한 1970년대에는 원유수입이 급증함에 따라 원유수송전용 부두를 신설하고 항만의 적재 및 보관시설 확충에 노력하였다. 북한은 이와 같은 기본 목표하에서 기존 무역항들을 정비, 보강하면서 나진, 송림, 해주 등의 무역항을 새로 지정하였으며 자체적으로 화물선 건조에 착수하였다.

그러나 전반적으로 북한의 항만은 항만시설과 하역장비가 매우 낙후되어 있고, 부두 면적도 협소하여 항만으로써의 기능을 제대로 발휘하지 못하고 있는 실정이다. 1980년대 들어 대외무역 증대방침에 따라 일제강점기부터 사용된 기존시설의 복구 및 정비 외에도 주요 무역항의 확장 공사를 비롯해 나진, 선봉, 청진과 같은 자유무역항의 지정 등을 추진했다. 그러나 장기간에 걸친 경제위기와 그로 인한 사회간접자본 투자의 미비로 대부분의 항만은 재정비가 시급한 상황에 처해 있다.

2. 항만의 시설과 운영

현재 북한의 항만은 8개의 무역항(청진, 나진, 선봉, 흥남, 원산, 남포, 송림, 해주)과 지방항, 어항 등을 합해 200여 개에 이르는 것으로 보인다. 이는 남한의 항만이 28개의 무역항과 22개의 연안항, 그리고 각종 어항 410개 등 총 460개에 달하고 있다는 점에 비해 매우 미약한 수준임을 알 수 있다.

항만 시설을 보면, 컨테이너 화물을 취급할 수 있는 다목적 부두가 전혀 개발되어 있지 않다. 대부분의 무역항이 컨테이너 하역장비를 갖추지 못해 신형 컨테이너선을 활용하기 어렵고, 하역도 거의 인력에 의존하고 있다. 그나마 시설도 제대로 유지하지 못해 전반적으로 매우 노후화되어 있다. 북한 항만의 하역 능력은 연간 약 3,700만 톤 수준인 것으로 알려져 있으나 항만의 방파제 및 접안시설, 하역장비 부실로 인해 실제 능력은 알려진 수치보다 크게 낮을 것으로 추정된다. 또한 항만 관리에 있어서도 통제기능이 미비하고 수송정보가 부족하여 취급화물이 하역 능력보다 훨씬 적은 경우에도 적체 현상이 발생하는 것으로 알려져 있다.

북한의 항만시설 현황을 살펴보면 전체 부두연장은 15.6㎞(청진 5.3㎞, 남포 1.9㎞, 나진 2.3㎞ 등)이고, 하역 능력은 3,500만 톤(남한의 8.4%), 화물취급량은 1,600만 톤(남한의 2.1%)으로 추정된다. 장비 현황을 살펴보면, 대략 5~18톤급 크레인을 보유하고 있는 것으로 알려져 있다. 최대 접안능력은 선봉항의 유류 수송 선박을 제외하고는 대부분 2만 톤급 내외의 영세한 항만이다.

주요 무역항의 시설 현황을 살펴보면, 청진항은 접안능력 50선석(7천 톤×32선석, 1만 톤×18선석), 하역능력 800만 톤이고, 나진항은 접안능력이 23선석(7천 톤×8선석, 1만 톤×15선석)에 하역능력이 300만 톤이며, 남포항은 접안능력이 31선석(7천 톤×24선석, 1만 톤×7선석)에 하역능력이 800만 톤이다.

표 5 ┃ **북한의 8대 무역항 현황**   (단위: 만 톤, 선석, m)

항만	하역능력	접안능력	수심(m)	부두연장(m)	주요장비
청진	800	2	10.0	5,270	15톤급 크레인
흥남	440	1	7~13	1,630	10톤급 갠트리 크레인
나진	400	1.5	10	2,280	5~15톤 크레인
원산	360	1	6~8	2,520	
남포	800	2	10~13	1,890	5톤급 크레인, 해상크레인
해주	240	1	7~12	1,350	10톤급 크레인
송림	160	1	10	700	18톤급 크레인
선봉	300	20	23	-	
합계	3500			15,640	

*자료: 한국교통연구원

2005년 8월 남북 간 해운합의서와 부속합의서가 발효되어 북한 내 남포, 해주, 고성, 원산, 흥남, 청진, 나진항과 남측 항구 간의 해상항로가 개설된 바 있다. 그러나 2010년 천안함 폭침 이후 내려진 5·24 조치에 따라 남북 간 해상 항로 운항과 북한 선박의 제주해협 통과가 금지되었다.

나진항3호 부두

북한은 2008년 러시아와 공동으로 나진항과 나진-하산 철도 건설 및 운영을 위한 나선컨트란스라는 합영회사를 설립하여 러시아 석탄화물을 나진항을 경유하여 제3국으로 수출하고 있다. 현재 UN 안보리의 대북제재 조치에서 나진항을 경유하는 러시아 석탄수출은 예외사항이 되어 있다.

VI
북한의 항공

1. 공군 통제 하의 민간여객기 운항

북한에서 공항 및 항공 운영은 항공 및 반항공군이 관리하고 있다. 국적항공사로는 고려항공(Air Koryo)이 있으며, 고려항공이 국제선관리, 항공기 수리, 수송 등의 업무를 담당하고 있다.

현재 고려항공이 보유하고 있는 항공기는 약 25대 내외로, AN-24, IL-18, IL-62, TU-138, TU-154, TU-204, AN-148 기종 등 여객기 22대와 화물기 3대를 보유 중인 것으로 파악되고 있다.

국내선은 평양~원산, 청진~함흥, 삼지연 공항 간 정기편이 있으나, 최근에는 이용 여객의 부재로 비정기편이 수시 운행되고 있다. 다른 지역으로의 이동은 여객 수요에 따라 헬기나 소형기가 비정기편으로 운행되고 있다

북한의 공항은 대부분 군용공항으로 전국적으로 약 33개가 있다. 따라서 활주로와 공항안전시설, 유도시설 등은 공항으로써의 기준을 충족시키지 못하며, 노후화가 상당히 진전되어 있다. 평양 순안공항, 원산 갈마공항, 청진 어랑공항, 함흥 선덕공항, 백두산 삼지연공항 정도가 중대형기의 이착륙이 가능한 상황이다. 국제공항은 2개소로 평양순안공항과 원산갈마공항이다.

그 밖의 공항은 민간과 군용 겸용의 간이공항 형태로, 주로 소형 여객기와 관광 헬리콥터가 이착륙할 수 있는 최소 시설만 갖추고 있는 실정이다.

고려항공은 2006년부터 안전성 결여로 인해 EU 영공 진입이 금지되어 있으며 2010년에 최신형 TU-204 기종이 도입됨에 따라, 이 기종만 영공 통과가 허

용되고 있는 실정이다.

북한의 정기 국제항공노선은 1959년 평양-북경 간 노선이 최초 개설된 이후 1974년 러시아 하바롭스크, 1983년 모스크바, 1987년 독일 동베를린, 1989년에 불가리아 소피아 노선이 개설되었으며 1993년에는 방콕, 1996년에는 마카오 간에도 정기 항로가 개설되었다.

현재 정기편이 운항되고 있는 곳은 중국의 북경, 심양, 상해, 러시아의 블라디보스토크이며, 부정기편이 중국 주요 도시를 연결하고 있다.

평양 순안국제공항

2. 시설 및 운영 현황

북한 공항 중 민간의 활용이 가능한 곳은 10여 개 수준이다. 대표적인 공항으로는 황주비행장(황해북도 황주), 어랑비행장(함경북도 어랑), 갈마비행장(강원도 원산), 선덕비행장(함경남도 정평) 등이 있다. 이밖에 민간항공기 이용이 가능한 지방공항으로는 개천, 신의주, 과일, 삼지연 등이 있다.

표 6 ┃ 북한의 주요공항 현황

공항	소재지	활주로(m)	주변 주요지명
순안	평양시 순안구역	구) 4,000×60 신) 3,500×70	평양에서 22㎞
어랑	함경북도 어랑군	2,400×61	청진에서 약 40㎞
삼지연	양강도 삼지연군	3,315×60	백두산
갈마	강원도 원산시	2,438×52	원산갈마관광지구
선덕	함경남도 정평군	2,438×50	
황주	황해북도 황주군	2,500×49	평양에서 약 40㎞

*자료: 한국교통연구원

원산 갈마공항 여객터미널

VII
북한의 도시 교통

북한은 2015년 기준 27개 시 단위 행정조직을 설치, 운영하고 있으며 시 단위에 거주하고 있는 인구는 약 1,100만 명 이상으로 추산된다. 도시에서는 효율적으로 사람과 화물을 이동시켜야 한다. 특히 여객의 경우에는 높은 수준의 교통서비스를 제공해야 하며, 운영 주체 측면에서는 건설비용과 경영비용 및 수송원가를 낮추어야 한다.

북한에서 도시교통수단 선택 시 고려해야 할 기본 내용으로 다음과 같다.

① 교통수단의 일반적인 기술경제적 특성과 발전 전망

② 도시의 발전 전망과 순차 건설계획상 특성, 해당 시기의 교통학적 요구 조건

③ 여객형성 특성에 맞는 용량 설정

④ 운영조건을 만족시키기 위한 측면에서 통과능력과 수송능력의 보장

⑤ 차량의 속도와 안전성

⑥ 교통조절 조건

⑦ 해당 교통수단이 여객들의 편리성을 보장하는 정도

⑧ 교통망의 자연 지리적 조건, 평면과 세로 자름면의 계획상 특성, 교통수단의 순응 정도

⑨ 경제적 지수 및 대비지표들과 경제적 효과성

⑩ 확신성의 요구 정도, 차량의 정규성과 기동성 보장 능력

북한에서는 도시에서 대중교통의 기본수단을 무궤도전차로 보고 있으며,

무궤도전차에 버스교통시스템을 결합시켜 도시 대중교통 수단으로 활용하고 있다. 기동성이 높은 버스는 건설 중인 도시 또는 무궤도전차나 전기철도 부설에 막대한 투자가 소요되는 교외노선에 주로 배치한다.

북한은 도시 교통수단 선택의 기준으로 기동성·확신성·정규성을 제시하고 있다. 기동성이란 순간적인 움직임이 아니라 필요에 따라 교통수단과 기본시설을 다른 경로 또는 다른 방향으로 옮겨야 할 때, 이에 순응할 수 있는 능력의 정도를 말한다. 기동성의 순위는 버스→무궤도전차→지하철도 순이다.

확신성이란 여객들에게 목적지까지 예정된 시간에 정확히 도착할 수 있는가를 보여주는 지표를 말한다. 확신성 순위는 지하철도→버스→무궤도전차 순이다.

정규성은 계획에 전망된 대로 정상적인 운행을 보장할 수 있는가 하는 것으로, 정류장에서의 차량 대기시간이 정규성을 가늠하는 결정적인 조건이다. 정규성 순위는 확신성과 동일한 지하철도→버스→무궤도전차 순으로 나타나고 있다.

북한의 천리마 무궤도 전차

북한에서 중앙배급망체계가 정상적으로 작성했을 때에는 북한 도시주민들의 이동 패턴이 매우 단순하였다. 별도의 일용품 구매행위가 적은 생활로, 주거지에서 직장 또는 학교로의 통근, 통행 패턴이 주류를 이루었다. 이른바 시계의 진자운동과 같은 단순한 통행 이었다.

그러나 고난의 행군 이후, 중앙의 배급망체계가 붕괴되면서 북한주민들은 장마당 중심의 경제 활동을 통해 생활을 해야 하는 환경으로 변화되었다. 따라서 주민들의 이동은 집-직장 및 학교라는 단순한 방식이 아닌 구형 브라운관 TV에서 나타나는 점들의 이동처럼 다양한 패턴의 브라운 운동이 발생하게 되었다. 즉, 도시 내 교통 수요가 발생하고, 정부가 아닌 민간중심의 교통수단이 공급되는 현상이 나타난 것이다. 북한에서 장마당이 흥행할 수 있었던 이유에는 무선 통신 보급과 도시 간 불법영업차량인 '써비차'의 급증이 크게 기여하였다.

그림 6 ┃ 도시통행의 진자운동과 브라운 운동

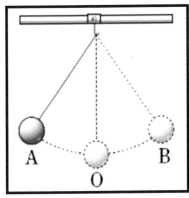
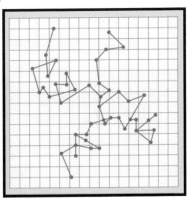

VIII
북한 교통의 새로운 변화

1. 수익자 부담 원칙의 등장

북한은 2018년 1월부터 북한의 일부 고속도로에 대한 유료화 조치를 시행하였다. 북한 도로법상에는 도로 유료화 규정은 있었으나 현실로 이루어진 것은 처음이다. 1차적으로 평양~원산 간 고속도로가 유료화되었다.

평양~원산 간 고속도로는 평양의 남사분기점에서 원산의 관풍동을 연결하는 총 노선 연장 196㎞의 고속도로로서, 노폭은 2차선에서 4차선이며 1978년 완공되었다. 평양~원산 고속도로 노선상에는 북한의 지방경제개발구인 평양의 강남경제개발구, 황해북도 신평관광개발구, 강원도 현동경제개발구가 소재하고 있다. 또한 원산 지역에는 마식령스키장, 송도원 등 관광지가 위치하고 있으며, 북한 8대 무역항의 하나인 원산항과 최근 국제공항으로 개항한 갈마공항이 있어 방문객 유치가 쉬운 지역이다.

일반 승용차에는 킬로미터당 0.02유로의 고속도로 통행료를 부과하여 원산 구간 194㎞ 왕복 시에는 약 8유로(편도 3.88유로)를 내야 한다. 대형버스의 경우 왕복 통행료는 27 유로(편도 13.58유로)이다.

고속도로 통행 요금은 북한 미래은행의 IC 카드로 지불하는 형태로, 카드 판매 및 충전은 평양 소재 광명정보센터에서 이루어진다. 미래카드 구매 가격은 2.5유로이다. 고속도로 통행료는 다른 부문으로의 전용이 금지되며, 오직 도로 관련 재원으로 사용하도록 되어 있다. 고속도로 유료화 조치는 다른 고속도로로 확대될 전망이다.

2. 교통투자사업의 해외자본 유치에 적극적인 움직임

2015년, 북한은 '원산~금강산철도 현대화를 위한 투자제안서'를 발표하였다. 이 사업의 추진 목적은 원산~금강산 간 관광철도 운영에 맞게 기존 철도를 현대화하며 증대하는 여객 수송 수요를 충족시켜 관광객들에게 안전하고 편리한 관광여행을 보장한다는 것이었다.

북한이 발표한 원산~금강산 사업 대상 자료는 과거의 행태와는 다르게 서방국가에서 사용하는 비용편익분석 방식(B/C분석)을 사용한 결과치를 제시하고 있었다.

북한은 원산~금강산 간 118.2㎞의 구간 현대화사업의 건설기간은 24개월, 운영기간은 30년을 제안하였는데, 투자방식은 특정하지 않았다. 건설비용은 2억 6,194만 달러, 차량 구입비용은 6,150만 달러로 추계하였다.

B/C분석 결과, 내부수익율(IRR)은 7.3%, 순현재가치(NPV)는 8,870만 달러(할인율 5%), 투자회수기간은 12.1년을 제시하여 과거와는 다른 투자유치 패턴을 보이고 있다는 데 주목해야 한다. 또한 사업 추진을 위해 철도성 산하에 동해철도연운회사라는 특수목적법인을 제안하였다.

이러한 움직임은 북한이 해외 투자를 유치하기 위해 국제표준을 맞추려는 노력하기 시작했다는 것을 의미한다.

3. 2020년의 북한 교통 평가와 2021년의 전망

2020년 북한은 정권 창출 이후 한국전쟁과 고난의 행군에 이은 엄청난 위기에 직면하였다. 유엔의 대북제재 하에서 코로나19, 홍수 피해 등 전대미문의 겹치기 재해에 직면하였기 때문이다.

북한에서의 수해와 코로나19가 어떠한 존재였는가는 2020년 말 개최된 노동당 중앙위 제7기 제6차 전원회의에서의 김정은 국무위원장의 연설을 통해 알 수 있다. 김정은 위원장은 "큰물 피해로 인한 자연재해는 막대한 피해를 주었으며 연내에 완전한 피해 복구가 어렵다"고 하였다. 또한, "신형 코로나 방역은 조국보위전, 인민보위전이며 총포성 없는 전쟁"이라고 발언했다. 발언의 내용 및 수위를 보았을 때 수해와 코로나19가 북한에 최악의 위기요인으로 등장하였음은 분명하다.

북한은 재해를 특급, 1급, 2급, 3급의 4단계로 구분하고 있는데, 2020년 1년 동안 특급에 해당하는 재해가 4~5개가 집중되었다. 3개의 태풍(바비, 마이삭, 하이선)으로 인한 수해로 도로 및 철도가 유실되었고 교량과 터널은 붕괴되었다. 특히 함경남도, 강원도, 황해북도의 간선교통망이 마비되어, 2020년도 하반기의 수송 부문 우선 과제는 수해복구 물자(시멘트, 강재, 목재, 연료) 수송과 시설 복구였다.

또한, 북한은 전 세계적인 코로나19 유행 사태에 따라 교통, 물류 부문의 강도 높은 방역조치와 육상 국경통로 및 공항, 항만 봉쇄조치를 실시 중이다. 북한과 국경을 접하고 있는 중국, 러시아와의 국경 폐쇄조치로 국제 철도 및 도로 수송은 중단되었으며, 항공, 해상항로도 대부분이 단절되었다.

「노동신문」의 보도에 따르면, 북한은 모든 철도역과 분기점에 방역초소를 설치하여 차량 및 화물에 대한 방역과 여행자의 체온 측정, 손짐(수하물) 소독을 하고 있다.

또한, 도로 부문에서도 버스터미널과 주요 도로에 방역초소를 설치·운영하고 있다. 특히, 평양의 경우 구역별로 주변 지역과 연결되는 도로 경계지역, 장거리 버스주차장에 방역초소가 설치되었다.

항만에서는 입항 선박의 전면 소독이 이루어지고 있으며, 납입 물자의 방치 전후로 집중적인 소독을 실시하고 있다. 그리고 하선작업 성원들을 대상으로 미립자 분무 장치 소독 통로 통과를 의무화하고 있다.

북중 간의 불법적인 밀수행위나 인적 이동이 적발되는 경우, 지방 행정구역 전체가 다른 지역과의 이동이 제한되는 봉쇄조치도 이루어지고 있는 것으로 알려졌다. 2021년 자강도 만포시와 자성군, 양강도 혜산시와 삼지연 군 등이 일

시 봉쇄되었다고 한다.

이러한 교통 환경 변화로 인해 북한 당국은 시장 경제를 지탱해 오던 사적 영역의 운송망, 물류망에 대한 통제를 강화하고 있다. 북한의 도시 간 써비차, 시외버스, 트럭운송업 등 시장 공급 물류시스템이 제한되기 시작하면서 운송 시간 및 비용 증가로 인한 공급 부족, 가격 상승으로 나타나고 있다.

인적, 물적 이동이 제한되는 상황에서 북한의 자력갱생, 간고분투, 자급자족, 자력부강 원칙이 제대로 작동될 것인지, 또 새로운 5개년계획이 실현 가능할지 주목되고 있다.

참고문헌

안병민, 「북한의 2019년 교통부문 평가와 2020년 전망」, 『KDI 북한경제리뷰』, 2020년 1월호, 2020

안병민, 『교과서에 안 나오는 북한 교통이야기』, 2014, 통일부 통일교육원

안병민, 「나진-하산 교통물류사업의 현황과 향후발전 가능성」, 『KDI 북한경제리뷰』, 2014년 2월호, 2014

안병민, 성원용 『북한교통인프라 현대화를 위한 재원조달 방안연구』, 한국교통연구원, 2006

이상만 외, 『이제는 통일이다』, 헤럴드경제, 2014

통일부, 『2021 북한 이해』, 통일부(서울), 2021

한국교통연구원, 『동부아북한교통물류웹진』, 한국교통연구원, 2020

김수연, 『국토관리사업에서의 위대한 변혁』, 사회과학출판사(평양), 1992

제**10**장

북한의 체육

허정필 동국대학교 북한학연구소 전문연구원

I

북한에서 체육이란

1. 북한 체육의 개념

북한에서 체육은 『체육법 제3조』[1]에 의거하여 "국가는 체육을 대중화·생활화하여 전체 인민을 로동과 국방에 튼튼히 준비시키며 우리나라 실정과 현대 체육기술 발전추세에 맞게 체육기술을 발전시킨다"라고 규정하고 있다.

스포츠는 "(외래) 운동경기 혹은 체육과 동의어"로 정의하고 있다.[2] 북한에서 체육의 의미는 스포츠 의미까지 포함하는 광의적 개념으로 사용되고 있으며, 북한에서도 남한과 유사하게 체육과 스포츠의 개념이 자주 혼용된다. 북한에서는 공식적으로 모든 스포츠 경기를 '체육경기대회'라고 표현하지만, 국제경기대회에서 관용구처럼 사용하는 명칭에 대해서는 스포츠 표기를 사용한다.

> ※ 우리나라에서 체육은 『국민체육진흥법 제2조』에서 "운동경기, 야외운동 등 신체활동을 통하여 건전한 신체와 정신을 기르고 여가를 선용하는 것"으로 정의하고 있으며, 스포츠는 "운동경기, 경쟁이 따르는 운동"으로 정의하고 있다.

---

1   국가정보원편, 『북한법령집 下』(서울: 국가정보원, 2020), p. 600.
2   "스포츠"「조선말대사전」(온라인), 2021년 12월 15일; ⟨http://www.uriminzokkiri.com/index.php?ptype=ckodic&skey=%EC%8A%A4%ED%8F%AC%EC%B8%A0⟩.

2. 북한 체육의 개관

6·25전쟁 이후 북한은 붕괴된 체육시스템을 복구하기 위하여 1953년 8월 당 중앙위 제6차 전원회의에서 '모든 곳에서 체력향상을 위한 대중적 운동 전개 및 체육단체 복구, 체육시설 설치'를 제안하였으며, 1954년 6월 24일 내각결정 제93호로 내각 소속 체육지도위원회가 조직, 1954년 8월 3일 '공화국 체육사업 발전을 위한 안'이 시달되면서 1954년 9월부터 1955년 8월까지 3단계에 걸친 '1개년 체육사업계획'이 진행되었다. '1개년 체육사업계획'을 통해 북한은 대중 체육과 엘리트체육, 체육시설, 체육사업 등의 체계를 복구하였다.

체육복구 사업 이후 김일성 시대의 북한 체육은 '경제건설·국방건설 병진로 선'을 중심으로 조국보위를 위한 체육, 즉 체력완성을 위한 체육활동이 강조되 었다. 국방 분야에서는 모든 주민에게 수류탄 던지기, 응급환자 수송하기 등과 같은 체육활동을 통해 국방체육활동을 강조하였으며, 경제 분야에서는 경제성 장을 위한 천리마운동 및 생산체육활동을 강조하였다. 사회문화 분야에서는 주민통합과 주민건강을 위한 체육의 대중화·생활화, 보건체조 등이 강조되었 으며, 대외 관련 주요 사회주의국가들과 협력관계 유지를 위한 국제체육경기대 회 참여를 강조하였다.

김정일 시대의 북한 체육은 김일성 시대의 체육정책 기조를 유지하면서 '고 난의 행군' 시기 극복과 체제 통치를 위한 집단체육과 군중체육이 보다 강조되 었다. 특히 수만 명이 참여하는 대집단체조를 통해 주민결속과 체제선전을 강 조하였다.

김정은 시대 북한 체육은 김일성, 김정일 체육정책 기조를 유지하면서 대중 체육(생활체육)이 보다 활성화되었다. 김정은은 집권 초기 '체육 열풍' 선전선동 을 통해 만경대 유희장, 문수물놀이장, 릉라인민유원지, 평양민속공원 등의 주요 주민 편의시설을 신축 및 개축하여 주민들에게 즐길 장소를 제공하였다. 그리고 체육조직 개편과 위상 제고, 체육인 처우 개선 및 체육선수촌(청춘거리체육촌) 리모델링 등을 통해 국제체육경기대회에서의 'DPRK' 국위선양을 강조하였다.

Ⅱ
북한의 체육정책 수립과 추진 과정

1. 교시

북한 「조선말대사전」에서는 교시를 다음과 같이 정의하고 있다.

"**수령님의 교시는 곧 법이며 우리의 모든 활동의 지침입니다.**" "**우리의 모든 당원들과 근로자들은 위대한 수령 김일성동지의 교시를 모든 사업과 생활의 확고한 지침으로, 철석같은 신조로 삼고 수령님의 유훈을 끝까지 철저히 관철해 나가는 것을 자기의 신성한 의무로, 더없는 영예로 여기고 있다.**"[3]

김일성 시대에는 체육 관련 2차례의 교시를 통해 체육의 개념과 추진기구, 당의 구상과 목표, 체육인의 임무, 학교체육, 기업소체육, 가정 체육 등의 전반적인 체육 정책을 제시하고 체계를 형성하였다. 김정일 시대에는 체육 관련 3차례 교시를 통해 김일성의 체육정책 기조를 이어가면서 체육발전을 위해 체육외교, 체육선수 발굴 및 코치 양성, 해양체육월간사업 및 겨울철체육월간사업 조직, 체육분야의 당의 지원 강화 등을 특징적으로 나타났다. 김정은 시대에는 체육 관련 1차례의 교시를 통해 다음과 같은 북한 체육의 비전을 제시하였다.

---

3   "교시"「우리민족끼리」(온라인), 2021년 12월 15일; 〈http://www.uriminzokkiri.com/index.php?ptype=ckodic&skey=%EA%B5%90%EC%8B%9C〉.

표 1 ┃ 김일성-김정일-김정은 체육 관련 교시

구분	체육정책 관련 주요 교시
김일성	1. "체육을 대중화하기 위하여, 체육인대회에서 한 연설, (1946.10.6.)"김일성 저작집2, 조선로동당출판사, 1979. 2. "체육을 대중화하여 전체 인민들을 로동과 국방에 튼튼히 준비시키자, 전국체육인대회에서 한 연설, (1969.11.4.)"김일성 저작집24, 조선로동당출판사, 1983.
김정일	1. "4.25체육선수단 앞에 나서는 과업에 대하여, (1972.6.26.)"김정일선집2, 조선로동당출판사, 1993. 2. "체육을 대중화하며 체육기술을 빨리 발전시킬 데 대하여, 체육부문 일군들과 한 담화, (1986.5.19.)"김정일선집8, 조선로동당출판사, 1998. ※ 김정은 시대 체육발전을 위한 대표 노작으로 설명("조선중앙통신」2021.05.20.) 3. "집단체조를 더욱 발전시킬 데 대하여, 집단체조창작가들과 한 담화, (1987.4.11.)"김정일선집9, 조선로동당출판사, 1997.
김정은	1. "백두의 혁명정신으로 체육강국건설에서 새로운 전성기를 열어나가자"(「노동신문」, 2015.3.25.)

2. 법

북한 체육 관련 법은 크게 두 가지가 있다. 첫째, 사회주의헌법 내 체육 관련 규정이다. 1972년 12월 27일 최고인민회의 제5기 제1차회의에서 채택한 사회주의 헌법 제55조는 체육을 다음과 같이 규정했다.

"국가는 체육을 대중화, 생활화하여 전체 인민을 로동과 국방에 튼튼히 준비시키며 우리나라 실정과 현대체육기술발전추세에 맞게 체육기술을 발전시킨다."

둘째, 북한은 사회주의헌법 외에 체육법을 통해 체육 관련 규정을 세분화하였다. 1997년 3월 12일 최고인민회의 상설회의 결정 제85호로 채택된 체육법은 1998년 한 차례 수정보충 이후 2021년까지 지속되고 있다. 총 6장 54조로 구성되어 있으며, 1장에서 체육법의 기본으로 체육인 사명, 원칙 등을 규정, 2장에서 체육의 대중화, 생활화를 통해 학교체육, 집단체조 등을 규정, 3장에서 체육기술을 통해 운동지도 방법, 체육선수 양성 등을 규정, 4장에서 체육과학을 통해 체육과학발전계획, 대중체육연구 등을 규정, 5장에서 체육의 물질적보장을 통해 체육시설물 건설, 관리 등을 규정, 6장에서 체육사업에 대한 지도통제를 통해 체육사업 지도, 통제 등을 규정하고 있다.

표 2 ▍ 북한 체육법 구성 현황

구분	체육정책 관련 주요 교시
1장	**체육법의 기본** - 사명, 체육사업성과의 공고발전원칙, 체육의 대중화·생활화원칙, 체육기술과 과학발전원칙, 체육선수양성원칙, 체육부문의 물질적보장원칙, 체육사업지도원칙, 체육선수, 일군의 우대원칙, 체육분야의 교류와 협조를 규정하고 있다.
2장	**체육의 대중화·생활화** - 체육을 대중화·생활화하는 사업의 계획화, 비상설군중체육조직, 학교체육, 과외체육활동, 학령전어린이의 체육, 집단체조, 체육월간과 체육의 날, 대중체육, 가정체육, 인민체력검정, 대중체육경기조직, 대중체육본보기단위를 규정하고 있다.
3장	**체육기술** - 체육교수훈련강령과 기술발전계획, 체질에 맞는 체육기술, 파악있는 체육종목기술, 체육선수훈련의 과학화, 체육경기조직, 체육인급수, 체육선수후비, 특기선수양성, 선수후비양성기관, 체육일군양성을 규정하고 있다.
4장	**체육과학** - 체육과학발전계획, 대중체육연구, 체육과학연구사업, 체육기초과학발전, 체육선수영양공급연구, 체육시설, 기재연구, 체육과학연구성과와 앞선 경험의 도입, 체육과학연구기지, 체육정보사업을 규정하고 있다.
5장	**체육의 물질적 보장** - 물질적보장의 기본요구, 체육시설물의 건설, 체육시설물의 관리, 체육시설물의 보수, 체육기자재생산, 대중체육시설, 체육인영양물자공급기지, 체육인영양공급기준을 규정하고 있다.
6장	**체육사업에 대한 지도통제** - 체육사업에 대한 지도통제의 기본요구, 체육사업에 대한 지도, 지방정권기관의 임무, 체육사업조건보장, 체육사업에 대한 감독통제, 원상복구·손해보상, 행정적 또는 형사적 책임을 규정하고 있다.

*출처: 국가정보원 편, 『2020, 북한법령집 하』(서울: 국가정보원, 2020), pp. 600~607.

3. 조직체계

북한에서 「국가체육지도위원회」는 노동과 국방에 기여하고 공산주의 건설에 이바지하는 당 산하 체육 전담 기구이다. 「국가체육지도위원회」는 1945년 10월 교육성 산하 「조선체육동맹」으로 출발하여, 1948년 북한 정권수립과 함께 정부 부처로 출범한 「중앙체육지도위원회」로 개칭되었다. 「중앙체육지도위원회」는 내각 산하에 있는 각 정권 기관과 정당, 사회단체 대표로 구성된 일종의 사회단체 연합체 기구였다. 6·25전쟁 이후 「중앙체육지도위원회」는 내각 직속 「조선체육지도위원회」로 독립하였다가 1969년 11월 '전국체육인대회'에서 각종 체육사업의 기능을 확대하고 유일지도체계를 수립하기 위해 내각으로부터 분리 독립시켜 당의 기구로 그 기능이 강화되었다. 1989년 6월에는 「국가체육위원회」로 개칭되었다. 그러나 김정일 시대에는 그 위상과 기능이 약화되면서 1998년 9월 헌법 개정으로 내각의 직속 부처로 다시 편입되어 '체육성'으로 개칭되었다가, 1999년 11월에는 「내각체육지도위원회」로 개칭되었다.[4] 김일성·김정일 시대에 「국가체육지도위원회」의 위상은 '성'과 '위원회' 사이에서 내각 산하에 위치하거나 혹은 별도 기구로서 그 기능과 역할을 수행했다.

김정은 시대 들어와 2012년 11월 4일 당중앙위원회 정치국 확대회의를 소집해 기존 「내각체육지도위원회」를 폐지하고 「국가체육지도위원회」를 신설하였다. 그리고 전례 없는 주요 권력실세를 배치하여 그 위상과 기능을 제고하였다. 다음 〈그림 1〉은 북한 김일성·김정일·김정은 시대 국제정세에 따른 「국가체육지도위원회」 위상 변화이다.

---

4 「조선중앙통신」, 1999년 11월 4일.

그림 1 ┃ 북한 국내외 정세변화와 「국가체육지도위원회」 위상 변화

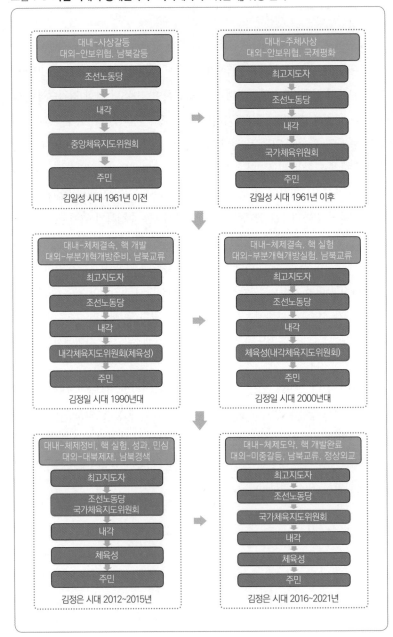

*출처 : 저자 작성.

4. 체육 정책

1) 김일성 시대 체육정책

	김일성 시대 체육 정책	
체계	개념	체육은 국력을 강화하고 조국의 존엄과 영예를 빛내이며 인민들에게 민족적긍지와 자부심을 높여주고 온 사회에 혁명적기상이 차넘치게 하는데서 매우 중요한 역할
	추진 기구	국가체육지도위원회, 체육성, 조선올림픽위원회, 조선태권도위원회
	법	– 사회주의 헌법 제55조 "국가는 체육을 대중화, 생활화하여 전체 인민을 로동과 국방에 튼튼히 준비시키며 우리나라 실정과 현대체육기술발전추세에 맞게 체육기술을 발전시킨다." – 체육법
정책	당의 구상	"당의 령도밑에 온 나라에 체육중시기풍이 서고 체육열기가 전례없이 높아지고있으며 체육인속에서 훌륭한 경기성과들이 이룩"
	목표	체력완성을 통한 국방과 노동에 기여
	조국 보위	– 체육을 발전시켜 체력완성 – 군인들 체력완성 – 인민 체력완성 (산악지대와 강, 하천, 습지 같은 장애물을 기동성 있게 극복) – 노동자, 농민, 군인, 학생 그리고 남녀노소 전체 인민 한 사람도 빠짐없이 체육활동을 통한 체력완성 – 국방과 노동에 준비된 튼튼한 체력 기여 – 전체 인민이 참여하는 군중체육 발전 – 체육발전은 문화혁명의 중요한 구성 부분 – 8시간 노동, 8시간 학습, 8시간 휴식, 8시간 학습 시간 중 체육시간 포함 – 체육을 전 인민적 활동으로 발전
	체육인의 임무	– 전문체육인들이 높은 체육기술을 습득하여 전체 인민에 기여 – 주체사상을 체육사업에 구현 강조 – 집단주의 정신으로 무장, 집단주의 정신을 양성하여 조직적이며 규율있는 생활 강화 – 집단체조 강조 – 집단체조를 통한 한 사람을 온 집단에 복종 – 집단체육을 지도할 체육지도자 양성 – 붉은 체육인으로 당의 유일사상 철저히 무장, 부르조아 사상 제거 – 노동계급화, 혁명화하기 위해 투쟁 – 모든 체육인은 당성, 노동계급성, 인민성을 가진 공산주의적 체육인 양성

		김일성 시대 체육 정책
정책	학교 체육	– 학교에서 체육활동을 통해 체력완성 – 인민군대에 입대할 때 체력 약화 지적, 키 성장 강조 – 축구, 배구, 농구, 철봉, 평행봉, 기계체조 강조 – 중학교 이상 학교에서는 가을과 봄에 등산 권장 – 야간행군 권장 – 학생들의 수영 권장
	기업소 체육	– 두 시간 또는 세 시간 일하면 규칙적으로 20~30분씩 업간체조 활동 – 공장, 기업소 근로자들은 토요일이나 일요일에 장애물 이겨내기, 담벽 뛰어넘기, 달리기와 같은 국방체육 권장 – 일과 운동 병행 강조
	가정 체육	– 냉수마찰과 아침운동 권장

	체육시설 지원 및 관리	– 도시군 소재지 학교마다 수영장을 건설해주고 축구장, 배구장,
		  정구장, 야구장, 탁구장, 농구장 등과 널뛰기와 같은 민속체육시설,
		  기계체조시설들 건설

	사상교양 사업	– 인민체력 검정제 실시

2) 김정일 시대 체육정책

		김정일 시대 체육 정책 (체육을 대중화하며 체육기술을 빨리 발전시킬 데 대하여, 1986.5.19.)	
체계	개념	체육을 발전시키는 것은 혁명투쟁과 건설사업을 성과적으로 추진하며 나라의 위력을 강화하고 민족의 우수성을 키워나가는 데서 매우 중요	
	추진기구	조선체육지도위원회, 체육성, 조선올림픽위원회 위원장, 조선태권도위원회 위원장	
	법	사회주의 헌법 제55조, 체육법	
정책	당의 구상	– 사대주의와 교조주의 극복, 주체 확립, 체육의 대중화	
	목표	– 체력완성을 통한 국방과 노동에 기여, 체육을 통한 대외관계 개선, 체육의 대중화, 생활화	

	조국보위	– 혁명투쟁과 건설사업을 성과적으로 추진하며 나라의 위력을 강화하고
		  민족의 우수성을 키워나가는 데 중요한 의의
		– 당의 체육방침을 관철, 체육을 통해 체력완성, 강한 의지와 용감성 양성
		– 인민들을 로동과 국방에 튼튼히 준비, 체육사업을 강화하여 무병장수
		  실현
		– 체육사업은 조국을 부강 발전, 방위력 강화, 나라와 민족의 흥망성쇠를
		  결정	

김정일 시대 체육 정책
(체육을 대중화하며 체육기술을 빨리 발전시킬 데 대하여, 1986.5.19.)

정책		
	체육인의 임무	- 주체체육 수립, 체육의 왕국 건설, - 육상, 마라톤, 축구, 배구, 탁구를 비롯한 구기종목의 기술 발전 - 1966년 월드컵 경기대회 강조 - 낙하산 기술과 모형항공기기술, 무선통신기술도 발전 필요 - 예술체조 발전
	체육외교	- 세계 여러나라들과 친선관계를 발전시키기 위해서 체육사업 발전
	체육부문 일군	- 체육을 대중화 생활화할데 대한 당의 방침 관철 - 체육은 자본주의 사회의 유흥거리가 아닌 인민대중 사업 - 재교육 사업을 통해 현실 상황 인식 필요
	선수발굴 (후비육성)	- 우수한 선수 양성 필요 - 지혜가 있고 키가 크고 나이가 어린 학생들을 중심으로 선발 - 선발 후 목표에 맞게 양성 - 우리식의 체육기술과 전술체계, 우리식의 체육훈련방법 완성 - 낡은 경험이 아니니 과학적 기초아래 훈련 실시 - 우리나라 선수들 체질에 맞는 훈련을 과학화하며 영양공급
	코치 양성 (체육일군 양성사업)	- 훈련강화 - 훈련은 우리 식으로, 과학적으로 진행 - 과학화하고 현대적인 과학기술기재들 활용 - 지도원들의 역할 제고 및 훈련조건 보장
	대중체육 (생활체육)	- 인민체력검정사업을 통해 청소년들과 근로자들의 체육활동 강조 - 노동과 국방에 준비 - 해양체육월간사업과 겨울철체육월간사업 조직
	학교체육	- 키가 크고 몸을 조화롭게 발달 - 학교체육을 강화하여 학생들에게 체육에 대한 기초지식과 체육기술을 전달하여 학교를 졸업하고 군중체육 발전에 이바지 해야 함 - 키성장을 위해 체육에 대한 기초지식과 한 가지 이상의 체육기술을 소유 - 육상과 철봉, 평행봉을 비롯한 기계체조, 축구, 배구, 농구, 탁구 강조 - 구기운동을 통해 키 성장과 조직성, 규율성, 용감성과 대담성, 강의성, 민활성을 양성 - 수영 장려 - 체육 무용 장려 - 집단체조 장려 - 한두 가지 체육종목을 특별히 발전시키고 전통화 함으로써 체육사업에서 학교의 특성을 발전 - 학교 체육수업의 질적 제고 - 학교 체육수업의 과외체육활동 강조, 체육소조 조직하여 수영장과 빙상장에서 수영, 스케이트 활동 등 강조 - 체육교원들의 책임성, 전문성 강조 - 모범체육학교쟁취운동을 전개하여 학교체육사업 강조

김정일 시대 체육 정책
(체육을 대중화하며 체육기술을 빨리 발전시킬 데 대하여, 1986.5.19.)

정책	기업소 체육	– 아침체조, 업간체조, 걷기와 달리기를 비롯한 여러 운동 강조 – 쉬는날이나 명절에는 배구, 탁구, 국방체육경기 장려
	가정 체육	– 걷기, 달리기, 냉수마찰, 아침체조 등이 건강 증진에 도움
	체육의 과학화	– 현대체육기술 발전추세에 맞게 체육기술 발전 – 체육과학 연구사업 실시 – 선진체육과학기술을 습득하기 위해 체육과학 교류 필요
	국가체육 지도 위원회	– 모범체육군을 조직하여 전망목표 계획 – 사로청, 직맹, 농근맹을 비롯한 근로단체조직들에서 당의 체육정책 해설하고 선전사업 확대 – 체육대회와 종목별 체육경기를 정상적으로 조직하고 체육소조를 활발히 운영 – 평양체육대학은 체육일군 양성을 위한 중요한 기지 – 조선체육지도위원회와 교육위원회 역할 제고 – 중앙체육간부양성소를 비롯한 체육일군 양성기관들과 사범대학 체육학부에서 체육일군 양성 – 조선체육지도위원회의 기능과 역할 제고 – 당의 영도 밑에 나라의 체육사업을 통일적으로 지도하는 국가행정기관 – 수령님의 교시와 당의 체육방침을 관철 – 체육사업과 연관된 중앙기관들과 체육사업 발전을 위한 협력
	국방체육	– 사격과 권투를 발전시켜 국방체육 발전
	도시군 체육지도 위원회	– 시군 소재지들에 체육관 수영관, 체육구락부 숙소 건설
	당의 체육지원	– 중앙과 지방에 현대적인 체육시설 건설 – 평양시에 현대적인 체육시설 건설 – 만경대지구에 체육촌을 형성 – 릉라도와 양각도에 현대적인 체육시설 건설 – 김일성 경기장에 집단체조를 위해 인조잔디 설치, 릉라도경기장에는 천연잔디 설치
	체육시설 지원 및 관리	– 체육시설과 체육기자재 보장
	체육 기자재 공장	– 체육부문의 물질적 보장 – 체육부문의 생산보장사업
	체육선수 처우개선	– 체육시설과 기자재, 숙식조건 보장 – 국제경기 참여 장려 – 만경대상 체육경기대회 및 공화국선수권대회 등 국내경기 참여 독려

		김정일 시대 체육 정책 (체육을 대중화하며 체육기술을 빨리 발전시킬 데 대하여, 1986.5.19.)
정책	체육선수 처우개선	– 선수들에게 사상전, 투지전, 속도전, 기술전 요구 관철 – 체육선수들에게 영양공급 지원 – 키가 큰 선수들과 중량급 선수들에게는 공급기준을 별도로 작성하여 　특별공급 – 고기와 기름을 많이 공급 – 조선체육지도위원회에 어느 닭공장 하나를 넘겨 체육선수들 영양 공급 　지원
	사상교양 사업	– 체육사업에 대하여 대중적 관심 제고 사업 – 당의 체육방침 관철에서 성과 소개 및 선전 필요 – 체육선수들의 사진을 통해 과학영화, 기록영화, 예술영화 보급 – 국제경기에 참가하여 조국의 영예를 빛내인 체육인들에게 공민의 최고 　영예인 노력영웅칭호를 비롯한 명예칭호 수여 – 여러 가지 표창과 고급 승용차 선물 – 체육부문 당조직 체계 확립, 기능과 역할 제고 – 당조직은 당의 체육방침 관철하기 위한 조직정치사업 확립 – 공산주의적 도덕품성 사상교양 사업 – 당의 체육방침 옹호관철

3) 김정은 시대 체육정책

		김정은 시대 체육 정책
체계	개념	체육은 국력을 강화하고 조국의 존엄과 영예를 빛내이며 인민들에게 민족적 긍지와 자부심을 높여주고 온 사회에 혁명적기상이 차넘치게 하는데서 매우 중요한 역할
	추진기구	국가체육지도위원회*(위원장 리일환, 부위원장 박정근), 체육성(김일국), 조선올림픽위원회 위원장(김일국), 조선태권도위원회 위원장(김명근) *2021년 6월 24일 기준, 국가체육지도위원회, 체육성, 태권도조직위, 올림픽위원회
	법	사회주의 헌법 제55조, 체육법
정책	당의 구상	당의 령도밑에 온 나라에 체육중시기풍이 서고 체육열기가 전례없이 높아지고 있으며 체육인들 속에서 훌륭한 경기성과들이 이룩
	목표	– 체육강국 건설, 체육선진국
	체육 강국 건설	– 체육강국 건설은 "우리 나라를 체육으로 흥하는 나라, 체육으로 　강대해지는 나라로 만드시려고 온갖 로고와 심혈을 바쳐오신 위대한 　수령님들의 구상과 념원을 현실로 꽃피우기 위한 애국사업" – 사회주의 강성국가를 건설하기 위한 당의 중요한 전선 – 체육강국건설을 통해 전체 군대와 인민을 국방과 로동에 튼튼히 　준비시켜 군사강국의 위력 제고

		김정은 시대 체육 정책
정책	체육 강국 건설	- 체육강국건설을 통해 사회주의경제강국, 문명강국 건설하고 주체조선의 위용 과시 - 체육을 대중화, 생활화하며 체육의 과학화수준 제고 - 올림픽경기대회와 세계선수권대회를 비롯한 국제경기들에서 패권을 쥐고 나라의 존엄과 기상 대외 홍보
	체육인의 임무	- 우승의 금메달로 조국의 존엄과 영예를 세계에 떨치는 것 - 백두의 혁명정신, 백두의 칼바람정신으로 온 넋과 심장을 불태우며 국제경기들에서 영웅조선의 새로운 체육신화를 창조 - 체육선수들은 훈련강령을 당의 전투명령으로, 훈련장을 당의 사상관철전, 조국수호의 격전장으로 여기고 실전훈련의 용광로속에서 자신들을 사상의지적으로, 육체기술, 전술적으로 억세게 단련 - 사상전, 투지전, 속도전, 기술전의 경기원칙과 방법을 일관하게 틀어쥐고 세계적인 체육강자들과 당당히 맞서 이길수 있는 단수높고 변화무쌍한 경기전법들을 끊임없이 창조하고 련마
	코치 및 감독의 임무	- 감독들은 세계적인 체육강자들을 키워내는 명감독이 될 만한 야심을 가지고 자기 수준을 제고 - 훈련계획을 현실성 있게 과학적으로 세우며 훈련방법을 개선하고 선수들에 대한 요구성을 높여 그들이 어떤 경기정황에도 능숙하게 대처할수 있도록 준비 - 우리 식의 우월한 경기전법들을 창조하고 적극 활용 - 종목별협회들에서는 자기 종목에서 빨짜산식공격전법의 요구를 구현하기 위한 위력하고 기묘한 경기전술과 경기방식을 더욱 연구완성하고 적극 활용
	경기 조직 및 관리	- 공화국선수권대회를 비롯한 국가적인 경기대회들을 년중 계속 조직진행 - 체육단들에서 훈련경기와 검열경기, 도전경기, 래왕경기를 많이 하여 체육기술을 더욱 발전 - 국제경기에 많이 참가하여 기술수준 제고 - 승산이 있는 체육종목들을 발전시키는데 큰 힘 - 조선사람의 체질적특성에 맞고 지난 시기 국제경기들에서 좋은 성과를 거둔 전통이 있는 체육종목들을 승산종목으로 정하고 거기에 힘을 집중 - 녀자축구와 마라손, 력기, 권투, 탁구 그리고 레스링, 유술, 기계체조, 활쏘기와 같은 종목들에서 먼저 세계패권을 확고히 쥐고 그 지위를 공고 - 국방체육과 해양체육, 겨울철체육종목을 비롯한 다른 종목들을 따라세워 보다 많은 체육종목에서 아시아의 패권 - 민족체육종목인 태권도와 씨름을 널리 장려하여 온 나라를 태권도화하고 우리 태권도의 기상을 세계에 떨치며 태권도기술과 전통적인 씨름기술수법들을 더욱 발전
	선수발굴 (후비 육성)	- 머리가 좋고 육체적 준비도 좋으며 종목별 선수로서의 적성체질을 갖춘 대상들을 선발하는 것을 원칙 - 당조직들과 청년동맹조직들, 교육부문과의 련계밑에 체육선수후비선발사업을 정상적으로 꾸준히 진행

		김정은 시대 체육 정책
정책	선수발굴 (후비 육성)	– 세계적 추세에 맞게 기초기술교육을 강화하여 전망성있는 우수한 선수후비들을 체계적으로 양성
	코치 양성 (체육 일군 양성 사업)	– 조선체육대학에서 현실발전의 요구에 맞게 교육내용과 방법, 교육조건과 환경을 개선하여 체육일군양성에서 시범을 창조하고 체육일군교육단위들에 널리 일반화 – 현직체육일군들을 교육기관에 계획적으로 보내여 재교육과정을 거치도록 하며 체육일군 재교육강습을 실속있게 조직 – 실무수준을 높이기 위한 경험발표회와 방식상학, 실무강습 같은 것도 정상적으로 조직진행
	대중체육 (생활체육)	– 대중화, 생활화하여 전체 인민이 체육을 즐겨하고 온 나라가 체육열기 고조 – 체육을 대중화, 생활화하여야 전체 인민이 건강한 몸으로 조국보위와 강성국가건설에 적극 이바지
	학교체육	– 학생들의 건장한 체력 양성 및 훌륭한 체육선수후비 – 청소년학생들의 키를 크게 하고 몸을 조화롭게 발달시키며 그들이 체육에 대한 기초지식과 한 가지 이상의 체육기술을 소유하도록 양성 – 청소년학생들에게 용감성과 인내성, 강의성을 키워주는 국방체육 강조 – 체육교원들의 수준을 높이고 체육교육의 질적 제고 – 체육시설들을 확충 및 학생들에게 과외체육활동 지원, 종목별 전문화체육소조들을 정상적으로 운영
	기업소 체육	– 인민보건체조, 대중률동체조, 건강태권도를 비롯한 여러가지 체육을 정상화하며 명절이나 기념일, 휴식일 같은 때에 체육경기와 체육유희를 다양하게 조직하여 사람들이 승벽심을 가지고 체육활동에 적극 참가 유도 – 가정들에서도 아침체조와 체육오락을 비롯하여 건강증진에 좋은 운동 격려 – 전국도대항체육경기와 함께 시, 군들 사이, 기관, 기업소, 협동농장들 사이 대항경기들을 조직하여 근로자들의 몸과 마음을 튼튼히 단련하고 체육열기를 더욱 고조 – 체육경기를 할 때에는 응원조직을 잘하여 경기분위기를 돋구고 선수들의 사기를 높여주며 집단의 조직력과 단결력을 시위 – 모범체육군, 모범체육단위칭호쟁취운동을 활발히 벌리며 체육월간사업 지속
	체육의 과학화	– 훈련과 경기, 체육교육과 후비육성을 비롯한 체육사업의 모든 분야를 현대체육과학에 기초하여 개선 및 발전 – 주체적립장에서 체육종목별기술을 우리 식으로 발전 – 생리학, 생화학과 같은 기초과학에 대한 연구와 선수들의 몸상태 조성과 심리조절, 영양공급을 과학화하기 위한 사업을 강화하며 선수들의 육체적능력 향상을 위한 여러가지 영양식품들을 적극 연구개발 – 첨단체육기재들을 창안리용하며 종목별에 따르는 경기복을 비롯한 체육기자재들을 현대화, 국산화

		김정은 시대 체육 정책
정책	체육의 과학화	- 체육과학기술정보사업을 활발히 벌려 선수들과 감독들이 종목별체육기술발전의 세계적 추세와 국제경기에서 맞다들게 될 상대팀과 관련한 자료 취합 - 체육과학연구사업에 필요한 자료들과 첨단설비, 측정기재, 시약들을 비롯하여 연구조건을 원만히 보장 - 체육과학원에서는 체육과학연구력량을 튼튼히 꾸리고 체육과학발전계획을 우리 나라의 실정과 현대체육과학발전추세에 맞게 전망적으로, 현실성있게 세우며 체육과학연구에서 최첨단돌파전을 힘있게 벌려 - 체육성에 파견된 2월17일과학자, 기술자돌격대원들은 우리 식의 교수훈련지원체계와 체육기자재, 피로회복 및 영양식품들을 적극 개발도입하여 높은 체육경기성과를 과학기술적으로 지원
	국가 체육 지도 위원회	- 당의 체육강국건설구상과 요구에 맞게 체육부문의 사업체계를 개선하며 나라의 체육발전을 위하여 국가적으로 해결하여야 할 중요한 문제들을 제때에 토의결정하고 대책 구상 - 국가체육지도위원회 서기국의 역할을 높여 온 나라에 체육열풍을 일으키고 각급 체육지도위원회를 비롯한 모든 체육정책집행단위들에서 당의 체육방침을 관철
	체육성	- 당의 체육강국건설구상을 실현하기 위한 국가체육발전전략을 과학적으로 세우고 단계별로 실속있게 집행 - 예견성있게 체육사업 구상 및 수립 - 체육단들과 체육인들 속에 들어가 그들의 정신력을 발동하며 체육의 과학화 수준을 높이기 위한 적극 노력 - 중앙체육단들과 도체육단들, 기관, 기업소체육단들을 균형적으로 발전시키며 체육단들사이의 경쟁열풍을 일으켜 나라의 전반적 체육수준 제고 - 체육부문의 사업질서를 바로세우고 체육부문에 군대와 같은 강한 규률을 확립
	도시군체육 지도위원회	- 평양시와 도, 시, 군체육지도위원회들에서는 자기 지역의 모든 부문, 모든 단위에서 체육을 대중화, 생활화할데 대한 당의 방침을 철저히 관철하도록 옳게 지도하며 체육단들과 청소년체육학교들의 사업 지원
	대외 체육	- 공화국의 존엄과 리익을 첫자리에 놓고 국제체육기구들과의 사업을 책략적으로 벌리며 대외적으로 초청경기, 원정경기, 공동훈련을 많이 조직진행
	당의 체육지원	- 물질적토대 강화 - 모든 부문, 모든 단위 일군들은 당의 의도에 맞게 체육사업을 중시하고 당의 체육정책을 관철하기 위한 사업에 발벗고 나서며 대중체육활동에 모범적으로 참가 - 체육발전에 필요한 자금을 보장해주기 위한 대책을 세우는것과 함께 체육부문에서 필요한 자금을 자체로 해결할수 있도록 지원

김정은 시대 체육 정책		
정책	체육시설 지원 및 관리	- 평양시와 지방들에 체육관과 경기장, 수영관, 사격관, 육체훈련관을 비롯한 현대적인 체육시설들을 건설하며 곳곳에 체육공원 건설 - 체육시설 조성 및 시설 정상유지, 정상보수, 정상관리 철저
	체육기 자재공장	- 체육기자재공장들을 현대적으로 꾸리고 질좋은 체육기자재들 생산 - 체육기자재 자체 개발 및 생산 노력
	체육선수 처우개선	- 체육선수들이 계절에 관계없이 언제나 훈련을 할수 있도록 환경 보장 - 체육선수들에게 여러가지 음료와 영양식품들을 넉넉히 공급 - 국제경기들에서 조국의 영예를 높이 떨친 체육인들을 애국자, 영웅으로 내세워주고 그들에 대한 정치적평가와 물질적평가를 잘해주어 사람들이 체육인들을 존경하는 풍토 조성 - 당적으로나 국가적으로 체육인들의 생활에 깊은 관심 제고 노력 - 출판보도기관들에서 체육경기와 관련한 소식과 자료들을 제때에 널리 소개선전하며 문학예술부문에서 체육인들의 힘과 용기를 북돋아주고 대중속에서 체육열기를 높여줄 수 있는 문예작품들을 많이 창작
	사상교양 사업	- 체육사업에 대한 당적지도를 더욱 강화 - 당조직들은 체육부문안에 당의 령도체계를 철저히 세우며 위대한 수령님들의 유훈과 당의 체육정책을 결사관철하기 위한 조직정치사업 확립 - 체육부문 당조직들은 체육인들의 정신력을 발동하기 위한 정치사업을 화선식으로 체계 확립 - 체육인들이 그들의 정신세계와 훈련기풍, 도덕풍모 학습

III

김정은 시대 북한 체육의 변화

1. 체육 목표의 변화: '체육열풍 – 체육강국건설 – 체육선진국'

　김정은 집권 이후 김정은의 북한은 '체육열풍', '체육강국건설', '체육선진국' 목표를 제시하였다.

　'체육열풍'은 김정은 집권과 동시에 있었던 2012년 런던올림픽에서 북한이 종합순위 20위를 하면서 대두되었다. 2013년 김정은의 첫 신년사에서 "백두의 혁명정신과 백두의 칼바람정신[5]으로 온 나라의 체육열풍을 일으킬 것"을 강조[6]하며, 집권 초기 신속한 성과를 낼 수 있는 체육 분야를 전면에 등장시켜 체제 안정과 주민통합을 도모하였다.

　'체육강국건설'은 "사회주의강성국가를 일떠세우기 위한 투쟁에서 우리 당이 중시하는 하나의 전선입니다.[7]라고 정의하고 있다. 북한은 '체육강국건설'을 위해 '사회주의경제강국과 문명강국'을 건설하고 체육의 과학화 수준을 제고할 것을 언급하였다. 그리고 올림픽경기대회와 세계선수권대회를 비롯한 국제경기에서 우승하여 나라의 존엄과 기상을 대외적으로 홍보할 것을 강조하였다. '체육강국건설'을 위해 북한은 평양 내 안골체육촌을 청춘거리체육촌으로 이름을

5　"오늘 백두의 혁명정신,백두의 칼바람정신은 경애하는 김정은동지에 의하여 주체혁명위업, 선군혁명위업의 종국적 승리를 위한 투쟁에서 우리 당과 인민이 영원히 틀어쥐고나가야 할 위력한 사상정신적무기, 위대한 혁명정신으로 더욱 빛을 뿌리고 있다," 『로동신문』, 2015년 8월 4일.

6　배영욱, "온 나라에 체육열풍이 세차게 일어나도록 이끄시여," 『천리마』 (평양: 천리마사, 2013), pp. 86-87.

7　"백두의 혁명정신으로 체육강국건설에서 새로운 전성기를 열어 나가자, 제7차 전국체육인대회," 『로동신문』, 2015년 3월 25일.

변경하고 주요 체육시설을 신설하고 기존 시설은 보수하였다.

표 3 ┃ 김정은 시대 체육강국건설 목표에 따른 주요 체육 환경 변화

구 분	주요 변화
2012년 ~ 2021년	만경대 유희장·릉라인민유원지 건설, 창천거리 보수(북한판 신도시, 고층 아파트), 미림승마구락부 준공, 북창체육관 새로 건설, 마식령 스키장 건설, 문수물놀이장 완공, 함흥물놀이장 완공, 청춘거리체육촌 개건, 신의주체육관 신축, 함경남도 함흥 사포구역 체육관 신축, 평안북도 신의주 체육관 신축, 평양민속공원 개건, 강계스키장 신축, 자강도체육관 준공, 동평양지구에 종합체육기지 건설, 황해북도 사리원체육관 신축 등.

출처: 『조선중앙통신』. 2013.1. ~ 2021.12.

'체육선진국'은 2021년 제8차 당대회에서 처음 언급되었으며, "존엄높은 우리 국가의 권위와 지위에 맞게 과감한 분발로 우리나라를 체육선진국대렬에 들어서게 할 데 대한 과업들이 제기"[8]라고 언급하였다. '체육선진국'은 2012년 런던올림픽과 같은 영예를 다시 한번 구현하기 위한 목표이며, 2012년과 달라진 2021년 현재의 환경에서 세대교체와 체육의 과학화를 접목하여 체육 분야에서 우수한 성적을 획득하고 전문선수 양성과 선진 체육과학기술을 습득 및 연구하는 것을 말한다.

2. 주민의 여가와 유희를 위한 스포츠 신설

김정은 집권 이후 북한은 전문체육인을 위한 주요 체육경기대회를 지속하면서 일반 주민을 위한 유희적 요소가 가미된 다양한 체육대회를 신설했다.

대표적으로 '전국 도대항 군중체육대회'이다. '전국 도대항 군중체육대회'는 전문체육부문과 대중체육부문으로 분류되며, 각 도에서 선발된 근로자, 학생,

---

8 "우리 식 사회주의건설을 새 승리에로 인도하는 위대한 투쟁강령 조선로동당 제8차대회에서 하신 경애하는 김정은동지의 보고에 대하여," 『노동신문』, 2021.1.9.

체육인이 참여하는 대중체육경기대회(생활체육경기)이다. 북한은 '전국 도대항 군중체육대회-2014'를 통해 처음으로 공식 체육대회에 서기 연도를 표기하였다. 2013년 첫 대회를 시작으로 2020년을 제외한 2021년까지 매년 진행하였으며, 코로나19 상황 속에서 2021년에 유일하게 진행한 체육경기대회이다.

보건부문 체육경기대회도 김정은 시기 대표 대중체육경기대회이다. 2013년 첫 대회를 시작으로 2019년까지 매년 진행하였다. 병원에서 근로하는 근로자들을 대상으로 개최되는 체육경기대회로 농구, 배구, 탁구, 바줄당기기, 씨름, 육상, 집단달리기 등이 평양체육관에서 진행된다.

'봄철승마애호가경기', '장애자 및 애호가 탁구경기', '전국어린이바둑경기', '평양시 년소자 및 애호가들의 바드민톤경기대회', '가을철 마라손 애호가 경기대회'는 김정은 시대 처음 신설된 체육경기대회이다. '봄철승마애호가경기'는 2013년 미림승마구락부 건설 후 2014년부터 2019년까지 매년 개최되었다. '장애자 및 애호가 탁구경기'는 2012년 런던 패럴림픽에 선수를 처음 출전시킨 북한이 2014년부터 정기적으로 진행하는 체육경기대회이다. 2015년에는 '가을철 장애자 및 애호가 탁구경기', 2016년 이후부터는 '봄철, 가을철 장애자 및 애호가 탁구경기'를 매년 진행하고 있다. '전국어린이바둑경기'는 어린이들의 지적능력 향상과 집중력, 인내력을 향상시키기 위해 김정은 시대에 추가 신설된 어린이 바둑경기대회이다. '평양시 년소자 및 애호가들의 바드민톤경기대회'는 평양시민들을 위해 새롭게 신설된 체육경기대회로 2017년부터 2019년까지 진행되었다. '가을철 마라손 애호가 경기대회'는 2017년부터 2019년까지 매년 진행한 신설 체육경기대회이며, 풀코스와 하프, 40km, 5km 달리기 경기가 있다. 주요 코스는 평양 일대를 달리는 것이며, 만경대학생소년궁전 앞 도로에서 출발한다.

김정은 시대 새롭게 등장한 주요 애호가[9] 체육경기는 주민들에게 '노동과 국방을 위한 체육활동'이 아닌 '여가와 유희'를 위한 체육활동으로 전달되고 있다.

---

9   "애호가는 무엇을 몹시 사랑하고 좋아하는 사람을 말함," 「조선말대사전」(온라인), 2021년 12월 15일;〈http://www.uriminzokkiri.com/index.php?ptype=ckodic&skey=%EC%95%A0%ED%98%B8%EA%B0%80〉.

애호가 체육경기대회

*출처: 『로동신문』, 2019.7.4.; 『로동신문』, 2018.10.11.

3. 북한의 주요 국내외 체육경기대회 개최와 참여

김정은 시대 북한의 주요 국내 체육경기대회 개최는 연간 30여 개이다. 체육대회는 학생체육대회, 일반체육대회로 구분되며, 북한 주민 체력검정을 위한 체력평가는 인민체력검정월간, 해양 체육월간, 겨울철 체육월간 등이 있다.

일반체육대회는 전 인민이 참가하는 공화국 선수권대회(매년 진행, 10월 초에 진행)가 있으며, 인민체육대회(2016년 13차 대회, 4~5년 주기로 10월 개최), 만경대상체육경기대회(만경대상, 무도와 마라톤까지 같이 개최, 매년 4월 1일부터 30일까지 개최), 백두산상 체육경기대회(매년 진행, 2월 1일부터 2월 말일까지 진행), 오산덕상 체육경기대회(매년 진행, 매년 12월 초에 진행) 등이 있다.

인민체력검정월간은 매년 8월~9월 진행되며 달리기, 멀리뛰기, 턱걸이, 팔굽혀펴기 등을 평가한다. 해양 체육월간은 수영, 배 타는 법, 수기신호법 등을 훈련한다. 겨울철 체육월간은 스케이트, 스키 등을 훈련한다.

> ※ 북한은 매년 10월 둘째 주 일요일을 체육절로 지정(1949년 8월 2일 제정)하여 기념행사를 진행하며, 매월 둘째 주 일요일은 체육의 날로 전 인민의 체육활동을 강조한다.

김정은 시대 북한의 국외 체육경기대회 참여는 하계올림픽, 동계올림픽, 하계아시안게임, 동계아시안게임, 동아시안게임, 역도선수권대회, 탁구선수권대회가 있다.

하계올림픽은 2012년 런던올림픽에 총 10개 종목에 출전하여 금메달 4개(유도 1개, 역도 3개), 동메달 2개(역도 1개, 레슬링 1개)를 획득하여 종합순위 20위를 달성하였다. 2016년 리우올림픽에 총 9개 종목에 출전하여 금메달 2개(체조 1개, 역도 1개), 은메달 3개(역도 3개), 동메달 2개(역도 1개, 레슬링 1개)를 획득하여 종합순위 34위를 달성하였다. 2020년(코로나19로 2021년 8월 개최) 도쿄올림픽은 코로나19로 인하여 불참하였다.

동계올림픽은 2018년 평창동계올림픽에 쇼트트랙, 아이스하키, 알파인스키, 크로스컨트리, 피겨스케이팅에 출전하였으나, 메달은 획득하지 못하였다.

하계아시안게임은 2014년 인천아시안게임에 출전하여 금메달 11개, 은메달 11개, 동메달 14개를 획득하여 종합순위 8위를 달성하였으며, 2018년 자카르타-팔렘방 아시안게임에 출전하여 금메달 12개, 은메달 12개, 동메달 13개를 획득하여 종합순위 10위를 달성하였다.

북한의 주요 국제체육경기대회 메달리스트

역도 엄윤철

레슬링 박영미

사격 김성국

체조 리세광

동계아시안게임은 2017년 일본 삿포로 동계아시안게임에 출전하여 피겨스케이팅 페어 종목에서 동메달 1개를 획득하여 종합순위 5위를 달성하였다.

동아시안게임은 2013년 톈진 동아시안게임에 출전하여 금메달 8개, 은메달 12개, 동메달 22개를 획득하여 종합순위 6위를 달성하였다.

역도선수권대회는 세계

역도선수권대회부터 아시아청년 및 청소년역기선수권대회, 세계청년역기선수권대회, 청소년올림픽경기대회, 아시아역기선수권대회에 매년 참여하여 엄윤철, 김은국, 박정주, 림정심, 림은심 등의 선수가 우수한 기록을 달성하고 있다.

탁구선수권대회는 세계컵남자탁구경기대회, 평양공개탁구경기대회(도전급, 세계순회급), 코리아오픈탁구경기대회, 씨마스터 도전급플루스 평양공개탁구경기대회 등에 매년 참여하여 우수한 성적을 획득하고 있다.

4. 남북소통을 위한 남북체육교류와 단일팀 7차례 구성

김정은 시대 남북 간 체육교류는 2014년 제1회 아리스포츠컵 국제유소년 축구대회와 남북성인축구팀 친선경기(2014), 남북양궁교류전(2015), 제2회 아리스포츠컵 국제유소년 축구대회(2015), 남북노동자 축구대회(2015), 2017 세계태권도선수권대회 북한 시범단 공연(2017), 2018년 1월 남북 축구팀(강원FC와 북한4.25체육단) 합동훈련 및 친선경기, 제3회, 4회, 5회 아리스포츠컵 국제유소년 축구대회(2018), 남북통일농구대회(2018), 남북노동자 축구대회(2018), 남북 스포츠팀(축구·마라톤) 합동훈련 및 친선경기(2019), 남북 태권도 합동공연(2019) 등이 있다.

표 4 ┃ 김정은 시대 남북체육교류

	시기	교류	지역	기간
1	2014	제1회 아리스포츠컵 국제유소년 축구대회	연천	11.1.
2	2014	남북 성인축구팀 친선경기	중국 광저우	2.27.
3	2015	남북 양궁교류전	중국 난징	5.21.
4	2015	제2회 아리스포츠컵 국제유소년 축구대회	평양	8.21.
5	2015	남북 마라톤 훈련, 강원체고, 강원도청 소속 마라톤 선수, 4.25체육단과 공동 훈련	중국 쿤밍	12.18.
6	2015	남북노동자 축구대회	평양	10.28-31.
7	2017	2017 세계태권도선수권대회 북한 시범단 공연	무주	6.23.
8	2017	제3회 아리스포츠컵 국제유소년 축구대회	중국 윈난성 쿤밍	12.18-22.

	시기	교류	지역	기간
9	2018	남북 축구팀 합동훈련 및 친선경기 (강원FC와 북한 4.25체육단 친선경기)	중국 쿤밍	1.3.
10	2018	제4회 아리스포츠컵 국제유소년 축구대회	평양	8.15-18.
11	2018	제5회 아리스포츠컵 국제유소년 축구대회	강원도 춘천	10.25.-11.2.
12	2018	남북 통일농구대회	평양	7.4-5.
13	2018	남북 노동자축구대회	서울	8.11.
14	2019	남북스포츠팀(축구·마라톤) 합동훈련 및 친선경기	중국 쿤밍	2.6.
15	2019	남북 태권도 합동공연	비엔나, 제네바	4.5-12.

*출처: 저자 작성

김정은 시대 남북 간 단일팀 구성 및 출전은 2018년 평창동계올림픽 여자 아이스하키팀을 계기로 처음 진행하였으며, 이후 2018 세계탁구선수권대회, 2018 코리아오픈 국제탁구대회, 2018 자카르타–팔렘방 아시안게임, 2018 자카르타 장애인 아시안게임, 2018 세계유도선수권대회 아제르바이잔 바쿠, 2019 세계남자 핸드볼 선수권대회가 있다.

표 5 ┃ 김정은 시대 단일팀 교류

	시기	내용	대회	기간
1	2018	여자아이스하키 단일팀 총 35명 (남한선수 23명, 북한선수 12명)	평창 동계올림픽	2.9-25.
2	2018	단체전 단일팀 9명(남한 5명, 북한 4명)	세계탁구 선수권대회	4.29.-5.6.
3	2018	남녀복식과 혼합복식에서 단일팀 결성 북한선수 25명 선수단 파견 (16명 선수)	코리아오픈 국제탁구대회	7.17-22.
4	2018	여자 농구, 카누 용선, 조정	자카르타–팔렘방 아시안게임	8.18.-9.2.
5	2018	수영, 탁구 (수영 남한 2명, 북한 2명), 탁구 단체팀	자카르타 장애인 아시안게임	10.6-13.
6	2018	혼성단체전	세계유도선수권대회 아제르바이잔 바쿠	9.20-27.

	시기	내용	대회	기간
7	2019	남북 단일팀을 위해 IHF는 선수 선발 인원 16명 기준에서 추가 4명(북한선수) 인정하여, 총 20명 단일팀 구성	세계남자 핸드볼 선수권대회	1.10-28.

*출처: 저자 작성

Ⅳ
김정은 시대 북한 체육 평가와 전망

김정은 시대 북한 체육의 주요 특징은 다음과 같다.

첫째, 김정은 집권 초기 김정일의 유훈통치 이행을 위한 체육강국 선언이다. 김정일은 2011년 신년 '공동사설'을 통해 '체육강국'을 언급하였다. '체육강국' 언급 이후 김정일은 사망하였지만, 김정일 시대 체육상이었던 박명철[10]을 김정은 시대 초기 체육상으로 임명하면서 김정일의 '체육강국'정책을 지속하였다. 그리고 김정일의 '체육강국'정책을 신속히 이행하고 김정은의 새로운 체육정책을 수립하기 위하여 높은 수준의 관료들을 활용한 '국가체육지도위원회'를 조직하였다.

둘째, 김정은 집권 초기 체육을 활용한 신속한 성과 만들기이다. 마식령 스키장 건설 과정에서 김정은은 "마식령 속도를 창조해 사회주의건설의 모든 전선에서 새로운 전성기를 열어나가자"라고 언급[11]한 후 5차례의 마식령 스키장 현지지도를 통해 건설과정을 검토하였으며, 실제로 마식령 스키장을 1년 내 건설하였다. 2013년 12월 31일 완공된 마식령 스키장을 김정은은 직접 방문하여 "마식령 스키장의 빠른 건설은 인민에 대한 애국애민의 정신", "인민중시 원칙의 결과물이 바로 마식령 스키장 건설[12]"이라고 언급하였다. 이 과정에서 김정은은 관료주의 폐해를 지적하고 관료주의를 통제하였으며, 신속한 성과 설명을 통해

---

10 "박명철은 김정일 시대에 북한 체육을 이끌었던 위원장으로 김정일에서 김정은으로 권력승계 기간 동안 실각되었다가 김정일이 2011년 신년 '공동사설'을 통해 '체육강국'을 언급한 이후 다시 체육상과 「조선올림픽위원회」 위원장으로 복귀한 인물이다. 그러나 김정일 사후 김정은의 「국가체육지도위원회」 설립과 함께 체육지도위원회 위원장에서 내려왔으며, 2011년부터 2013년까지 「조선올림픽위원회」 위원장을 수행하였다."

11 「로동신문」, 2013년 6월 5일.

12 「로동신문」, 2013년 1월 13일.

리더십 제고를 도모하였다.

셋째, 체육문화 시설 신축 및 개축을 통한 김정은의 통치술이다. 김정은은 본인이 중요하다고 생각하는 부서나 단위에 대하여 여러 차례 현지지도나 시찰을 통해 신속한 정책이행을 강조하였다. 김정은 집권 초기 체육문화 관련 상당히 많은 현지지도가 있었으며, 김정은은 현지지도를 통해 주민들의 체육 및 유희시설 실태를 직접 확인한 후 주요 관료에게 개선지시를 내리고 다시 또 현장에 방문하여 점검하는 스타일을 보여줌으로써 관료주의 폐해를 바로잡고 주민들의 충성심을 유도하였다.

김정은 시대 북한 체육의 전망은 다음과 같다.

첫째, 코로나19 이후 중단된 북한 체육의 활성화이다. 북한은 2020년 1월 이후 2021년까지 대부분의 체육경기를 중단하고 코로나19 대응에 집중하였다. 그러나 2022년 1월부터 국내체육경기대회를 다시 정기적으로 개최하고 있다. 2022년 5월 북한 내 첫 코로나19 확진자 보도 이후 잠시 체육경기대회를 연기하였지만, 코로나19 확산 안정에 따라 체육경기대회도 다시 진행되고 있다. 북한은 엘리트 체육선수의 실력향상도 강조하지만 지역주민과 친목을 도모할 수 있는 도대항군중체육대회(생활체육경기대회)를 강조하면서 북한주민들의 야외활동을 권장하고 있다.

둘째, IOC 징계 종료에 따른 국제체육경기대회 참석 및 개최이다. 북한은 '2021 도쿄올림픽' 불참 이후 IOC로부터 2022년 12월까지 국제체육경기대회 참석불가 징계를 받았다. 북한은 IOC 징계 종료 이후 2023년 9월 예정된 '2022 항저우 아시안게임'과 각 종목 세계선수권대회, 2024년 파리올림픽 참여를 위한 준비를 하고 있다. 나아가 북한은 북한태권도(ITF)를 중심으로 ITF 가입국가들과 협력을 강화하고 친목을 도모하기 위하여 북한 내 각 지역에 태권도 전용 체육관을 건설하여 태권도문화를 조성하고 있다.

셋째, 승산종목을 중심으로 아시안게임과 2024 파리올림픽 준비이다. 김정은은 2022년 체육선진국 진입 목표 언급과 더불어 승산종목을 언급하였다. 북한은 전통적으로 낮은 체급의 남자 역도선수들과 체조, 여자 역도, 사격, 유도,

레슬링 등이 승산종목이었다. 최근에는 북한의 전통적 승산종목외에도 양궁, 다이빙, 복싱, 마라톤 등도 승산종목으로 엘리트 선수를 양성하고 있다.

전통적으로 북한은 외부세계와 단절하고 자력갱생 또는 고난의 행군 시기 이후에는 비교적 소통이 쉬운 '체육'을 활용하여 외부세계와 다시 소통하였다. 2019년 북미 하노이회담 노딜과 2020년 코로나19 팬데믹 이후 장기간 자력갱생을 하고 있는 북한이 다시 외부세계와 소통을 할 수 있는 첫 단추는 '체육'이다. 김정은 시대 첫 성과가 '2021 런던올림픽 종합순위 20위'였던 것처럼, 체육을 통한 북한의 도약을 기대해 본다.

부록 1

조선로동당 규약 전문

(202.1.1)

조선로동당은 위대한 김일성-김정일주의 당이다.

김일성-김정일주의는 주체사상에 기초하여 전일적으로 체계화된 혁명과 건설의 백과전서이며 인민대중의 자주성을 실현하기 위한 실천투쟁속에서 그 진리성과 생활력이 검증된 혁명적이며 과학적인 사상이다.

조선로동당은 위대한 수령들을 영원히 높이 모시고 수반을 중심으로 하여 조직사상적으로 공고하게 결합된 로동계급과 근로인민대중의 핵심부대, 전위부대이다.

조선로동당은 위대한 김일성-김정일주의를 유일한 지도사상으로 하는 주체형의 혁명적당이다.

조선로동당은 위대한 김일성-김정일주의를 당건설과 당활동의 출발점으로, 당의 조직사상적공고화의 기초로 하며 혁명과 건설의 영원한 기치로 높이 들고 나간다.

조선로동당은 항일혁명투쟁시기에 창조되고 발전풍부화된 주체의 혁명 전통을 고수하고 끊임없이 계승발전시킨다.

조선로동당은 로동자, 농민, 지식인을 비롯한 근로인민대중속에 깊이 뿌리박고 그들 가운데서 사회주의위업의 승리를 위하여 투쟁하는 선진투사들로 조직한 로동계급의 혁명적당, 근로인민대중의 대중적당이다.

조선로동당은 조선민족과 조선인민의 리익을 대표한다.

조선로동당은 근로인민대중의 모든 정치조직들 가운데서 가장 높은 형태의 정치조직이며 정치, 경제, 군사, 문화를 비롯한 모든 분야를 통일적으로 이끌어나가는 령도적정치조직, 혁명의 참모부이며 조선인민의 모든 승리의 조직자, 향도자이다.

조선로동당은 온 사회의 김일성-김정일주의화를 당의 최고강령으로 한다.

조선로동당의 당면목적은 공화국북반부에서 부강하고 문명한 사회주의 사회를 건설하며 전국적범위에서 사회의 자주적이며 민주주의적인 발전을 실현하는데 있으며 최종목적은 인민의 리상이 완전히 실현된 공산주의 사회를 건설하는데 있다.

조선로동당은 당 안에 사상과 령도의 유일성을 보장하고 인민대중과 혈연적 뉴대를 강화하며 당건설에서 계승성을 보장하는 것을 당건설의 기본원칙으로 한다.

조선로동당은 수령의 혁명사상과 령도방식을, 당건설과 당활동 전반에 철저히 구현하며 수령이 이룩한 불멸의 혁명업적을 견결히 옹호고수하고 끝없이 빛내여나간다.

조선로동당은 당중앙의 유일적 령도체계 확립을 중핵으로 내세우고 전당을 김일성-김정일주의로 일색화하며 수반을 중심으로 하는 전당의 통일단결을 백방으로 강화하고 당중앙의 령도 밑에 조직규률에 따라 하나와 같이 움직이는 엄격한 혁명적제도와 질서를 세운다.

조선로동당은 당의 사상과 배치되는 자본주의사상, 봉건유교사상, 수정주의, 교조주의, 사대주의를 비롯한 온갖 반동적, 기회주의적사상조류들을 반대배격하며 맑스-레닌주의의 혁명적 원칙을 견지한다.

조선로동당은 계급로선과 군중로선을 철저히 관철하여 혁명진지, 계급진지를 굳건히 다지며 당과 인민대중의 일심단결을 백방으로 강화해나간다.

조선로동당은 조선인민의 물질문화생활을 끊임없이 높이는 것을 당활동의 최고원칙으로 한다.

조선로동당은 사람과의 사업을 당사업의 기본으로 하며 항일유격대식 사업방법을 철저히 구현한다.

조선로동당은 혁명과 건설에 대한 령도에서 로동계급적원칙, 사회주의적원칙을 일관하게 견지하며 주체성과 민족성을 고수한다.

조선로동당은 인민대중제일주의정치를 사회주의기본정치방식으로 한다.

조선로동당은 인민의 존엄과 권익을 절대적으로 옹호하고 모든 문제를 인민대중의 무궁무진한 힘에 의거하여 풀어나가며 인민을 위하여 복무하는 정치를 실현한다.

조선로동당은 인민정권을 강화하고 사상, 기술, 문화의 3대혁명을 힘있게 다그치는 것을 사회주의건설의 총로선으로 틀어쥐고나간다.

조선로동당은 자력갱생의 기치밑에 경제건설을 다그치고 사회주의의 물질기술적토대를 튼튼히 다지며 사회주의 문화를 전면적으로 발전시키고 사회주의제도적우월성을 더욱 공고히 하고 발양시키면서 사회주의완전승리를 앞당기기 위하여 투쟁한다.

조선로동당은 공화국무력을 정치사상적으로, 군사기술적으로 부단히 강화하고 자립적국방공업을 발전시켜 나라의 방위력을 끊임없이 다져나간다.

조선로동당은 청년운동을 강화하는 것을 당과 국가의 최대의 중대사, 혁명의 전략적요구로 내세우고 청년들을 당의 후비대, 척후대로 튼튼히 키우며 근로단체들의 역할을 높여 광범한 군중을 당의 두리에 묶어세우고 사회주의건설을 위한 투쟁에로 조직동원한다.

조선로동당은 전조선의 애국적 민주력량과의 통일전선을 강화하며 해외동포들의 민주주의적 민족권리와 리익을 옹호보장하고 그들을 애국애족의 기치아래 굳게 묶어세우며 민족적자존심과 애국적열의를 불러일으켜 조국의 통일발전과 륭성번영을 위한 길에 적극 나서도록 한다.

조선로동당은 남조선에서 미제의 침략무력을 철거시키고 남조선에 대한 미국의 정치군사적지배를 종국적으로 청산하며 온갖 외세의 간섭을 철저히 배격하고 강력한 국방력으로 근원적인 군사적 위협들을 제압하여 조선 반도의 안전과 평화적환경을 수호하며 민족자주의 기치, 민족대단결의 기치를 높이 들고 조국의 평화통일을 앞당기고 민족의 공동번영을 이룩하기 위하여 투쟁한다.

조선로동당은 자주, 평화, 친선을 대외정책의 기본리념으로 하여 반제자주력량과의 련대성을 강화하고 다른 나라들과의 선린우호관계를 발전시키며 제국주의의 침략과 전쟁책동을 반대하고 세계의 자주화와 평화를 위하여, 세계사회주의운동의 발전을 위하여 투쟁한다.

제1장 당 원

제1조

조선로동당원은 수령의 혁명사상으로 철저히 무장하고 당조직규률에 충직하며 당중앙의 령도따라 우리 식 사회주의위업의 새로운 승리, 주체혁명 위업의 종국적승리를 위하여 한몸 다 바쳐 투쟁하는 주체형의 혁명가이다.

제2조

조선로동당원으로는 조선공민으로서 당과 혁명, 조국과 인민에게 무한히 충실하며 당의 강령을 신념으로 접수하고 당규약을 준수하려는 사람들이 될수 있다. 조선로동당에는 열여덟살부터 입당할 수 있다.

제3조

조선로동당원은 후보기간을 마친 후보당원가운데서 받아들인다.

1) 입당하려는 사람은 입당청원서와 당원 두 사람의 입당보증서를 당세포에 내야 한다.

   사회주의 애국청년동맹원이 입당할 때에는 시, 군청년동맹위원회의 입당 보증서를 내야 하며 그것은 당원 한사람의 입당보증서를 대신한다.

   후보당원이 당원으로 입당할 때에는 입당청원서와 입당보증서를 내지 않는다. 그러나 당세포가 요구할 때에는 다른 입당보증서를 내야 한다.

2) 입당보증인은 3년이상의 당생활년한을 가져야 한다.

   입당보증인은 입당청원자의 사회정치생활을 잘 알아야 하며 보증 내용에 대하여 당앞에 책임져야 한다.

3) 입당문제는 개별적으로 심의하여야 한다.

   당세포는 총회에서 입당청원자를 참가시키고 입당문제를 심의하며 채택된 결정은 시, 군당위원회의 비준을 받아야 한다.

입당보증인은 입당문제를 토의하는 회의에 참가하지 않아도 된다.

시, 군당위원회는 입당문제에 대한 당세포의 결정을 한달안에 심의하고 처리하여야 한다.

4) 후보당원의 후보기간은 2년이다.

당세포는 후보당원의 후보기간이 끝나면 총회에서 그의 입당문제를 심의하고 결정하여야 한다.

특수한 경우에는 후보기간이 끝나지 않은 후보당원을 당원으로 받아들일 수 있다.

후보당원이 당원으로 입당할 준비가 잘 안되였을 때에는 후보기간을 1년까지의 범위안에서 한번 미룰수 있으며 그 기간에도 입당할 자격을 갖추지 못하면 그를 제명하여야 한다.

후보기간을 미루거나 후보당원을 제명할데 대한 당세포의 결정은 시, 군당위원회의 비준을 받아야 한다.

5) 입당날자는 당세포총회에서 입당을 결정한 날이다.

6) 당원으로 입당한 사람은 당원증을 수여받을 때 입당선서를 한다.

7) 특수한 환경에서 사업하는 사람과 다른 당에서 탈당한 사람의 입당 문제는 당중앙위원회가 따로 규정한 절차와 방법에 따라 취급한다.

제4조
당원의 의무는 다음과 같다.

1) 당원은 당중앙의 령도에 끝없이 충실하여야 한다.

당원은 수령에 대한 충실성을 혁명적신념과 의리로 간직하고 당중앙을 견결히 옹위하며 당의 로선과 정책을 무조건 접수하고 철저히 관철 하며 당앞에 무한히 성실하고 말과 행동이 일치되여야 한다.

2) 당원은 위대한 김일성-김정일주의로 튼튼히 무장하여야 한다.

당원은 수령의 혁명사상과 리론, 주체의 혁명전통을 깊이 연구체득 하며 모

든 사고와 행동의 유일한 기준으로 삼고 사업과 생활에 철저히 구현해나가
야 한다.

3) 당원은 당생활에 자각적으로 참가하여 당성을 끊임없이 단련하여야 한다.

당원은 당조직관념을 바로가지고 당회의와 당생활총화, 당학습에 성실히
참가하며 당조직의 결정과 분공을 책임적으로 집행하고 비판과 사상투쟁
을 강화하며 당조직규률을 자각적으로 지키고 사업과 생활 에서 제기되는
문제들을 당조직에 보고하여야 한다.

4) 당원은 혁명과업수행에서 선봉적 역할을 하여야 한다.

당원은 자기 부문, 자기 단위 앞에 제시된 당정책을 깊이 학습하고 현대과
학기술과 전문지식을 꾸준히 습득하여 혁명임무를 책임적으로 수행하며 실
력과 능력으로 대중을 이끌고 군중속에서 핵심적이며·모범적인 역할을 하
여야 한다.

5) 당원은 사회주의조국을 목숨바쳐 보위하여야 한다.

당원은 군사중시를 제일국사로 여기고 나라의 방위력을 강화하기 위한 사
업에 적극 이바지하며 주체의 전쟁관점을 가지고 군사지식을 성실히 배우
고 전쟁에 대처할수 있는 기술적 준비를 튼튼히 갖추며 조국수호정신을 체
질화하여 일단 유사시에는 사회주의조국과 혁명의 전취물을 보위하여 목숨
바쳐 싸울 각오를 가져야 한다.

6) 당원은 당적, 계급적원칙을 철저히 지켜야 한다.

당원은 당과 혁명의 리익을 첫 자리에 놓고 모든 문제를 예리하게 보고 대
하며 어떤 역경 속에서도 혁명적 신념과 지조를 지키고 계급적 원쑤들과 온
갖 이색적인 사상요소들, 세도와 관료주의, 부정부패를 비롯한 비사회주의
적 현상들을 반대하여 견결히 투쟁하여야 한다.

7) 당원은 군중과 늘 사업하며 인민을 위하여 헌신하여야 한다.

당원은 군중속에 당정책을 해설선전하고 그 관철에로 불러일으키며 군중
의 목소리에 귀를 기울이고 그들의 의견과 요구를 당조직에 제때에 반영하
며 군중의 리익을 옹호하고 실현하기 위하여 적극 노력하여야 한다.

8) 당원은 혁명적 사업기풍과 생활기풍을 세워야 한다.

   당원은 소극적이고 보수적이며 안일해이한 현상을 반대하고 혁명적으로, 전투적으로 일하고 생활하며 국가사회재산을 주인답게 관리하고 국가의 법과 규정을 자각적으로 준수하며 당, 국가, 군사비밀을 엄격히 지켜야 한다.

9) 당원은 고상한 도덕품성을 지녀야 한다.

   당원은 언제나 겸손하고 소박하며 진실하고 례절이 바르며 사리와 공명을 탐내지 말고 청렴결백하며 사회공중도덕과 질서를 모범적 으로 지키고 서로 돕고 이끄는 사회주의적 미풍을 높이 발휘하여야 한다.

10) 당원은 매달 당비를 바쳐야 한다.

   당비는 월수입의 2%이다.

제5조

당원의 권리는 다음과 같다.

1) 당원은 당회의와 당출판물을 통하여 당의 로선과 정책을 관철하며, 당사업을 발전시키는데 도움이 되는 의견을 발표할수 있다.

2) 당원은 당회의에서 결의권을 가지며 각급 당지도기관 선거에서 선거할 권리와 선거받을 권리를 가진다.

3) 당원은 정당한 리유와 근거가 있을 때에는 어떤 당원에 대하여서나 비판할 수 있으며 상급이 주는 어떤 과업이라도 그것이 당의 로선과 방침, 당중앙의 사상과 어긋날 때에는 그 집행을 거부할 수 있다.

4) 당원은 자기의 사업과 생활에 대한 문제를 토의 결정하는 당회의에 참가할 것을 요구할수 있다.

5) 당원은 당중앙위원회에 이르기까지의 각급 당위원회에 신소와 청원을 할수 있으며 탈당을 요구할수 있다.

   당원이 탈당을 요구하는 경우 당세포는 총회에서 토의결정하고 시, 군당위원회의 비준을 받아 당대렬에서 내보낸다.

제6조

후보당원의 의무는 당원의 의무와 같으며 후보당원의 권리는 결의권과 선거할 권리, 선거받을 권리가 없는 이외에는 당원의 권리와 같다.

제7조

당조직규률을 어긴 당원에게는 당책벌을 준다.

1) 당중앙의 유일적령도를 거부하거나 당의 로선과 정책을 반대하고 종파행위를 하거나 적들과 타협하는 것을 비롯하여 당과 혁명에 엄중한 손실을 끼친 당원은 출당시킨다.

2) 출당시키지 않을 정도의 과오를 범한 당원에게는 그 과오의 엄중성 정도에 따라 경고, 엄중경고, 권리정지, 후보당원으로 내려놓는 책벌을 준다.

   경고책벌은 6개월, 엄중경고, 권리정지책벌은 1년, 후보당원으로 내려놓는 책벌은 2년을 적용한다.

   당책벌은 당원이 과오를 범하게 된 동기와 원인, 과오의 후과와 함께 그의 사업과 생활을 전면적으로 깊이있게 료해하고 신중하게 주어야 한다.

3) 당세포는 총회에서 과오를 범한 당원을 참가시키고 당책벌을 줄데 대하여 심의결정한다. 특수한 경우에는 본인의 참가없이 심의결정 할 수 있다.

   당원에게 당책벌을 줄데 대한 당세포의 결정은 시, 군당위원회의 비준을 받아야 하며 당원을 출당시킬데 대한 당세포의 결정은 도당 위원회의 비준을 받아야 한다.

4) 당세포는 당책벌을 받은 당원이 자기의 과오를 깊이 뉘우치고 고치기 위하여 노력하며 사업에서 개선이 있을 때에는 총회에서 책벌을 벗겨줄데 대하여 심의결정하여야 하며 그 결정은 시, 군당위원회의 비준을 받아야 한다.

5) 당중앙위원회와 도, 시, 군당위원회 위원, 후보위원에 대한 당책벌 문제는 당중앙위원회가 정한 절차와 방법에 따라 취급한다.

6) 당중앙위원회와 도, 시, 군당위원회는 당규률문제와 관련한 당원의 신소를

제때에 책임적으로 심의하고 처리하여야 한다.

제8조

정당한 리유없이 여섯달이상 당 생활에 참가하지 않거나 3년이상 당원으로서
의 의무를 리행하지 않는 당원에 대하여서는 당세포총회에서 그를 제명할것을
결정하여야 하며 그 결정은 시, 군당위원회의 비준을 받아야 한다.

제9조

당원의 등록과 이동은 당중앙위원회가 정한 절차와 방법에 따라 한다.

제10조

조선로동당원으로서 당과 혁명, 조국과 인민을 위하여 투쟁하다가 년로보장
또는 사회보장을 받고있는 당원을 비롯하여 당원으로서의 활동을 제대로 할수
없는 당원은 명예당원으로 한다.
명예당원에게는 명예당원증을 수여한다.
당원을 명예당원으로 넘기는 문제는 시, 군당위원회에서 비준한다.

제2장 당의 조직 원칙과 조직구조

제11조

당은 민주주의 중앙집권제원칙에 따라 조직하며 활동한다.

1) 각급 당지도기관은 민주주의적으로 선거하며 선거된 지도기관은 선거받은
   당조직앞에 자기의 사업을 정기적으로 총화보고한다.
2) 당원은 당조직에, 소수는 다수에, 하급당조직은 상급당조직에 복종하며 모
   든 당조직은 당중앙위원회에 절대복종한다.

어느 한 지역을 맡은 당조직은 그 지역의 일부를 맡은 모든 당조직의 상급 당조직으로 되며 어느 한 부문이나 단위의 사업을 맡은 당조직은 그 부문이나 단위의 일부 사업을 맡은 모든 당조직의 상급당조직으로 된다.

3) 모든 당조직은 당의 로선과 정책을 무조건 옹호관철하며 하급당조직은 상급당조직의 결정을 의무적으로 집행한다.

4) 상급당조직은 하급당조직의 사업을 계통적으로 지도검열하며 하급당조직은 자기의 사업정형을 상급당조직에 정상적으로 보고한다.

제12조

각급 당조직은 지역단위와 생산 및 사업단위에 따라 조직한다.

제13조

각급 당위원회는 해당 단위의 최고지도기관이며 정치적참모부이다.

당위원회의 활동에서 기본은 집체적지도이다.

각급 당위원회는 새롭고 중요한 문제들을 반드시 집체적으로 토의결정 하고 집행하며 여기에 당지도기관 성원들과 당원들의 책임성과 창발성을 밀접히 결합시켜야 한다.

제14조

각급 당조직의 최고지도기관은 다음과 같이 조직한다.

1) 당의 최고지도기관은 당대회이며 당대회와 당대회사이에는 당대회가 선거한 당중앙위원회이다.

도, 시, 군당조직의 최고지도기관은 해당 당대표회이며 당대표회와 당대표회 사이에는 당대표회가 선거한 해당 당위원회이다.

기층당조직의 최고지도기관은 당총회(당대표회)이며 당총회(당대표회)와 당총회(당대표회) 사이에는 당총회(당대표회)가 선거한 해당 당위원회이다.

2) 당대회, 당대표회 대표자는 한급 낮은 당조직의 당대표회 또는 당총회에서 선거한다.

당대회 대표자선출비률은 당중앙위원회가 규정하며, 도, 시, 군당대표회 대표자선출비률은 당중앙위원회가 정한 기준에 따라 해당 당위원회가 규정한다.

3) 당중앙위원회 위원, 후보위원수는 당대회에서 결정한다.

도, 시, 군당위원회 위원, 후보위원수와 기층당조직의 위원수는 당중앙 위원회가 정한 기준에 따라 해당 당대표회 또는 당총회에서 결정한다.

당위원회 위원, 후보위원수를 변경시킬 필요가 있을 때에는 당중앙 위원회 전원회의와 도, 시, 군당위원회 전원회의, 기층당 조직들의 총회에서 다시 결정할수 있다.

4) 각급 당지도기관의 선거는 당중앙위원회가 만든 선거세칙에 따라 한다.

각급 당지도기관의 임기는 새로운 당지도기관을 선거하기 전까지이다.

제15조

각급 당조직의 지도기관 성원의 소환(제명)과 보선은 다음과 같이 한다.

1) 당중앙위원회와 도, 시, 군당위원회 위원, 후보위원의 소환(제명)과 보선은 해당 당위원회 전원회의에서 한다.

당중앙위원회와 도, 시, 군당위원회 위원이 결원되였을 때에는 해당 당위원회 후보위원가운데서 보선한다.

필요에 따라 후보위원이 아닌 당원을 위원으로 보선할 수 있다.

2) 기층당조직의 지도기관 성원의 소환과 보선은 해당 당총회(당대표회)에서 한다.

규모가 크거나 아래당조직들이 멀리 널려져있거나 사업상 특성으로 당총회(당대표회)를 제때에 소집할 수 없는 초급당, 분초급당에서는 당위원회에서 위원을 소환(제명), 보선할 수 있다.

3) 상급당위원회는 결원된 하급당위원회 책임비서, 비서, 부비서를 파견할 수 있다.

제16조

당회의는 해당 당조직에 소속된 당원(위원, 대표자)총수의 3분의 2이상이 참가하여야 성립되며 제기된 문제의 가결은 결의권을 가진 당회의참가자의 절반을 넘는 찬성을 받아야 확정된다.

각급 당위원회 후보위원은 해당 당위원회 전원회의에서 발언권만 가진다.

제17조

도, 시, 군당위원회의 조직과 해체문제는 당중앙위원회에서, 초급당과 분초급당의 조직과 해체문제는 도당위원회에서, 부문당과 당세포의 조직과 해체문제는 시, 군당위원회에서 비준한다.

제18조

각급 당위원회는 자기 사업의 성과적 보장을 위하여 필요한 부서를 둔다.

부서를 내오거나 없애는 권한은 당중앙위원회에 있다.

제19조

당중앙위원회는 정치, 군사, 경제적으로 중요한 부문에 정치기관을 조직한다.

1) 정치기관들은 해당 부문에서 당원들과 군인들과 근로자들에 대한 정치사상교양사업을 조직진행하며 해당 단위에 조직된 당위원회의 집행부서로서 사업한다.

  정치기관들은 당의 로선과 정책을 관철하기 위한 투쟁에 당원들과 군중을 조직동원하기 위하여 당열성자회의를 소집할 수 있다.

2) 중앙기관에 조직된 정치국(정치부)들은 당중앙위원회에 직속되여 그 지도

밑에 사업하며 자기 사업정형을 당중앙위원회에 정상적으로 보고한다.

정치국(정치부)들은 아래정치기관들에 대한 지도에서 해당 지역당 위원회들과 긴밀한 련계를 가진다.

3) 정치 기관들은 조선로동당규약과 당중앙위원회가 비준한 지도서와 규정에 따라 조직되며 사업한다.

제20조

당중앙위원회는 어떤 당조직이든지 당의 로선과 정책, 당규약을 엄중하게 어기거나 집행하지 않을 때에는 해산하고 거기에 소속되였던 당원들을 개별적으로 심사하여 다시 등록하고 당조직을 새로 조직할 수 있다.

당중앙위원회는 맡은 사업을 무책임하게 하여 엄중한 후과를 초래한 당조직과 당기관안의 부서들에 경고, 엄중경고, 사업정지 책벌을 준다.

제21조

당중앙위원회는 정치, 군사, 경제적으로 중요한 지역과 부문, 특수한 환경에 맞는 당조직의 형식과 활동방법, 그밖의 당건설에서 나서는 문제들을 따로 결정한다.

제3장 당의 중앙조직

제22조

당대회는 당의 최고지도기관이다.

당대회는 5년에 한번씩 당중앙위원회가 소집하며 소집에 관한 발표는 수개월 전에 한다.

제23조

당대회의 사업은 다음과 같다.

1) 당중앙위원회의 사업을 총화한다.
2) 당의 강령과 규약을 수정보충한다.
3) 당의 로선과 정책, 전략전술의 기본문제를 토의결정한다.
4) 당중앙위원회를 선거한다.
5) 조선로동당 총비서를 선거한다.

제24조
조선로동당의 수반은 조선로동당 총비서이다.
조선로동당 총비서는 당을 대표하며 전당을 조직령도한다.

제25조
당중앙위원회는 당대회와 당대회사이에 당의 모든 사업을 조직지도한다.
당중앙위원회는 전당과 온 사회의 김일성-김정일주의화를 자기 투쟁의 총적임무로 틀어쥐고 당의 유일적령도체계를 철저히 세우며 당과 혁명대오를 튼튼히 꾸리고 그 위력을 높이며 혁명발전의 요구에 맞게 로선과 정책을 세우고 혁명투쟁과 건설사업을 정치적으로 지도하며 국내외의 각 정당, 단체들과 사업하며 당의 재정을 관리한다.

제26조
당중앙위원회는 전원회의를 1년에 한번이상 소집한다.
당중앙위원회 전원회의는 해당 시기 당앞에 나서는 중요한 문제들을 토의결정하고 당중앙위원회 정치국과 정치국 상무위원회를 선거하며 당중앙 위원회 제1비서, 비서들을 선거하고 비서국을 조직하며 당중앙군사위원회와 당중앙검사위원회를 선거한다.
당중앙위원회에 부서(비상설기구 포함)를 내오며 필요한 경우 당규약을 수정하고 집행하며 당대회에 제기하여 승인을 받는다.

당중앙위원회 제1비서는 조선로동당 총비서의 대리인이다.

제27조

당중앙위원회 정치국은 전원회의와 전원회의 사이에 당중앙위원회의 이름으로 당의 모든 사업을 조직지도한다.

당중앙위원회 전원회의를 소집한다.

제28조

당중앙위원회 정치국 상무위원회는 정치, 경제, 군사적으로 시급히 제기되는 중대한 문제들을 토의결정하며 당과 국가의 중요간부들을 임면할데 대한 문제를 토의한다.

조선로동당 총비서의 위임에 따라 당중앙위원회 정치국 상무위원회 위원들은 정치국회의를 사회할 수 있다.

제29조

당중앙위원회 비서국은 당내부사업에서 나서는 문제와 그밖의 실무적 문제들을 수시로 토의결정하고 그 집행을 조직지도한다.

제30조

당중앙군사위원회는 당대회와 당대회 사이의 당의 최고군사지도기관이다.

조선로동당 총비서는 당중앙군사위원회 위원장으로 된다.

당중앙군사위원회는 당의 군사로선과 정책을 관철하기 위한 대책을 토의결정하며 공화국무력을 지휘하고 군수공업을 발전시키기 위한 사업을 비롯하여 국방사업 전반을 당적으로 지도한다.

당중앙군사위원회는 토의문제의 성격에 따라 회의 성립비률에 관계없이 필요한 성원들만 참가시키고 소집할 수 있다.

제31조

당중앙검사위원회는 당중앙의 유일적 령도실현에 저해를 주는 당규률 위반행위들을 감독조사하고 당규률문제를 심의하며 신소청원을 처리하고 당의 재정관리사업을 검사한다.

제32조

당중앙위원회는 당대회와 당대회사이에 당대표자회를 소집할 수 있다.

당대표자회 대표자선출비률과 대표자선거절차는 당중앙위원회가 규정한다.

당대표자회는 당의 로선과 정책, 전략전술의 중요한 문제들을 토의결정 하며 당중앙지도기관 성원들을 소환하고 보선한다.

당대표자회는 당중앙지도기관을 선거하거나 당규약을 수정보충할수 있다.

제4장 당의 도, 시, 군조직

제33조

도, 시, 군당대표회는 당의 도, 시, 군조직의 최고지도기관이다.

도, 시, 군당대표회는 5년에 한번씩 당중앙위원회의 지시에 따라 도, 시, 군당위원회가 소집한다.

제34조

도, 시, 군당대표회의 사업은 다음과 같다.

1) 도, 시, 군당위원회의 사업을 총화한다.
2) 도, 시, 군당위원회를 선거한다.
3) 당대회, 당대표자회와 상급당대표회에 보낼 대표자를 선거한다.

제35조

도, 시, 군당위원회는 다음과 같은 사업을 한다.

당의 유일적령도체계를 세우는 사업을 중핵으로 내세우고 당원들과 근로자들이 당중앙을 견결히 옹위하며 당과 혁명대오의 일심단결을 강화하고 당의 로선과 정책을 철저히 관철하며 당중앙의 령도밑에 하나와 같이 움직이도록 지도한다.

간부대렬을 튼튼히 꾸리고 그 순결성을 보장하며 당장성사업과 당원등록 사업을 진행하고 당원들에 대한 당생활지도를 강화하며 인민대중제일주의정치를 구현하여 광범한 군중을 당의 두리에 묶어세우며 당조직들의 전투적기능과 역할을 높이도록 지도한다.

혁명전통교양, 충실성교양, 애국주의교양, 반제계급교양, 도덕교양을 기본으로 틀어쥐고 사상사업을 공세적으로 벌려 당원들과 근로자들을 당의 혁명사상으로 튼튼히 무장시키고 대중의 정신력을 높이 발양시키며 제국 주의자들의 사상문화적 침투책동을 짓부시고 온갖 이색적인 사상요소들과 비사회주의적 현상을 비롯한 부정적인 현상들을 반대하여 투쟁한다.

행정경제사업에 대한 당적지도를 강화하여 해당 지역의 모든 사업이 당의 정책적 요구에 맞게 진행되도록 하며 경제사업에서 전환을 일으키고 인민 생활을 향상시키며 정권기관과 청년동맹을 비롯한 근로단체조직들을 튼튼히 꾸리고 그 역할을 높이도록 지도한다.

민간무력의 전투력을 높이며 전투동원준비를 완성하고 인민군대를 적극 원호하도록 지도한다.

도, 시, 군당위원회의 재정을 관리한다.

상급당위원회와 당중앙위원회에 자기의 사업정형을 정상적으로 보고한다.

제36조

도당위원회는 전원회의를 넉 달에 한번이상, 시, 군당위원회는 전원회의를 석달에 한번이상 소집한다.

도, 시, 군당위원회 전원회의는 당의 로선과 정책을 관철하기 위한 대책을 토의

결정하며 도, 시, 군당위원회 집행위원회와 책임비서, 비서들을 선거 하고 비서처를 조직하며 도, 시, 군당군사위원회와 검사위원회를 선거한다.

제37조

도, 시, 군당위원회 집행위원회는 전원회의와 전원회의사이에 도, 시, 군당 위원회의 이름으로 행정경제사업과 관련한 당정책관철에서 나서는 중요한 문제들을 토의결정하고 그 집행을 위한 사업을 조직지도한다.

도, 시, 군당위원회 집행위원회는 한달에 두번 이상 한다.

제38조

도, 시, 군당위원회 비서처는 간부사업을 비롯한 당내부사업에서 나서는 문제들을 수시로 토의결정하고 조직집행한다.

제39조

도, 시, 군당군사위원회는 당의 군사로선과 정책을 관철하기 위한 대책을 토의결정하고 그 집행을 위한 사업을 조직지도한다.

도, 시, 군당군사위원회는 당중앙위원회의 승인 밑에 토의문제의 성격에 따라 회의 성립비률에 관계없이 필요한 일군들만 참가시키고 소집할 수 있다.

제40조

도, 시, 군당검사위원회는 당중앙의 유일적령도실현에 저해를 주는 당규률 위반행위들을 감독조사하고 당규률문제를 심의하며 신소청원을 처리하고 도, 시, 군당재정관리사업을 검사한다.

제5장 당의 기층조직

제41조

당의 기층조직에서는 초급당, 분초급당, 부문당, 당세포가 있다.

당의 말단기층조직은 당세포이다.

당세포는 당원들의 당생활의 거점이며 당과 대중의 혈맥을 하나로 이어 주는 기본단위이며 당원들과 근로자들을 조직동원하여 당의 로선과 정책을 관철해 나가는 직접적 전투단위이다.

초급당은 당원들이 망라되어 정치조직생활을 하는 당의 기층조직이며 당의 로선과 정책을 집행해나가는 기본전투단위이다.

당중앙위원회는 당세포 비서 대회와 초급당 비서 대회를 5년에 한번 씩 소집한다.

제42조

당의 기층조직은 다음과 같이 조직한다.

1) 당원이 5명부터 30명까지 있는 단위에는 당세포를 조직한다.
   특수한 경우에는 당원이 3~4명 있거나 30명이 넘어도 당세포를 조직할 수 있다.
2) 당원이 31명부터 60명까지 있는 독립적인 단위에는 분초급당을 조직한다.
3) 당원이 61명이상 있는 단위에는 초급당을 조직한다.
4) 초급당(분초급당)과 당세포 사이에 당원이 31명이상 있는 생산 및 사업단위에는 부문당을 조직한다.
5) 초급당, 부문당, 당세포의 조직형식만으로 기층당 조직을 합리적으로 조직할 수 없을 때에는 초급당과 부문당사이의 생산 및 사업단위에 당원이 60명 넘어도 분초급당을 조직한다.
   이상의 당조직 형식들이 실정에 맞지 않을 때에는 당중앙위원회의 비준을 받아 다른 형식의 당조직을 내올 수 있다.

제43조

당총회(당대표회)는 당의 기층조직의 최고지도기관이다.

1) 당세포총회는 한 달에 한번이상 한다.
2) 초급당, 분초급당, 부문당 총회는 석 달에 한번이상 한다. 당원과 후보당원이 500명이 넘거나 아래당조직이 멀리 널려져 있을 때에는 초급 당총회(대표회)를 1년에 한번이상 할 수 있다.

제44조

기층당 조직에서는 1년에 한번씩 지도기관 사업을 총화하고 새로운 지도 기관을 선거한다.

1) 당세포에서는 총회에서 당세포사업을 총화하고 비서와 부비서를 선거한다. 시, 군당위원회에 직속된 당세포에 당원이 20명이상 되면 당세포 위원회를 선거하고 그 위원회에서 비서와 부비서를 선거한다.
2) 초급당, 분초급당, 부문당에서는 당총회(당대표회)에서 해당 당위원회 사업을 총화하고 새로운 당위원회를 선거하며 그 위원회에서 비서와 부비서들을 선거한다.
   초급당, 분초급당위원회에서는 상급당의 승인 밑에 집행위원회를 선거할 수 있다.

제45조

기층당조직들은 다음과 같은 사업을 한다.

1) 당중앙의 령도를 충성으로 받들어 나가기 위한 사업을 제일차적인 사업으

로 틀어쥐고나간다.

당원들과 근로자들이 당중앙을 견결히 옹위하고 당의 로선과 정책을 철저히 관철하며 당중앙의 유일적령도 밑에 하나와 같이 움직이는 혁명적 규률을 세우도록 한다.

2) 당원들에 대한 당생활조직과 지도를 강화한다.

당원, 후보당원들을 당조직에 빠짐없이 소속시키고 당회의와 당생활 총화, 당학습을 높은 정치사상적수준에서 조직 진행하며 당원들에게 당적분공을 정상적으로 주고 총화하며 당원들이 당규약상규범의 요구대로 사업하고 생활하며 혁명과업수행에서 선봉적 역할을 하도록 한다.

3) 초급일군대렬을 튼튼히 꾸리며 검열되고 준비된 사람들을 당에 받아들인다.

초급일군들을 당에 충실하고 실력이 있으며 사업작풍이 좋은 사람 들로 선발배치하고 그들이 맡은 일을 잘하도록 지도하며 입당대상자 들을 료해장악하고 체계적으로 키우며 당원의 자격을 갖춘 사람들을 엄선하여 당에 받아들인다.

4) 당원들과 근로자들에 대한 사상교양사업을 힘있게 벌린다.

당원들과 근로자들 속에서 혁명전통교양, 충실성교양, 애국주의 교양, 반제계급교양, 도덕교양을 기본으로 하여 사상교양을 부단히 강화하며 부르죠아사상문화의 침습을 막고 비사회주의적 현상을 비롯한 온갖 부정적인 현상들을 반대하여 견결히 투쟁하도록 한다.

5) 군중과의 사업을 실속있게 진행한다.

군중과의 사업체계를 정연하게 세우고 군중을 혁명적으로 교양개조하며 민심을 틀어쥐고 군중을 당의 두리에 묶어세우며 인민을 위하여 멸사복무하도록 한다.

6) 행정경제사업에 대한 당적지도를 강화한다.

당의 로선과 정책을 관철하기 위한 대책을 집체적으로 토의결정하고 그 집행을 위한 조직정치사업을 실속있게 진행하며 대중의 정신력을 총발동하여 당의 사상관철전, 당정책옹위전을 힘있게 벌리며 과학 기술발전을 앞세우고 자강력을 높이 발휘하여 생산과 건설에서 끊임 없는 혁신을 일으키며 생산문화, 생활문화를 확립하고 국가사회재산을 주인답게 관리하며 근로자들의 후방사업을 개선하도록 한다.

7) 근로단체사업에 대한 당적지도를 실속있게 진행한다.

청년동맹을 비롯한 근로단체 초급일군들을 잘 꾸리고 그들의 역할을 높이며 근로단체조직들의 사업정형을 료해하고 개선대책을 세우며 근로단체조직들에 사업방향을 정상적으로 주고 근로단체조직들이 자립성과 창발성을 높여 본신임무를 원만히 수행하도록 한다.

8) 민방위사업을 강화하며 인민군대를 적극 원호한다.

로농적위군와 붉은청년근위대대렬을 튼튼히 꾸리고 정치군사훈련을 강화하도록 하며 자기 단위의 전투동원준비를 완성하며 원군기풍을 세우고 인민군대를 성심성의로 원호한다.

9) 3대혁명붉은기쟁취운동과 군자리로동계급칭호 쟁취운동을 비롯한 대중운동을 힘있게 벌린다.

10) 상급당위원회에 자기의 사업정형을 정상적으로 보고한다.

제46조

당세포위원회는 한 달에 한 번 이상, 초급당, 분초급당, 부문당위원회는 한 달에 두 번 이상 하며 집행위원회가 조직된 초급당, 분초급당에서는 한 달에 위원회는 한 번 이상, 집행위원회는 두 번 이상 한다.

제6장 조선인민군안의 당조직

제47조

조선인민군은 국가방위의 기본력량, 혁명의 주력군으로서 사회주의조국과 당

과 혁명을 무장으로 옹호보위하고 당의 령도를 앞장에서 받들어나가는 조선로
동당의 혁명적 무장력이다.

조선인민군은 모든 군사정치활동을 당의 령도 밑에 진행한다.

제48조

조선인민군 각급 단위에는 당조직을 두며 그를 망라하는 조선인민군 당위원회
를 조직한다.

조선인민군 당위원회는 도당위원회 기능을 수행하며 당중앙위원회의 지도 밑
에 사업한다.

제49조

조선인민군안의 각급 당조직들은 다음과 같은 사업을 한다.

전군의 김일성-김정일주의화를 군건설의 총적과업으로 틀어쥐고 인민군대를
정치사상적으로, 군사기술적으로 철저히 준비시키기 위하여 투쟁한다.

당중앙의 유일적 령군체계를 철저히 세우고 당의 명령 지시하에 하나와 같이
움직이는 혁명적 군풍을 확립하며 모든 사업을 당의 군사로선과 정책에 립각하
여 조직진행한다.

군사지휘관들과 정치일군들을 튼튼히 꾸리고 그 역할을 높이며 당장성 사업을
당적 원칙에서 진행하고 당원들에 대한 당생활조직과 지도를 강화 하여 인민군
대안의 간부대렬과 당대렬을 질적으로 공고히 한다.

정치사상교양사업을 강화하여 모든 군인들을 당의 혁명사상으로 튼튼히 무장
하고 불굴의 혁명정신과 주체전법을 체질화한 사상과 신념의 강자, 일당백용사
로 키운다.

인민군대안의 청년동맹조직들을 튼튼히 꾸리고 그 기능과 역할을 높이 도록 지
도한다.

당위원회의 집체적 지도를 강화하고 군사사업을 당적으로, 정치적으로 힘있게
밀어주어 당의 군사로선과 정책을 철저히 관철하며 전투준비를 끊임없이 완성

하도록 한다.

《일당백》 구호를 높이 추켜들고 오중흡7련대칭호쟁취운동과 근위부대 운동, 명사수, 명포수운동을 힘있게 벌려 부대의 정치군사적 위력을 백방 으로 강화한다.

군인들속에서 집단주의 정신, 대중적 영웅주의 정신을 배양하고 혁명적 동지애와 관병일치, 군민일치의 전통적 미풍을 높이 발양시킨다.

제50조

조선인민군 각급 단위에는 정치기관을 조직한다.

조선인민군 총정치국과 그 아래 각급 정치부들은 해당 당위원회의 집행 부서로서 당정치사업을 조직집행한다.

제51조

조선인민군 각급 부대들에는 정치위원을 둔다.

정치위원은 해당 부대에 파견된 당의 대표로서 당정치사업과 군사사업을 비롯한 부대안의 전반사업에 대하여 당적으로, 정치적으로 책임지며 부대의 모든 사업이 당의 로선과 정책에 맞게 진행되도록 장악지도한다.

제52조

조선인민군안의 각급 당조직들과 정치기관들은 조선로동당규약과 조선 인민군 당정치사업지도서에 따라 사업한다.

제7장 당과 인민정권

제53조

인민정권은 사회주의위업, 주체혁명위업수행의 강력한 정치적 무기이며 당과 인민대중을 련결시키는 가장 포괄적인 인전대이며 당의 로선과 정책의 집행자이다.

인민정권은 당의 령도 밑에 활동한다.

제54조

당은 인민정권 안에 당중앙의 유일적 령도체계를 튼튼히 세우고 당의 로선과 정책을 철저히 관철하도록 지도한다.

당은 인민정권이 인민대중의 자주적 권리의 대표자, 창조적 능력과 활동의 조직자, 인민생활을 책임진 호주, 인민의 리익의 보호자로서의 사명을 훌륭히 수행하며 사회에 대한 통일적 지도기능과 인민민주주의 독재기능을 강화하여 사회주의제도를 옹호고수하고 공고발전시키며 사회주의건설을 다그치도록 지도한다.

제55조

각급 당조직들은 인민정권기관 일군대렬을 튼튼히 꾸리고 일군들의 역할을 높이며 인민정권기관들이 본신임무를 책임적으로 수행하도록 지도한다.

제8장 당과 근로단체

제56조

근로단체들은 당의 외곽단체이고 당과 대중을 련결시키는 인전대이며 당의 믿음직한 방조자이다.

사회주의애국청년동맹은 조선로동당의 전투적후비대이며 당의 령도 밑에 주체혁명위업의 완성을 위하여 투쟁하는 청년들의 대중적 정치조직이다.

근로단체들은 당의 령도 밑에 활동한다.

제57조

당은 근로단체조직들안에 당중앙의 유일적 령도체계를 튼튼히 세워 근로 단체들을 당에 충실한 정치조직으로 만들며 근로단체들이 당의 사상과 로선을 철저히 관철하도록 정치적으로 지도한다.

당은 근로단체들이 동맹원들 속에서 사상교양사업과 동맹조직생활을 강화 하고 대중운동을 힘있게 벌려 그들을 당의 두리에 튼튼히 묶어 세우며 사회 주의 건설에 적극 조직동원하도록 지도한다.

당은 청년중시로선을 일관하게 틀어쥐고 사회주의 애국청년동맹이 당에 끝없이 충실한 청년 전위의 대오, 조국보위와 사회주의 건설에 앞장서는 돌격대가 되도록 지도한다.

제58조

각급 당조직들은 청년동맹을 비롯한 근로단체 일군대렬을 튼튼히 꾸리고 근로단체들의 특성에 맞게 사업방향을 정확히 주며 근로단체조직들이 본신 임무를 자립적으로, 창발적으로 수행하도록 지도한다.

제9장 당마크, 당기

제59조

당마크는 마치와 낫, 붓이 한곳에서 교차되게 그려진 조선로동당의 상징적 표식이다.

당마크는 조선로동당이 수령을 중심으로 하여 조직사상적으로 굳게 뭉친 로동자, 농민, 지식인을 비롯한 근로인민대중의 전위부대이며 인민대중 속에 깊이 뿌리박고 인민대중의 요구와 리익을 위하여 투쟁하는 혁명적 이며 대중적인 당이라는 것을 상징한다.

제60조

당기는 붉은색 기폭의 중심에 노란색 당마크가 새겨져 있는 조선로동당의 상징적 기발이다.

당기는 위대한 김일성-김정일주의를 지도사상으로 하고 주체의 혁명 전통을 순결하게 이어나가며 전체 인민을 당과 수령의 두리에 굳게 묶어 세워 주체혁명위업을 끝까지 완성해나가는 조선로동당의 혁명적이며 대중적인 성격과 불굴의 의지, 투쟁정신을 상징한다.

부록 2

제8차 당대회 사업총화보고

우리 식 사회주의건설을 새 승리에로 인도하는 위대한 투쟁강령

조선로동당 제8차대회에서 하신 경애하는 김정은동지의 보고에 대하여

우리 당과 혁명발전에서 중대한 정치적사변으로 되는 조선로동당 제8차대회에서는 주체110(2021)년 1월 5일부터 7일까지 당중앙위원회 제7기 사업총화에 대한 보고가 있었다.

조선로동당 위원장이시며 조선민주주의인민공화국 국무위원장이시며 조선민주주의인민공화국무력 최고사령관이신 우리 당과 국가, 무력의 최고령도자 김정은동지께서 당중앙위원회 사업총화보고를 하시였다.

경애하는 김정은동지께서는 9시간에 걸쳐 하신 보고에서 제7기 중앙위원회의 사업정형을 전면적으로 심도있게 분석총화하시고 사회주의건설의 획기적전진을 위한 새로운 투쟁로선과 전략전술적방침들을 제시하시였으며 조국통일위업과 대외관계를 진전시키고 당사업을 강화발전시키는데서 나서는 중요한 과업들을 제기하시였다.

당중앙위원회 사업총화보고는 조성된 대내외형세하에서 우리의 전진을 저애하는 주객관적요인들과 심중한 결함들을 인정하고 당과 국가사업전반을 혁신하며 사회주의위업을 승리의 다음단계에로 이행시키는데서 나서는 명확한 투쟁과업과 방도들을 밝힌 위대한 실천강령이다.

현 단계에서의 조선혁명의 진로를 명시한 당중앙위원회 제7기 사업총화보고의 진수는 우리자체의 힘, 주체적력량을 백방으로 강화하여 현존하는 위협과 도전들을 과감히 돌파하고 우리 식 사회주의건설에서 새로운 비약을 일으키며 확실한 전진을 이룩하여야 한다는것이다.

우리 당의 탁월한 사상리론이 집대성되여있는 사업총화보고는 우리 국가의 부흥발전과 인민의 행복을 위한 새로운 단계의 투쟁행정에서 틀어쥐고나가야 할 전투적기치이며 주체위업의 력사적뿌리와 오늘, 미래를 굳건히 이어주는 혁명적문헌으로 된다.

자기 위업의 정당성과 승리를 굳게 믿고 간고한 투쟁의 년대들을 굴함없이 줄기차게 이어가는 행로에서 우리 식 사회주의의 전면적발전을 이룩하기 위한 강령적지침을 받아안은것은 우리 당과 인민의 더없는 영광이며 커다란 고무로 된다.

조선로동당 중앙위원회 제7기 사업총화보고는 다음과 같은 체계로 되여있다.

1. 총결기간 이룩된 성과
2. 사회주의건설의 획기적전진을 위하여
3. 조국의 자주적통일과 대외관계발전을 위하여
4. 당사업의 강화발전을 위하여

경애하는 김정은동지께서는 당중앙위원회 사업총화보고의 서론에서 조선로동당 제7차대회가 부여한 무겁고도 영예로운 사명을 수행하기 위하여 당중앙위원회가 총결기간에 진행한 령도활동을 개괄적으로 언급하시였다.

당중앙위원회는 당전원회의를 비롯한 주요당회의들을 정기적으로 진행하여 당 제7차대회 결정을 관철하기 위한 시기적절한 대책과 조치들을 취하고 그 집행에로 전당, 전국, 전민을 적극 불러일으켜 커다란 성과들을 이룩하였다.

보고는 엄혹한 대내외형세속에서 경제사업을 비롯한 여러 분야의 사업에서는 심중한 결함들이 발로되였지만 이것은 새로운 발전단계, 사회주의위업의 전진과정에 나타난 편향이며 우리의 지혜와 힘으로 얼마든지 바로잡고 해결할수 있는 문제들이라고 지적하였다.

1. 총결기간 이룩된 성과

경애하는 김정은동지께서는 보고의 첫째 체계에서 총결기간 우리 당과 인민이 이룩한 자랑찬 성과에 대하여 긍지높이 총화하시였다.

당 제7차대회이후 지난 5년간 조선로동당은 맞다드는 모든 장애를 거대한 승리로 전환시키기 위한 굴함없는 공격투쟁을 조직전개하였으며 이 과정에 쟁취한 승리는 새로운 발전의 시대, 우리 국가제일주의시대를 열어놓은것으로 특징지을수 있다.

보고에서 언급된바와 같이 우리 국가제일주의시대는 조선로동당이 력사의 온갖 도전을 과감히 맞받아 인민을 위함에 일심전력하고 자체의 힘을 완강히 증대시킨 결과로써, 국가의 존엄과 지위를 높이기 위한 결사적인 투쟁의 결과로써 탄생한 자존과 번영의 새시대이다.

보고에서는 우선 총결기간 인민대중제일주의정치를 구현하는 과정에 이룩된 성과에 대하여 총화되였다.

당 제7차대회 결정을 관철하기 위한 지난 5년간의 투쟁에서 이룩된 가장 빛나는 성과는 우리 혁명의 첫째가는 동력인 정치사상적힘이 비상히 확대강화된 것이다.

당중앙위원회는 총결기간 인민대중제일주의정치를 당의 존망과 사회주의의 성패를 좌우하는 근본문제, 기본정치방식으로 전면에 내세우고 강력히 일관하게 실시함으로써 당과 인민의 일심단결을 더욱 반석같이 다지는데서, 사회주의위업의 주체를 강화하고 그 역할을 높이는데서 뚜렷한 성과를 거두었다.

《모든것을 인민을 위하여, 모든것을 인민대중에게 의거하여!》, 이것은 총결기간 당중앙위원회가 한치의 드팀도, 추호의 양보도 없이 튼튼히 견지한 령도사상의 중핵이였다.

당중앙위원회는 인민대중제일주의를 당과 국가활동에 철저히 일관시키기 위한 사업을 강하게 밀고나가면서 그 실현에 장애로 되는 온갖 반인민적요소들을 제거하기 위한 투쟁을 중단없이 진행하였다.

보고는 당중앙위원회가 인민대중제일주의를 국가의 공고한 정치풍토, 당풍, 국풍으로 고착시키기 위한 주도세밀한 정치공세를 전개한데 대하여 분석하였다.

정치사상진지를 강화하기 위한 당중앙위원회의 사업에서 특별한 의의를 가지는것은 주체혁명위업의 계승기, 발전기의 요구에 맞게 혁명전통교양을 보다 강도높이 진행한것이다.

백두의 혁명전통으로 튼튼히 무장하고 그 위대한 전통에 기초한 불굴의 공격정신, 빨찌산정신으로 난국을 타개하며 개척로를 열어나가는 전당적, 전사회적인 기풍을 세운것, 하여 조선혁명가들의 고귀한 투쟁정신과 기질이 확고히 계승되도록 한것은 총결기간 거둔 중요한 성과의 하나로 된다.

당중앙위원회는 정세의 요구와 당의 의도, 혁명과업을 당원들과 인민들에게 자세히 알려주고 거세찬 투쟁에로 불러일으키는 정치활동을 적시적으로, 력동적으로 진행하였다.

혁명발전의 원동력을 인민대중의 심장속에서 찾고 그들의 심장에 불을 다는 인민대중제일주의정치의 위력은 부닥치는 난국과 정세변화에 대처하여 인민들의 정신력과 창조력을 최대로 발동하는데서 집중적으로 표현되였다.

보고에서는 당과 국가의 모든 사업이 인민에 대한 헌신복무로 철저히 일관된데 대하여 언급되였다.

당은 로선과 정책을 수립하고 그것을 시행함에 있어서 인민들의 절실한 생활상요구와 의사를 존중하고 모든 생산과 건설을 인민들의 편의보장을 첫자리에 놓고 인민들의 반영과 평가를 기준으로 하여 진행하도록 하는 원칙을 일관하게 고수하였으며 모든 당조직들과 국가기관들이 인민을 위해 헌신하는 기풍을 높이 발휘하도록 하는데 특별한 힘을 기울이였다.

당중앙위원회가 인민군대를 군사적위협뿐아니라 돌발적인 비군사적위협으로부터도 조국과 인민을 철벽으로 보위하는 국가방위의 주체, 참다운 인민의 군대로서의 사명과 본분을 다하게 한것은 인민대중제일주의정치의 중요한 구성부분으로 되였다.

당중앙위원회는 전당의 당조직들이 생활상곡절을 겪거나 힘들어하는 사람들을 진정으로 도와주고 참되게 이끌어주도록 함으로써 우리 사회를 하나의 대가정으로 단합시키는데서 소중한 성과들을 이룩하였다.

믿음과 헌신, 보답과 의리로 충만된 조선로동당의 인민대중제일주의정치에 의하여 우리 혁명의 정치사상진지가 튼튼히 다져지고 어떤 장애와 도전도 뚫고 나갈수 있는 불가항력적힘이 축적되였으며 인민대중중심의 우리 식 사회주의의 우월성과 생활력은 뚜렷이 부각되였다.

보고는 정세가 아무리 엄혹하고 난관이 중첩되여도 그리고 내재된 결점들이 있다고 하여도 인민대중제일주의정치를 철저히 구현하면 불리한 모든 주객관적요인들을 능히 극복하고 사회주의건설에서 나서는 방대한 과제들을 용이하게 해결해나갈수 있다는것이 총결기간 재확증된 귀중한 철리라고 강조하였다.

경애하는 김정은동지께서는 보고에서 우리 당과 인민이 총결기간 자체의 힘을 증대시키기 위한 투쟁에서 이룩한 성과에 대하여 총화하시였다.

당 제7차대회 결정을 관철하기 위한 우리 당과 인민의 투쟁은 자력갱생을 자존과 자강의 생명선으로, 강력한 발전동력으로 틀어쥐고 겹쌓이는 난관을 뚫고 헤치며 사회주의건설의 새로운 활로를 열어나가기 위한 적극적인 공격전이였다.

당 제7차대회가 강조한 자력갱생정신과 그 실현을 위한 투쟁방침은 당전원회의들에서 더욱 심도있게 구체화되고 실천에 구현되였으며 이 과정에 우리 당의 자력갱생전략은 적들의 비렬한 제재책동을 자강력증대, 내적동력강화의 절호의 기회로 반전시키는 공격적인 전략으로, 사회주의건설에서 항구적으로 틀어쥐고나가야 할 정치로선으로 심화발전되였다.

자강력을 증대시켜 사회주의건설을 다그치기 위한 전인민적인 투쟁속에서 자력갱생은 주체조선의 국풍으로, 조선혁명의 유일무이한 투쟁정신으로 더욱 공고화되였다.

보고는 경제건설분야에서 비록 예견했던 전략목표에 도달하지는 못하였지만 앞으로 자체의 힘으로 경제발전을 지속시켜나갈수 있는 소중한 밑천이 마련되였으며 여기서 의의있는 성과는 우리 식 사회주의의 존립의 물질적기초이고 생명선인 자립적민족경제, 사회주의경제의 기틀을 견지하고 그 명맥을 고수한 것이라고 지적하였다.

당중앙위원회는 경제사업에 대한 국가의 통일적지도와 전략적관리를 강화하기 위한 혁명적조치를 취하고 경제분야에서 사회주의원칙을 견결히 고수하도록 함으로써 경제전반을 재정비하고 공고발전시켜나갈수 있는 새로운 잠재력을 축적하였다.

총결기간 당은 건설사업을 나라의 전반적국력을 제고하며 인민들을 사회주의문명으로 선도하는 중요한 정치적사업으로 중시하고 힘있게 추진하여 나라의 면모를 크게 일신시키였다.

농업부문에서는 지속된 혹심한 가물과 큰물, 모든것이 부족한 속에서도 과학농사, 다수확열풍을 세차게 일으켜 알곡생산량을 전례없이 높이는 성과를 거두었다.

자립경제의 쌍기둥인 금속공업과 화학공업부문에서 주체화, 자립화실현을 위한 돌파구가 열리였으며 전력, 석탄, 기계, 철도운수부문을 추켜세우고 정보통신분야를 발전시키기 위한 기술준비와 토대축성에서도 일련의 성과가 이룩되였다.

경공업부문에서 주요공장, 기업소들을 개건하여 인민소비품의 질과 생산량을 훨씬 높일수 있는 잠재력을 확보하였으며 수산부문에서 생산을 계통적으로 장성시킬수 있는 토대를 마련하였다.

나라의 산림자원을 늘이기 위한 전국가적, 전군중적인 투쟁속에서 100여만 정보의 산림이 새로 조성되고 치산치수와 국토환경보호, 도시경영사업에 필요한 력량과 수단들이 마련되였다.

과학기술분야에서 국가중점대상과제들을 포함한 가치있는 과학기술성과들과 발명들이 이룩되였으며 교육부문에서 교육내용과 방법을 혁신하고 교육조건과 환경을 개선하기 위한 사업이 힘있게 추진되였다.

보건부문의 물질기술적토대가 한층 강화되고 세계적인 대류행전염병을 막기 위한 선제적이며 강력한 비상방역사업을 통하여 위생방역부문에 정연한 사업체계와 토대가 확립되였다.

체육을 과학화하고 체육열풍을 일으키기 위한 적극적인 사업들이 전개되였으며 국가적인 재해방지와 위기관리체계를 세우기 위한 사업이 진척되여 자연재해를 비롯한 각종 재난들에 기동적으로 대처할수 있게 되였다.

자체의 힘을 부단히 증대시키기 위한 지난 5년간의 투쟁에서 이룩한 성과들은 장기간의 극악한 제재봉쇄와 혹심한 재난속에서 자력으로 이루어낸것으로 하여 평온한 시기의 경제건설수자에 비할수 없는 몇십배의 강력한 분발력, 발전력의 결실이며 난관을 뚫고 축적한 자강의 억센 힘이 있기에 사회주의강국을 지향하며 나아가는 우리 당과 인민의 장엄한 진군은 더 방대한 폭과 심도를 가지고 더 기세차게 가속화되게 될것이다.

경애하는 김정은동지께서는 보고에서 국가의 핵전쟁억제력과 자위적국방력의 강화를 위한 투쟁에서 이룩한 성과에 대하여 언급하시였다.

우리 당과 인민에게 있어서 국가핵무력건설대업을 완성하는것은 우리가 리상하는 강력한 사회주의국가건설행정에서 반드시 선차적으로 점령해야 할 전략적이며 지배적고지였다.

세계최초의 핵사용국이며 전쟁괴수인 미국에 의하여 국토와 민족이 분렬되고 이 침략세력과 세기를 이어 장기적으로 직접 맞서있는 조선혁명의 특수성과 우리 국가의 지정학적특성은 인민의 안녕과 혁명의 운명, 국가의 존립과 자주적발전을 위하여 이미 시작한 핵무력건설을 중단없이 강행추진할것을 요구하였다.

경애하는 김정은동지를 수반으로 하는 당중앙은 핵무력건설대업의 완성을 위한 강행돌파전을 작전하고 전당과 전체 인민을 병진로선관철에로 불러일으키는것과 함께 국방과학자들과 핵과학자들을 참다운 혁명가, 애국자, 결사대로 준비시키기 위한 일대 사상전을 조직전개하였다.

조국과 민족의 운명을 걸고 당중앙이 진행한 정력적이며 탁월한 령도활동은 조선로동당식전략무기의 탄생을 안아오는 기적의 력사를 열어놓았다.

보고에서는 핵무력의 현대화목표달성을 지향한 완전히 새로운 핵능력을 갖추기 위한 혁명적인 대전환을 주도한 력사적과정에 대하여 상세히 언급되였다.

당중앙의 직접적지도밑에 《화성포》계렬의 중거리, 대륙간탄도로케트들과 《북극성》계렬의 수중 및 지상발사탄도로케트들이 특유한 작전적사명에 맞게 우리 식으로 탄생한것은 핵보유국으로서의 우리 국가의 지위에 대한 보다 명확한 표상을 주었으며 완전무결한 핵방패를 구축하고 그 어떤 위협에도 대응할수 있는 강력하고 믿음직한 전략적억제력을 굳혀나갈수 있게 하였다.

총결기간 이미 축적된 핵기술이 더욱 고도화되여 핵무기를 소형경량화, 규격화, 전술무기화하고 초대형수소탄개발이 완성되었으며 2017년 11월 29일 당중앙위원회는 대륙간탄도로케트 《화성포-15》형시험발사의 대성공으로 국가핵무력완성의 력사적대업, 로케트강국위업의 실현을 온 세상에 긍지높이 선포하였다.

기존상식으로는 20년, 30년이 걸려도 해내지 못할 국가핵무력건설대업의 완성을 경제건설과 핵무력건설의 병진로선이 제시된 때로부터 4년만에 그리고 당 제7차대회가 있은 때로부터 1년만에 빛나게 실현한것은 력사에 다시없을 기적이며 제7기 중앙위원회가 당과 혁명, 조국과 인민앞에, 후대들앞에 세운 가장 의의있는 민족사적공적으로 된다.

당중앙은 력사적인 2017년 11월대사변이후에도 핵무력고도화를 위한 투쟁을 멈춤없이 줄기차게 령도하여 거대하고도 새로운 승리를 쟁취하였다.

보고는 당중앙이 더 위력한 핵탄두와 탄두조종능력이 향상된 전지구권타격로케트개발을 결심하고 이 력사적과업을 국방과학자들의 애국충성심에 의거하여 빛나게 관철한데 대하여 언급하면서 당창건 75돐경축 열병식장에서 11축자행발사대차에 장착되여 공개된 새형의 거대한 로케트는 우리 핵무력이 도달한 최고의 현대성과 타격능력을 남김없이 과시하였다고 확언하였다.

국가핵무력건설대업의 완성과 계속되는 발전은 경애하는 김정은동지를 수반으로 하는 당중앙위원회의 조직령도력의 승리인 동시에 불굴의 자주적신념과 강용한 정신으로 불사신의 투쟁을 벌려온 국방과학자들과 전체 조선인민의 위대한 승리로 된다.

보고는 총결기간 적들의 발악적인 군사력증강책동에 대처하여 국방과학부문에서 새로운 첨단무기체계를 련속 개발완성하도록 하여 우리 국가의 군사기술적강세를 불가역적인것으로 되게 하고 전쟁억제력, 전쟁수행능력을 최상의 경지에 올려세운데 대하여 총화하였다.

국방과학부문에서 세계병기분야에서 개념조차 없던 초강력다련발공격무기인 초대형방사포를 개발완성하고 상용탄두위력이 세계를 압도하는 신형전술로케트와 중장거리순항미싸일을 비롯한 첨단핵전술무기들도 련이어 개발함으로써 믿음직한 군사기술적강세를 틀어쥐였다.

국방과학자들과 군수로동계급은 세계적발전추이를 따라잡는 우리 식의 주력땅크개발방향을 바로 정하고 생산공정을 일신하며 자기의 새로운 발전궤도에 들어서기 시작하였으며 반항공로케트종합체, 자행평곡사포, 반장갑무기들도 세계적수준에서 개발하는 성과를 이룩하였다.

보고에서는 총결기간 국방과학연구부문에서 다탄두개별유도기술을 더욱 완성하기 위한 연구사업을 마감단계에서 진행하고있으며 신형탄도로케트들에 적용할 극초음속활공비행전투부를 비롯한 각종 전투적사명의 탄두개발연구를 끝내고 시험제작에 들어가기 위한 준비를 하고있는데 대하여 언급되였다.

또한 중형잠수함무장현대화목표의 기준을 정확히 설정하고 시범개조하여 해군의 현존수중작전능력을 현저히 제고할 확고한 전망을 열어놓고 새로운 핵잠수함설계연구가 끝나 최종심사단계에 있으며 각종 전자무기들, 무인타격장비들과 정찰탐지수단들, 군사정찰위성설계를 완성한데 대하여서와 이밖에도 우리 군대를 세계최강의 군사력을 보유한 강군으로 도약시키는데서 거대한 의미를 가지는 국방연구성과들을 달성한데 대하여 긍지높이 공개되였다.

국방과학부문, 군수공업부문에서 이룩된 대담한 도약은 우리의 국가방위력을 세계의 전렬에 당당히 올려세운 동시에 전반적조선혁명을 상승시키기 위한 당중앙의 전략적구상실현에서 거대한 의의를 가진다고 보고는 평가하였다.

보고에서는 총결기간 인민군대를 최정예화, 강군화하기 위한 사업에서 커다란 전진이 이룩된데 대하여 총화되었다.

당의 령도밑에 인민군대는 조국보위와 사회주의건설의 두 전선에서 위훈과 기적을 떨치며 자기의 혁명적본분을 충실히 수행하였으며 가장 첨예하고 준엄했던 지난 5년간 철벽의 경계근무와 전투동원태세로 조국의 령토, 령공, 령해를 믿음직하게 보위하고 적들의 도발위협을 단호히 제압하며 사회주의건설의 평화적환경을 수호하였다.

총결기간 당중앙위원회는 국가핵무력건설대업을 빛나게 완성하고 국가방위력강화에서 커다란 전변을 가져옴으로써 우리 나라를 명실공히 세계적인 핵강국, 군사강국으로 부상시키였으며 대국들이 우리 국가와 민족의 리익을 제멋대로 흥정하려들던 시대를 영원히 끝장내였다.

우리 인민들과 후대들이 존엄높은 강대한 나라에서 영원히 전쟁의 참화를 모르고 번영과 행복을 마음껏 창조해나갈수 있게 한것이야말로 경애하는 김정은동지를 수반으로 하는 제7기 중앙위원회가 당대회 결정관철에서 이룩한 가장 뜻깊고 긍지높은 대승리이다.

경애하는 김정은동지께서는 보고에서 총결기간 공화국의 대외적지위가 비약적으로 상승한데 대하여 총화하시였다.

당중앙위원회는 병진로선의 위대한 승리를 이룩한 이후 적극적인 대외활동을 벌려 우리 국가의 존엄과 위상을 높은 경지에 올려세웠다.

미국의 발악적인 공세와 그에 추종하는 세력들의 필사적인 압박봉쇄책동으로 하여 총결기간 우리 공화국을 둘러싼 대외환경은 건국이래 류례를 찾아볼수 없이 엄혹하였다.

최악의 형세속에서 당중앙위원회는 자주적대를 더욱 강하게 견지하면서 나라의 최고리익과 존엄을 건드리려는 그 어떤 시도도 단호히 배격하고 혁명적원칙을 추호도 양보하지 않았으며 이것은 공화국의 자주권을 그 누구도 침해할 수 없고 자주권존중을 떠난 우리와의 관계개선이란 절대로 있을수 없다는것을 만천하에 각인시키였다.

당중앙위원회는 대담한 로선전환과 공격적인 전략으로 국제사회가 공감하는 평화의 기류를 조성하고 대화분위기를 마련하였으며 공화국의 국제적지위를 높이기 위한 령활한 대외활동을 조직령도하였다.

보고는 우리 당이 오랜 력사적뿌리를 가진 특수한 조중관계의 발전에 선차적인 힘을 넣음으로써 중국과의 친선관계를 새 세기의 요구에 맞게 발전시키고 사회주의를 핵으로 하는 조중친선관계의 새로운 장을 열어놓은데 대하여 강조하였다.

공동의 위업을 위한 투쟁에서 뗄래야 뗄수 없는 하나의 운명으로 결합된 조중 두 당, 두 나라 인민들사이의 형제적우정과 단결을 계속 이어가야 할 시대적요구로부터 당중앙은 5차례의 조중수뇌회담을 통하여 전략적의사소통과 호상리해를 깊이하고 두 당사이의 동지적신뢰를 두터이 함으로써 조중관계를 새롭게 강화발전시켜나갈수 있는 확고한 담보를 마련하였다.

또한 전통적인 조로관계의 새로운 발전을 중시하고 두 나라사이의 친선협조관계를 발전시키기 위한 대외활동을 진행하여 로씨야와의 친선관계를 확대발전시킬수 있는 초석을 마련하였다.

꾸바와의 평양수뇌상봉과 웰남과의 하노이수뇌상봉을 통하여 사회주의위업실현을 위한 공동투쟁에서 맺어지고 검증된 쌍무관계를 특수한 동지적관계, 전략적관계로 승화발전시킴으로써 사회주의나라들과의 단결과 련대성을 비상히 강화하였다.

당중앙위원회가 진행한 적극적인 대외활동들은 국제적판도에서 사회주의위업을 강력히 추동하고 자주와 정의, 평화수호의 새로운 정치흐름을 주도해나가는 우리 당과 국가의 지위와 위신을 크게 과시하였다.

당중앙위원회는 총결기간 조미사이의 력학관계를 극적으로 변화시켜 우리 국가의 존엄과 위상을 훌륭히 과시하였다.

적대적인 조미관계사상 처음으로 열린 두 나라 최고수뇌들의 직접회담에서 당중앙은 강한 자주적대를 가지고 새로운 조미관계수립을 확약하는 공동선언을 이루어내였다.

초대국을 대상으로 하여 자기의 자주적리익과 평화와 정의를 수호하는 공화국의 전략적지위를 만천하에 시위한 여러차례의 조미수뇌회담은 세계정치사의 특대사변으로 되였다.

총결기간 당중앙위원회는 우리 인민의 굴할줄 모르는 투철한 자주정신과 공화국이 비축한 위대한 힘에 의거하여 우리 공화국의 전략적지위와 위상을 크게 올려세웠으며 이것은 조선로동당의 존엄과 권위, 위대한 우리 인민의 지위를 상징하고있다.

보고는 령토와 인구도 그리 크지 않고 제국주의반동들의 사면포위속에 들어있는 우리 공화국의 대외적지위에서 비약적인 상승변화가 일어나게 된것은 우리 당과 인민이 장기간의 피어린 투쟁으로 안아온 고귀한 결실이며 오직 자기 당의 로선과 정책을 절대적인 진리로 믿고 받들며 어렵고 간고할수록 당의 두리에 더 굳게 뭉친 인민의 위대한 단결이 낳은 거대한 력사적기적이라고 강조하였다.

2. 사회주의건설의 획기적전진을 위하여

사회주의건설에서 부단한 새 승리를 쟁취하기 위한 정확한 투쟁방향과 임무를 명백히 확정하고 이를 위한 실제적인 대책을 강구하는것은 당 제8차대회가 내세운 중요한 과제이다.

경애하는 김정은동지께서는 보고의 둘째 체계에서 총결기간 경제문화건설과 국방건설, 국가사회관리, 근로단체사업정형에 대하여 결함과 교훈을 위주로 분석총화하면서 금후 새로운 전진발전을 위한 중요한 과업들을 제기하시였다.

경애하는 김정은동지께서는 먼저 국가경제발전 5개년전략수행정형과 새 전망계획에 대한 엄정하고도 상세한 분석을 하시였다.

보고에서는 혹독한 대내외정세가 지속되고 예상치 않았던 도전들이 겹쳐드는데 맞게 경제사업을 혁명적으로 개선하지 못한데로부터 국가경제의 장성목표들이 심히 미진되고 인민생활향상에서 뚜렷한 진전을 달성하지 못한 결과가 심중하게 총화되고 각 부문에 산적되여있는 부진상태와 그 원인에 대하여 지적되였다.

국가경제발전 5개년전략수행에 영향을 미친 주객관적요인들을 분석하면서 우선 객관적요인으로서 미국과 적대세력들이 감행한 최악의 야만적인 제재봉쇄책동의 후과를 들었다.

이밖에 해마다 들이닥친 혹심한 자연재해와 지난해에 발생한 세계적인 보건위기의 장기화도 경제사업에 심각한 장애로 되였다고 분석하였다.

이로 하여 국가경제발전 5개년전략에서 주요경제부문들을 추켜세우기 위하여 예견하였던 국가적투자들과 보장사업들이 제대로 실행되지 못하였다고 보고는 언급하였다.

보고는 객관적조건에 빙자하면 아무 일도 할수 없고 주체의 작용과 역할이 필요없게 되며 불리한 외적요인이 없어지지 않는 한 혁명투쟁과 건설사업을 내밀수 없다는 결론에 떨어지게 된다고 심각히 지적하면서 총결기간 국가경제발전 5개년전략수행이 미달된 원인에 대한 당중앙위원회적인 분석과 평가를 내리였다.

당중앙위원회는 국가경제발전 5개년전략이 과학적인 타산과 근거에 기초하여 똑똑히 세워지지 못하였으며 과학기술이 실지 나라의 경제사업을 견인하는 역할을 하지 못하였으며 불합리한 경제사업체계와 질서를 정비보강하기 위한 사업이 제대로 추진되지 않은 실태를 분석하였다.

보고에서는 지금까지 만연되여온 그릇된 사상관점과 무책임한 사업태도, 무능력을 그대로 두고서는 그리고 지금과 같은 구태의연한 사업방식을 가지고서는 언제 가도 나라의 경제를 추켜세울수 없다는 총적인 교훈이 언급되였다.

당과 국가의 전반사업을 새로운 혁신, 대담한 창조, 부단한 전진을 지향하고 장려하는데로 확고히 전환하며 우리의 전진을 구속하는 낡은 사업체계와 불합리하고 비효율적인 사업방식, 장애물들을 단호히 제거하기 위한 조치들을 강구하여야 한다고 강조하면서 보고는 이렇게 함으로써만 앞으로 달성하여야 할 국가경제의 전망목표를 비롯하여 사회주의건설을 위한 우리의 투쟁이 인민들에게 실제적인 복리를 가져다주는 위대한 혁명사업으로 되게 할수 있다고 언명하였다.

보고는 앞으로의 5년간 경제분야에서의 투쟁전략을 천명하였다.

현 단계에서 우리 당의 경제전략은 정비전략, 보강전략으로서 경제사업체계와 부문들사이의 유기적련계를 복구정비하고 자립적토대를 다지기 위한 사업을 추진하여 우리 경제를 그 어떤 외부적영향에도 흔들림없이 원활하게 운영되는 정상궤도에 올려세우는것을 목적으로 하고있다고 강조하였다.

국가경제발전 5개년계획의 총적방향은 경제발전의 중심고리에 력량을 집중하여 인민경제전반을 활성화하고 인민생활을 향상시킬수 있는 튼튼한 토대를 구축하는것이다.

새로운 5개년계획의 중심과업은 금속공업과 화학공업을 관건적고리로 틀어쥐고 투자를 집중하여 인민경제 모든 부문에서 생산을 정상화하며 농업부문의 물질기술적토대를 강화하고 경공업부문에 원료, 자재를 원만히 보장하여 인민소비품생산을 늘이는것으로 설정되였다.

보고는 국가경제의 현황과 잠재력에 기초하여 지속적인 경제상승과 인민생활의 뚜렷한 개선향상에로 나아가는것을 목표로 하여 작성된 새로운 5개년계획을 상정하였다.

새로운 5개년계획은 주요하게 내각이 나라의 경제사령부로서 경제사업에 대한 내각책임제, 내각중심제를 제대로 감당하며 국가경제의 주요명맥과 전일성을 강화하기 위한 사업을 강하게 추진하고 경제관리를 결정적으로 개선하며 과학기술의 힘으로 생산정상화와 개건현대화, 원료, 자재의 국산화를 적극 추동하며 대외경제활동을 자립경제의 토대와 잠재력을 보완, 보강하는데로 지향시키는것을 전제로 하고있다.

새로운 5개년계획은 현실적가능성을 고려하여 국가경제의 자립적구조를 완비하고 수입의존도를 낮추며 인민생활을 안정시키기 위한 요구를 반영하였다.

새로운 국가경제발전 5개년계획의 기본종자, 주제는 여전히 자력갱생, 자급자족이다.

우리 혁명발전의 요구, 사회주의건설의 절박한 요구로부터 새로운 전망계획기간의 자력갱생은 국가적인 자력갱생, 계획적인 자력갱생, 과학적인 자력갱생으로 발전하여야 한다.

경애하는 김정은동지께서는 보고에서 주요경제부문별 현황과 정비발전에 관한 문제들을 구체적으로 언급하시였다.

보고에서는 인민경제의 기본명맥을 이루며 전반적경제발전과 인민생활향상을 위하여 선차적으로 추켜세워야 할 기간공업부문의 실태와 정비발전방향이 상정되였다.

금속공업부문에서 주체철생산체계를 기술적으로 완성하고 능력을 확장하며 철강재생산을 결정적으로 늘일데 대하여 강조되였다.

새로운 5개년계획에 반영된 철강재생산목표를 점령하기 위하여 주요제철, 제강소들에서 현존생산공정들을 선진기술로 개조하고 에네르기절약형의 새로운 제철로들을 건설하여 생산능력을 확장하며 철광석생산을 활성화하고 북부지구의 갈탄을 선철생산에 리용하기 위한 과학기술적문제를 해결할데 대하여 지적되였다.

보고에서는 자립경제건설과 인민생활향상의 명줄과도 같은 나라의 핵심공업인 화학공업의 발전방향이 언급되였다.

새로운 5개년계획기간 화학공업부문의 중심과업은 자체의 기술력량을 강화하는 사업을 선행시키면서 나라의 화학공업구조를 개선하기 위한 사업을 다그치며 경제건설과 인민생활향상에 필요한 화학제품생산을 훨씬 늘이는것이다.

화학공업부문에서는 주체적인 화학공업을 창설하기 위한 투쟁의 전 과정이 첨단기술의 명맥을 틀어쥐기 위한 과정으로 되게 하며 나라의 화학공업구조를 우리의 원료에 의거하는 주체공업으로 전환하는 사업을 힘있게 내밀어야 한다.

보고에서는 자립경제의 기본동력인 전력생산을 늘이는것을 경제건설을 다그치고 인민생활을 높이기 위한 선결조건으로 제기하였다.

새로운 5개년계획기간 전력공업부문의 기본과업은 당면한 전력수요를 보장하기 위한 증산투쟁을 전개하면서 생산토대를 전반적으로 정비보강하고 전망성있게 확대하여 국가경제의 안정적발전과 인민들의 물질문화생활을 믿음직하게 담보하는것이다.

보고에서는 전망적인 수요, 앞으로의 주객관적변화에도 대처하는 중장기적인 전략을 가지고 조수력발전소건설에 국가적힘을 집중하며 핵동력공업창설에 본격적으로 진입하기 위한 계획들이 언급되였다.

보고는 자립경제발전의 전초기지인 석탄공업을 발전시키기 위한 중요한 문제들에 대하여 강조하였다.

국가적으로 석탄공업부문에 설비와 자재, 로력과 자금을 집중적으로 보장해주는 사업을 통이 크게 전개하고 강력히 추진할데 대한 문제, 석탄공업부문에서 탐사와 굴진을 선행시켜 채탄장들을 더 많이 확보할데 대한 문제, 유연탄공업발전에 힘을 넣을데 대한 문제, 탄부들의 로동조건과 생활조건을 개선하기 위한 사업을 석탄증산을 위한 선결과업으로 틀어쥐고 나갈데 대한 문제, 석탄을 효과적으로 리용하기 위한 대책을 세울데 대한 문제들이 상정되였다.

보고에서는 기계공업을 전반적경제부문을 주도하고 견인해야 할 중요한 공업부문으로 규정하고 나라의 기계공업이 처해있는 현상황과 원인이 규명된데 이어 당면한 발전방향이 제기되였다.

새로운 5개년계획기간 기계공업부문의 기본과업은 나라의 기계공업을 기초가 든든한 공업으로 만들고 개발창조형의 공업에로 방향전환하는것이다.

기계공업부문에서 공작기계, 륜전기계, 건설기계, 전기기계, 채취기계, 류체기계들을 비롯한 현대적이며 능률적인 기계제품들을 적극적으로 개발생산하여야 한다.

보고에서는 국가경제의 정상적발전을 위하여 채취공업을 중시하고 추켜세울데 대하여 강조되였다.

채취공업부문의 기본과업은 새로운 5개년계획기간 생산적토대를 보강확대하고 유색금속과 비금속광물에 대한 인민경제적수요를 기본적으로 충족시키는것이다.

이를 위하여 지질탐사부문의 력량을 강화하고 나라의 지하자원을 통일적으로 효과있게 개발리용하기 위한 사업을 현실성있게 추진하며 채취공업부문 광산, 제련소, 공장들의 생산능력을 확장하여야 한다.

보고에서는 림업부문에서 통나무생산과 산림조성의 균형을 맞추면서 자체의 물질기술적토대를 강화하고 인민경제의 통나무수요를 원만히 보장할데 대하여 강조되었다.

사업총화보고에 상정된 기간공업의 부문별 발전방향은 자립경제의 잠재력과 위력을 가일층 강화하여 전반적경제건설을 힘있게 견인하기 위한 과학적이며 혁신적인 출로를 밝혀주었으며 어떤 조건과 환경속에서도 경제의 지속적인 발전을 추동할수 있는 확고한 정책적담보를 마련한것으로 된다.

보고에서는 교통운수부문의 현 실태와 뚜렷한 개선을 위한 과업들이 언급되였다.

새로운 5개년계획기간 철도운수부문의 기본목표는 철도현대화를 적극 추진하고 수송사업을 혁명적으로 개선하여 철도수송수요를 원만히 보장하는것이다.

철도운수부문에서는 철길의 안전성을 보장하고 중량화하며 표준철길구간을 늘이고 나아가서 모든 철길을 개건하기 위한 사업을 계획적으로 완강하게 밀고나가야 한다.

이와 함께 평양지하철도의 기술개건과 평양지하철도역현대화공사를 다그치며 지하철도의 관리운영수준을 결정적으로 높여야 한다.

륙해운부문에서 세계적인 선박건조기술발전추세에 맞는 대형짐배를 계속 무어내며 자동차통합운수관리체계를 구축하고 수송지휘의 정보화를 실현하여 수송의 긴장성을 해소할데 대한 과업들이 제기되였다.

새형의 지하전동차와 무궤도전차, 궤도전차, 려객뻐스들을 비롯한 대중교통수단들을 더 많이 생산하여 인민들의 편리를 도모하여야 한다.

보고에서는 총결기간 건설부문에서 이룩된 비약적인 발전과 성과가 평가되고 일련의 편향들이 지적되였으며 새로운 과업과 목표들이 제기되였다.

새로운 5개년계획기간 건설부문앞에 나서는 기본과업은 살림집건설을 비롯한 기본건설을 대대적으로 진행하여 인민들에게 보다 문명한 생활조건을 제공해주고 나라의 면모를 일신시키는것이다.

건설부문에서는 나라의 경제토대를 강화하기 위한 산업건설과 인민들의 물질문화적수요를 보장하기 위한 건설의 두 전선을 동시적으로 힘있게 밀고나가야 한다.

건설부문에서는 평양시 5만세대 살림집건설에 력량을 집중하여 올해부터 해마다 1만세대의 살림집을 건설하기 위한 년차별계획을 세우고 그 집행을 위한 건설작전과 지도를 짜고들어 수도시민들의 살림집문제를 기본적으로 해결하여야 한다.

굴지의 유색광물생산기지이며 로동계급의 대부대가 살고있는 검덕지구에 2만 5,000세대의 살림집을 건설하여 세상에 없는 광산도시를 일떠세워야 한다.

전문건설단위들을 강력하게 꾸리고 건설기계공장들에서 필요한 건설장비와 기공구들을 적극 개발생산하여야 한다.

보고는 건설이 전례없는 속도로 진척되고있는 현실적요구에 맞게 건재공업을 더욱 발전시킬데 대한 과업들을 제기하였다.

새로운 5개년계획기간 건재공업부문이 수행해야 할 기본과업은 800만t의 세멘트고지를 점령하고 마감건재의 자급자족을 실현하는것이다.

현존세멘트공장들을 현대적으로 개건하는것과 함께 원료조건, 동력조건, 수송조건이 유리한 지구들에 능력이 크고 선진기술이 도입된 세멘트공장들을 새로 건설하여 나라의 세멘트생산능력을 더욱 확대하여야 한다.

건축물의 면모를 결정하는 마감건재를 국내생산으로 충족시키기 위한 투쟁을 벌리는것과 함께 우리의 원료에 의거한 칠감과 외장재생산기지를 보다 튼튼히 꾸리고 그 질을 높이며 지붕재생산기술도 발전시켜야 한다.

세계적인 건축발전추세에 맞게 령탄소건물, 령에네르기건물을 많이 건설할 수 있게 필요한 건재생산준비를 예견성있게 착실히 추진하며 도들에서 자기 지방의 원료에 의거하는 여러가지 건재생산기지들을 실리있게 꾸리고 다양한 건재들을 많이 생산하여야 한다.

보고는 체신부문이 시대의 요구에 적극적으로 부응하여 끊임없는 비약과 혁신을 이룩할데 대한 과업을 제시하였다.

체신부문에서는 통신하부구조의 기술갱신을 다그치고 이동통신기술을 발전시켜 다음세대통신에로 빨리 이행하여야 한다.

유선방송과 텔레비죤방송체계를 정비하고 그 기술수준을 보다 높은 단계에 올려세우며 도시로부터 두메산골에 이르기까지 그 어디에서나 인민들이 더 훌륭한 문화정서생활을 향유할수 있도록 충분한 조건을 제공하여야 한다.

보고는 국영상업을 발전시키고 급양편의봉사의 사회주의적성격을 살리는 것을 현시기 매우 긴절한 문제로 상정하고 우리의 상업을 인민들의 생활을 보장하고 물질적복리를 증진시키는 명실상부한 인민봉사활동으로 복원하기 위한 과업들을 제기하였다.

현시기 우리 상업이 반드시 해결하여야 할 중요한 과제는 상업봉사활동전반에서 국가의 주도적역할, 조절통제력을 회복하고 인민을 위하여 복무하는 사회주의상업의 본태를 살려나가는것이다.

상업봉사단위들에서는 옳바른 경영전략을 가지고 상업봉사활동에서 인민성, 문화성, 현대성, 다양성을 구현하여 우리 식의 새로운 사회주의봉사문화를 창조해나가야 한다.

보고는 국토관리와 생태환경보호사업을 인민의 생명과 건강을 지키고 조국산천을 더욱 아름답게 하기 위한 중대사로, 나라의 장래와 관련되는 전략적인 사업으로 제기하였다.

새로운 5개년계획기간 국토부문앞에 제시된 과업은 국토건설과 생태환경보호에서 결정적인 전진을 가져옴으로써 온 나라를 사회주의선경으로, 로동당시대의 금수강산으로 더 훌륭히 변모시키는 사업을 근기있게 밀고나가는것이다.

산림을 비롯한 생태환경의 전반적인 실태를 조사장악하며 계절별, 년도별 변화상태에 대한 분석결과에 따라 정확하고 기민하게 대응하는 문제, 국토환경보호와 관련한 법규범과 세칙들을 바로 제정하고 엄격히 시행하는 문제, 치산치수사업에 힘을 넣어 자연재해를 미리 막는 문제, 도로건설과 관리에 계속 큰 힘을 넣는 문제, 국가적으로 동서해안건설을 통이 크게 내밀어 인민들의 생명안전과 국토를 보호하고 나라의 해안연선을 해양국의 체모에 맞게 일신하는 문제들이 지적되였다.

보고에서는 하나부터 열까지 인민들의 생활과 직결되여있는 도시경영부문사업의 중요성이 강조되고 해당한 과업들이 상정되였다.

도시경영부문에서 살림집보수대책을 강하게 세우며 먹는물생산능력을 확장하고 그 질을 개선하며 새로운 오수정화장들을 더 꾸려 환경오염을 없애야 한다.

원림설계수준을 결정적으로 높이고 공원과 유원지들을 아름답게 꾸리며 수종이 좋은 나무들과 화초, 지피식물들을 조화롭게 배치하여 도시의 면모를 일신시켜야 한다.

보고에서는 대외경제사업의 실태와 나라의 주객관적조건과 환경을 면밀히 분석한데 기초하여 대외경제부문에서 과학적인 전략을 세우고 대외경제사업을 목적지향성있게 발전시켜나갈데 대한 방향적문제들이 제기되였다.

보고는 관광사업을 활성화하는것을 우리 인민들이 보다 문명한 생활을 누리게 하고 나날이 변모되는 우리 국가의 모습을 세상에 널리 떨치기 위한 중요한 사업으로 제기하였다.

관광대상들을 보다 잘 꾸리고 그에 대한 소개선전방법을 개선하며 관광로정과 안내도 다양하게 조직하여야 한다.

금강산지구를 우리 식의 현대적인 문화관광지로 전변시켜야 한다.

고성항 부두에 있는 해금강호텔을 비롯한 시설물들을 모두 들어내고 금강산의 아름다운 자연경관에 잘 어울리면서도 우리 인민의 정서와 미감에 맞는 전형적인 우리 식 건축형식의 건물들을 일떠세울데 대한 과업이 제시되였다.

금강산관광지구총개발계획에 따라 고성항해안관광지구와 비로봉등산관광지구, 해금강해안공원지구와 체육문화지구들을 특색있게 꾸리기 위한 사업을 새로운 5개년계획기간에 년차별로, 단계별로 진행하여야 한다.

보고에서는 경제관리를 개선하기 위한 과업이 중요하게 언급되였다.

우리 국가경제는 자립경제이고 계획경제이며 인민을 위하여 복무하는 경제이다.

국가경제의 자립성과 계획성, 인민성을 강화하자면 국가의 경제조직자적기능을 높이고 경제사업의 결과가 인민들의 복리증진에 돌려지게 하는 원칙에서 생산물에 대한 통일적인 관리를 실현하여야 한다.

사회주의경제관리개선의 근본요구, 근본방향은 사회의 주인인 인민대중을 중심에 놓고 인민들의 요구와 리익을 우선시하는것이다.

또한 원가저하와 질제고를 경제관리개선의 기본으로 틀어쥐고나갈데 대하여 강조하였다.

국가경제지도기관들에서는 사회주의경제관리개선의 근본요구, 근본방향에 립각하여 경제를 정비하고 보강하기 위한 사업을 실속있게 해나가야 한다.

보고에서는 경제사업에 대한 국가의 통일적지도를 실현하기 위한 기강을 바로세우고 국가적인 일원화통계체계를 강화하며 국가경제의 명맥을 추켜세우기 위한 사업을 옳바로 전개하고 공장, 기업소들의 경영활동조건을 개선할데 대하여 언급되였다.

전인민경제적범위에서 경제적효률을 높일수 있도록 생산력을 합리적으로 재배치하며 경제부문들의 약한 고리들을 찾아내고 경제의 균형적발전에 절실한 부문들을 보강하여야 한다.

계획화사업을 개선하고 재정과 금융, 가격을 비롯한 경제적공간들을 옳게 리용하여 경제를 합리적으로 관리해나가야 한다.

보고에서 천명된 주요경제부문별 현황과 정비발전에 관한 과학적인 분석과 명확한 방침은 자립경제의 물질기술적토대를 군건히 다지고 외적환경의 변화에 관계없이 경제건설을 계획적으로, 안정적으로 추진시켜나갈수 있게 하는 위력한 실천적무기로 된다.

경애하는 김정은동지께서는 보고에서 새로운 5개년계획기간 인민들의 식의주문제해결에서 기어이 돌파구를 열고 인민들이 페부로 느낄수 있는 실제적인 변화와 혁신을 이룩하려는 우리 당의 확고한 결심을 천명하시였다.

보고에서는 농업생산을 장성시켜 인민들의 식량문제, 먹는 문제를 결정적으로 해결하기 위한 적극적인 대책들이 제기되였다.

농업부문앞에 나선 5개년계획의 중심목표는 당이 이미 제시한 알곡고지를 무조건 점령하고 농업의 지속적발전을 위한 물질기술적토대를 다지는것이다.

농업생산을 늘이기 위하여서는 종자혁명, 과학농사, 저수확지에서의 증산, 새땅찾기와 간석지개간에 힘을 넣고 농산과 축산, 과수를 발전시키며 농촌경리의 수리화, 기계화를 중요한 전략적과업으로 틀어쥐고나가야 한다.

보고에서는 어떤 불리한 기상기후조건에서도 농업생산을 안전하게 장성시키기 위한 과학기술적대책과 물질기술적토대를 갖추며 농업근로자들의 생산적열의를 높이고 농촌에 대한 국가적지원을 강화할데 대한 정책적문제들이 강조되였다.

농업부문에 제시된 중요목표들은 식량의 자급자족을 실현하고 사회주의건설을 다그치기 위하여 어떤 대가를 치르어서라도 달성하여야 할 국가중대사이다.

보고에서는 인민들에게 유족하고 문명한 생활을 제공하는데서 절대적인 몫을 차지하는 경공업의 중요성과 발전방향이 언급되였다.

경공업부문에서 원자재의 국산화, 재자원화를 생명선으로, 주되는 방향으로 틀어쥐고 현대화를 다그치며 약한 부분과 공정들은 보강하고 없는 부분과 공정들은 갖추면서 부단히 살을 붙일데 대한 과업이 제시되였다.

또한 선질후량의 원칙에서 제품의 질을 높이며 새 제품개발에 힘을 넣을데 대한 문제도 강조되였다.

보고는 수산부문을 인민들의 식생활과 직결된 3대부문의 하나로 규정하였다.

수산부문에서는 고기배와 어구를 현대화하고 물고기잡이를 과학화하며 수산사업소들과 선박수리기지들을 튼튼히 꾸려야 한다.

나라의 수산자원을 보호증식하는 사업을 계획적으로 실속있게 진행하며 양어와 양식을 대대적으로 하여 수산물생산을 계통적으로 늘여야 한다.

보고에서는 시, 군들의 자립적이며 다각적인 발전을 위한 중요한 정책적문제들이 제시되였다.

시, 군을 거점으로 하여 혁명진지를 다지고 농촌경리와 지방경제발전, 인민생활향상을 추진하는것은 우리 당이 사회주의건설에서 일관하게 견지하고있는 전략적방침이다.

시, 군은 우리 당정책의 말단집행단위이고 농촌경리와 지방경제를 지도하는 지역적거점이며 나라의 전반적발전을 떠받드는 강력한 보루이다.

보고에서 천명된 시, 군강화의 총적인 목표는 모든 시, 군들을 문명부강한 사회주의국가의 전략적거점으로, 자기 고유의 특색을 가진 발전된 지역으로 만드는것이다.

시, 군들에서는 자기의 지역적특성에 부합되는 발전전략과 전망목표를 현실성있게 잘 세우고 목적의식적으로, 계획적으로, 년차별로 완강하게 실행하여야 한다.

《새로운 승리를 향하여!》라는 구호를 높이 들고 사회주의농촌건설에 힘을 넣어 농촌특유의 문화발전, 우리 식의 새로운 발전을 이룩하여야 한다.

농촌건설의 전망목표는 농촌에서 3대혁명을 다그치고 사회주의농촌체제를 철저히 관철함으로써 로동계급과 농민간의 차이, 공업과 농업간의 차이, 도시와 농촌간의 차이를 없애는것이며 당면과업은 농업근로자들을 혁명화, 로동계급화하기 위한 사업을 앞세우고 농촌에 대한 국가적지원을 강화하며 농촌마을들을 지역적특성이 살아나게 균형적으로 건설하는것이다.

보고는 농촌핵심진지를 강화하는데 당적, 국가적주목을 돌릴데 대한 문제를 강조하였다.

지방경제를 해당 지역의 특성에 맞게, 해당 지역의 원료와 자재를 리용하여 발전시키는것을 일관한 정책적요구로 제기하였다.

이와 함께 시, 군소재지들의 면모를 일신시키는 사업을 밀고나가며 도시경영사업과 치산치수, 환경보호사업을 개선하는데 큰 힘을 넣어야 한다고 지적하였다.

보고에서는 시, 군당위원회, 인민위원회들이 자기 지역의 발전을 이끌어나가는 강력한 견인기가 되고 시, 군의 안주인, 자기 지역안의 인민생활을 책임진 호주가 될데 대한 과업이 제기되였다.

경애하는 김정은동지께서는 국가존립의 초석이며 나라와 인민의 존엄과 안전, 평화수호의 믿음직한 담보인 국가방위력을 지속적으로 강화할데 대한 혁명적립장을 엄숙히 천명하시였다.

보고는 조선반도와 세계의 평화와 안전을 보장하려는 일념으로부터 지역의 긴장격화를 막기 위하여 우리 당과 공화국정부가 선의의 노력과 최대의 인내심을 발휘하였지만 미국의 대조선적대시정책은 약화된것이 아니라 오히려 더 극심해진데 대하여 분석하였다.

우리 국가를 겨냥한 적들의 첨단무기들이 늘어나고있는것을 뻔히 보면서도 자기의 힘을 부단히 키우지 않고 무사태평하게 있는것보다 더 어리석고 위험천만한짓은 없다.

현실은 국가방위력을 순간도 정체함이 없이 강화하여야 미국의 군사적위협을 억제하고 조선반도의 평화와 번영을 이룩할수 있다는것을 보여주고있다.

보고는 강력한 국가방위력은 결코 외교를 배제하는것이 아니라 옳은 방향에로 추동하며 그 성과를 담보하는 위력한 수단으로 된다고 강조하면서 조성된 정세속의 현실은 군력강화에서 만족이란 있을수 없다는것을 다시금 확증해주고있다고 분석하였다.

지구상에 제국주의가 남아있고 우리 국가에 대한 적대세력들의 침략전쟁위험이 계속되는 한 우리 혁명무력의 력사적사명은 절대로 변할수 없으며 우리의 국가방위력은 새로운 발전의 궤도를 따라 부단히 강화되여야 한다.

보고는 인민군대가 전군김일성-김정일주의화를 군건설의 총적임무로 틀어쥐고 조선로동당화된 혁명적당군으로, 첨단화된 현대적인 군으로, 우리 국가와 인민의 믿음직한 수호자로 더욱 튼튼히 준비해나갈데 대한 중요한 과업들을 제시하였다.

보고에서는 국방공업을 비약적으로 강화발전시키기 위한 중핵적인 구상과 중대한 전략적과업들이 언급되였다.

핵기술을 더욱 고도화하는 한편 핵무기의 소형경량화, 전술무기화를 보다 발전시켜 현대전에서 작전임무의 목적과 타격대상에 따라 각이한 수단으로 적용할수 있는 전술핵무기들을 개발하고 초대형핵탄두생산도 지속적으로 밀고 나감으로써 핵위협이 부득불 동반되는 조선반도지역에서의 각종 군사적위협을 주동성을 유지하며 철저히 억제하고 통제관리할수 있게 하여야 한다.

이와 함께 1만 5,000㎞ 사정권안의 임의의 전략적대상들을 정확히 타격소멸하는 명중률을 더욱 제고하여 핵선제 및 보복타격능력을 고도화할데 대한 목표가 제시되였다.

가까운 기간내에 극초음속활공비행전투부를 개발도입할데 대한 과업, 수중 및 지상고체발동기대륙간탄도로케트개발사업을 계획대로 추진시키며 핵장거리타격능력을 제고하는데서 중요한 의의를 가지는 핵잠수함과 수중발사핵전략무기를 보유할데 대한 과업이 상정되였다.

가까운 기간내에 군사정찰위성을 운용하여 정찰정보수집능력을 확보하며 500㎞ 전방종심까지 정밀정찰할수 있는 무인정찰기들을 비롯한 정찰수단들을 개발하기 위한 최중대연구사업을 본격적으로 추진할데 대하여서도 언급되였다.

보고는 국방과학기술을 고도로 발전시키고 첨단무기와 전투기술기재들을 더 많이 연구개발하여 인민군대를 재래식구조에서 첨단화, 정예화된 군대로 비약발전시키는것을 현시기 국방과학부문앞에 나서는 기본과업으로 규정하였다.

무장장비의 지능화, 정밀화, 무인화, 고성능화, 경량화실현을 군수산업의 중핵적인 목표로 정하고 연구개발사업을 여기에 지향시켜야 한다.

보고에서는 국가방위력을 튼튼히 다지는데서 절대로 소홀히 할수 없는 중대한 사업인 전민항전준비를 완성할데 대한 심도있는 과업이 언급되였다.

보고에서 제기한 국가방위력강화를 위한 중대과업들은 미국과 적대세력들의 분별없는 군비증강으로 국제적인 힘의 균형이 파괴되고있는 실정에서 이 땅에서 전쟁접경과 완화, 대화와 긴장의 악순환을 영원히 해소하고 적대세력들의 위협과 공갈이라는 말자체가 종식될 때까지 나라의 군사적힘을 지속적으로 강화해나갈 철의 신념과 의지의 표명으로 된다.

경애하는 김정은동지께서는 보고에서 과학기술발전을 촉진시켜 자력부강, 자력번영의 활로를 확신성있게 열어나갈데 대한 과업들을 제기하시였다.

보고는 과학기술발전을 사회주의건설에서 나서는 중핵적인 과제, 최선의 방략으로 규정하고 과학기술중시로선을 관철하기 위한 과정에 발로된 편향들이 전면적으로 분석되였으며 새로운 5개년계획기간에 달성하여야 할 각 부문의 과학기술발전목표들과 실행방도들을 언급하였다.

새로운 국가경제발전 5개년계획수행에서 나서는 긴절한 과학기술적문제들을 적극적으로 풀어나가며 핵심적이며 선진적인 첨단기술개발을 촉진하여야 한다.

과학기술발전을 위한 당적, 국가적, 행정적지도와 관리체계를 바로세우고 과학연구성과를 서로 공유하며 전민과학기술인재화를 실현하기 위한 사업을 줄기차게 밀고나가야 한다.

경애하는 김정은동지께서는 보고에서 총결기간 사회주의문화건설에서 이룩된 성과와 경험, 결함과 교훈에 대하여 지적하시였다.

사회주의문화의 새로운 개화기를 마련하여 인민들을 새 세기 우리 식의 문명으로 인도하려는것은 우리 당의 원대한 목표이며 리상이다.

보고에서는 사회의 모든 성원들을 힘있는 존재로 키우고 전진하는 혁명에 활력을 더해주며 사회주의건설을 성과적으로 다그쳐나가는데서 중요한 몫을 맡고있는 교육, 보건, 문학예술, 출판보도, 체육부문의 총결기간 사업정형이 분석평가되였다.

교육을 우리의 미래를 마음놓고 맡길수 있는 교육으로 되게 할데 대한 교육의 총적목표가 다시금 간곡히 언급되고 새 세기 교육혁명을 힘있게 다그쳐 우리 조국을 교육강국, 인재강국으로 전변시키기 위한 교육발전목표와 구체적인 과업들이 상정되였다.

중등 및 고등교육부문에서 현대교육발전추세와 교육학적요구에 맞게 교육내용과 방법, 교수관리제도를 끊임없이 갱신하며 교육혁명의 담당자인 교원들의 능력과 자질을 제고하기 위한 사업을 방법론있게 진행하여야 한다.

국가적으로 교육부문에 대한 투자와 지원을 강화하여 학교건설을 비롯한 교육조건과 환경을 일신하기 위한 사업을 힘있게 전개하여야 한다.

보고에서는 사회주의보건을 가장 우월하고 선진적인 인민보건으로 발전시켜 인민들에게 더 좋은 의료상혜택을 제공하기 위한 구체적인 계획들이 언급되였다.

보건부문에서 치료예방기관들과 제약 및 의료기구공장들을 개건하는 사업을 실속있게 진행하며 보건일군대렬을 튼튼히 꾸리고 그 어떤 세계적인 보건위기에도 대처할수 있는 방역기반을 튼튼히 축성하여야 한다.

보고는 또한 총결기간 문학예술부문 사업을 심각히 분석하고 문학예술의 모든 전선에서 일대 혁명을 일으켜 주체문학예술의 새로운 개화기를 펼치기 위한 과업들을 제기하였다.

문예부문 창작지도일군들과 창작가, 예술인들은 높은 안목과 진취적인 사업기풍을 발휘하여 주체성과 민족성, 현대성이 구현된 우수한 작품들을 창작하고 특색있는 공연활동을 활발히 벌리며 후비육성사업을 옳바른 체계와 발전전략, 뚜렷한 발전목표를 가지고 목적지향성있게, 전망성있게 진행해나가야 한다.

출판보도부문에서 사회주의건설의 새로운 격변기, 고조기의 요구에 맞게 새로운 신문혁명, 보도혁명, 방송혁명, 출판혁명의 불길을 세차게 일으켜 당대회가 제시하는 사상과 로선, 정책의 진수를 전체 인민들에게 깊이 심어주고 당대회결정관철로 총궐기, 총발동시키기 위한 보도전, 언론전을 힘있게 전개하며 체육부문에서 존엄높은 우리 국가의 권위와 지위에 맞게 과감한 분발로 우리 나라를 체육선진국대렬에 들어서게 할데 대한 과업들이 제기되였다.

사회주의문화건설의 혁신적인 방향들은 총결기간에 이룩된 성과와 경험, 결함과 교훈을 전진과 도약의 발판으로 삼고 사회주의문화의 모든 분야에서 일대 혁명을 일으켜 새로운 조선식문명을 창조하려는 웅대한 구상의 반영으로 된다.

보고에서는 비사회주의, 반사회주의적현상을 쓸어버리고 온 나라에 사회주의생활양식을 철저히 확립하기 위한 사업을 전당적, 전국가적, 전사회적인 사업

으로 내밀어 사람들의 정신도덕생활령역에서 혁명적인 전환이 일어나도록 하기
위한 문제가 중요하게 언급되었다.

전체 인민이 사회주의에 대한 신념, 자기의것에 대한 사랑과 믿음을 굳게
간직하고 우리 식의 고상하고 문명한 새생활을 창조하고 발전시키며 사회주의
생활양식에 어긋나는 현상들과의 대중적투쟁을 강력히 전개하여야 한다.

경애하는 김정은동지께서는 보고에서 우리 공화국의 지위가 급격히 높아지
고 혁명이 새로운 단계에 올라서고있는 현실에 상응하게 국가사회제도를 더욱
공고발전시켜나갈데 대한 과업을 제시하시였다.

보고는 우리 식 사회주의제도의 본질적특성에 맞게 국가의 인민적성격을
강화하고 통일적, 과학적, 전략적관리를 실현하며 사회주의법치국가건설의 요
구에 맞게 온 사회에 혁명적준법기풍을 철저히 확립하고 사법검찰, 사회안전,
보위기관들이 사회주의제도의 믿음직한 보위자로서 제도보위, 정책보위, 인민
보위의 성스러운 사명과 책임을 다해나갈데 대한 문제를 강조하였다.

경애하는 김정은동지께서는 보고에서 당의 인전대이며 외곽단체인 근로단
체조직들을 위력한 정치조직, 사회주의건설의 위력한 력량으로 강화할데 대한
중요한 과업들을 제기하시였다.

보고에서는 근로단체조직들이 사상교양단체로서의 본분에 맞게 동맹내부
사업을 주선으로 틀어쥐고 전동맹을 당의 혁명사상으로 튼튼히 무장시키며 특
히 청년동맹을 당의 교대자, 후비대로 억세게 준비시킬데 대하여 강조되였다.

사회주의건설의 획기적전진의 진로를 명시한 경애하는 김정은동지의 보고
는 조성된 형세하에서 경제와 국방, 과학기술과 문화건설을 비롯한 국가사업전
반에서 우리 식 사회주의의 우월성과 위력을 남김없이 발양시켜 다음단계의 새
승리에로 힘있게 고무추동하는 전투적기치로 된다.

3. 조국의 자주적통일과 대외관계발전을 위하여

경애하는 김정은동지께서는 보고의 셋째 체계에서 조국의 자주적통일과 대외관계발전을 위한 중요한 문제들에 대하여 언급하시였다.

보고는 조성된 형세와 변천된 시대적요구에 맞게 대남문제를 고찰하고 북남관계에 대한 우리 당의 원칙적립장을 천명하였다.

보고에 지적된바와 같이 지금 우리 민족은 북남관계의 심각한 교착상태를 수습하고 평화와 통일의 길로 나아가는가 아니면 대결의 악순환과 전쟁의 위험속에 계속 분렬의 고통을 당하는가 하는 중대한 기로에 서있다.

북남관계의 현 실태는 판문점선언발표이전시기로 되돌아갔다고 하여도 과언이 아니며 통일이라는 꿈은 더 아득히 멀어졌다.

남조선에서는 의연히 조선반도정세를 격화시키는 군사적대행위와 반공화국모략소동이 계속되고있고 이로 말미암아 북남관계개선의 전망은 불투명하다.

보고는 북남관계의 현 랭각국면이 어느 일방의 노력만으로 해결될 문제가 아니며 시간이 흐르면 저절로 해소될 일도 아니라고 판단하면서 진정으로 나라의 평화와 통일을 바라고 민족의 운명과 후대들의 앞날을 생각한다면 이 엄중한 상황을 더이상 수수방관하지 말아야 하며 파국에 처한 현 북남관계를 수습하고 개선하기 위한 적극적인 대책을 강구해나가야 한다고 강조하였다.

보고는 북남관계에 대한 원칙적립장을 다음과 같이 천명하였다.

북남관계에서 근본적인 문제부터 풀어나가려는 립장과 자세를 가져야 하며 상대방에 대한 적대행위를 일체 중지하며 북남선언들을 무겁게 대하고 성실히 리행해나가야 한다.

보고에서는 지난 시기 좋게 발전하던 북남관계가 일시에 얼어붙고 대결상황으로 되돌아가게 된 주되는 원인에 대하여 지적되였다.

현재 남조선당국은 방역협력, 인도주의적협력, 개별관광같은 비본질적인 문제들을 꺼내들고 북남관계개선에 관심이 있는듯한 인상을 주고있다.

첨단군사장비반입과 미국과의 합동군사연습을 중지해야 한다는 우리의 거듭되는 경고를 계속 외면하면서 조선반도의 평화와 군사적안정을 보장할데 대한 북남합의리행에 역행하고있다.

지어 우리의 정정당당한 자주권에 속하는 각종 상용무기개발사업에 대해서는 《도발》이라고 걸고들면서 무력현대화에 더욱 광분하고있다.

만약 남조선당국이 이를 시비하려면 첨단군사자산획득과 개발노력을 가속화해야 한다느니, 이미 보유한 탄도미싸일과 순항미싸일보다 더 정확하고 강력하며 더 먼곳까지 날아가는 미싸일을 개발하게 될것이라느니, 세계최대수준의 탄두중량을 갖춘 탄도미싸일을 개발했다느니 하던 집권자가 직접 한 발언들부터 설명해야 할것이고 계속되는 첨단공격장비반입목적과 본심을 설득력있게 해명해야 할것이다.

보고는 남조선당국이 이중적이며 공평성이 보장되지 않는 사고관점을 가지고 《도발》이니 뭐니 하며 계속 우리를 몰아붙이려 할 때에는 우리도 부득불 남조선을 달리 상대해줄수밖에 없게 될것이라고 엄중히 경고하였다.

남조선당국이 비정상적이며 반통일적인 행태들을 엄정관리하고 근원적으로 제거해버릴 때 비로소 공고한 신뢰와 화해에 기초한 북남관계개선의 새로운 길이 열리게 될것이다.

북남관계가 회복되고 활성화되는가 못되는가 하는것은 전적으로 남조선당국의 태도여하에 달려있으며 대가는 지불한것만큼, 노력한것만큼 받게 되여있다.

보고는 지금 현시점에서 남조선당국에 이전처럼 일방적으로 선의를 보여줄 필요가 없으며 우리의 정당한 요구에 화답하는만큼, 북남합의들을 리행하기 위하여 움직이는것만큼 상대해주어야 한다고 강조하였다.

보고는 남조선당국의 태도여하에 따라 얼마든지 가까운 시일안에 북남관계가 다시 3년전 봄날과 같이 온 겨레의 념원대로 평화와 번영의 새 출발점에로 돌아갈수도 있을것이라고 분석하였다.

경애하는 김정은동지께서는 보고에서 대외관계를 전면적으로 확대발전시키기 위한 우리 당의 총적방향과 정책적립장을 천명하시였다.

보고는 현 국제정세와 우리 공화국의 대외적환경을 심도있게 분석하였다.

총결기간 우리 당 대외활동의 주되는 총화와 결론은 불법무도하게 날뛰는 적대세력들과 강권을 휘두르는 대국들에 대하여서는 강대강으로 맞서는 전략을 일관하게 견지하여야 한다는것이다.

보고는 이에 대하여 확언하고 우리 국가의 전략적지위에 상응하게 대외관계를 전면적으로 확대발전시켜 사회주의건설을 정치외교적으로 믿음직하게 담보하는것을 현시기 대외사업의 총적방향으로 규정하였다.

여기로부터 보고는 대외사업부문에서 견지하여야 할 원칙적문제들을 밝히였다.

우리 당의 존엄사수와 국위제고, 국익수호를 공화국외교의 제일사명으로 틀어쥐고 대외활동에서 자주의 원칙을 확고히 견지하여야 한다.

우리의 자주권을 침탈하려는 적대세력들의 책동을 짓부셔버리고 우리 국가의 정상적발전권리를 지켜내기 위한 외교전을 공세적으로 전개하여야 한다.

대외정치활동을 우리 혁명발전의 기본장애물, 최대의 주적인 미국을 제압하고 굴복시키는데 초점을 맞추고 지향시켜나가야 한다.

보고는 미국에서 누가 집권하든 미국이라는 실체와 대조선정책의 본심은 절대로 변하지 않는다고 지적하면서 대외사업부문에서 대미전략을 책략적으로 수립하고 반제자주력량과의 련대를 계속 확대해나갈데 대하여 강조하였다.

또한 대외선전부문의 역할을 강화하여 적들의 반동적공세를 짓부시고 국가의 위상을 높일데 대한 문제를 언급하였다.

보고는 대외사업부문에서 사회주의나라들과의 관계를 가일층 확대발전시키고 자주성을 지향하는 혁명적당들과 진보적당들과의 단결과 협력을 강화하며 세계적범위에서 반제공동투쟁을 과감히 전개하여 국가의 대외적환경을 더욱 유리하게 전변시켜나갈데 대하여 지적하였다.

보고에서는 조선반도와 세계의 평화와 안정을 굳건히 수호하려는 우리 당의 확고한 의지가 표명되었다.

이 행성에 우리 나라처럼 항시적인 전쟁위협을 받고있는 나라는 없으며 그만큼 평화에 대한 우리 인민의 갈망은 매우 강렬하다.

우리가 최강의 전쟁억제력을 비축하고 끊임없이 강화하고있는것은 우리스스로를 지키기 위해서이며 영원히 전쟁이 없는 진정한 평화의 시대를 열어놓기 위해서이다.

우리의 국가방위력이 적대세력들의 위협을 령토밖에서 선제적으로 제압할수 있는 수준으로 올라선것만큼 앞으로 조선반도의 정세격화는 곧 우리를 위협하는 세력들의 안보불안정으로 이어질것이다.

보고는 새로운 조미관계수립의 열쇠는 미국이 대조선적대시정책을 철회하는데 있다고 하면서 앞으로도 강대강, 선대선의 원칙에서 미국을 상대할것이라는 우리 당의 립장을 엄숙히 천명하였다.

또한 우리 공화국이 책임적인 핵보유국으로서 침략적인 적대세력이 우리를 겨냥하여 핵을 사용하려 하지 않는 한 핵무기를 람용하지 않을것임을 다시금 확언하였다.

당중앙위원회 사업총화보고에서 우리의 자주권을 존중하는 세계 모든 나라들과의 친선단결을 강화하고 진정한 국제적정의를 실현하기 위한 우리 당의 대외정책적립장이 명시됨으로써 새 총결기간 공화국의 대외적권위와 국제적영향력을 더욱 높여나갈수 있는 전략전술적지침이 마련되었다.

4. 당사업의 강화발전을 위하여

경애하는 김정은동지께서는 보고의 넷째 부분에서 총결기간 당의 강화발전을 위한 사업에서 이룩된 성과를 총화하시고 시대와 현실발전의 요구에 맞게 당사업을 개선강화하는데서 나서는 과업과 방도들을 제시하시였다.

보고는 전당에 당중앙의 유일적령도체계가 확고히 수립되고 당의 전투력과 령도력이 비상히 강화되였으며 당의 기초를 전면적으로, 세부적으로 정비강화한것이 총결기간 당사업에서 거둔 귀중한 성과라고 평가하였다.

보고에서는 우리 당이 인민대중제일주의를 정치리념으로 하는 자기의 사명과 임무에 충실하여온데 대하여서도 강조되였다.

당의 전투력과 령도력을 끊임없이 높여나갈 때 그 어떤 장애와 난관이 가로막아도 인민의 절대적인 신뢰속에 사회주의건설위업을 언제나 배심든든히 승리적으로 이끌어나갈수 있다는 바로 이것이 지난 5년간 당사업의 주되는 총화이며 귀중한 경험이다.

보고에서는 우리 혁명이 새로운 발전기, 도약기에 들어선데 맞게 당사업에서 근본적인 혁신을 일으키기 위한 중요한 과업과 방도들이 언급되였다.

당중앙의 유일적령도체계를 세우기 위한 사업을 주선으로 틀어쥐고 계속 심화시켜나가는것을 첫째가는 과업으로 천명하였다.

보고에 언급된바와 같이 당조직들과 일군들은 언제 어디서나 당중앙의 권위를 절대화하고 백방으로 옹위하여야 하며 그와 어긋나는 자그마한 요소에 대해서도 융화묵과하지 말고 비타협적인 투쟁을 벌려야 한다.

당의 령도업적을 옹호고수하고 빛내이기 위한 사업을 일관하게 틀어쥐고나가며 특히 령도업적단위, 현지지도단위들을 잘 꾸리고 당정책관철에서 본보기가 되도록 하여야 한다.

당조직들에서 당의 방침집행을 위한 조직사업과 장악총화사업을 짜고들어 철저히 관철하여야 한다.

보고는 당내부사업을 실속있게 하여 당과 혁명대오의 일심단결을 백방으로 다지는것을 중요한 과업으로 상정하였다.

보고에서는 당의 기본핵심력량이고 혁명의 지휘성원들인 간부대렬을 튼튼히 꾸리는데 주되는 힘을 넣으며 간부들이 사상적으로 변질되지 않도록 교양과 통제를 부단히 강화할데 대하여서와 당장성사업에서 당적원칙, 객관이 인정하는 엄선의 원칙을 철저히 지켜 당대렬을 질적으로 공고히 할데 대하여 강조되였다.

또한 당의 기층조직인 초급당과 당세포를 강화하는데 계속 큰 힘을 넣으며 당생활조직과 지도를 당사업의 기본고리로 틀어쥐고 실속있게 할데 대하여, 군중과의 사업에 품을 들여 광범한 군중을 당의 두리에 더욱 튼튼히 묶어세울데 대하여 언급하였다.

당사상사업은 혁명을 령도하는 당의 기본임무의 하나이며 혁명과 건설을 이끄는 전기간 한시도 놓치지 말아야 할 중요한 사업이다.

보고는 당사상사업에서 유일관리제원칙을 철저히 지키는것과 함께 당선전부문에 내재하고있는 고질적인 결함을 극복하고 현실발전의 요구에 맞게 사상교양사업의 형식과 방법을 근본적으로 개선해나갈데 대한 과업을 제기하였다.

보고에서는 혁명과 건설에 대한 당적지도, 정책적지도를 강화할데 대한 과업이 언급되고 해당 단위의 정치적참모부인 당위원회를 잘 꾸리고 그 역할을 높일데 대한 문제, 당조직들에서 당결정을 정확히 채택하고 무조건 집행하는 혁명적기풍을 세울데 대한 문제, 당조직들에서 행정대행, 추미주의를 철저히 경계하고 제기되는 모든 문제들을 당적방법, 정치적방법으로 풀어나갈데 대한 문제들이 강조되였다.

보고는 당사업에서 근본적인 개선을 가져오기 위한 방도들을 제기하였다.

우선 현실발전의 요구에 맞게 불합리한 당사업체계와 방법들을 개선해나가며 또한 우리 당의 이민위천의 사상을 높이 받들고 당사업을 친인민적, 친현실적인 사업으로 전환시켜야 한다.

당사업에서 친인민성, 친현실성이 참답게 구현될수록 전당이 진실과 진리에로 더 접근하게 될것이며 우리 당의 전투력은 배가될것이라는것이 보고에 제시된 중요한 사상이다.

보고는 우리 당에 있어서 현시기 가장 경계하고 첫째가는 투쟁대상으로 삼아야 할 과녁은 세도와 관료주의, 부정부패행위이라는데 대하여 다시금 강조하고 당조직들에서 그 사소한 요소와도 비타협적으로 투쟁할데 대한 문제를 언급하였다.

보고는 당안에서 비판과 사상투쟁, 학습을 강화하며 직능대로 일하는 혁명적규률을 철저히 세우고 당일군들의 수준과 능력을 결정적으로 높이는것도 당사업을 개선하기 위한 방도로 된다는데 대하여 강조하였다.

경애하는 김정은동지께서는 보고의 마지막부분에서 당중앙위원회 사업총화보고를 통하여 우리 사업에서 이룩된 성과와 결함들, 그 원인과 교훈들에 대하여, 앞으로의 투쟁방향과 구체적인 방도에 대하여 심도있는 인식을 가지게 되였으며 집체적인 토의를 거쳐 공통된 견해에 기초한 전략전술적방침들을 확정할수 있게 된데 대하여 언급하시였다.

경애하는 김정은동지께서는 모든 대표자들이 우리 당의 령도사상에 립각하여 높은 당적책임감을 가지고 제기된 내용과 문제들을 깊이 연구토의할것이라는 기대를 표명하시고 위대한 김일성-김정일주의기치를 높이 들고 당중앙의 두리에 굳게 단결하여 사회주의건설에서의 새로운 비약과 승리를 위하여, 위대한 우리 국가를 위하여, 위대한 우리 인민을 위하여 힘차게 싸워나아가자고 열렬히 호소하시였다.

당과 혁명의 전반사업을 새로운 앙양에로 끌어올리는데서 나서는 강령적지침들을 전면적으로 밝힌 경애하는 김정은동지의 력사적인 보고는 전체 대회참가자들의 전폭적인 지지와 찬동을 불러일으키였으며 우리 식 사회주의위업의 승리적전진과 창창한 전도를 확신성있게 기약해주고있다.

경애하는 김정은동지께서 당 제8차대회에서 하신 당중앙위원회 제7기 사업총화보고는 위대한 사상과 령도력으로 주체혁명을 가장 빛나는 승리와 영광의 한길로 향도하는 조선로동당의 성스러운 년대기에 불멸의 기념비로 끝없이 빛을 뿌릴것이다.

경애하는 김정은동지께서 하신 조선로동당 중앙위원회 제7기 사업총화보고의 상세한 내용은 당내본으로 전당의 각급 조직들에 전달침투하게 된다.

*출처: 로동신문, 2021년 1월 9일

부록 3

조선로동당 제8차대회 결정서
-《조선로동당 중앙위원회 제7기 사업총화보고에 제시된 과업을 철저히 관철할데 대하여》채택

조선로동당 제8차대회는 우리 당과 혁명앞에 나선 중대한 문제들에 대한 진지한 토의를 진행한데 기초하여 결정서《조선로동당 중앙위원회 제7기 사업총화보고에 제시된 과업을 철저히 관철할데 대하여》를 전원일치로 채택하였다.

결정서는 경애하는 총비서동지께서 대회에서 하신《조선로동당 중앙위원회 제7기 사업총화보고》가 총결기간 우리 당과 인민이 이룩한 빛나는 승리와 성과들을 정확히 총화하였으며 우리 식 사회주의위업의 획기적전진을 이룩하기 위한 앞으로 5년간의 투쟁방향과 방도들을 과학적으로 명시하였다고 평가하였다.

결정서에는 조성된 대내외형세하에서 우리 혁명의 귀중한 성과와 경험, 교훈에 토대하여 사회주의건설을 승리의 다음단계에로 이행시키기 위한 경제, 국방, 문화, 국가사회관리 등 모든 분야의 새로운 투쟁목표와 혁신적인 수행방도들이 반영되여있다.

대표자들의 부문별협의회들을 통하여 깊이 연구토의된 결정서는 과학성과 현실성, 동원성이 충분히 보장되고 전당의 조직적의사와 결심이 집대성된 지상의 실천강령으로 된다.

결정서는 본 대회가 일하는 대회, 투쟁하는 대회, 전진하는 대회의 성격에 맞게 지난 5년간 당 제7차대회결정관철에서 나타난 결함과 원인을 전면적으로, 립체적으로, 해부학적으로 분석총화하고 실천적인 극복방도들을 심도있게 토

통일
교육

의한데 대하여 반영하였다.

결정서에는 전당적인 투쟁의 도수, 투쟁의 열도를 더욱 높여 나타난 결함들을 시정, 극복하고 당의 강화발전과 사회주의건설에서 획기적전진을 이룩해나갈 조선로동당 제8차대회의 확고부동한 의지가 표명되였다.

결정서는 경애하는 총비서동지께서 당중앙위원회 제7기 사업총화보고에서 제기하신 전투적과업을 철저히 관철해나가려는 전체 대표자들과 전당의 당원들의 혁명적지향과 결심이 반영된 앞으로 5년기간의 사회주의건설목표들을 전개하였다.

결정서의 채택은 영광스러운 우리 당의 75성상을 80년에로 억세게 잇는 결정적시각에 우리 국가와 인민을 강대하고 부유한 길로 인도하는 정확한 표대의 확정으로 되며 이민위천, 일심단결, 자력갱생의 리념을 다시금 깊이 새기고 사회주의의 새 승리를 쟁취해나가려는 전당의 수백만 당원들의 혁명적의지의 발현으로 된다.

온 나라 전체 당원들과 인민들이 신심과 락관에 넘쳐 2020년대 첫해의 진군을 개시한 시기에 당 제8차대회가 채택한 결정서는 우리 식 사회주의의 전면적발전을 위한 새로운 단계의 력사적투쟁을 장엄한 창조와 변혁에로 견인하는 위력한 전투적기치로 될것이다.

조선로동당 제8차대회 결정서는 전당의 각급 조직들에 당내본으로 배포되게 된다.

*출처: 로동신문, 2021년 1월 13일